山东大学中文专刊

钱曾怡文集

第九卷

社会科学文献出版社
SOCIAL SCIENCES ACADEMIC PRESS (CHINA)

钱曾怡汉语方
言研究文选

目　录

方言研究中的几种辩证关系 *

汉语是一种存在着严重方言分歧的语言。汉语方言中蕴藏着大量的语言资源。汉语方言的研究,可以为全面认识现代汉语和古代汉语、构建汉语历史、充实普通语言学的理论等多方面提供鲜活的语料。本文是笔者继拙作《汉语方言学方法论初探》之后,在汉语方言的研究和教学实践中,对当前方言研究中某些问题的继续思考。

一、方言与共同语

共同语与方言相依相存。方言的差异使不同方言区人民之间、各级政府之间的相互交际受到影响,更不便于中央政权机构实行集中施政。一种语言如果有方言的差异,相应地也就有共同语的存在,共同语是人民群众和政府部门的共同的需要。共同语是因方言的存在而存在的,如果不存在方言的差别,那也就无需也无

---

　* 本文讨论方言研究中应注意的七种辩证关系:方言与共同语、地域方言与社会方言、尖音与团音、规律与例外、顺势发展与逆行演变、"说有容易说无难"、创新与继承。中心思想是:方言现象无限丰富复杂,有许多是相对立而存在的。方言研究中对此必须有客观的、全面的认识,切不可以偏概全、被表象掩盖了实质。

所谓共同语了。共同语跟方言一样有悠久的历史，我国最早的方言专著西汉扬雄《方言》中所说的"通语"、"凡语"、"总语"等等，都是指当时的共同语。我国历代政府多有"书同文"一类的统一语言的措施，明清以来的"官话"，就是现代汉民族共同语普通话的旧称，指官府使用的、公共通用的话。"官"有政府的、公共的意义，如"官办"、"官大路"等。

共同语以一种方言为基础。作为共同语的基础方言，其通行地区一般是本种语言区的政治、经济、文化中心。三个中心密切相关、互为因果，但其中首要的还是政治中心。以中央政府所在地的方言作为共同语的基础方言是很自然的，这也是中央政府进行集中施政的需要。我国汉民族共同语的基础方言虽然由于政治中心的不同而有所变更，但都没有离开分布于广大北方和西南地区的官话方言，因为这个方言区的中心地带是我国古老文化的发源地，历史上长期的政治中心。北京话是当代官话方言的代表。元、明、清以来，北京是我国较为固定的京都，北京话作为"官话"、"国语"，成了各级官府、各方言区人们通用的交际工具，对其他方言都有极大影响。

通常所说的共同语，是就整个民族语言而言的，实际上也还存在不同层次的区域共同语。同一政区的人们交往比较频繁，不同管辖范围的政府所在地的方言对其所辖地的方言有规范、统一的作用。不同层次的区域共同语，在古代如《方言》中所提到的"楚通语也"、"赵魏之间通语也"、"齐赵之总语也"等等。现代汉语方言中，经济发达的中心城市往往在本地区中具有区域共同语的地位，像广州方言之于粤方言、上海方言之于吴方言，等等。

方言跟共同语的关系是一般方言跟基础方言的关系，所以实质上也是方言跟方言的关系。赵元任先生说："在学术上讲，标准

方言研究中的几种辩证关系　　　　• 3 •

语也是方言,普通所谓的方言也是方言,标准语也是方言的一种。"①但是,共同语要舍弃基础方言中比较土、比较粗俗的不健康的成分,同时也要旁收博采非基础方言中具有积极意义的内容。共同语跟书面语比较一致,是一种语言统一的文字所记录的语言基础,这种形式还可以经过人为的加工而更完美。从这一点来说,共同语是超越于方言的。另一方面,作为一个语言系统而客观存在的方言,其语音、词汇、语法是约定俗成的,它的发展有自身的规律而不以什么人的意志为转移。共同语则标准可以由人们制定,不同历史时期的基础方言并不相同,人们对标准的认识和掌握也存在许多差别。例如:在现代共同语普通话的推广中,对不同职业、不同年龄的人都有不同要求;不同方言区的人说的普通话,也会因为受到母方言的影响而带有地方性的标志。

　　在不同的历史时期,共同语的性质、作用及影响并不相等。现代汉民族共同语普通话无论从哪一方面都大大地超越于以往的共同语。首先,普通话有明确的标准,就是"以北京语音为标准音,以北方话为基础方言,以典范的现代白话文著作为语法规范"。这个标准是在对汉民族共同语的形成过程及汉语方言特点作了全面研究的基础上,总结了长期的汉语规范化运动的实践经验之后才确定的,是广大语文工作者对汉语发展的客观规律自觉运用的成果,因而也就具有了高度的科学性和可行性。第二,普通话推广声势之浩大、范围之宽广、影响之深远,也是任何一个历史时期的共同语不能相比的。第三,作为交际工具,普通话的推广,对我国的政治统一及经济、文化建设起到了前所未有的作用。

二、地域方言与社会方言

　　广义的方言包含地域方言和社会方言两个方面。我国传统所

────────────

①　赵元任:《语言问题》,商务印书馆1980年版,第101页。

说的方言是指地域方言,是因为分布地区的不同而使语言在彼此之间存有差异的地方话。

社会方言是指由于社会的原因而产生了变异的语言。语言与社会共变,作为社会现象,人类最重要的交际工具,语言受社会的影响是必然的,也是显而易见的。人的不同职业、文化水平、社会地位、信仰、修养、性别、年龄、心理、生理等等,都会影响到语言的使用,使他们的个人言语带有一定的社会色彩。所谓社会习惯语、行业语(行话)、隐语、黑话、秘密语、忌讳语等等,都是属于社会方言。研究社会方言的学科在我国发展很快,已经发展为一门独立的学科,称为"社会语言学"。这方面的研究成果很多。例如:《叫卖语言初探》①、《山西理发社群行话的研究报告》②、《语气词运用的性别差异》③、《北京城区两代人对上一辈非亲属使用亲属称谓的变化》④、《苏州方言三项新起音变的五百人调查》⑤、《试析精神病患者的书面语特征》⑥、《澳门博彩语研究》⑦等,都是从各自不同的角度对社会方言进行研究的成果。

地域方言跟社会方言可以作以下比较:

首先,地域方言具有地方性,方言的区分按不同分布地域的语言特点从地区划定;社会方言的不同则是缘于社会因素,并不绝对受地域的限制。以行业语来说,一种行业并非集中在同一地域,一个地方也不限于一种行业。

---

① 陈章太:《叫卖语言初探》,载《语言教学与研究》1985 年第 3 期。

② 侯精一:《山西理发社群行话的研究报告》,载《中国语文》1988 年第 2 期。

③ 曹志耘:《语气词运用的性别差异》,载《语文研究》1987 年第 3 期。

④ 陈松岑:《北京城区两代人对上一辈非亲属使用亲属称谓的变化》,载《语文研究》1984 年第 2 期。

⑤ 中国人民大学中文系方言调查实习小组:《苏州方言三项新起音变的五百人调查》,载《吴语论丛》,商务印书馆 1988 年版。

⑥ 邱大任:《试析精神病患者的书面语特征》,载《语文建设》1986 年第 4 期。

⑦ 邵朝阳:《澳门博彩语研究》,北京语言大学博士学位论文,2003 年打印稿。

　　第二,就服务对象看,地域方言具有全民性,服务于该分布区内的全体成员;社会方言则决定于不同社会成员的特殊需要,只服务于本社群的成员。

　　第三,就语言特点看,地域方言有自己的语音系统、基本词汇和语法结构;社会方言则只是牵涉到语言要素的一部分,只涉及特定范围内的语音、词汇、语法的一些特定结构,例如改变常规的读音、一些特殊的用词、特定的措辞法等等。

　　但是,在地域方言和社会方言之间的绝对的鸿沟是不存在的,因为从总体来看,地域方言的产生和发展也都离不开社会的原因,地域方言也是跟社会密切相关的。从语言的角度说,社会方言没有自己的语音系统、基本词汇和语法结构,社会方言在不同地区是借地域方言的形式而存在的。例如:过去山东即墨一带的切语,俗称"瞎子语"(当地人解释是"瞎汉瞎子"说的话)。"瞎子语"的特征是利用音节拼合的规则,在每一个字音前面都加上一个音节,使之由单音节变为双音节,所加的音节与后面那个音节双声、同调,韵母按后面音节的四呼为ə、iə、uə、yə ,如把"山东省即墨县"说成。ʂə̯ ʂā(山)。tə̯ toŋ(东)。ʂə̯ ʂoŋ(省)。ᶜtsiə̯ᶜtsi(即)。miə̯ mi(墨)。ᶜɕiə̯ ᶜɕiā(县)。类似即墨"瞎子语"的,在我国广东、广西、福建、浙江、江苏、湖北、河南等地也有存在,各地叫名不同,有反语、切语、黑话、暗语、背语、贼话、盲公语等等,都是属于隐语,都是按原来的语音结构,有规则地用增音、减音、换音等方式改变原来语音的常规形式,以达到外人不能听懂的目的。各地音变的规则虽然有所不同,但是以本地音为基础是没有例外的。又如:山西理发社群的行话,其特点是有一批特有的词语,如"隔山照镜子"、"偏圪亮分头",以及某些词语含有特别的词义,如"木耳耳朵"、"滴水兵"、"盘子脸"。据侯精一的研究报告,山西境内理发社群行话的用词在各地是基本相同的,但是由于说话的人用的是自己的方音,所以听起来仍然有明显的方音差异。澳门博彩语的基础方言是澳门粤语。再如:叫卖语言的运用历来为话剧、电影、电视等文艺表演所青睐,北京的叫卖语言是以北京方言为基础的,模仿北京的叫卖语言的表演,确实能够烘托一个地道的北京地方风土民情的场景。由此可见,社会方言是借助于地域方言而存在的。

三、尖音与团音

尖音与团音是汉语方言学研究中经常要遇到的一对概念,指中古的精组和见晓组声母字在今韵母细音(齐齿呼和撮口呼)前面同音不同音。不同音的叫"分尖团",同音的叫"不分尖团"。中古精组和见晓组的声母分化在汉语方言中往往是以今韵母的洪细为条件的,下面以北京为例:

古声母	洪音		细音			细音		洪音		古声母
	例字	读音	例字	读音		读音	例字	读音	例字	
精	灾	꜀tsai	尖	꜀tɕian	=	꜀tɕian	坚	꜀kai	该	见
清	猜	꜀tsʻai	千	꜀tɕʻian	=	꜀tɕʻian	牵	꜀kʻai	开	溪
从	才	꜁tsʻai	钱	꜁tɕʻian	=	꜁tɕʻian	虔	꜁kʻuaŋ	狂	群
心	虽	꜀suei	仙	꜀ɕian	=	꜀ɕian	掀	꜀xuei	灰	晓
邪	随	꜁suei	旋	꜁ɕyan	=	꜁ɕyan	玄	꜁xuei	回	匣

上表精组和见晓组字按韵母洪细的不同各分为二:在洪音前,精组读 ts、tsʻ、s,见组读 k、kʻ、x;在细音前,精组跟见组都读 tɕ、tɕʻ、ɕ,两者读音相同,"尖＝坚"、"千＝牵"、"钱＝虔"、"仙＝掀"、"旋＝玄",说明北京话是不分尖团的。有人说北京的"女国音"将 tɕ、tɕʻ、ɕ 的发音部位读得靠前,接近 ts、tsʻ、s,是读成了"尖音",这种说法虽然大家也能明白意思,但严格说并不科学,因为女国音舌面前音靠前并非限于精组字,而是见晓组也同样是靠前了的。在

北京等没有尖团音区别的方言里,也就说不上什么尖音或团音。

在分尖团的方言里,由精组来的字音叫尖音,由见晓组来的字音叫团音。一般来说,尖音的发音部位要比团音靠前。例如河北石家庄:"尖_ctsian≠坚_ctɕian"、"千_cts'ian≠牵_ctɕ'ian"、"钱_cts'ian≠虔_ctɕ'ian"、"仙_csian≠掀_cɕian"、"旋_csyan≠玄_cɕyan"。石家庄方言由精组来的细音字读舌尖前音 ts、ts'、s,由见晓组来的细音字读舌面前音 tɕ、tɕ'、ɕ。

石家庄尖团音的读法在有尖团音区别的汉语方言中是较为普遍的一种,所以往往把尖团音解释成在细音前读舌尖前声母的是尖音,在细音前读舌面前声母的是团音,不少辞书也是这么解释,如 1978 年版《辞海》对"尖团音"的解释是:"尖音和团音的合称。声母 z[ts]、c[ts']、s[s]跟 i[i]、ü[y]或以 i[i]、ü[y]开头的韵母相拼,叫尖音;声母 j[tɕ]、q[tɕ']、x[ɕ]跟 i[i]、ü[y]或以 i[i]、ü[y]开头的韵母相拼,叫团音。如有的方言里,'精'念 zing[tsiŋ],'经'念 jing[tɕiŋ];'青'念 cing[ts'iŋ],'轻'念 qing[tɕ'iŋ];'星'念 sing[siŋ],'兴'念 xing[ɕiŋ];各分尖团。普通话不分尖团,'精经'、'青轻'、'星兴'都读团音。"

但是,方言中有尖团音区别的,其读音未必一定是石家庄式的尖音读舌尖前音而团音读舌面前音,例如山东一百多个县市的方言有将近一半是分尖团的,山东方言尖团的读音有 8 种情况,见下表:

	尖音			团音			分布地
1	ts	ts'	s	tɕ	tɕ'	ɕ	荣成 文登 威海 乳山 海阳 即墨 平度 莒县
2	tɕ	tɕ'	ɕ	tɕ	tɕ'	ɕ	烟台 福山 牟平 栖霞 莱阳 高密
3	tʃ	tʃ'	ʃ	tɕ	tɕ'	ɕ	长岛 蓬莱 龙口 招远 莱西

续表

	尖音			团音			分布地
4	ts	ts'	s	tɕ	tɕ'	ɕ	崂山 青岛 胶州 胶南 莱州 昌邑 安丘 沂水 沂南 莒南 费县 临沂 苍山 郯城 冠县 范县 鄄城 郓城 巨野 菏泽 成武 曹县
5	tθ	tθ'	θ	tɕ	tɕ'	ɕ	沂源 日照 临沭
6	tʃ	tʃ'	ʃ	tɕ	tɕ'	ɕ	广饶 利津 滨州
7	ts	ts'	s	tʃ	tʃ'	ʃ	昌乐
8	tȶ	tȶ'	ɕ	tʃ	tʃ'	ʃ	诸城 五莲

上表 8 类，只有第 4 类跟石家庄相同，如果用《辞海》关于尖团音的解释就难以概括山东尖团音分别的其他 7 种情况。《辞海》的解释失之于用音值代替了音类。中古精组和见晓组两类声母、今细音韵母，都是指这些字的具体属类（音类），在不同的方言中不论读音相同或不相同，都有不同的具体读音（音值），用一种方言的音值来说明某一种音类，就难免以偏概全。

四、规律与例外

方言研究中的规律，主要指方言与方言之间、方言与共同语之间、现代方言与历史上某一时期的语言之间、两个不同历史时期的语言之间的对应关系。上述各种对应关系决定于语言系统的有规则发展，也就是规律性。语言有规律演变的理论基础是语言的系统性。

19 世纪新语法学派强调"语音演变规律无例外"，就是基于对语言系统性的认识。"语音演变无例外"的理论在我国语言学界影响很大，所谓语音演变"类同变化同，条件同变化同，没有例外，有

方言研究中的几种辩证关系　·9·

例外必有解释""没有分化"等等。但是,方言调查的无数事实都足以证明:类同变化同固然是带有普遍性的规律,但也并不绝对。事实上语音演变既有合并,也有分化;除了符合规律的发展以外,也存在例外。①

列宁在《谈谈辩证法问题》中指出:"任何一般都只是大致地包括一切个别事物。任何个别都不能完全地包括在一般之中。"②规律与例外实质上也是一般与个别的关系。规律是一般,例外属于个别。个别并非全部符合一般,例外是超规律的。

方言调查研究中一项重要的内容就是寻求方言发展的规律。不同方言的不同历史演变规律是各种方言的重要特征之一。在当前汉语方言研究中,对于方言语音特点的说明,一个重要的对照项,或者说"语音坐标"是《切韵》音系。将方言语音系统跟《切韵》音系进行对照,可以求出古今语音演变的规律。例如,丁声树、李荣在《汉语音韵讲义》中说:"古代的开合口、摄、等和今音的开齐合撮四呼大致都有相当整齐的对应关系。但是错综的情况也要注意。"③将《切韵》音系的四等二呼跟今北京音的开齐合撮四呼对照,大体上有以下关系:

	古一等	古二等	古三等	古四等
古开口	今开口呼		今齐齿呼	
古合口	今合口呼		今撮口呼	

但是这种对应关系并不是百分之百的,上表今开齐合撮四呼的古

---

① 参见钱曾怡《汉语方言学方法论初探》,载《中国语文》1987 年第 4 期。
② 列宁:《谈谈辩证法问题》,《列宁选集》第 2 卷,人民出版社 1962 年版,第 690 页。
③ 丁声树、李荣:《汉语音韵讲义》,上海教育出版社 1984 年版,第 18 页。

来源几乎没有一项没有例外，这就是丁、李两位先生所说的"错综的情况"。通过对这些情况的分析，可以将古四等二呼跟今四呼对应关系的例外分为两类（以下统计的反切数字按照陈汉清、邓希敏《〈古今字音对照手册〉的计算机处理》[①]）：

一类是有条件的系统分化。例如：①古开口二等今北京读开口呼，在《古今字音对照手册》的 381 个古开口二等的反切中，今读开口呼的是 248 个，占 65.1％。另有 108 个反切读齐齿呼，占古开口二等字的 28.3％，从开口呼中分化出来的条件是见系声母。②古合口一等今读合口呼，《古今字音对照手册》415 个古合口一等的反切，今读合口呼的是 326 个，占 78.4％。另有 88 个反切读开口呼，占 21.2％，分化条件是唇音声母。③古开口一等今读开口呼，在《古今字音对照手册》459 个古开口一等的反切中，今读开口呼的是 427 个，占 93％。另有 32 个读合口呼，占 32％，分化条件是果摄字。

另一类是个别字的读音特殊。例如：①《古今字音对照手册》247 个古开口四等的反切，今读齐齿呼的有 243 个，占 98.4％，规律比较整齐。另有"喫谜猜谜鼙"读开口呼、"婿"读撮口呼。②古合口二等有 69 个反切，读合口呼的是 65 个，占 94.2％，另有"傻还横横直横横竖"读开口呼。③古合口一等一般读合口呼、唇音读开口呼已见上文，此外，"坏"读齐齿呼，"逊"读撮口呼。

上述有条件的分化还有一定的规律可循，个别字的读音则基本没有什么规律。但从本质上说，两者都是属于分化。语音演变分化的原因是多种多样的，有发音顺口的要求，如见系开口二等分化为齐齿呼、唇音合口为开口呼。此外，还有社会、心理等多方面的因素。

---

①   陈汉清、邓希敏：《〈古今字音对照手册〉的计算机处理》，华中理工大学出版社 1988 年版。

关于例外,赵元任《语言问题》也说过:"例外字是件讨厌的事情,我常常说一百个字有九十五个都是规则的,你用几条规则就可以记下去。可是有五个不规则的,你为这五个不规则的字上就得花百分之五十的工夫上去,比规则的还麻烦。不过没有办法,因为事实如此,因为中国是一个国,不是交通完全隔绝的,方言之间是有借来借去的情形的。"①

可见例外是客观存在,需要花大力气去研究的。

五、顺势发展与逆行演变

语言都是处于不断发展的过程之中,各种语言都有自己的演变规律。汉语方言虽然千差万别,却存在内部的一致性和大体相同的发展方向。这种大体一致的顺势发展是汉语方言演变的主导方面,我们对每一种方言的调查研究,掌握这种方言在发展中的基本走势是不在话下的,但也不能无视与此相背的逆行演变的存在。

不同地域方言的借用使方言之间的特点互相渗透,是方言发生变化的原因之一。方言之间相互的渗透力是不等同的,大体来说,是政府所在地影响其所管辖的区域、经济发达地区影响不发达的地区。在我国,推广普通话是国家基本国策,中华人民共和国宪法规定"国家推广全国通用的普通话",普通话测试在全国范围内推行,加上广播、电视的作用,全国各地方言向普通话靠拢,这种向心力的趋势十分明显,是方言发展的主流。

但是,也不可忽略离心力的存在。离心力,是跟向心力相背的发展,具体说是背离普通话标准的演变。以北京话为例,最明显如"女国音"。所谓"女国音",是指北京年轻的女性将舌面前音 j、q、x(tɕ、tɕ'、ɕ)发得比较靠前,成为舌尖前音 z、c、s(ts、ts'、s)或接近舌尖前音。这种发音已经成为一种社会时尚,还影响到北京以外

---

① 赵元任:《语言问题》,商务印书馆 1980 年版,第 107 页。

的济南等许多地方。山东方言也有许多这种逆向发展的例子，像"资、此、丝"读为齿间音 tθ、tθ'、θ的现象，过去只分布于青岛、潍坊等地，现在在济南市郊、淄博地区已有发现，而且还有扩展之势（参见拙文《汉语方言调查中的几个问题——从山东方言调查所想到的》①）。

　　从语言发展的历史来看，汉语声调演变中入声消失的地域范围分布很广，约占汉语分布区的 2/3。例如，北京没有入声，古入声字在北京分化为阴平、阳平、上声、去声四类。入声消失的前提是塞音韵尾（入声韵尾）的失落，所以，凡是入声消失的方言一概没有塞音尾。有的方言已经消失了塞音韵尾，但是入声还是一个独立的调类，例如大多数湘语及官话方言的四川、山东的一些地方。入声调转变为舒声，是汉语语音发展的总趋势。跟这个总趋势相反的是舒声促化，指一些古音系属于舒声的字，现代方言中读成了入声，这在汉语有入声的方言中还相当普遍。例如山西的大同、太原等地，将"提提溜"（古平声）、"只只能"（古上声）、"这这里"（古去声）等字读为入声，笔者母语浙江嵊州将"阿阿妈、些一些、萝萝卜、猢猢狲"（古平声）读为入声。山东的高青、邹平、桓台、章丘、滨州、利津等地，入声只有清声母字在老派中保留，而且已经没有了塞音韵尾，最后消失是必然的，但是这些地方也有一些舒声字读成了入声，例如利津有"他初古平以妥古上际示古去"等近 40 个古舒声字读为入声。

　　韵母简化也是汉语方言发展的走势，简化的内容之一是鼻辅尾（阳声韵尾）的合并、弱化乃至消失。合并的，例如北京将古代m、n 两个韵尾合并为一个 n 韵尾，而山西的霍州则将古代的三个韵尾 m、n、ŋ 全都合并为只有一个 ŋ 韵尾。弱化的，例如青海的西

---

　　① 钱曾怡：《汉语方言调查中的几个问题——从山东方言调查所想到的》，载《中国语文研究四十年纪念文集》，北京语言学院出版社 1993 年版，第 152 页。

宁,凡古鼻辅音韵尾全部读为鼻化元音。消失的,例如苏州古咸山两摄的字读为纯口元音(阴声韵)。从读音看,以上读音演化的轨迹是:鼻辅尾→鼻化元音→阴声韵。汉语方言中合并最早、合并的地域范围最广的是 m 韵尾,现代方言中只有粤、客、闽等少数地区还保留,但是现在山东的平邑和平度西部的一些地方,却从古 ŋ 尾中分出了一个 m 韵尾,来源于古代通摄唇音声母以外的舒声,如"东宗虫公翁胸"等字的韵尾都是 m。m 韵尾在山西的祁县也存在,来自臻曾梗通四摄的合口,如"村均_臻、弘_曾、轰兄_梗、公荣_通"等字的韵尾读为 m。值得注意的是,少数方言还存在古阴声韵读为阳声韵类的情况。例如:西南官话的成都、昆明等地将部分流摄的明母字"亩谋贸"等字读为带鼻辅音韵尾 ŋ 的阳声韵;宁夏的中卫,把蟹、止两摄"贝腿回_蟹、美醉规_止"的韵母,读为 ēi、uēi[1];山东平邑话将鼻音声母后的 ei 韵母读为ə(妹=闷、内=嫩),等等。

以上逆行演变的现象,说明语言发展的多元化因素。全面认识这些因素,对汉语发展史的研究,普通话的推广,乃至国家语言文字政策的制定,都是很有必要的。

六 "说有容易说无难"

"说有容易说无难",这话出于赵元任"言有易,言无难",原是赵先生给王力先生研究生论文的批语[2],以后在学术界广为流传,对于方言研究者来说,几乎是人所共知的。

说无真的很难。1985 年,朱德熙先生《汉语方言里的两种反复问句》[3],经过对现代方言和历史文献的详细考察分析,得出了

---

① 张燕来:《兰银官话语音研究》,北京语言大学博士学位论文,2003 年打印稿。

② 《中国古文法》,《王力文集》,山东教育出版社 1985 年版,第 85 页。本出处蒙冯春田教授告知,谨致谢忱。

③ 朱德熙:《汉语方言里的两种反复问句》,载《中国语文》1985 年第 1 期。

一个结论说："'可 VP'和'VP 不 VP'两种反复问句无论在历史上还是在现代始终互相排斥，不在同一种方言里共存。"朱先生很谨慎，在这个结论前加了个附加语"似乎可以"，结论后又添了一句："当然，这个结论是否真能站住，还有待于更多的方言调查资料的验证。"同年，王世华《扬州话里两种反复问句共存》说："扬州话里，不论说者或听者，都把'可 VP'和'VP 不 VP'同样理解，是让人在 X 和非 X 挑选一项作为回答。"①王文举例：可吃饭？ ＝吃饭不吃饭？（＝吃不吃饭？)可漂亮？ ＝漂亮不漂亮？（＝漂不漂亮?)朱先生的谨慎，说明朱先生深知：说无实在是太难了。

可是，也有人说"画鬼容易画人难"。鬼是虚无的，艺术作品可以随意想象，无需事实验证；画人则是画"有"，是要用客观的存在来检验的。学术研究绝大多数做的是"有"的文章，而且所有的研究不可能是"一字文"，只要简单地说一个"有"字就可以完成的，那岂不是抹杀了各种事物的差别。"有"就是存在，存在是无限的，人们对存在的认识也是没有穷尽的。科学家孜孜以求的就是对于存在的认识，方言研究也不例外。方言之所以成其为方言，都有自己的特征区别于其他方言或共同语。方言特征有的是显性的，有的是隐性的。方言研究要在纷繁复杂的自然语料中归纳出有条不紊的语言系统，明白无误地揭示方言的特点；要从不同地域、不同历史时期的语言材料的比较中总结出语言演变的客观规律。这些，都是对于未知的"有"的追求。说"有"，其实也真是很难的。

赵元任 1928 年出版的《现代吴语的研究》，标志着现代汉语方言学的开始。赵先生在书中两次说到吴语的特征：一次在"调查说明"中说："现在暂定的'工作的假设'就是暂以有帮滂並，端透定，见溪群三级分法为吴语的特征。"②另一次在"吴语的定义"中说：

①　王世华：《扬州话里两种反复问句共存》，载《中国语文》1985 年第 6 期。

②　赵元任：《现代吴语的研究》，科学出版社 1956 年版，第 1 页。

方言研究中的几种辩证关系　　　　　　• 15 •

"现在暂定吴语为江苏浙江当中並定群等母带音,或不带音而有带音气流的语言。"①赵先生关于吴语的定义,是通过对 33 个点的调查,对吴语的特征有了科学的认识以后才做出来的,直到今天也还是划分吴语区域的首要条件。但是赵先生没有把话说绝,在"工作的假设"前面有一句话:"这吴语观念的定义或这观念的能否成立是要等详细研究过后才能知道",在"吴语的定义"后面又说:"定义本来无所谓对不对,只有好不好。将来这一带的语言调查得更清楚了以后,大概还有更好的定义,因而把吴语观念的范围也改变了也未可知的。"从赵先生的严谨我们可以领悟到:随着汉语方言调查的日益广泛深入,人们原先对于方言的某些认识自然会有所改变、有所修正,应该坦然面对。

　　笔者 50 年代开始调查山东方言。当初丁声树师就提醒要注意"潍坊有两套 tʂ、tʂʻ、ʂ"。后来李荣老师更直接地说:"钱曾怡,你把山东方言的知庄章三组声母搞清楚了,我就算你山东方言研究好了。"丁、李两位先生说的,都是要求搞清楚古知庄章三组声母跟今山东方言的对应关系及其具体读音。古知庄章三组声母今北京除少量庄组字读 ts、tsʻ、s 以外,其余读 tʂ、tʂʻ、ʂ,但在山东方言中的情况十分复杂。古知庄章声母山东许多地方分为两类,如"支齿事甲类≠知耻世乙类",也有一些地方将合口字读为 pf、pfʻ、f 声母,如"猪、出、书"。知庄章在山东分两类的方言中,不仅音类分合上要涉及古音的韵摄和等呼,还跟古精组、见组有不同程度的交叉关系。在具体读音上,同样的音类又有音值的不同。除此之外还有一些例外字。我们从一个点一个点的调查入手。因为有差别的两组音太相近了,开始时甚至连记音都常常出错;记音错误,分类自然也不对。古今对应关系并不那么整齐,例如章组字一般归乙类,但是止摄字归甲类;同一类的字在不同区域归类也不相同,例如山

---

① 　赵元任:《现代吴语的研究》,科学出版社 1956 年版,第 88 页。

臻摄合口三等古知章组胶莱河以北的烟台等地（威海除外）归甲类，而在胶莱河以南和威海归乙类。我们将山东方言知庄章声母作为山东方言研究重点中的重点，在《山东方言研究》①等著作及多篇论文中都描写了山东各地方言的知庄章声母问题，这份"有"的答卷，一直做了几十年，至今还有一些情况需要继续调查和研究。

对于方言中存在的一些特点的描写，我们常常犯以偏概全的错误。方言普查时期发现山东的邹平、桓台有入声，后来发现利津、章丘也有。山东的入声没有塞音韵尾，全部来源于古清入字，而且只有老派保留。山东方言入声区究竟有多大，各地情况如何？不深入调查，这个"有"也真难以说得全面透彻。

七、创新与继承

方法论是认识世界和改造世界的根本方法的系统理论。科学的方法论要求我们客观地、历史地、全面地分析事物和认识事物。方法论实际上包括两方面的内容：一是对事物的系统认识和见解，二是实践中所采用的方式方法，两方面互相补充。汉语方言学的方法论，是关于认识汉语方言和进行汉语方言调查研究的理论。研究方法决定于对研究对象性质的认识，有什么样的语言观就有什么样的方法论。也就是说，认识决定实践。在对一个方言的具体调查中，对于调查内容的确定、调查对象的选择、调查表格的制定等等，无不跟调查人对方言的认识密切相关。认识语音演变"类同变化同"并非绝对，就决不会用类推的方法去进行记音；了解语言处于不断发展的过程之中，就会用动态的角度去调查研究任何一种方言；如果承认客观存在的方言事实是检验方言学真理的标准，那么也不能否认方言实地调查是方言研究的生命之源泉，方言工作者只有植根于调查实践，才能真正有所发现，有所创造。当

---

① 　钱曾怡主编：《山东方言研究》，齐鲁书社 2001 年版。

然,在不断的调查研究实践中会有许多新的语言资料,使我们原先的认识有所改变和提高。这样循环往复,达到更为接近真理。

历史比较方言学在描写方言学的基础上建立,方言研究的动静结合将汉语方言研究推进到一个新的层面。当代方言学在从现时的异读现象及地域比较中探讨方言历史发展的轨迹方面,已经有了许多成功的经验。例如:同一地点所存在的文白和新老异读,往往反映这种方言发展的不同历史过程;现时的不同方言的地域差异常常折射出纵向的历史演变脉络,等等。但是,这并不是说,方言研究的共时描写已经过时,正如丹麦语言学家奥托·叶斯柏森所说:"在任何情况下,历史语言学决不可能使描写语言学成为多余,因为历史语言学应当一直是建立在对我们可以直接了解到的语言发展的各个阶段所作的描写之上的。"①新的历史时期使汉语方言经历着急剧的发展变化,"抢救方言"尤为迫切。我们提倡方言工作者多做些踏踏实实的田野调查,并在调查方法上能够与时俱进,不断以更新的理论来指导调查实践。

历史总是前进的,创新对任何一个学科来说都是永恒的主题,是每一个学者向往的目标。但是创新不是一蹴而就,说创新就能创新的。先进文化要有传统文化作为基石,我国传统语言学有许多值得继承发扬的东西,不能一概摒弃,例如扬雄所开创的古典方言学的求实精神、明代陈第"时有古今,地有南北"的时空观,至今仍不能说已经过时。开拓前进必须有丰厚的积累,继往才能开来。不继承而想创新,这正如鲁迅所说,"恰如用自己的手拔着头发,要离开地球一样,他离不开"②。

(原载《文史哲》2004 年第 5 期)

---

① [丹麦]奥托·叶斯柏森:《语法哲学》,何永、夏宁生、司辉、张兆星译,语文出版社 1988 年版,第 23 页。

② 鲁迅:《论第三种人》,载《鲁迅全集》第 4 卷,人民文学出版社 1981 年版,第 440 页。

谈谈音类和音值问题[*]

一、引言

现代汉语方言语音研究中，讲声调总是离不开调类和调值问题。汉语的音节由声母、韵母、声调三部分构成。因此，调类之外，还有声类和韵类。陈澧《切韵考》的卷二、卷三分别是"声类考"和"韵类考"，罗常培先生《汉语音韵学导论》的第二、三、四讲依次是"声类之分析"、"韵类之分析"、"调类之分析"。以上三种语音单位都是从不同角度分类的结果，每一种音类都有自己的音值，音值决定音类的划分。其中作为非音值音位的声调分类比起声母和韵母的分类来较为单一，而声母和韵母的分类则可以从不同的角度出发，还有不同的层次，而且声母、韵母不同类型的名称也因其本身的构成特点和表示方式而与声调不同。

我国传统语言学的分支音韵学对于汉语语音的分类研究，往

---

[*] 笔者初学方言，长期搞不清调类和调值。后来才逐渐领悟，语音研究时刻都离不开音类和音值问题。音值决定音类的划分，可是相同的音值在不同的方言里未必属于相同的音类。在汉语发展中，声母和韵母的音值两相牵引或排斥，又互为条件。声韵调的音类划分有各自不同的特点。搞清楚音类和音值问题，对初学者至关重要。

往从某一类音的所属字中,选出其中的一个字作为代表,来称呼这一类字,如对古调类的说明,就有"天子圣哲"、"平上去入"等说法。"天"或"平"、"子"或"上"、"圣"或"去"、"哲"或"入",都是分别代表凡读这个声调的一类字。后来约定俗成,"平上去入"成了古四声的统一名称。同样,声母的"36字母","帮"代表凡声母读得跟"帮"一样的字,"滂"代表凡声母读得跟"滂"一样的字,依此类推;韵母如《广韵》的206韵,"东冬锺江"也分别代表跟这四个标目字相同的四个韵目的字。我国古代的许多韵书,如《广韵》的编排,是先按四个声调分类,再按206韵排列,在同一韵中,将声母相同的字一一列出。由此看来,《广韵》实际上是一部按韵编排的带释义的同音字表,相当于现代的字典。再看韵图,如《韵镜》,共43图(表),每图纵行列声母,横列四声的韵,如"东董送屋",每韵又分四等。图中可以出现的某一音节就填写一个例字,否则画"○"。用现代语音学的术语来说,《韵镜》是一个音节表。

以上可见,我国音韵学对于音类的研究十分精到。在音值方面,虽然也有"喉牙舌齿唇""一等洪大,二等次大,三四皆细,而四尤细"等对于声母发音部位及韵母洪细的描写,但是因为一直没有理想的记音手段,所以从总体来说音值的记录就不理想。段玉裁古音研究的重大贡献是"支、脂、之"三分,但正如段氏自己批评自己"审音功浅",以致到最后也不知"支、脂、之"之所以分。罗常培先生批评以往治音韵者"凭臆立说,每多违失",如"论平仄则以钟鼓木石为喻","论清浊则以天地阴阳为言"等,也多是在于对音值的描写。

在现代方言的研究中,明确"类"和"值"的概念及其相互关系十分必要。

二、调类和调值

推广普通话要寻求方言与普通话的语音对应规律,在济南常常可以听到有人说：济南人把普通话的阴平读成了上声，把上声读成了阴平。济南人学习普通话的声调，要把上声读成阴平，阴平读成上声。这话大体说出了济南话和普通话阴平、上声读音的对应关系，但是严格说不怎么科学。因为这种说法既混淆了调类和调值的不同，而且还将两种不同系统的方言搅和在了一起，在一定程度上会产生误导。王力先生在《汉语音韵学》中说到："关于汉语的声调，有两种最普遍的误会是应该避免的"，其中的第一条，就是："我们不可说某处的人把某字错读为某声，因为某处的方言里的调值自成系统，而与别处不必相同的。"①

　　调类和调值是既密切联系又相互区别的一对概念。调类是一种方言单字音声调的分类，调值是某一调类的实际读音。声调的分类由调值决定，一种方言的单字音有几种调值，这个方言就有几个调类。两种不同的方言，同样的调值未必属于同一调类，同一种调类其调值也未必相同。普通话和济南话都有四个单字音调值，普通话和济南话就都有四个调类。济南话的四个声调跟普通话比较如下：

	阴平	阳平	上声	去声
济南话	213 诗湿识尺式	42 时	55 史	21 是
普通话	55 诗湿	35 时识	214 史尺	51 是式

以上可见，济南话声调的调类跟普通话一样，也是阴平、阳平、上声、去声四个，但是调值不同，而且有些具体的字济南话和普通话在四声的归属上也是有所不同的，像上面济南阴平类例字中的"湿识尺式"四字，普通话分归阴阳上去四声。为什么相同的调值在不同的方言中是不同的调类，而同一些字在不同的方言中又归于不同的调类呢？这就要搞清楚调值和调类的命名及不同方言各种调类的来源问题。

---

① 　王力：《汉语音韵学》，中华书局 1980 年版，第 93~94 页。

谈谈音类和音值问题 ・ 21 ・

　　声调调值的名称决定于实际读音。普通话四个调值按实际音值称为高平调、高升调、低降升调、全降调,或者干脆就说 55、35、214、51;而济南话四声调值则是低降升调、高降调、高平调、低降调,或者说 213、42、55、21。济南话跟普通话阴平和上声的调值正好是交叉的,济南人学习普通话,可以用本方言上声的调值去读普通话阴平的字,用本方言阴平的调值去读普通话上声的字。

　　一个方言声调的分类虽然决定于单字音调值的种类,但是调类的名称一般跟调值没有关系。北京的第一声叫阴平,并不是因为调值是平调 55,与之相对应的济南话的第一声读低降升调 213,也叫阴平。调类的名称是由各个调类所统辖的具体字所属的古声调类别而决定的,也可以说是古调类名称的沿用,当然,还要根据具体情况有所变更。济南话和普通话声调调类的数字和名称虽然相同,但是来源却不完全一样。以下是普通话、西安话、成都话、上海话、苏州话、温州话各种调类古调类来源的比较:

古调	平			上			去			入		
古声	清	次浊	全浊	清	次浊	全浊	清	次浊	全浊	清	次浊	全浊
例字	诗	移	时	史	以	是	试	异	事	湿识尺式	译	石
普通话4	阴平	阳平		上声			去声			阴阳上去	去声	阳平
西安4	阴平	阳平		上声			去声			阴平	去声	阳平
成都4	阴平	阳平		上声			去声			阳平		
上海5	阴平	阳去		阴去	阳去		阴去	阳去		阴入	阳入	
苏州7	阴平	阳平		上声	阳去		阴去	阳去		阴入	阳入	
温州8	阴平	阳平		阴上	阳上		阴去	阳去		阴入	阳入	

　　因为影响古今声调演变关系的,古声母的清浊是重要条件,所以今调类的命名一般由古调类按声母清浊的分化情况而定。如果一个古调类今声调按声母清浊分为两类,一般是清声母来源的称为阴调类,浊声母来源的称为阳调类。如上表温州话按古声母的清浊将古四声各分为两类,就有阴平、阳平、阴上、阳上、阴去、阳去、阴入、阳入 8 个调类。温州话 8 个声调的名称比较容易确定,上海话则相对复杂一些。上海话的 5 个调类,阴平和阴入、阳入三类来源单一,无须讨论,而阴去和阳去因为分别来自清上、清去和浊平、浊上、浊去,上海话的阴去和阳去按其来源也可以称为阴上、阳上或阳平。现在所以叫做阴去和阳去,按笔者的理解有两个原因:第一,这两个调类的来源都含有上声和去声,名称在上声和去声中选择比较合适;第二,汉语有许多方言存在“浊上归去”的现象,如上表中的普通话、西安话、成都话等等,是全浊上声归去声,苏州话也是清上、清去独立,在浊上、浊去合并这一点上也跟上海相同,所不同的是浊平没有归进。将上海话的这两个声调称作阴去和阳去,比较符合汉语声调演变的普遍规律,也便于跟其他方言进行比较。上表也告诉我们,西安话和济南话在古今调类演变上基本相同,这两地跟普通话的不同,主要是古清声母入声字的归类,济南和西安大体归阴平,而普通话则是分归阴、阳、上、去四声。

　　在古声母的分类中,清声母还按不送气和送气分为全清和次清两类。全清和次清是指清塞音和清塞擦音所存在的不送气和送气的区别。古清塞音和清塞擦音送气或不送气的不同在有些方言中也影响声调的分类,这就是所谓“气流分调”。赵元任先生《现代吴语的研究》声调表的讨论中有三处说到“全清”和“次清”的分类问题:1.“上声的清音字都是阴上,但是吴盛跟嘉兴次清字又分出一类,共有两种阴上。”2.“去声清音字都成阴去,浊音字都成阳去,这两类是很清楚的。不过吴黎、吴盛又把清音依全清次清的区别分作两类。”3.“入声清音字都成阴入,浊音字都成阳入。但……吴黎次清另成一种阴人……"①赵先生对嘉兴、吴江黎里、吴江盛泽的声调调类记录如下：

古声调	平		上			去			入		
古声母	清	浊	全清	次清	浊	全清	次清	浊	全清	次清	浊
例字	江天	来同	懂好	土草	老稻	对叫	去太	外事	不各	脱出	六石
黎里 10	阴平	阳平	阴上		阳上	全阴去	次阴去	阳去	全阴人	次阴人	阳人
盛泽 10	阴平	阳平	全阴上	次阴上	阳上	全阴去	次阴去	阳去	阴人		阳人
嘉兴 9	阴平	阳平	全阴上	次阴上	阳上	阴去		阳去	阴人		阳人

后据叶祥苓《吴江方言声调再调查》(1983)，江苏吴江县的方言声调有多达 12 个的，如平望、同里、松陵，古四声除浊声母跟清声母分开以外，清声母还按送气、不送气各分两类。

赵元任、叶祥苓两位先生将同属于古清声母的两种调类分别称为"全阴平、次阴平、全阴上、次阴上、全阴去、次阴去、全阴人、次阴人"。这些名称，也是按照以声母为条件的古声调来源而定的。

有的方言声调分类比较特殊，调类名称就要看具体情况而定。例如，广州话韵母的主要元音有长短的区别，"长短元音与两个清入调有严格的配合关系"②。广州话有九个声调，除去按声母清浊古四声各分为两类以外，古清声母入声又按主要元音的长短分为上阴人（短元音）和中阴人（长元音）两类，调类名称就跟声母无关，"上人"和"中人"是按调值高低而定的。见下表（据李新魁、陈慧

---

① 赵元任：《现代吴语的研究》，科学出版社 1956 年版，第 78~79 页。
② 北京大学中国语言文学系语言学教研室：《汉语方音字汇》（重排本），语文出版社 2003 年版，第 30 页。

英、麦耘 1995 年《广州话音档》制定）：

专/蛙	唐	麻	古	柱	老	盖	共	卖	急	百	白	六
阴平	阳平		阴上	阳上		阴去	阳去		上入	中入	阳入	
53/55	21		35	23		33	22		5	3	2	

三、声类和声值

1998 年 11 月举办的第二届全国公务员普通话大赛（广州）中，一位天津的代表把"节、切"和"家、乡"等字的声母 tɕ、tɕʻ、ɕ 发得靠前了，听众中发出"尖音、尖音"的议论。"尖音"是跟"团音"相对的，"尖音"和"团音"是属于音类的一对概念。"尖团音"指某种方言由精组和见晓组来的字在细音前有不同的读音。一般是：由精组来的细音字声母的舌位在前，叫"尖音"；由见组来的细音字声母舌位靠后，叫"团音"。如果某种方言古声母精见两套声母在今韵母细音前读音相同，就是不分尖团，那么这个方言也就没有什么"尖音"和"团音"了（参见 2004 拙文《方言研究中的几种辩证关系》第三部分"尖音和团音"）。天津话是不分尖团的，天津的那位代表实际上是将所有精组和见晓组的细音字"节、切"（精组字）、"家、乡"（见晓组字）等都发得靠前而接近 ts、tsʻ、s 了，这跟北京的"女国音"相同，都是属于尖团不分，也就不存在"尖音"。将北京、天津等不分尖团方言区的某些人把普通话 tɕ、tɕʻ、ɕ 读得接近 ts、tsʻ、s 或读成 ts、tsʻ、s 的现象，说成是读"尖音"，是混淆了音值和音类这一对概念的区别。

在分尖团的方言中，尖音和团音有不同的音值；同样的音值，在不同的分尖团的方言中，有时是属于不同的音类。下表列举汉语不同方言区分尖团的一些方言点的情况：

谈谈音类和音值问题 • 25 •

地点	属区	尖音					团音				
		煎精	千清	钱从	先心	羡邪	坚见	牵溪	钳群	掀晓	现匣
厦门	闽	tsien	ts'ien	tsien	sien	sien	kien	k'ien	k'iam	hien	hien
梅县	客	tsien	ts'ien	ts'ien	sien	sien	kian	k'ian	k'iam	hian	hian
广州	粤	tʃin	tʃ'in	tʃ'in	ʃin	ʃin	kin	hin	k'im	hin	jin
天台	吴	tɕiE	tɕ'iE	dʑiE	ɕiE	ʑiE	kiE	k'iE	giE	hiE	ɦiE
宝山	西南	tsian	ts'ian	ts'ian	sian		tɕian	tɕ'ian	tɕ'ian	ɕyan	ɕian
南京	江淮	tsien	ts'ien	ts'ien	sien		tɕien	tɕ'ien	tɕ'ien	ɕien	ɕien
郑州	中原	tsian	ts'ian	ts'ian	sian	sian	tɕian	tɕ'ian	tɕ'ian	ɕian	ɕian
衡水	冀鲁	tθiā	tθ'iā	tθ'iā	θiā		tɕiā	tɕ'iā	tɕ'iā	ɕiā	ɕiā
平度	胶辽	tsiā	ts'iā	ts'iā	siā	siā	ciā	c'iā	c'iā	çiā	çiā
烟台	胶辽	tɕian	tɕ'ian	tɕ'ian	ɕian		cian	c'ian	c'ian	çian	çian
高平	晋	tɕiæ（肩）	tɕ'iæ（牵）	tɕ'iæ	ɕiæ	ɕiæ	铅谦 c'iæ	c'iæ	ɕiæ	ɕiæ	

说明：白静茹等《高平方言研究》，高平方言没有与 c、c' 相配的 ç 声母，晓组字今韵母细音的字声母读 ɕ。另外，本表列字溪母的"牵"也为尖音，表中高平例字用"铅谦"。

以上尖团音的读音类型可概括为下表七类（按团音字读音发音部位从后到前排列）：

类	尖音音值	团音音值	方言点	类	尖音音值	团音音值	方言点
1	ts ts' s	k k' h	厦门 梅县	2	tʃ tʃ' ʃ	k k' h j	广州
3	tɕ tɕ' dʑ ɕ z	k k' gh ɦ	天台	4	ts ts' s	c c' ç	平度
5	tɕ tɕ' ɕ	c c' ç	烟台 高平	6	tθ tθ' θ	tɕ tɕ' ɕ	衡水
7	ts ts' s	tɕ tɕ' ɕ	宝山 南京 郑州				

　　上面七种以第七种较为普遍,但是这七种并不能包括全部汉语分尖团方言的尖团音的读音类型。有的方言分类并不整齐,像浙江温岭在韵母是齐齿呼时不分尖团,如"将＝姜"、"齐＝旗"、"小＝晓",而在韵母是撮口呼时又分尖团,如"聚≠具"、"趣≠去文"、"鬚≠虚"①。至于上表中山西高平有些团音字归入尖音,可能是语音演变从分尖团到不分尖团的过渡现象。

　　在所有分尖团的方言中,也不是凡读 ts、ts'、s 声母的都是属于"尖音"。据岳立静②,在山东日照尖团音的音值差别有多种情况:

	一	二	三	四	五
尖音	tθ tθ' θ	tθ tθ' θ	ʈ ʈ' ɕ	tθ tθ' θ	tθ tθ' θ/ʈ ʈ' ɕ
团音	tɕ tɕ' ɕ	tʃ tʃ' ʃ	tʃ tʃ' ʃ	ts ts' s	ts ts' s
代表点	奎山	黄墩	陈疃	巨峰	竖旗山

　　以上的四、五两种都是团音读 ts、ts'、s 的。巨峰和竖旗山尖团音的读音举例如下:

例字	焦精	千清	全从	心心	鸡见	腔溪	权群	虚晓	形匣
巨峰	꜀tθiɔ	꜀tθ'iā	꜁tθ'yā	꜀θiē	꜀tsɿ	꜀ts'ɑŋ	꜁ts'uā	꜀sɿ	꜁sən
竖旗山	꜀tθiɔ	꜀ʈ'iā	꜁ʈ'yā	꜀θiē	꜀tsɿ	꜀ts'ɑŋ	꜁ts'uā	꜀sɿ	꜁sən

　　日照团音读 ts、ts'、s,韵母是洪音,这不符合本文前面所说的尖团音的定义,即在"今韵母细音前"的"细音"这个条件,可以看成是一种例外,因为毕竟像日照这样团音读 ts、ts'、s 的,在汉语方言中极为少见,而且,据我们的研究,日照方言的团音,曾经历过由 ɕ、ɕ'、ɕ→tɕ、tɕ'、ɕ→ts、ts'、s(或 tʃ、tʃ'、ʃ)的过程。声母在读 ɕ、ɕ'、

　　① 董少文:《语音常识》,文化教育出版社 1956 年版,第 120 页。
　　② 岳立静:《日照方言知庄章的精见端的读音关系》,载《方言》2005 年第 3 期。

ɕ 和 tɕ、tɕ‘、ɡ 时，韵母读细音没有疑问，而现在团音拼洪音的现象，是韵母因声母发音部位（由 tɕ 组变 ts 组或 t∫ 组）的变化而进一步发展的结果（参见 2004 拙著《古知庄章声母在山东方言中的分化及其跟精见组的关系》）。

　　山东其他分尖团的方言，也还有尖音或团音的韵母是洪音的，如蓬莱、诸城。见下表（表中龙口是属于尖团音韵母都读细音的，列于其中以便比较）：

	尖　　音					团　　音				
	煎_精	千_清	钱_从	先_心	羡_邪	坚_见	牵_溪	虔_群	掀_晓	现_匣
蓬莱	₍t∫an	₍t∫‘an	₍t∫‘an	₍∫an	∫anˀ	₍cian	₍c‘ian	₍c‘ian	₍çian	çianˀ
龙口	₍t∫ian	₍t∫‘ian	₍t∫‘ian	₍∫ian	∫ianˀ	₍cian	₍c‘ian	₍c‘ian	₍çian	çianˀ
诸城	₍tiā	₍t‘iā	₍t‘iā	₍ɕiā	ɕiāˀ	₍t∫ā	₍t∫‘ā	₍t∫‘ā	₍∫ā	∫āˀ

　　拿龙口跟蓬莱比较，两地的不同仅仅是尖音蓬莱读洪音而龙口读细音。龙口属于一般情况，而蓬莱的韵母有了新的发展。再拿蓬莱跟诸城比较，舌叶音 t∫、t∫‘、∫ 的后面两地都拼洪音，但在蓬莱是属于尖音，而诸城属于团音。这些，都需要按具体情况进行具体分析。

　　汉语方言中声母的音值相同而属于不同音类的又如古知庄章三组声母分为两类的一些方言，酌举两点对比如下表：

类别	甲类			乙类		
古声母	知开二、庄组、章开口止摄、知章合口（除遇摄）			知开三、章开口（除止摄）、知章合口遇摄		
例字	支_{止开三章}	齿_{止开三昌}	师_{止开三生}	知_{止开三知}	耻_{止开三彻}	湿_{深开三书}
徐州	₍tsʅ	ˀts‘ʅ	₍sʅ	₍tʂʅ	ˀtʂ‘ʅ	₍ʂʅ
日照	₍tʂʅ	ˀtʂ‘ʅ	₍ʂʅ	₍tsʅ	ˀts‘ʅ	₍sʅ

　　说明：知庄章甲、乙两类的读音跟日照近似的还有山东沂水，但沂水方言的乙类读 z、ts‘、s。z 相当于日照的 ts。日照各地读音有差异，表中为城关音。

声类的名称大多根据音值的具体读音情况而定，像唇音声母、塞音声母等，或者干脆就用音标符号。在推广普通话工作中，常常会根据方言特点，指出某某方言区的人学习声母要注意的难点，如 ts、tʂ 不分，n、l 不分，f、x 不分等等，说的都是不同层次的音类问题，这时音类的名称和音值是一致的。

四、韵类和韵值

汉语的音节，有的没有声母，但都必须有韵母。韵母由韵头、韵腹、韵尾三部分组成，但是并不一定要三项俱全。一个韵母可以没有韵头和韵尾，韵腹是不可缺少的。

汉语的韵母可以因主要元音是不是 i、u、y 或有没有介音 i、u、y 划分为开口呼、齐齿呼、合口呼、撮口呼四类，还可以因韵尾的有无或韵尾的不同划分为开尾韵、元音尾韵、辅音尾韵等类。大类下面还可以再分为层次不同的小类，如元音韵尾有-i、-u、-y、-ɯ；辅音韵尾分为鼻辅尾和口辅尾，鼻辅尾再分为-m、-n、-ŋ，口辅尾再分为-p、-t、-k。

正因为韵母中韵腹不可或缺，所以韵腹对于韵母的归类至关重要。韵腹一般由元音充当，也叫主要元音。古效、流两摄，今普通话分别读为 ɑu(iɑu) 和 ou(iou)，从古到今，两摄主要元音的音值都不相同。今普通话 ai(uai) 和 ei(uei)、an 和 ən、aŋ 和 əŋ 等的不同，也是主要元音的不同。

中国人民大学中文系方言调查实习小组《苏州方言三项新起音变的五百人调查》，选取 12 个年龄段，观察三项新起音变的年龄层次，其中有ɑ̄、ā 和 ɑʔ、aʔ 两项韵类由分到合的变化过程。这两项变化，实际上都是关于主要元音 ɑ 和 a 的。下表选取年龄段中最老和最小的两端进行比较说明：

谈谈音类和音值问题　　　　　• 29 •

类别	aʔ：aʔ				ā：ā	
	aʔ	aʔ	iaʔ	iaʔ	ā类	ā类
例字	白	拔	脚	甲	帮	浜
55 岁以上	baʔ ≠ baʔ		tɕia ≠ tɕia		pã ≠ pā	
10 岁小学三年级	baʔ = baʔ		tɕiaʔ = tɕiaʔ		pā = pā	

　　汉语韵母中介音的不同对于韵母四呼的分类有决定性的作用，由于介音不同而影响韵母归类的实例很多。各地方言四呼的分布并不均衡，在同一方言中每一呼的韵母有多有少，不同的方言也各不相同。其中撮口呼韵母是普遍比较少的。普通话 39 个韵母，开口呼 16 个、齐齿呼 9 个、合口呼 9 个，而撮口呼只有 5 个。有的方言甚至没有撮口呼，罗常培《厦门音系》(1956)指出："厦门音的韵类只有齐齿的-i 类跟合口的-u 类。"闽南方言没有撮口呼的方言，普通话读撮口呼的字，方言多数字读为合口呼。西南官话有的方言也没有撮口呼，普通话读撮口呼的字，西南官话读为齐齿呼。下表比较普通话撮口呼在闽南方言和西南官话中的读音：

例字		女	句	雨	略	靴	月
普通话		ᶜny	tɕyᵓ	ᶜy	lyɛᵓ	₍ɕyɛ	yɛᵓ
闽南	厦门	ᶜlu	kuᵓ	ᶜu	liɔk₂	₍hia	guat₂
	潮州	ᶜnuŋ	kuᵓ	ᶜu	liak₂	₍hia	gueʔ₂
西南	昆明	ᶜni	tɕiᵓ	ᶜi	₍nio	₍ɕiɛ	₍iɛ
	贵阳	ᶜli	tɕiᵓ	ᶜi	₍lio	₍ɕiɛ	₍iɛ

例字	捐	元	军	云	穷	永
普通话	₍tɕyan	₍yan	₍tɕyn	₍yn	₍tɕʰyŋ	ᶜyŋ

续表

例字		女	句	雨	略	靴	月
闽南	厦门	₎kuan	₃guan	₎kun	₃un	₃kiaŋ	⁻ioɡ
	潮州	₎kieŋ	₃ŋuaŋ	₎kuŋ	₃huŋ	₃kʻioŋ	⁻ioŋ
西南	昆明	₃tɕiɛ	₃ɕi	₃tɕʅ	₃ʅ	₃tɕʻioŋ	⁻ioŋ
	贵阳	₎tɕian	₎ian	₎tɕin	₎in	₃tɕʻioŋ	⁻ioŋ

普通话的合口呼韵母在有的方言某些声母后面读为开口呼。其中较常见的是古蟹、止摄和山、臻摄合口逢端系声母时，即普通话 t、tʻ、n、l 和 ts、tsʻ、s 拼 uei、uan、uən 三个韵母的字，有的方言读为开口呼。以荣成和武汉为例跟普通话对比如下：

例字	对	腿	内	雷	嘴	脆	岁
普通话	tuei⁼	⁼tʻuei	nei⁼	₎lei	⁼tsuei	tsʻuei⁼	suei⁼
荣成	tei⁼	⁼tʻei	nei⁼	₎nei	⁼tsei	tsʻei⁼	sei⁼
武汉	tei⁼	⁼tʻei	nei⁼	₎lei	⁼tsei	tsʻei⁼	sei⁼

例字	端	团	暖	乱	钻	窜	酸
普通话	₎tuan	₃tʻuan	⁼nuan	luan⁼	₎tsuan	₃tsʻuan	₎suan
荣成	₎tan	₃tʻan	⁼nan	nan⁼	₎tsan	₃tsʻan	₎san
武汉	₎tan	₃tʻan	⁼nan	lan⁼	₎tsan	₃tsʻan	₎san

例字	墩	吞	嫩	论	尊	村	孙
普通话	₎tuən	₃tʻuən	nən⁼	luən⁼	₎tsuən	₃tsʻuən	₎suən
荣成	₎tən	₃tʻən	lən⁼	lən⁼	₎tsən	₃tsʻən	₎sən
武汉	₎tən	₃tʻən	lən⁼	lən⁼	₎tsən	₃tsʻən	₎sən

汉语的不同方言，韵母和声母的拼合关系不同，如普通话 ts、tsʻ、s 不拼齐齿呼和撮口呼，而青岛、上海等方言 ts、tsʻ、s 可以拼

齐齿呼和撮口呼。声韵拼合关系是体现方言特点的一个重要方面，声母的发音部位和韵母四呼的配合互为因果。例如，长沙方言有 8 个撮口呼韵母，相对于别的方言是相当多的，究其原因，是合口的知庄章三组声母长沙读 tɕ、tɕʻ、ɕ，而舌面前音是不拼洪音韵母的，所以长沙这类字的韵母为撮口呼，见下表（空白表示此处无字）：

1. y	2. ye	3. ya	4. yei	5. yai	6. yē	7. yn	8. yan
猪=居 ꜀tɕy		抓 ꜀tɕya	追 ꜀tɕyei		专 ꜀tɕyē	准 ꜀tɕyn	庄 ꜀tɕyan
出=屈 tɕʻy꜖			吹 ꜀tɕʻyei	揣 ꜀tɕʻyai	串=劝 tɕʻyē꜕	春 ꜀tɕʻyn	窗 ꜀tɕʻyan
书=虚 ꜀ɕy	说 ɕye꜖	耍 ꜀ɕya	水 ꜀ɕyei	帅 ɕyai꜕		顺=训 ɕyn꜕	霜 ꜀ɕyan

合口的知庄章三组声母在中原官话的一些方言中读 pf、pfʻ、f 声母，除单韵母 u 以外，其他都读开口呼，以下酌举三例：

例字	书	抓	刷	桌	说	衰	追
西安	꜀fu	꜀pfa	꜀fa	꜀pfo	꜀ʂɤ	꜀fæ	꜀pfei
运城	꜀fu	꜀pfa	꜀fa	꜀pfo	꜀ɕyE	꜀fai	꜀pfei
新泰	꜀fu	꜀pfa	꜀fa	꜀pfə	꜀fə	꜀fɛ	꜀pfei

例字	水	专	穿	春	顺	窗	霜
西安	ꜛfei	꜀pfā	꜀pfʻā	꜀pfʻē	fē꜕	꜀pfʻaŋ	꜀faŋ
运城	ꜛfei	꜀pfæ	꜀pfʻæ	꜀pfʻei	fei꜕	꜀pfʻɑŋ	꜀fɑŋ
新泰	ꜛfei	꜀pfā	꜀pfʻā	꜀pfʻē	fē꜕	꜀pfʻɑŋ	꜀fɑŋ

普通话读 ʐ 声母，来源于古日母及个别疑、云、以的字，韵母

分别为开口呼和合口呼两类；山东东部及东北的一些方言中读为零声母，韵母相应地为齐齿呼和撮口呼，跟北京比较如下：

例字	日	热	饶	肉	然	人	让
北京	ʐʅˎ	ʐɤˎ	ˎʐau	ʐouˎ	ˎʐan	ˎʐnə	ʐɑŋˎ
青岛	ˎi	iəˎ	iɔˎ	iouˎ	iāˎ	iēˎ	iaŋˎ
龙口	ˎi	ˎiə	ˎiau	iouˎ	ˎian	ˎin	iaŋˎ
大连	iˎ	ieˎ	ˎiau	iəuˎ	ˎian	ˎin	iaŋˎ
佳木斯	iˎ	ieˎ	ˎiau	iəuˎ	ˎian	ˎin	iaŋˎ
例字	仍	如	弱	软	闰	绒	荣
北京	ˎʐʌŋˎ	ˎʐu	ʐˏuoˎ	ˏʐuan	ʐuənˎ	ˎʐuŋ	ˎʐuŋ
青岛	ˎloŋ	yˎ	yəˎ	ˎyā	yēˎ	ioŋˎ	ioŋˎ
龙口	ˎləŋ	ˎy	ˎyo	ˎyan	ynˎ	ˎioŋ	ˎioŋ
大连	ˎləŋ	ˎy	yeˎ	ˎyan	ynˎ	ˎyŋ	ˎyŋ
佳木斯	ˎiŋ	ˎy		ˎyan		ˎyŋ	ˎyŋ

　　方言中由于声母的发音部位不同而造成韵呼不同类的例子还有许多，这里不多举。

　　董少文（李荣）《语音常识》在"辅音韵尾"一节中，说到北京 n 和 ŋ 两类韵尾分得很清楚，而好些方言不能完全区分。北京的 7 对韵母与汉口等方言比较如下（本表按《语音常识》131 页内容制定，表中汉口等三点后的数字表示 7 对中有几对该方言不能区分）：

谈谈音类和音值问题 · 33 ·

	一	二	三	四	五	六	七
n韵尾	ən 根奔真	in 宾斤因	an 班单干三	uan 关专弯	uən 敦坤春尊	uən 温	yn 勋运
ŋ韵尾	əŋ 庚崩蒸	iŋ 兵京英	aŋ 帮当刚桑	uaŋ 光庄汪	uŋ 东空充宗	uəŋ 翁	yŋ 胸用
汉口2	根＝庚	斤＝京	干≠刚	弯≠汪	坤≠空	温≠翁	运≠用
南京4	根＝庚	斤＝京	干＝刚	弯＝汪	坤≠空	温≠翁	勋≠胸
兰州5	根＝庚	斤＝京	干≠刚	弯≠汪	坤＝空	温＝翁	运＝用

在不同的方言里，相同韵类的音值也不一定相同。如上表的南京和兰州，虽然从音类看，同样是"根＝庚"、"宾＝兵"，但是两类韵母的音值两地不同：

例字	根	庚	宾	兵	班	帮	关	光
南京	₌kəŋ		₌piŋ		₌pã		₌kuã	
兰州	₌kə̃		₌piə		₌pẽ	₌pã	₌kuɛ	kuā

例字	敦	东	温	翁	运	用
南京	₌tuəŋ	₌toŋ	₌uəŋ	₌oŋ	iŋ°	ioŋ°
兰州	₌tuə		₌və		yə°	

参考文献

1. 白静茹、原慧艳、薛志霞、张洁：《高平方言研究》，山西人民出版社2005年版。

2. 北京大学中国语言文学系语言学教研室：《汉语方音字汇》（重排本），语文出版社2003年版。

3. 陈澧1842《切韵考》，（台湾）学生书局据严式海东塾丛书本校刊、龚道耕重校本1972印行。

4. 陈章太、李行健主编：《普通话基础方言基本词汇集》，语文出版社1996年版。

5. 董少文：《语音常识》，文化教育出版社 1956 年版。

6. 李新魁、陈慧英、麦耘：《广州话音档》，上海教育出版社 1995 年版。

7. 罗常培：《汉语音韵学导论》，中华书局 1956 年版。

8. 罗常培：《厦门音系》，科学出版社 1956 年版。

9. 钱曾怡：《方言研究中的几种辩证关系》，载《文史哲》2004 年第 3 期。

10. 钱曾怡：《古知庄章声母在山东方言中的分化及其跟精见组的关系》，载《中国语文》2004 年第 6 期。

11. 钱曾怡主编：《山东方言研究》，齐鲁书社 2001 年版。

12. 王力：《汉语音韵学》，中华书局 1980 年版。

13. 叶祥苓：《吴江方言声调再调查》，载《方言》1983 第 1 期。

14. 岳立静：《日照方言知庄章和精见端的读音关系》，载《方言》2005 第 3 期。

15. 中国人民大学中文系方言调查实习小组：《苏州方言三项新起音变的五百人调查》（《吴语论丛》，复旦大学中国语言文学研究所吴语研究室编，上海教育出版社 1988 年版）。

16. 赵元任：《现代吴语的研究》，科学出版社 1956 年版。

（原载《语言教学与研究》2007 年第 1 期）

官话方言

官话旧指普通话。其主要含义有二：一是官方使用的语言，二是公众通用的语言。两个意思密切相关。因为语言的障碍很不利于施政，所以历来的政府都有一些诸如"书同文"之类的统一语言的措施。清俞正燮《癸巳存稿》卷九《官话》："清雍正六年，奉旨以福建、广东多不谙官话，著地方官训导，廷臣议以八年为限，举人、生员、贡、监、童生不谙官话者，不准送试。"会不会官话，居然影响到读书人的仕途前程！由于官方使用和提倡，官话成为公众通用的共同语是必然的。所以官话旧时也指共同语，历史上称为雅言、通语、凡语等等。共同语跟方言土语相对而言，除了官场使用、通行范围比方言土语广以外，还含有比较文雅的意思在内。《论语·述而》："子所雅言，诗、书、执礼，皆雅言也"。孔子的"雅言"跟《孟子》中所说的"南蛮鴃舌"(《滕文公上》)、"齐语"(《滕文公下》)、"齐东野人之语也"(《万章上》)正是相对的。将官话跟方言对举的，在明代就多有记载，例如何良俊《四友斋丛说》(史四)"官话"与"乡语"、张位《问奇集》"官话"与"各地乡音"、谢榛《诗家直说》(卷三·四)"官话"与"家常话"等。

今天我们所说的官话方言，跟上文官话的意义是不同的。两者的不同主要可概括为三：

第一，官话和官话方言的根本不同，是共同语和共同语的基础方言的不同。正如上文所说，官话是共同语的旧称，而官话方言则是汉语方言的一种，是包括中央政府所在地在内的一种区域方言。

第二，作为共同语基础方言的官话方言分布地域极广，各地之间存在不小的差异，特别在语音方面还有明显的系统的不同。在官话方言分布的大范围之内，往往只有某一地域的方言形成为共同语基础方言的中心，共同语的音系大体以这个中心方言的音系为准。在一定的历史阶段，处于基础方言中心地位的方言会因政治、经济、文化等等的关系而有所转移，在我国历史上，长安、洛阳、南京等地的方言，都曾先后是汉语共同语基础方言的中心，正如北京方言是现代汉语基础方言的中心一样。这就是说，长安、洛阳等地的方言都是属于官话方言的基础方言，但未必都能处于基础方言中心的地位，不是任何历史时期都称得上是官话。

第三，跟其他任何方言一样，官话方言是客观自然的存在，而共同语则有一定的规范标准。例如孔子使用的雅言，我国历代的韵书，也多有为作文赋诗等语言活动进行规范的目的，其所制定的音系往往是语音规范的标准。现代汉民族共同语的标准就是"以北京语音为标准音，以北方话为基础方言，以典范的现代白话文著作为语法规范的普通话"，这个标准比以往的任何历史时期都更明确、更全面。对于官话方言的调查研究及认识，都是以客观忠实的记录材料为基准的；而现代汉民族共同语语音、词汇、语法标准，则是在对汉语规范化长期实践和科学研究的基础上确立的，对于这个标准的认识和具体掌握也并不是绝对相同的。

一、官话方言的地域分布

官话方言，由于主要分布于汉语分布地区的北部，所以又称北方官话、北方话。北方话，也可以看成是跟其他分布于非北方地区的方言相对而言的。由于政治、经济、文化、历史等多方面的原因，汉语官话方言通行范围之广、使用人口之多,是其他不论哪一种方言都不能与之相比的。

官话方言分布于以下三部分地域的汉民族居住区和某些少数民族自治区:(1)长江以北地区;(2)长江以南包括西南的四川、贵州、云南三省,湖北西北角,镇江至九江的部分沿长江地区;(3)河西走廊及新疆地区。从东北的黑龙江到西南的澜沧江,从东部的黄海之滨到西部的新疆边陲,直线距离都在 3000 公里以上。南北、东西呈斜状的"T"字形,很像一只南北为翼、由东向西通过河西走廊到新疆的大尾巴蜻蜓(参见"官话方言分布图")。使用人口 66000 多万,占中华人民共和国总人口的 64.51%,占说汉语人口的 67.76%。

官话方言覆盖内蒙古、黑龙江、吉林、辽宁、北京、天津、河北、山东、河南、安徽、江苏、湖北、湖南、四川、重庆、云南、贵州、山西、陕西、宁夏、甘肃、青海、新疆、广西、江西、浙江等 26 个省市自治区 1500 多县市的全部或部分地区。按照其内部差异又可分为北京、东北、胶辽、冀鲁、中原、兰银、西南、江淮八个次方言,下表列出这八个次方言及属于官话而未作分区的方言在官话方言区 26 个省市区(重庆市包括在四川省之内)的分布情况,其中数字指该方言在某一省市内所分布的县市数。

表 1   官话方言八区在 26 省市区分布的县市统计表

	一	二	三	四	五	六	七	八	未分区
	北京官话	东北官话	胶辽官话	冀鲁官话	中原官话	兰银官话	西南官话	江淮官话	
1 内蒙古	4	10							
2 黑龙江		88	2						
3 吉林		47							
4 辽宁	6	38	14						

续表

	一 北京官话	二 东北官话	三 胶辽官话	四 冀鲁官话	五 中原官话	六 兰银官话	七 西南官话	八 江淮官话	未分区
5 北京	9			1					
6 天津	1			5					
7 河北	13			105	2				
8 山东			30	53	31				
9 河南					108				
10 安徽					27			42	10
11 江苏					10			45	
12 湖北							47	16	
13 湖南							37		
14 四川							156		
15 云南							126		
16 贵州							83		
17 山西				1	28				
18 陕西					72		9		
19 宁夏					6	13			
20 甘肃					49	21	1		
21 青海					13				
22 新疆	11				44	22			
23 广西							56		
24 江西							2	3	
25 浙江								2	3
县市合计	44	183	46	165	390	56	517	108	13
使用人口 单位:万	1802	8200	2833	8363	16941	1173	20000	6723	136

官话方言 ・ 39 ・

说明：

①本表官话八区在 26 省市区的分布数据来自《中国语言地图集》，下文简称《地图集》。

②"未分区"指湖北、河南移民到安徽和浙江的官话。计有：湖北话在安徽 6 县、浙江 1 县的部分乡村，河南话在安徽 4 县、浙江 2 县的部分乡村。

③北京官话中，北京市 10 区 8 县，10 区以 1 市计，得总数 9。

④中原官话，《地图集》A2《汉语方言的分区》肆"汉语方言分区分片一览表"按分区列省市数为河南 98、安徽 37，现据 B3《官话之三》所列的具体县市数改为河南 108（郑曹片 59、蔡鲁片 17、洛徐片 19、信蚌片 10、汾河片 3），安徽 27（郑曹片 15、蔡鲁片 1、洛徐片 2、信蚌片 9）。

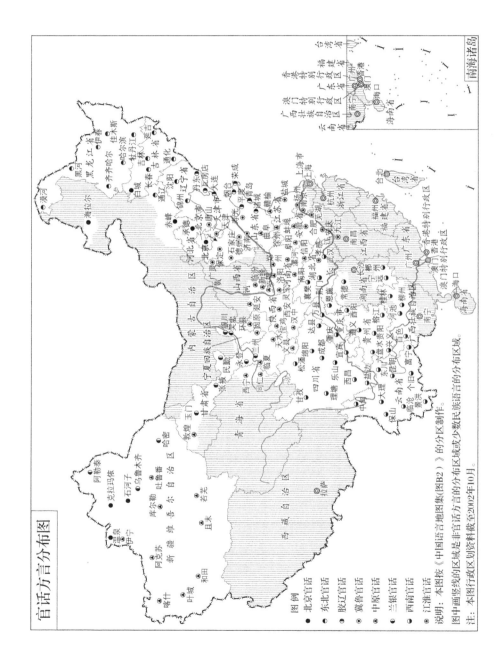

二、官话方言的形成

我国历史悠久,是人类文明的发祥地之一。从北京周口店发现的北京猿人遗骸、石器和灰烬来看,远在四五十万年以前,中国猿人就已经会制造工具、使用火,"已经基本具备了人的特征"①。会制造工具和使用语言是作为人的本质特征,语言产生于人类的初始,从这点来说,我国的原始语言,也应该产生于四五十万年以前。

黄河流域是中华民族文化生成的源头,现在的官话方言区,从甘肃、青海向东,尤其是陕中、晋南直到冀鲁豫等中原官话和冀鲁官话等的分布范围,是我国原始文化孕育和发展的中心地区,也是汉语从形成到发展的中心地区。这从以下材料可以得到充分的说明:

考古发掘的旧石器文化,除上述北京猿人文化以外,还有山西襄汾丁村文化、河套文化、近年发现的山东沂源的猿人化石;新石器文化有河南渑池的仰韶文化、山东历城的龙山文化。传说中,我国中原各族共同的祖先黄帝"生于寿丘(今山东曲阜)"(《史记正义》),"与蚩尤战于涿鹿之野(今河北)","邑于涿鹿之阿"(均见《史记·五帝本纪》),"黄帝冢"位于今陕西省黄陵县城北桥山。黄帝以后黄帝族的著名首领少昊"居曲阜(山东)"、颛顼"居帝邱(河南濮阳)"、帝喾"居亳(河南偃师)"。颜师古《汉书·地理志》"冀州既载"句下注:"两河间曰冀州。……冀州,尧所都,故禹治水自冀州始也。"舜"生于诸冯(山东诸城),迁于负夏(北海之滨),卒于鸣条(河南开封附近),东夷之人也"(《孟子·离娄下》)。"舜,冀州之人也。舜耕历山(山东济南),渔雷泽(山东菏泽),陶河滨,作什器于寿丘,就时于负夏。"(《史记·五帝本纪》)

---

① 郭沫若主编:《中国史稿》第 1 册,人民出版社 1962 年版,第 3 页。

　　束世澂编辑《中国通史参考资料选辑》在论及为什么陕中、豫西、晋南等地区是原始中国文化的发祥地域时说："最主要的原因，是这个地区的自然条件优美，有黄河曲折经流，又有较大的河流由各方流来，这样就使其地土壤肥沃，再加气候温和，宜于农畜的发展，因此，在附近各方发展的民族，都向这个自然条件优美的中心地区移动。各民族的不同文化紧集在这个中心区域，各种民族就不能不互相吸取较高的生产技术，好争取优好的经济生活状况。这种混合后的文化是强大有力的，由这个中心地区再向各方移动，又吸收了在移动路线上所遇到的文化优点，因而又成一种有力的文化，更向中心地区移动，在中心地区则又与其他移来的文化混合，吸取了较高的生产技术，文化因而向前进展一步。""如此，在中心地区，文化发展加速。"①

　　我国古代各族人民的历史发展是不平衡的，其中活动在黄河中游一带的华夏族首先建立了我国第一个朝代夏朝。"夏部落是由十多个大小近亲氏族部落发展而来的。和夏部落结为联盟的还有它的远亲氏族部落，以及东方夷人的一些氏族部落。夏部落的活动地区，西起今河南西部和山西南部，沿黄河东至今河南、河北和山东三省交界的地方，和其他氏族部落形成犬牙交错的局面。夏朝参加多次迁徙，大体上都不出这一带地方。"②华夏族在后来的汉族中占主要地位，因此，由几个族融合在一起的华夏族可以说是汉族的前身。

　　我们虽然无从了解史前时期上述华夏东夷等族的语言情况，但是从河南安阳所发现的殷墟甲骨文字的基本字形结构、基本词汇和基本语法跟后代的语言文字大体一致的情况来看，在三千多年以前，这个地区已经有了相当发达的文字。王力《汉语史稿》：

---

①　束世澂编辑：《中国通史参考资料选辑》，新知识出版社 1955 年版，第 17 页。
②　郭沫若主编：《中国史稿》第 1 册，人民出版社 1962 年版，第 79 页。

"依照甲骨文字的体系相当完备的情况看来,如果说五千年前我们的祖先就创造了文字,还算是谨慎的估计。"①近年在山东邹平丁公龙山文化遗址中,也发现陶片符号,说明在距今 4200～4000 年之间,东夷族的先民也已有了原始的文字。② 文字是记录语言的工具,文字的产生从图画到形成是一个漫长的过程;在文字产生之前,语言应该也早已经历了漫长的历史时期。

方言的历史,可以追溯到人类定居时代的开始,"跟人文历史至少是一样的古老"③。《礼记·王制》中所说的"五方之民,言语不通"的记述,正是汉语自古以来就存在方言差异的证明。东汉应劭《风俗通义·序》所讲"周秦常以岁八月遣辬轩使者求异代方言。"说明我国的方言调查早在周秦时代就已开始,而且是作为政府行为来推行的;世界上第一部方言专著扬雄《辬轩使者绝代语释别国方言》产生于距今 1900 多年的西汉,表明人们对存在方言差异的客观事实早就有了深切的认识。

从总体来看,汉语官话方言的形成,可以说是远古中原一带华夏、东夷等族的语言长期自身发展、相互影响、跟四周方言交融并向四周延伸的结果。

我国历史上地域的割据固然造成方言的分歧,但是频繁的争战、大小诸侯国的分合变迁,乃至各家学说的传播,也为方言的混合提供了有利的条件。经过夏、商、周三个时期,华夏族活动地区

---

① 王力:《汉语史稿》下册,中华书局 1980 年版,第 596 页。

② 山东大学历史系考古实习队在邹平丁公遗址 1235 号龙山文化灰坑中发现的陶盘残片,学者对其底部所刻的 11 个符号是否是文字认识不一。裘锡圭:"这些符号不是图绘,也不是无目的的任意刻划的产物。它们大概也不会是跟语言毫无关系的一种表意符号,不然为什么会有 11 个符号排列有序地刻在一起呢? 另一方面,从遗物的时代和符号的形式来看,它们也不可能是成熟的文字。所以它们大概是一种原始文字。"(《笔谈丁公遗址出土陶文》,见《裘锡圭学术文化随笔》,中国青年出版社 1999 年版,第 351 页。)

③ 袁家骅等:《汉语方言概要》,文字改革出版社 1983 年版,第 1 页。

的语言逐渐形成为汉语共同语的基础，《论语·述而》所说的孔子读诗书、执礼所使用的"雅言"就是"夏言"①。周武王建都镐京（今陕西西安市附近），"夏言"是西周王朝京畿一带的方言，当时处于共同语中心的地位。"周朝东边是夷族，这是一个有古老传统的民族。据有关文献记载，它们很久以来就住在那里。"②古夷族主要聚居于齐国和鲁国的地区。齐鲁方言虽然不是共同语的标准，但是齐鲁之邦是我国古代经济发展较早的地区之一，齐鲁文化更是中华文化辉煌的代表，齐鲁学者的著述是汉语共同语的较早记录形式，对汉语的发展有着深远的影响。《孟子·滕文公下》："有楚大夫于此，欲其子之齐语也，则使齐人傅诸？使楚人傅诸？"说明"齐语"在当时的重要地位。扬雄《方言》以及东汉山东高密人郑玄在先秦经籍笺注中的材料③，都是齐鲁等地方言悠久历史的记录。文献还说明，东夷文化与华夏文化有着长期的交流与融合，这些地区的方言也是处于长期互相影响的过程之中，具有不少共同的特点，在历史上是官话方言向周围地区延伸的基地。

　　周振鹤、游汝杰认为："北方汉语在两汉时代可以说还是纷歧异出的。这从《方言》所列举的众多地域中也可以看出。但是北方经汉末丧乱、三国纷争、五胡十六国混战，人口流动的规模和数量都很大。这种历史背景促使了北方汉语的混化。后来经过隋唐宋三代的长期稳定发展，北方汉语进一步互相融合，内部一致性大为

---

　　①　"雅"借作"夏"；《墨子·天志下》"《大雅》"作"《大夏》"；《荀子·儒效》篇"居楚而楚，居越而越，居夏而夏"，《荣辱》篇"越人安越，楚人安楚，君子安雅"；《韩非子·外储说右上》"公子夏"，《左传·襄公二十八年》作"公子雅"。

　　②　郭沫若主编：《中国史稿》第1册，人民出版社1962年版，第138页。

　　③　郑玄笺注提到的齐鲁方言，如：《诗·小雅·瓠叶》"有兔斯首"笺："斯，白也，今俗语斯白之字作鲜，齐鲁之间声近。"《周礼·秋官·蝈氏》注："齐鲁之间谓蛙为蝈。"《礼记·缁衣》"资冬祁寒"注："资当作至，齐鲁之语，声之误也。"郑玄笺注还举到"赵魏"、"周秦"等方言，如：《诗·大雅·韩奕》"实墉实壑"笺："实当作寔，赵魏之东，实寔同声，寔是也。"《礼记·杂记上》"使某实"注："实当为至，此读周秦之人声之误也。"

增强了。'北方话'作为一个方言大区也就是在唐宋时代才逐渐明确起来的。"①

　　官话方言从其主要分布区向四周扩展的情况自古存在,这跟历史上的迁都、移民、屯田、戍边等等都有密切关系。以下主要摘引官话方言的几种音档和有关学者对东北官话、胶辽官话、西南官话、江淮官话、新疆汉语方言以及北京官话形成的论述来作说明。

　　1. 东北官话。尹世超《哈尔滨话音档》:"黑龙江、吉林、辽宁三省和内蒙古跟这三省毗连的地区,是一个多民族聚居的地区。在远古时期这里便有汉族移民,但在相当长的历史时期内,汉族人一直很少。从唐代契丹、靺鞨经金元两代女真直到明末形成的满族,历代在这一地区占统治地位的民族所使用的语言都属于阿尔泰语系。从辽代开始,才有大批汉族人从内地移居东北。这些汉族人大都是契丹建立辽国前后,从幽燕地区被掠夺到东北的。随着时间的推移和与少数民族的交往,他们所说的幽燕方言的影响逐渐扩大。到 12 世纪中叶金女真统治者迁都燕京时,已大都使用或会使用汉语了。金灭辽后,继续强迫大批关内汉族人移居东北。他们和早期来的汉族人加在一起,数量已相当可观。汉族文化高,人口多,汉语在东北各族语言中自然就占了优势。这种汉语就是以燕京话为中心的幽燕方言在和东北少数民族语言密切接触过程中形成的早期东北官话。"②

　　2. 胶辽官话。胶辽官话的前身是胶东方言,就是《孟子》中所说的"齐东野人之语也"。这个地区的人们偏居山东半岛东隅,北、东、南三面环海,正是所谓"天尽头"的地方,虽然西部与齐鲁大地连接,但是方言之间存在不少差异,所以《方言》单独举到"东齐"或

---

　　① 　周振鹤、游汝杰:《方言与中国文化》,上海人民出版社 1986 年版,第 92～93 页。

　　② 　尹世超:《哈尔滨话音档》,上海教育出版社 1998 年版,第 43 页。

· 46 ·　　　　钱曾怡汉语方言研究文选

"东齐之间"就有 30 次之多。胶辽官话的形成是胶东方言通过移民向辽东一带扩散的结果。罗福腾《胶辽官话研究》："胶辽官话从它的根据地——山东半岛地区,跨海散播到东北地区,完全是由于清代以来,山东人口大量往东北迁移而造成的。"①"辽东半岛的移民主要来自山东登州府和莱州府,迁入时间集中于清代早期和中期。胶东移民的方言奠定了大连、丹东、营口方言的基础。"②

3. 江淮官话。据鲍明炜考定："南京方言在魏晋南北朝时期属于吴语,现今则属于北方方言,从吴语到北方话是很大的转变。"③刘丹青《南京话音档》："江淮方言区自古位于中国南北两大语言文化区的中间,至今该区居民仍有这种居中心理,称无入声的北方诸方言为'侉',称吴语区等南方地区的方言为'蛮'。较为稳固而定型的江淮方言区当形成较晚,因为这一带居民的流动非常复杂和频繁。江淮方言是在这一带原先的南方方言（主要是吴语）和不断南下的历代北方人的方言长期融合之下逐渐形成的。"④

4. 西南官话。西南官话地跨四川、云南、贵州三省全省及湖北、湖南的部分县市,至今对这个方言的综合研究成果还不多。崔荣昌《成都话音档》："四川方言的孕育、形成和发展,同古代的巴人、蜀人和历次华夏族移民有着密切的关系。""四川官话是外地人带来的。元末明初的战乱和大批湖广籍和部分河南籍、陕西籍和安徽籍的军人和平民留居四川。…… 因此可以说,早在 600 年前,官话方言就从东面和北面深入到四川了。到清朝前期,以湖广地区（特别是湖北）为主的大批移民入川,从而形成了今天的四川

---

① 罗福腾：《胶辽官话研究》,博士学位论文,1998 年,打印稿第 5 页。

② 罗福腾：《胶辽官话研究》,博士学位论文,1998 年,打印稿第 22 页。

③ 鲍明炜：《南京方言历史演变初探》,载《语言研究集刊》第一辑,江苏教育出版社 1986 年版,第 376 页。

④ 刘丹青：《南京话音档》,上海教育出版社 1997 年版,第 44～45 页。

话西南官话的体系。"①毛玉玲《昆明话音档》："汉族人口逐步迁徙到云南定居。在历史上较大规模的移民有先秦时楚威王派大将庄蹻入滇;汉元封二年(公元前109年)汉武帝举兵入滇,以其地设益州郡,移民垦殖;唐天宝年间,派20万大军讨伐南诏,兵败后士卒流落云南,与白族融合,汉语得到广泛的使用,故《新唐书·南蛮传》说:'语言与中原同'。"②李蓝《西南官话内部声调与声母的异同》："明初经营西南,西南平定后向云贵两省大量移民。……这次移民使云贵的社会结构发生了根本性的变化,奠定了云贵两省以汉族为主体的人口格局,汉语方言也随之形成并一直延续下来。""湖北、湖南和广西的西南官话大致是分别以江陵、江夏(今武昌)和桂林为中心发展形成的,由于千百年来商旅往来而与以四川话为中心的西南官话逐渐趋同,明清两代的大移民又使云贵鄂湘桂六省区的方言更趋一致,以致我们今天已可以把这几个省区的西南官话看成是一种一致性相当高的方言了。"③

5. 新疆的汉语方言。新疆自古是一个多民族聚居的地区,汉语在新疆的通行有悠久的历史。周磊《乌鲁木齐话音档》："今天新疆境内的汉语方言和清代移民直接有关。清代后期,戍边、经商、逃荒、避难,到新疆的汉民络绎不绝,其中以来自陕西、甘肃两省的为多。"④现代新疆汉语方言在新疆的分布为兰银官话北疆片、中原官话南疆片和北京官话片。刘俐李《新疆汉语方言的形成》："自清朝乾隆年间至新疆解放以来的二三百年间,新疆先后发生过三次移民浪潮。这三次移民浪潮造就了新疆的三片汉语方言。"⑤据

---

① 崔荣昌:《成都话音档》,上海教育出版社1997年版,第108页。

② 毛玉玲:《昆明话音档》,上海教育出版社1997年版,第35页。

③ 李蓝:《西南官话内部声调与声母的异同》,博士学位论文,1995年,打印稿第4页。

④ 周磊:《乌鲁木齐话音档》,上海教育出版社1998年版,第41页。

⑤ 刘俐李:《新疆汉语方言的形成》,载《方言》1993年第4期。

刘俐李文:第一次和第二次(分别在 1759 年清乾隆统一新疆后和 1884 年清光绪新疆建省前后)的移民集中于北疆和东疆,来源于陕甘,以甘肃河西及其毗邻地区的人居多,"甘肃河西话是北疆片的基础方言"。一、二两次移民浪潮,到南疆的汉族移民很少,因为清廷严禁汉民移居南疆,中原官话南疆片则是"以陕西回族话为基础形成的"。"新疆建省前夕,南疆出现大批回族民户,多系清廷安置的被陕西回民头目白彦虎裹胁至南疆的陕西回族民众。……他们所用的关中方言经过发展演变,就成了当地的汉语,以致影响到后来移居的汉语使用者。"新疆的北京官话俗称"新疆普通话"。"它的出现起因于新疆的第三次移民浪潮。本世纪(20 世纪)40 年代末至 60 年代,数以万计的人由关内入疆,屯垦戍边、支边务农、复员转业、知青赴疆、企业支边、毕业分配、投亲逃荒等,此外还有不少服刑者。""这些人来自五湖四海……分布于天山南北,大多在人迹罕至之地开荒造田、创建新业,形成新移民区……新移民区的汉语并不统一,就全局看并没有哪种方言有突出的人数优势或交际优势。但新移民区总要有一种通行语满足社会交际的需求,在社会统一、经济发展、教育普及、普通话影响增大的五六十年代,加之广播、电影等传播媒介和语言审美心理的作用,自然选择了普通话。""因此,新疆北京官话片的分布不像南北两片汉语方言那样在地理上连成一整片,而是分成几片,或是零星分布。"

　　6. 北京官话。林焘、周一民、蔡文兰《北京话音档》:"北京这个千年古都是由汉族和我国北方少数民族共同建立起来的。早在隋唐时期,北京已是边陲重镇,是历代汉族和少数民族冲突与融合最频繁的地区之一。"①"公元 1153 年,金代把国都迁到燕京,这是北京正式成为一国国都之始。从辽至金…… 大量的北方少数民族涌进北京,原住在北京的汉族人被迫或自愿和他们杂居在一起,

---

　　① 林焘、周一民、蔡文兰:《北京话音档》,上海教育出版社 1998 年版,第 43 页。

加强了和他们的联系,和宋朝统治的中原地区广大的汉族人民反而在政治上完全分离,交往也受到严重影响,这种情况一直延续达300年之久。和外族语言长期密切接触,和广大中原地区的本族语言反而关系疏远,北京话从一千多年以前就开始处于这种和其他汉语方言完全不同的特殊语言环境中。"①"为了发展生产,繁荣经济,明初采取了大量移民的政策充实北京,移民从山西、山东直到江浙一带,每次动辄万户。……北京的人口结构在这时发生了很大的变化,和北京话接触最频繁的已经不是契丹、女真等少数民族的语言,而是来自中原和长江以南的各地汉语方言。方言之间虽然有分歧,但同是汉语,差别终究不大,再加上来源不一,五方杂处,不可能只向某一地区的方言靠拢,这可能就是中古以后发展迅速的北京话到明代趋于稳定的主要原因。"②

以上可见,北京官话的形成跟东北、胶辽、西南、江淮等方言的形成途径是明显不同的。东北等官话主要是远古华夏、东夷等族的语言向四周扩展并与当地汉语方言或少数民族语言交融的结果,而北京官话的形成则是北方少数民族语言和东西南北汉语方言区的人们迁入北京,外来人口和本地人语言长期交流的结果。两种途径,一种是由中心向周边扩展,一种则是四周向中心集合。如果把前者称为散布型,那么后者可以称之为集束型。

三、官话方言的特点

本节在切入正题之前,有三点说明:

第一,有关官话方言的特点,是指官话方言的总体而言。至于官话方言下属的不同层次的区、片和小片的特点,为避免重复,将

---

① 林焘、周一民、蔡文兰:《北京话音档》,上海教育出版社1998年版,第44页。

② 林焘、周一民、蔡文兰:《北京话音档》,上海教育出版社1998年版,第46~47页。

在下一节"官话方言的分区及内部特点比较"中跟分区的情况结合起来进行说明。

第二，为了跟本书其他篇章取得协调，本节官话方言的区域范围及分区，基本上依照中国社会科学院和澳大利亚人文科学院合编的《中国语言地图集》(1987年)的结果。

第三，方言的特点可以从不同的角度进行分析，有语言的特点，也有非语言的特点。

本节讨论官话方言的特点以下述原则为准：首先，作为方言分区的依据，只有语言的特点才是唯一的标准。至于历史上的行政区划、人口迁移、自然地理等非语言因素，可能会对方言区的形成作出合理的解释，但是不能成为分区的条件。其次，既然是现代汉语的方言分区，语言史的阶段也不能作为分区的标准。尤其是，目前汉语史研究所划出的汉语发展阶段，其主要根据是作为书面语的历代文献。这些文献大多是共同语的记录，并没有多少涉及各个历史阶段方言差异的内容。

下面选择当前学界大体认可的官话方言的几项特点，列表跟其他几个非官话方言进行比较。其中前四项是语音特点，后四项属于词汇和语法。由于是方言大区的比较，各区内部特点并不完全一致，所以每区各选一点为代表。表中用"＋"表示官话方言特点、用"－"号表示跟官话方言特点不同。为增加语言信息，表中又增加了对各方言区有关特点（特别是画"－"号的方言）的简略说明，以便读者了解这些方言跟官话方言的不同所在。所选特点为：

(一)古全浊声母今读清音，塞音和塞擦音平声送气仄声不送气。

(二)鼻辅韵尾只有-n、-ŋ两个(-m并入-n)。

(三)全浊上声归去声，去声不分阴阳；声调类别少。

(四)大多数地区没有入声，没有入声当然也就没有塞音韵尾；有入声的地区有的有塞音韵尾，有的没有塞音韵尾。

官话方言   · 51 ·

（五）单数第三人称代词用"他"。[①]

（六）家畜、家禽表性别的语素在前。

（七）语序，如官话方言跟南部一些方言"菜花"和"花菜"、"干菜"和"菜干"、"喜欢"和"欢喜"等的不同，表中以"客人"为例。

（八）有给予义的双宾句，指人的宾语在指物的宾语之前。

表 2　　　官话方言跟非官话方言的四项语音特点比较表

	（一）	（二）	（三）	（四）
	古全浊声母今读清音，平声送气，仄声不送气	鼻辅韵尾只有 -n、-ŋ 两个（-m 并入-n）	全浊上声归去声，去声不分阴阳，单字调类数	没有入声，没有塞音韵尾
官话：北京	＋	＋	＋　　　　　4	＋ 少数有入声，其中部 − 分有-ʔ
吴：上海	− 保留全浊音	＋	− 浊上归阳去，去声分阴阳5	− 有-ʔ
湘：长沙	− 不分平仄读不送气清音	＋	− 全浊上归阳去，去声分阴阳　　　　　5	＋ 有入声无塞尾
闽：厦门	不分平仄多数读不送气清音	− 有-m、-n、-ŋ	浊上归阳去，去声分阴阳7	有-p、-t、-k 和-ʔ

[①]　袁家骅等《汉语方言概要》："我们从汉语词汇最稳固的核心部分中发现，家畜雌雄词形的性别和第三人称代词几乎把汉语分成了南北两大派。"（文字改革出版社1983 年版，第 315 页）

续表

	（一）古全浊声母今读清音,平声送气,仄声不送气		（二）鼻辅韵尾只有-n、-ŋ 两个 (-m 并入-n)		（三）全浊上声归去声,去声不分阴阳,单字调类数		（四）没有入声,没有塞音韵尾	
粤:广州	+	全浊上声口语为送气清音	—	有-m、-n、-ŋ	—	浊上为阳上,去声分阴阳9	—	有-p、-t、-k
客家:梅县	—	不分平仄读送气清音	—	有-m、-n、-ŋ	—	全浊上归去声和阴平,去声不分阴阳　6	—	有-p、-t、-k
赣:南昌	—	不分平仄读送气清音	+		—	全浊上归阳去,去声分阴阳　7	—	有-t、-k
晋语:太原	+		—	鼻化元音丰富,只有一个-ŋ	+	5	—	有-ŋ
徽语:绩溪	—	不分平仄大部分读送气清音	—	多为鼻化元音,少数开尾	—	全浊上归阳去,去声分阴阳　6	—	有-ŋ
平话:南宁	—	不分平仄读不送气清音	—	有-m、-n、-ŋ	—	浊上为阳上去声分阴阳　10	—	有-p、-t、-k

说明:

①表中"浊上"包括全浊上和次浊上,有别于"全浊上";注"全浊上归××"的点,次浊上一般归上声。

②全浊声母,在湘方言中有新老的不同,表中的长沙代表新湘语,老湘语以双峰为代表,保留全浊音。下面对全浊声母在晋语中的情况再作说明:

官话方言 ·53·

　　沈明《太原方言词典·引论》(江苏教育出版社 1994 年版)中说:"中古全浊声母'並定从澄群'平声字,城区没有文白差别,声母一律送气。南郊有文白读差别,文读声母送气,白读声母不送气。"本表按太原城区的读法标为"＋",但是也注意到南郊全浊声母白读不送气的现象,尤其是在地域上正跟山西中部也是白读为不送气的平遥等九县相衔接,侯精一把这一现象"看作是晋语重要特征之一"(《现代晋语的研究》"晋语研究十题"之三,商务印书馆 1999 年版)。另外,陈庆延在《首届晋方言国际学术研讨会论文集·晋语的源和流》(山西高校联合出版社 1996 年版)中说:"可以考虑河东方言(笔者按:山西南区方言,属于官话方言)和晋语的古全浊声母今读仄声送气音由来已久,尤其是晋语入声字至今还保持送气音,实在给人以根深蒂固的印象。"邢向东认为,古全浊声母在汉语方言中今读清音的类型有三,晋语的特点是在于三类情况全都存在。需要补充的是,在官话方言中,同样也存在古全浊声母平声白读不送气、仄声读为送气音的情况,前者如山东荣成、文登和山西襄汾县汾城镇等地,后者如江苏如皋、山西万荣等地。

　　③太原"全浊上声归去声,去声不分阴阳"这点跟北京相同,但在"平声不分阴阳、有入声而且老派入声分阴阳"方面,则跟北京调类有很大的不同。

　　④阳声韵在汉语一些方言中有进一步合并和消失的趋势,徽语、吴语、晋语都较明显。如绩溪,阳声韵除部分转化为阴声韵以外,其余也已弱化为鼻化元音韵母。[①] 又如太原,"根＝庚"、"心新＝星"、"魂＝红"、"裙＝穷"(韵尾ŋ),"班端"、"帮娘庄"等字读为鼻化元音韵母,"尖＝街"(音 tɕie)"宜＝靴"(音 ɕye),说明古咸山摄部分字的读音连元音的鼻化成分也已失去。[②] 上海虽然因为有-n、-ŋ 两个韵尾而在表中画了"＋"号,但是实际上总共只有 oŋ、ioŋ 和 ən、in、uən、yn 六个韵母,也是"心新＝星"(韵尾-ŋ),"长腔""朋打"和"帮双"读鼻化元音韵母,而且古咸山两摄已全部读成了阴声韵。这种情况,

————————————

　　① 《安徽省志·方言志》徽语语音的共同特点第八:"阳声韵除通摄以外,在皖南徽语中已不同程度地出现转化为阴声韵的现象。其中咸、山摄转化得最快,宕、江摄次之。"(安徽省地方志编纂委员会编,方志出版社 1997 年版,第 417 页)
　　② 侯精一《晋语研究十题》:"文中提出的十个题目在晋语区的分布不尽相同。有的现象,如有入声,有表音词缀'圪',鼻音韵尾的合流与消失等现象分布就很广泛。"(《现代晋语的研究》,商务印书馆 1999 年版)

在一些官话方言中也不同程度地存在。

表 3　　官话方言跟非官话方言的四项词汇、语法特点比较表

	（五）第三人称单数代词：他		（六）家畜家禽性别词在前		（七）语序：客人		（八）双宾句指人的宾语在前	
官话：北京	＋	他	＋	公牛　母牛	＋	客人	＋	给我一本书
吴：上海	－	伊	＋ －	雄牛　雌牛 个别在后	－ ＋	人客 客人	＋ －	伊送我一本书 伊送一本书我
湘：长沙	＋	他	－ ＋	牛公子 牛婆子 个别在前	－	人客	－	把本书我
闽：厦门	－	伊	－	牛犅　牛母	－	人客	－	书蜀本与我
粤：广州	－	佢（渠）	－	牛公　牛母 猪公　猪乸	－	人客	－	我畀三本书佢
客家：梅县	－	佢	－	牛牯　牛嫲	－	人客	－	你分一支笔佢
赣：南昌	－	渠	－ ＋	牛牯　牛婆 个别在前	－	客	－	拿一本书到我
晋语：太原	＋	他	＋	公牛　母牛	＋	客人	＋	给我一本书
徽语：绩溪	－	渠	－ ＋	牯牛　牛婆	－	人客	＋	□xāʔ我一本书
平话：南宁	－	渠（佢）	＋	公牛　母牛	＋ －	客人 人客	－	许本书我

官话方言 • 55 •

说明：

①表示家畜、家禽雌雄的语素，其所处位置的前后在汉语方言中主要是东南和北部、西部的不同，吴、湘、赣、徽处于中间地带，有过渡特点。表中仅以"牛"为例，不能说明其他畜禽，只好同时用两个符号说明。凡有"＋"、"－"两个符号的，包括其他项如"客人"、"人客"等，一般以前一符号的情况居多。

②本表(五)至(八)四项特点，晋语跟官话方言相同。晋语研究工作者提出晋语词汇语法特点主要有：表音词缀"圪"、指示代词三分、分音词(如太原："绊"的分音词"薄烂")。本篇不讨论非官话方言特点，此处从略。

以下再用上面的八项特点检验官话方言内部的情况，八个次方言仍选一个点为代表，见下表的比较：

表 4　　　　　　官话方言内部八项特点比较表

			北京官话	东北官话	胶辽官话	冀鲁官话	中原官话	兰银官话	西南官话	江淮官话
			北京	哈尔滨	烟台	济南	洛阳	银川	成都	扬州
(一) 全浊声母读清音，平声送气仄声不送气	平	同	₌t'uŋ²	₌t'uŋ²	t'uŋ²	₌t'uŋ²	₌t'uŋ²	₌t'uən²	₌toŋ²	₌t'oŋ²
	仄	动	tuŋ°	tuŋ°	tuŋ°	tuŋ°	tuŋ°	tuən°	toŋ°	toŋ°
		洞	tuŋ°	tuŋ°	tuŋ°	tuŋ°	tuŋ°	tuən°	toŋ°	toŋ°
		独	₌tu	₌tu	tu°	₌tu	₌tu	tu°	₌tu	to?²
(二) 鼻辅韵尾只有-n、-ŋ两个	古 m	甘	₌kan	₌kan	₌kan	₌kã	₌kan	₌kan	₌kan	₌kæ
		今	₌tɕin	₌tɕin	₌cin	₌tɕiē	₌tɕin	₌tɕin	₌tɕin	₌tɕiŋ
	古 n	肝	₌kan	₌kan	₌kan	₌kã	₌kan	₌kan	₌kan	₌kæ
		人	ẓən²	ẓən²	₌in	ẓẽ²	ẓən²	₌zən²	zən²	₌lən
	古 ŋ	缸	₌kaŋ	₌kaŋ	₌kaŋ	₌kaŋ	₌kaŋ	₌kaŋ	₌kaŋ	₌kaŋ
		京	₌tɕiŋ	₌tɕiŋ	₌ciŋ	₌tɕiŋ	₌tɕiŋ	₌tɕiŋ	₌tɕin	₌tɕiŋ

续表

			北京官话	东北官话	胶辽官话	冀鲁官话	中原官话	兰银官话	西南官话	江淮官话
			北京	哈尔滨	烟台	济南	洛阳	银川	成都	扬州
（三）全浊上声归去声,去声不分阴阳	全浊上	父	fu°	fu°	fu°	fu°	fu°	fu°	fu°	fu°
		抱	pau°	pau°	pɑo°	pɔ°	pɔ°	pɔ°	pau°	pɔ°
	清去	副	fu°	fu°	fu°	fu°	fu°	fu°	fu°	fu°
		报	pau°	pau°	pɑo°	pɔ°	pɔ°	pɔ°	pau°	pɔ°
	浊去	暴	pau°	pau°	pɑo°	pɔ°	pɔ°	pɔ°	pau°	pɔ°
		帽	mau°	mau°	mɑo°	mɔ°	mɔ°	mɔ°	mau°	mɔ°
（四）没有入声,没有塞音韵尾	清	一	ˌi	ˌi	ˌi	ˌi	ˌi	i°	ˌi	ieʔˌ
		福	ˌfu	ˌfu	ˌfu	ˌfu	ˌfu	fu°	ˌfu	foʔˌ
	次浊	热	ʐˌɤ°	ʐˌɤ°	ˌie	ʐˌə°	ᵉʐˌə	ʐˌə°	ˌze	ieʔˌ
		六	liou°	liou°	liu°	liou°	liəu°	lu°~liəu°	ˌnu~ˌniəu	loʔˌ
	全浊	白	ˌpai	ˌpai	po°	ˌpei	ˌpæ	pia°~pɛ°	ˌpe	pɔʔˌ
		席	ˌɕi	ˌɕi	ɕi°	ˌɕi	ˌsi	ɕi°	ˌɕi	ɕieʔˌ
（五）第一人称单数代词:他			他ˌtʻa	他ˌtʻa	他ˌtʻa	他ˌtʻa	他ˌtʻa	他ˌtʻa	他ˌtʻa	他ˌtʻa

续表

		北京官话	东北官话	胶辽官话	冀鲁官话	中原官话	兰银官话	西南官话	江淮官话
		北京	哈尔滨	烟台	济南	洛阳	银川	成都	扬州
(六) 家畜、家禽表性别的词在前		公马	公马	儿马(子)	公马	儿马 公马	儿马	儿马	公马	公马
		母马	母马	骒马	骒马	骒马 母马	骒马	骒马	母马	母马
		公牛	公牛	牤子 牤牛	公牛 犍子	牤牛 公牛	公牛 牤牛	骚牛	公牛	牯牛 公牛
		母牛	母牛	母牛 雨牛	母牛	氏牛 母牛	母牛 㸬牛	乳牛	母牛	母牛
		公猪	公猪	牤猪	公猪 角猪	公猪 㺊猪	牙猪	骚猪	公猪	公猪
		母猪	母猪	母猪	母猪	母猪	母猪	母猪	母猪	母猪
		公猫	公猫 郎猫	公猫 郎猫	牙猫 公猫	男猫 儿猫	郎猫 儿猫	郎猫	男猫儿 公猫儿	公猫
		母猫	母猫 女猫	母猫 雨猫	女猫 母猫	女猫	女猫儿 母猫	女猫	女猫儿 母猫儿	母猫
		公狗	公狗	牙狗	牙狗 公狗	牙狗	牙狗	牙狗	牙狗 公狗	公狗
		母狗	母狗	母狗	母狗	母狗	母狗	母狗	草狗儿 母狗儿	草狗 母狗
		公鸡	公鸡	公鸡	公鸡	公鸡	公鸡	公鸡	鸡公 公鸡	公鸡 骚公鸡
		母鸡	母鸡	母鸡	母鸡	母鸡 草鸡	母鸡	母鸡	鸡婆鸡母 母鸡	母鸡 草鸡

续表

		北京官话	东北官话	胶辽官话	冀鲁官话	中原官话	兰银官话	西南官话	江淮官话
		北京	哈尔滨	烟台	济南	洛阳	银川	成都	扬州
（七）语序		客人	客 客人	客	客 客人	客 客人	客	客	客人 人客	客 客人
		热闹	热闹	热闹	热闹	热闹	热闹	热闹 红火	闹热 热闹	热嘈
		喜欢	喜欢	喜欢 好希	喜欢	喜欢	喜欢	喜欢	喜欢 欢喜	欢喜
（八）双宾句语序		给我一本书	给我一本儿书	给我一本儿书	给我一本儿书	给我一本儿书	给我一本书	拿给我一本书	给我本儿书	把我一本书 把一本书把我 把一本书我

　　理想的方言分区当然是希望能够做到"对内有一致性（或'普遍性'），对外有排他性"。但是要达到这个目标很不容易，而要绝对做到几乎是不可能的，因为既然地域相通，又隔不断不同方言区人们的相互交往，也就避免不了方言与方言间"同中有异、异中有同"的局面。上面的八项比较自然也逃脱不了不少特点"内部有分歧、对外断不开"的困境，只能"求其大概"而已。

　　官话方言除去上述语言特点以外，还有下述重要特点：

　　1. 虽说汉语是世界上存在方言分歧最为严重的语言之一，有的相隔几十里，人们彼此之间说的话就听不懂了，但这主要是指南部的一些方言，官话方言则在东西南北相距几千里的地域中还能基本通话。像官话方言这样分布地区如此之广而又有如此高度统一性的方言，即使在全世界也是少有的。

官话方言 · 59 ·

2. 我国从古至今的各种文献,从早期的五经《诗》①《书》《易》《礼》《春秋》、诸子撰著,到历代的政令、史书、文学创作,包括先秦的《论语》、《孟子》,汉代的《史记》、《汉书》,唐宋八大家的散文,明清小说的四大名著《三国演义》、《水浒传》、《西游记》、《红楼梦》等等,绝大多数都是以官话方言为基础写成的,官话方言跟书面语接近的程度,及其对汉民族共同语的形成和发展的深远影响,都是其他方言不能相比的。

3. 官话方言代表汉语发展的方向。罗常培、吕叔湘《现代汉语规范问题》:"民族共同语是在某一方言的基础上发展起来的,基础方言的地区总是在这个民族的文化上和政治上占重要位置的地区,基础方言本身也常常最能代表整个语言的发展趋势。"②汉语发展的历史可以简略地总结为语音简化、词汇由单音词向复音词的转化、语法方面如构词法的丰富及句法的严密化等。官话方言音系简单,主要是韵母和声调都呈简化趋势,而声母相对丰富。这很重要,因为音节开头的辅音对突出音节的区别性特点具有首当其冲的作用。词汇复音化跟构词法的丰富应该是同步的,现代粤、客等南方一些方言许多单音词在官话方言中是复音词,这种差别十分明显,而北部方言复音词的增加正是复合构词和附加构词发展的必然结果。王力先生《汉语史稿》总结汉语句法发展的路线是"句子的严密化"③,王先生利用诸如处置式的发展等论证了汉语句法严密化的过程,其中所举的大量语料都是属于以官话方言为基础的书面语。

4. 官话方言在语言的特点方面具有开放性,能够在自身的发

---

① 《诗经》的《国风》收集了15个地区的歌谣,这些地区大体属于官话方言区,而且经过多次编订和加工。

② 《现代汉语规范问题学术会议文件汇编》,科学出版社1956年版,第8～9页。

③ 王力:《汉语史稿》,中华书局1980年版,第218页。

· 60 · 钱曾怡汉语方言研究文选

展中不断吸收外方言乃至其他语言的特点以满足社会交际的需要。其中尤其是南部方言的一些特殊词语不断进入官话方言的现象更为明显，例如"老公丈夫"、"尴尬"、"雪糕"、"炒鱿鱼比喻卷铺盖"、"打的"等等不胜枚举，都大大地丰富充实了本方言的词库。语音和语法的例子如：北京的"女国音"现象在北京以外地区也已相当普遍，显然是吸取了南方方言的特点；吴语"试试看"、"穿穿看"等单音动词重叠加后缀"看"表示尝试义的格式已在官话方言区广泛使用。

5. 官话方言在分布地域上具有不断扩展的势头。上文"官话方言的形成"说明，官话方言形成今天的局面，是远古中原一带华夏、东夷等族的语言长期自身发展、相互影响、跟四周方言交融，并向四周延伸的结果，官话方言的拓展之势，直至现在仍在继续。下面酌选有关学者的论述，说明与官话方言南部紧邻的吴方言、徽语、湘方言、赣方言转化为官话方言的情况。

吴方言　刘丹青《南京话音档》："江淮方言区总的倾向是北退南进。北界向南后撤，不断让位于中原官话。在紧邻中原的安徽西部，江淮方言区的北界已在淮河以南数百公里处；在江苏北部，近数十年中就有一些原属江淮话的方言演变为中原官话。南界向南前移，持续蚕食着吴语区，这一蚕食过程至今仍在皖南的一些地方继续。"①鲍明炜《南京方言历史演变初探》在考定南京方言由六朝时期的吴语后来转变为北方话之后，又将胡垣 1866 年《古今中外音韵通例》、劳乃宣 1905 年《增订合声简字谱》、赵元任 1929 年《南京音系》中所记的南京音合称为"旧南京话"，跟 1956 年方言普查和鲍先生本人 1957 年、1979 年两次调查的"新南京话"作了六项语音特征的比较，结果如下：

---

① 　刘丹青：《南京话音档》，上海教育出版社 1997 年版，第 46 页。

官话方言 · 61 ·

	旧南京话	新南京话
(1)n l	n l 不分,都读 l	中青年开始区分
(2)尖团	分尖团	不分尖团
(3)撮口韵	有的少,无的多	无的少,有的多,青年人都有
(4)有无 ŋ 韵母	胡、赵两家有,劳没说明	今中青年以下全无
(5)"姐且写"韵母	胡、赵两家读 e,劳氏记 ie	今读 ie
(6)en-eŋ, in-iŋ, an-aŋ 三组韵母分不分	三家或分或不分,大体以不分为主	今青年多能分 an-aŋ 和 en-eŋ,in-iŋ 也已开始趋分

　　鲍先生上述六项语音比较,说明南京方言从古吴语转变为北方方言以后,又进一步向北部更接近共同语的特点靠近。

　　徽语　赵日新《论官话对徽语的影响》通过对包括语音、词汇、语法的 11 项语言特点由徽语向官话靠拢的实例说明:"官话对徽语的影响不小,总体上说,由南到北,徽语特征渐次减少,官话特征逐渐增多。"①

　　湘方言　周振鹤、游汝杰《方言与中国文化》:"大量的北方移民带来北方方言的巨大冲击,今常德地区的官话基础可以说在唐中期就已奠定了。……后来的历史政区的演变一方面使常德地区的方言进一步与湖北方言趋向一致,另一方面又使北方方言的影响溯沅水而上,直至整个沅水流域被同化为官话区。"②

　　赣方言　陈昌仪《赣方言概要》:历代郡府所在地和一些比较开放的市镇,如南昌市、景德镇、抚州市、吉安市等近代以来受北方

_____

　　① 《首届官话方言国际学术讨论会论文集》,青岛出版社 2000 年版,第 367 页。
　　② 周振鹤、游汝杰:《方言与中国文化》,上海人民出版社 1986 年版,第 100 页。

话影响较大,有明显的向北方话靠拢的趋势。①

袁家骅等《汉语方言概要》:"赣方言比起旁的姐妹方言来,没有突出的特征,这正好说明方言发展的一般趋势。今后不久,湘、赣等方言的特殊面貌,必然会越来越模糊,同北方话或普通话越来越接近,终于难以识别。"②

再说晋语,李荣先生划出晋语的条件是"山西及其毗连地区有入声的方言"。从目前河北晋语区一些地方入声转化为舒声的现象来看,晋语的某些边缘地区也正在逐渐转化为官话方言。

四、官话方言的分区及内部特点比较③

方言分区根据语言特点的不同分布,本节主要介绍官话方言的内部差异。

李荣先生在《中国语言地图集》中以古入声字今读调类的不同分化为条件,将官话方言分为下述八区。

---

① 陈昌仪:《赣方言概要》,江西教育出版社 1991 年版,第 12 页。
② 袁家骅等:《汉语方言概要》,文字改革出版社 1983 年版,第 127 页。
③ 本文第四部分材料来源:北京、承德、赤峰、通化、哈尔滨、长春、黑河、佳木斯、保定、天津、石家庄、郑州、徐州、信阳、西安、宝鸡、天水、兰州、银川、乌鲁木齐、成都、大理、遵义、昆明、西昌、自贡、汉源、武汉、黎平、柳州、常德、扬州、南京、南通,共 34 点,《普通话基础方言基本词汇集》,陈章太、李行健主编。诸城、巨鹿、济南、莒南、保山,自查。平度、荣成、寿光、利津,《山东方言志丛书》,钱曾怡主编,于克仁、王淑霞、张树铮、杨秋泽著。广灵、新绛、万荣,《山西省方言志丛书》,温端政主编,马文忠、朱耀龙、吴建生著。温泉,新疆大学胡景聪,油印稿。烟台,《烟台方言报告》,钱曾怡等。盖县、盐山,罗福腾查。平谷,《平谷方言研究》,陈淑静。昌黎,《昌黎方言志》,中国社会科学院。卢龙,刘淑学查。曲阜,《曲阜方言志》,张志静、丁振芳。洛阳,《洛阳方言志》,曾光平、张启焕、许留森。洪洞,《洪洞方言研究》,乔全生。焉耆,《焉耆汉语方言研究》,刘俐李。洱源,《云南方言调查报告》,董同和。钟祥,《钟祥方言记》,赵元任。都匀,《贵州省志·汉语方言志》涂光禄主编。零陵,《湖南方言调查报告》,吴宗济。英山,《湖南英山方言志》,陈淑梅。孝感,《湖北方言调查报告》,吴宗济。河西片民乐(城关洪水乡),王森查。此外,哈尔滨、乌鲁木齐、成都、扬州、万荣等点还参考了《汉语方言大词典》的分卷本词典。

官话方言 · 63 ·

表 5　　　　　　　　　官话方言分区表①

	北京官话	东北官话	胶辽官话	冀鲁官话	中原官话	兰银官话	西南官话	江淮官话
古清	阴阳上去	阴阳上多去	上声	阴平	阴平	去声	阳平	入声
古次浊	去声							
古全浊	阳平							

　　上表古入声按声母清浊在官话八区的分合关系,在本文"三'官话方言的特点'"官话内部的比较表(表4)中已经有所表示,但是因为上文的表4主要在于说明官话区内有无入声和塞音韵尾的情况,而且各区只列一点为代表,自然难以反映各区全貌,个别点的情况也跟上表极为概括的内容有些出入。本节主要按《地图集》说明官话方言八区的区域特点和分片情况。每区首先仍以古入声的分化作为标志性特点进行说明,以片和小片为单位各选一个代表点对"官话方言分区表"的内容作具体说明或必要补充,然后根据各区情况介绍入声以外的语音特点,尽可能对同一区的不同片、同一片的不同小片作出同一层次的比较,以求说明不同区片的内部差异、片和小片的某些语音特点。因笔者掌握材料和对官话方言全局的了解有限,这些比较还只是很初步的,个别片的代表点或某一点有的字音空缺。对于一些特点的说明一般就代表点的情况而言,其中有的代表点未必能够涵盖该片的总体特点。

　　(一)北京官话

　　北京官话居于汉民族共同语的核心地位,其中北京城区的语音系统是法定的共同语普通话的标准音,特点是音系简单,保存古

　　① 本表采用刘勋宁《现代汉语研究》(北京语言文化大学出版社1998年版,第59页)"再论汉语北方方言的分区"的画法,顺序稍有调整。

音成分少,是汉语中发展最为迅速的方言之一。本区内部差异不大,《地图集》按照古影、疑两母今读开口呼时(北京的开口呼零声母)声母的不同和四声调值的差异将它分为三片,外加新疆的北京官话北疆片,共计四片。

　　1. 中古入声字今调类的分合,次浊归去声、全浊归阳平在本区内部比较一致,清入归阴阳上去在字的分配上有些不同。下表比较侧重于古清声母字:

表 6　　　　　　古入声字在北京官话中的归类表

片	点	清								次浊		全浊	
		八	接	福	德	笔	法	各	作	麦	月	杂	毒
京师	北京	₌pa	₌tɕiɛ	₌fu	₌tɤ	ᶜpi	ᶜfa	kɤ³	tsuo³	mai³	yɛ³	₌tsa	₌tu
怀承	承德	₌pa	₌tɕie	ᶜfu	₌tɤ	ᶜpi	ᶜfa	kɤ³	tsuo³	mai³	yɛ³	₌tsa	₌tu
朝峰	赤峰	₌pa	₌tɕiɛ	ᶜfu	₌tɤ	ᶜpi	ᶜfa	ᶜkɤ	tsuo³	mai³	yɛ³	₌tsa	₌tu
北疆	温泉		₌tɕie	fu³		ᶜpi	fa³			mai³		₌tsa	₌tu

　　2. 中古影、疑母开口呼北京读零声母的字,承德、赤峰等读 n、ŋ 声母。见下表:

表 7　　　古影、疑母开口呼字在北京官话中的读音比较表

片	点	鹅疑	爱影	矮影	袄影	藕疑	安影	岸疑	恩影	昂疑
京师	北京	₌ɤ	ai³	ᶜai	ᶜau	ᶜou	₌an	an³	ᶜnə	₌aŋ
怀承	承德	₌ɣɤ	nai³	ᶜnai	ᶜnau	ᶜnou	₌nan	nan³	ᶜnə	₌naŋ
朝峰	赤峰	₌ŋɣɤ	ai³	ᶜŋai	ᶜnau	noŋ³	₌ŋan	ŋan³	ə³	₌ŋaŋ
北疆	温泉	ŋɣ³	nai³	ᶜai	ᶜnau		₌ŋan	nan³	ᶜŋəŋ	₌ŋaŋ

　　说明:北京官话内部有 n 声母的多是老派,n 声母正在向 ŋ、ø 转化,具体情况见下。

①承德，上表用《地图集》的标音，《普通话基础方言基本词汇集》的标音除"碍"n、ŋ 两读、"爱肮昂"读零声母外，其余全部是 ŋ 声母。

②赤峰有 n、ŋ、ø 三种读音，有 n、ŋ 和 ø、ʐ 两对新老关系，本表按老派记音。新老派的读音关系见下面的常用字。

n 声母：讹饿_老艾_老碍_老熬_老袄_老傲_老

ŋ 声母：蛾鹅俄额饿_新矮艾_新碍_新熬_新袄_新傲_新整欧_老瓯_老殴_老藕_老偶_老呕_老沤怄恩_老安_老鞍_老揞_老埯_老暗_老案_老岸_老按_老

ø 声母：哀挨埃蔼爱隘坳欧_新瓯_新殴_新藕_新偶_新呕_新恩_新安_新鞍_新揞_新埯_新暗_新岸_新案_新按_新肮昂

3. 北京官话内部三片调值的不同详见本节附录"官话方言 41 片 62 代表点调类、调值比较表"。

（二）东北官话

在官话方言的各区中，东北官话的音系最接近北京官话。古四声在本区的分合情况和北京基本一致，《地图集》因"古清声母入声今读上声的字比北京多得多"而将本区从北京官话中划出。此外，东北官话也有不少特点跟胶辽官话相同。

1. 东北官话和北京官话的共性是古入声字清入归阴平、阳平、上声、去声，次浊入归去声，全浊入归阳平。下表跟北京的比较三片各选一点为代表：

表 8　　古入声字在东北官话中的归类跟北京官话比较表

片	点	清								次浊		全浊	
		八	接	格	急	百	笔	各	筑	麦	月	杂	毒
	北京	₋pa	₋tɕiɛ	₋kɤ	ᶜtɕi	ᶜpai	ᶜpi	kɤᵓ	tʂuᵓ	maiᵓ	yɛᵓ	₌tsa	₌tu
吉沈	通化	₋pa	₋tɕie	₋kɤ	ᶜtɕi	ᶜpai	ᶜpi	kɤᵓ	tʂuᵓ	maiᵓ	yeᵓ	₌tsa	₌tu
哈阜	哈尔滨	₋pa	₋tɕie	₋kɤ	ᶜtɕi	ᶜpai	ᶜpi	kɤᵓ	tʂuᵓ	maiᵓ	yeᵓ	₌tsa	₌tu
黑松	佳木斯	₋pa	₋tɕie	₋kɤ	ᶜtɕi	ᶜpai	ᶜpi	kɤᵓ	tʂuᵓ	maiᵓ	yeᵓ	₌tsa	₌tu

2. 东北官话古清声母入声归上声的字比北京多,见下面古清入字归类的比较:

表9　　古清声母入声字在东北官话中的归类跟北京官话比较表

片	小片	点	清 入								
			割	戳	国	结	福	谷	雪	迫	质
		北京	₌kɤ	₌tʂʻuo	₌kuo	₌tɕiɛ	₌fu	ᶜku	ᶜɕyɛ	pʻoᶜ	tʂɻ
吉沈	通溪	通化	ᶜka	ᶜtsʻuɤ	ᶜkuɤ	ᶜtɕie	ᶜfu	ᶜku	ᶜɕye	ᶜpʻai	ᶜtsɻ
哈阜	肇扶	哈尔滨	ᶜkɤ	ᶜtsʻuɤ	ᶜkuɤ	ᶜtɕie	ᶜfu	ᶜku	ᶜɕye	ᶜpʻai	ᶜtsɻ
	长锦	长春	ᶜkɤ	ᶜtsʻuɤ	ᶜkuɤ	ᶜtɕie	ᶜfu	ᶜku	ᶜɕye	ᶜpʻai	ᶜtsɻ
黑松	嫩克	黑河	₌kɤ	₌tsʻuɤ	ᶜkuɤ	ᶜtɕie	ᶜfu	ᶜku	ᶜɕye	ᶜpʻai	ᶜtʂɻ
	佳富	佳木斯	ᶜka	ᶜtsʻuɤ	ᶜkuɤ	ᶜtɕie	ᶜfu	ᶜku	ᶜɕye	ᶜpʻai	ᶜtsɻ

说明: 哈尔滨"戳质"又读ᶜtʂʻuɤ、ᶜtʂɻ,"割"又读₌ka。

3. 北京o、ɤ韵母是互补关系,凡唇音声母拼o,其他声母拼ɤ。东北官话则是唇音声母跟拼其他声母是一样也读ɤ,如"播破摸佛"四字,"播破摸"三字通化、哈尔滨、长春、黑河、佳木斯都读pɤ、pɤʻ、mɤ,"佛"字除通化、长春读fu以外,其余三点都读fɤ。

4. 东北官话分为三片八小片,本区内部差异主要有三,这些差异也说明本区跟北京官话的一些不同。(以下的比较缺吉沈片蛟宁、延吉两小片和黑松片站话小片的材料。)

(1)部分地区没有卷舌声母tʂ、tʂʻ、ʂ,据《地图集》:

吉沈片　蛟宁小片自由变读,通常读tʂ组;通溪小片读ts组;延吉小片读音纷杂,有全读ts组,有全读tʂ组,也有两组自由变读。

哈阜片　肇扶小片读tʂ组;长锦小片自由变读,通常读ts组。

黑松片　嫩克小片读tʂ组;佳富小片读ts组;站话同嫩克小片。

表 10 　　　　　东北官话 ts、tʂ 两组声母读音对照表

片	小片	点	早	找	灾	斋	操	超	扫	少
吉沈	通溪	通化	꜀tsau		꜀tsai		꜀tsʻau		꜀sau	
哈阜	肇扶	哈尔滨	꜀tsau	꜀tʂau	꜀tsai	꜀tʂai	꜀tsʻau	꜀tʂʻau	꜀sau	꜀ʂau
哈阜	长锦	长春	꜀tsau		꜀tsai		꜀tsʻau		꜀sau	
黑松	嫩克	黑河	꜀tsau	꜀tʂau	꜀tsai	꜀tʂai	꜀tsʻau	꜀tʂʻau	꜀sau	꜀ʂau
黑松	佳富	佳木斯	꜀tsau		꜀tsai		꜀tsʻau		꜀sau	

说明:上表长春"找斋少"等字是 ts 组和 tʂ 组自由变读,本表记为通常读音 ts 组。

（2）部分地区没有 ʐ 声母,北京读 ʐ 声母的字,这些地区读零声母。古日母及个别疑、云、以母字今读零声母是胶辽官话的重要特点之一（参见下文胶辽官话）。见下表的读音对照:

表 11 　　　　古日母字在东北官话中的读音对照表

片	小片	点	日日	热日	饶日	肉日	人日	如日	软日	荣云
吉沈	通溪	通化		ie°	꜀iau	iou°	꜀in	꜀y	ᶜyan	꜀yŋ
哈阜	肇扶	哈尔滨	ʐʅ°	꜀ʐɤ°	꜀ʐau	ʐou°	꜀ʐən	꜀ʐu	꜀ʐuan	꜀yŋ
哈阜	长锦	长春	i°		꜀iau	iou°	꜀in	꜀y	ᶜyan	꜀yŋ
黑松	嫩克	黑河	ʐʅ°	꜀ʐɤ°	꜀ʐau	꜀ʐou	꜀ʐən	꜀ʐu	꜀ʐuan	꜀yŋ
黑松	佳富	佳木斯	i°	ie°	꜀iau	iou°	꜀in		ᶜyan	꜀yŋ

说明:哈尔滨"荣"又读 ꜀ʐuŋ,长春"日"又读 ʐʅ°。

（3）部分地区古影、疑两母开口呼读 n 声母,见下表:

表 12　　　古疑、影母开口呼字在东北官话中的读音对照表

片	小片	点	鹅	爱	矮	袄	藕	安	岸	恩	昂
吉沈	通溪	通化	ˀɣ	aiˀ	ˀai	ˀau	ˀou	ˍan	anˀ	ˍne	ˍaŋ
哈阜	肇扶	哈尔滨	ˀɣ ˍɣ	aiˀ	ˀai	ˀau	ˀou	ˍan	anˀ	ˍne	ˍaŋ
哈阜	长锦	长春	ˍɣ	naiˀ	ˍnai	ˍnau	ˍnou	ˍnan	nanˀ	ˍnen	ˍnaŋ
黑松	嫩克	黑河	ˀɣ	aiˀ	ˀai	ˀau	ˀou	ˍan	anˀ	ˍne	ˍaŋ
黑松	佳富	佳木斯	ˍnɣ	naiˀ	ˍnai	ˍnau	ˍnou	ˍnan	nanˀ	ˍnen	ˍnaŋ

说明：上表据《普通话基础方言基本词汇集》。尹世超《哈尔滨词典》："'蛾鹅俄饿讹熬额'等疑母字和'爱矮熬袄恩恶安按扼'等古影母字，郊区和老派读［n］声母，市区新派读［ø］声母。"

（三）胶辽官话

胶辽官话是官话方言中相当特殊的一支，其所分布的山东胶东半岛地区是汉语方言中声母塞擦音和擦音发音部位分类最细、古今声母对应关系最为复杂的一种方言，这个地区声调的古今关系也很特殊，有多项古同一调类声调无条件分化的现象。

《地图集》将本区分为青州、登连、盖桓三片，其中青州片分布于山东，登连片分布于山东和辽宁，盖桓片分布于辽宁。1985 年笔者执笔撰写的《山东方言的分区》一文，主要按古知系字分不分甲乙两类声母将山东方言分为东西两区，东区又按知系字古山臻摄合口归甲、乙两类的不同分为东莱片和东潍片。《分区》的东莱片和东潍片跟《地图集》山东境内的登连、青州两片大体相当。

1. 本区的共同特点是古清入字读上声，止摄以外的日母和少量云以母今北京读 ʐ 声母的字读零声母。见表 13、表 14。

表 13　　　　　　　古入声字今胶辽官话归类表

片	点	清				次浊		全浊	
		八	福	笔	各	麦	月	杂	毒
青州	诸城	ᶜpa	ᶜfu	ᶜpi	ᶜkuə	meiᵓ	yeᵓ	꜀tθa	꜀tu
	平度	ᶜpa	ᶜfu	ᶜpi	ᶜkuə	꜀mei	꜀ye	꜀tsa	꜀tu
登连	荣成	ᶜpa	ᶜfu	ᶜpi	ᶜkɔ	ᶜmɛ	ᶜyɛ	꜀tsa	꜀tu
	烟台	ᶜpa	ᶜfu	pi	ᶜkɤ	ᶜmɤ	ᶜyø	tsaᵓ	tuᵓ
盖桓	盖县	ᶜpa	ᶜfu	ᶜpi	ᶜkə	mɛꜝɛᵓ	yəᵓ	꜀tsa	꜀tu

说明:古次浊入声在登连片分归去声和上声,详见下文。

表 14　　　　古日母字在胶辽官话中的读音对照表

片	点	日	热	饶	肉	人	如	软	荣
青州	诸城	iᵓ	iəᵓ	꜀iɔ	iouᵓ	꜀iə	꜀y	ᶜyã	꜀iŋ
	平度	꜀i~꜂i	꜀iə~꜂iə	꜀iɔ	iouᵓ	꜀iə	꜀y~꜂y	ᶜyã	꜀iŋ
登连	荣成	ᶜi	ᶜiɛ	꜀iau	iouᵓ	꜀in	꜀y	ᶜyan	꜀yoŋ
	烟台	ᶜi	ᶜie	iaoᵓ	iouᵓ	꜀in	yᵓ	ᶜyan	꜀yŋ
盖桓	盖县	iᵓ	iəᵓ	꜀iɔ	iouᵓ	꜀in	꜀lu~꜂y	ᶜyan	꜀ioŋ

　　2. 本区分为青州、登连、盖桓三片,全区的内部差异主要有六,见下表的比较:

表 15　　　　　　　　　　　胶辽官话内部差异比较表

	(1)古知庄章三组字分不分两套声母	(2)古知庄章在山臻摄合口前的归类	(3)尖团分不分；团音音值	(4)古蟹止山臻合口拼端系声母的介音	(5)古次浊平声字的归类	(6)古次浊入声字的归类
青州片	照二≠照三	归乙组	分；tɕ组	有介音 u	阳平	去声或阴阳平
登连片	照二≠照三	归甲组	分；c组	无介音 u	阴平、阳平	去声、上声
盖桓片	照二＝照三	不分组	不分	有介音 u	阳平	去声

以下分项说明：

（1）古知系字在青州、登连两片分归甲、乙两类。归甲类的是：庄组全部，知组开口二等，章组止摄开口，知章组遇摄以外的合口三等。归乙类的是：知组开口三等，章组止摄以外的开口，知章组遇摄。上表将甲组称为照二、乙组称为照三。下面比较的各组字，前面的属于甲组，后面的属于乙组。

表 16　　　　　　　古知系字在胶辽官话中的读音对照表

片	点	支	知	站	战	愁	绸	生	声	梳	书
青州	诸城	꜀tʂɿ	꜀tʃɿ	tʂã°	tʃã° ꜄	꜁tʂʻou	꜀tʃʻou	꜀ʂəŋ	꜀ʃəŋ	꜀ʂu	꜀ʃu
	平度	꜀tʂɿ	꜀tʃɿ	tʂan°	tʃan°	꜁tʂʻou ꜄	꜀tʃʻou	꜀ʂɔŋ	꜀ʃɔŋ	꜀ʂu	꜀ʃu
登连	荣成	꜀tʂɿ	꜀tʃɿ	tʂan°	tʃan°	꜁tʂʻou ꜄	꜀tʃʻou	꜀ʂəŋ	꜀ʃəŋ	꜀ʂu	꜀ʃu
	烟台	꜀tʂɿ	꜀tɕi	tʂan°	tɕian°	꜁tʂʻou	tɕʻiou	꜀ʂəŋ	꜀ɕiŋ	꜀ʂu	꜀ɕy
盖桓	盖县	꜀tʂɿ		tsan°		꜁tsʻou		꜀ʂəŋ		꜀ʂu	

（2）在甲、乙两组的分类上，古山臻摄的合口字登连片跟青州

官话方言　　　　　　　　　　· 71 ·

片有所不同：登连片除威海以外归甲组，青州片和威海归乙组，见下表并参见上表：

表 17　　　　　古山臻摄合口字在青州片与登连片的不同归类比较表

片	点	山　摄			臻　摄		
		专	船	拴	准	春	顺
青州	诸城	꜀tʃuā	꜀tʃʻuā	꜀ʃuā	ꜛtʃuə	꜀tʃʻuə	ʃuəᶜ
	平度	꜀tʃuā	꜀tʃʻuā	꜀ʃuā	ꜛtʃuə	꜀tʃʻuə	ʃuəᶜ
登连	荣成	꜀tʂuan	꜀tʂʻuan	꜀ʂuan	ꜛtʂuən	꜀tʂʻuən	ʂuənᶜ
	烟台	꜀tsuan	꜀tsʻuan	꜀suan	ꜛtsun	꜀tsʻun	sunᶜ

　　（3）青州、登连两片分尖团，其中团音青州片主要读舌面前音，登连片主要读舌面中音，盖桓片不分尖团。

表 18　　　　　　　　胶辽官话尖团分混表

片	点	集	极	妻	欺	西	稀	聚	锯	趣	去
青州	青岛	꜀tsi	tɕiᶜ	꜀tsʻi	꜀tɕʻi	꜀si	꜀ɕi	tsyᶜ	tɕyᶜ	tsʻyᶜ	tɕʻyᶜ
	平度	꜀tsi	꜀ci	꜀tsʻi	꜀cʻi	꜀si	꜀ɕi	tsyᶜ	cyᶜ	tsʻyᶜ	cʻyᶜ
登连	荣成	꜀tsi	꜀ci	꜀tsʻi	꜀cʻi	꜀si	꜀ɕi	tsyᶜ	cyᶜ	tsʻyᶜ	cʻyᶜ
	烟台	tɕiᶜ	ciᶜ	꜀tɕʻi	꜀cʻi	꜀ɕi	꜀ɕi	tɕyᶜ	cyᶜ	tɕʻyᶜ	cʻyᶜ
盖桓	盖县	꜀tɕi		꜀tɕʻi		꜀ɕi		tɕyᶜ		tɕʻyᶜ	

　　（4）古蟹止山臻合口拼端系声母时，登连片读开口呼，青州片多数读合口呼，跟登连片交接的点有的字读开口呼，盖桓片读合口呼。

表 19　　古蟹止山臻摄合口端系字在胶辽官话中有无 u 介音的比较表

片	点	对	岁	雷	端	暖	酸	蹲	孙
青州	青岛	tei⁼老	suei⁼	lei⁼	꜀tā老	꜀nā	꜀suâ	꜀tuē	꜀suə
	诸城	tuei⁼	θuei⁼	꜀luei	꜀tuā	꜀nuā	꜀θuā	꜀tu ə	꜀θuə
登连	荣成	tei⁼	sei⁼	꜀lei	꜀tan	꜀nan	꜀san	꜀tən	꜀sən
	烟台	tei⁼	sei⁼	lei⁼	꜀tan	꜀nan	꜀san	꜀tən	꜀sən
盖桓	盖县	tuei⁼	suei⁼	꜀luei	꜀tuan	꜀nuan	꜀suan	꜀tun	꜀sun

（5）古次浊平声字，青州、盖桓两片归阳平，登连片不规则分归阴平和阳平，只有三个声调的烟台等点部分字随同阳平归去声。例如，据笔者 1980 年对文登方言 284 个次浊平声字的调查，读阴平的 145 字，读阳平的 105 字，另有读上声的 16 字、读去声的 23 字（有又读音的按字音计，下同）。又如，《烟台方言报告》"同音字表"收次浊平声 219 字，其中 92 字读平声，129 字读去声，9 字读上声。

（6）古次浊入声字，登连片分归去声和上声，青州片多数点归去声，而莱州、平度等地则是不规则分归阴平和阳平。前者如，《烟台方言报告》收次浊入声字 101 个，其中读去声的 60 字，读上声的 37 字，另有 4 字读阴平；后者如，《掖城音系——掖县方言调查研究之一》"同音字汇"收入的 120 个次浊入声字中，读阴平的 56 字，读阳平的 54 字，另 10 字读上声。

（四）冀鲁官话

从总体看，古入声清声母字归阴平，次浊声母归去声，全浊声母归阳平是冀鲁官话的特点，但是其中的清入归类并不一致。《地图集》将本区划分为保唐、石济、沧惠三片，主要依据是古清入归类的不同：保唐片分归阴阳上去，但"归阴平和上声的字比北京多"；石济片归阴平；沧惠片多数归阴平、少数归上声，其中的章桓小片自成一类。本区古次浊和全浊入声的归类一致性较强,如"麦月"
(次浊)、"杂毒"(全浊)分别读去声和阳平(盐山等只有三个调类
的,古浊平和清上、次浊上不分,"杂毒"归上声),全区没有例外。
下表比较本区三片十三小片入声字的归类限于清声母字:

表 20　　　　古清声母入声字在冀鲁官话中的归类表

片	小片	点	八	割	福	结	笔	雪	各	质
保唐	涞阜	广陵	꜀pa	꜀kə	꜁fu	꜀tɕiə	꜂pei	꜀ɕyə	꜀kə	꜀tsʅ
	定霸	保定	꜀pa	꜀kɤ	꜁fu	꜀tɕiɛ	꜂pei ꜂pi	꜀ɕyɛ	kɤꜛ	꜂tʂʅ
	天津	天津	꜀pa	꜀kɤ	꜁fu	꜀tɕie	꜁pi	꜀ɕye	kɤꜛ	tʂʅꜛ
	蓟遵	平谷	꜀pa	꜀kɤ	꜁fu	꜀tɕiɛ	꜂pi	꜀ɕyɛ	kɤꜛ	tʂʅꜛ
	滦昌	昌黎	꜀pɑ	꜂kɤ	꜁fu	꜀tɕie	꜂pi	꜀ɕyə	kɤꜛ	꜂tʂʅ
	抚龙	卢龙	꜀pa	꜂kɤ	꜂fu ꜂xu	꜀tɕiɛ	꜂pi		kɤꜛ	tʂʅꜛ
石济	赵深	石家庄	꜀pa	꜂kɤ	꜁fu	꜁tɕiɛ	꜂pei ꜂pi	꜀syɛ	kɤꜛ	꜁ʅ
	邢衡	巨鹿	꜀pa	꜀kɤ	꜁fu	꜀tɕie	꜂pei	꜀sye	꜀kɤ	꜀tɕi ꜀tʂʅ
	聊泰	济南	꜀pa	꜀ka ꜀kə	꜁fu	꜀tɕiə	꜂pei	꜀ɕyə	꜀kə	꜀tʂʅ
沧惠	黄乐	盐山	꜀pɑ	꜀kuə	꜁fu	꜀tɕiə	꜂pei	꜀ɕyə	꜀kə	꜀tʂʅ
	阳寿	寿光	꜀pa	꜀ka	꜁fu	꜀tɕiə	꜂pi	꜀ɕyə	꜀kuə	꜀tʂʅ
	莒照	莒南	꜀pa	꜀ka	꜁fu	꜀tɕiə	꜂pei	꜀syə	꜂kə	꜀tʂʅ
	章桓	利津	paꜛ	kɑꜛ	fuꜛ	꜀tɕiə	piꜛ	syəꜛ	kəꜛ	tʂʅꜛ

本区内部差异主要有四:

(1)本区 ts、tʂ 两组声母大多地区跟北京相同。不同的有:保
唐片涞阜小片的广灵和抚龙小片的卢龙不分 ts、tʂ,前者都读舌尖
前音,后者都读舌尖后音。保唐片的天津小片、滦昌小片,石济片
的邢衡小片,沧惠片的黄乐小片和莒照小片,这些小片的代表点分

ts、tʂ，但是分类跟北京不同。下表只列跟北京不同的点与北京的比较：

表21　　北京 ts、tʂ 两组声母在冀鲁官话中的读音与北京读音比较表

片	小片	点	资	支	知	蚕	馋	缠	苏	梳	书
		北京	꜀tsʅ	꜀tʂʅ	꜀tʂʅ	꜀ts'an	꜀tʂ'an	꜀tʂ'an	꜀su	꜀su	꜀ʂn
保唐	涞阜	广灵	꜀tsʅ	꜀tsʅ	꜀tsʅ	꜀ts'æ	꜀ts'æ	꜀ts'æ	꜀su	꜀su	꜀su
	天津	天津	꜀tsʅ	꜀tʂʅ	꜀tʂʅ	꜀ts'an	꜀tʂ'an	꜀tʂ'an	꜀su	꜀ʂu	꜀ʂu
	滦昌	昌黎	꜀tsʅ	꜀tʂʅ	꜀tʂʅ	꜀ts'an	꜀tʂ'an	꜀tʂ'an	꜀ʂu	꜀ʂu	꜀ʂu
	抚龙	卢龙	꜀tʂʅ	꜀tʂʅ	꜀tʂʅ	꜀tʂ'an	꜀tʂ'an	꜀tʂ'an	꜀ʂu	꜀ʂu	꜀ʂu
石济	邢衡	巨鹿	꜀tsʅ	꜀tʂʅ	꜀tɕi	꜀ts'ā	蝉ʂ ꜀tʂ'ā	꜀tɕiā	素 su°	树 ʂu°	꜀ɕy
沧惠	黄乐	盐山	꜀tsʅ	꜀tʂʅ	꜀tʂʅ	꜀ts'ā	꜀tʂ'ā	꜀tʂ'ā	꜀su	꜀ʂu	꜀ʂu
	莒照	莒南	꜀tθʅ	꜀tʂʅ	꜀tʃʅ	꜀tθ'ā	꜀tʂ'ā	꜀tʃ'ā	꜀θu	꜀ʂu	꜀ʃɿ

说明：巨鹿 ts 组和 tθ 组自由变读，韵母 ā、iā、uā、yā 的字，口语常读为 ɛ、iɛ、uɛ、yɛ。

　　(2)石济片的赵深小片、邢衡小片，沧惠片的莒照小片全部、章桓小片部分分尖团。下表列出分尖团的代表点跟北京的比较：

表22　　　　冀鲁官话分尖团的方言跟北京比较表

片	小片	点	集	极	妻	欺	西	稀	聚	句
		北京	꜀tɕi	꜀tɕi	꜀tɕ'i	꜀tɕ'i	꜀ɕi	꜀ɕi	tɕy°	tɕy°
石济	赵深	石家庄	tɕi°	꜀tɕi	꜀ts'i	꜀tɕ'i	꜀si	꜀ɕi	tsy°	tɕy°
	邢衡	巨鹿	꜀tsi	꜀tɕi	楼 ts'i	气 tɕ'i°	꜀si	꜀ɕi	tsy°	tɕy°
沧惠	莒照	莒南	寂 tsi	꜀tɕi	꜀ts'i	꜀tɕ'i	꜀si	꜀ɕi	tsy°	tɕy°
	章桓	利津	꜀tsi	꜀tɕi	꜀ts'i	꜀tɕ'i	꜀si	꜀ɕi	tsy°	tɕy°

说明：石家庄部分精组细音读 tɕ 组，如"集锡尖千进秦新"等。

官话方言 ・ 75 ・

（3）古日及少数疑云以等北京读 ʐ 声母的字本区多数也读 ʐ。不同的主要有：保唐片涞阜小片的广灵读 z；石济片聊泰小片开口呼读 ʐ，合口呼读 l；沧惠片阳寿小片不论开合多读 l；莒照小片的分布地北接胶辽官话，读零声母跟胶辽官话相同。以上情况及其他跟北京不同的读音见下表：

表 23　　　　古日母字在冀鲁官话中的读音对照表

片	小片	点	日	热	饶	肉	人	如	软	荣
保唐	涞阜	广灵	zๅ˃	zə˃	ꞈzAo	zəu˃	ꞈzəౖ	乳ꞈzu˃	ꞈzuæ	yɣ˃
石济	邢衡	巨鹿	əౖl˃	lɣ	ꞈlɑu	iou˃	ꞈiən	ꞈlu	ꞈyan	luəŋ˃
石济	聊泰	济南	ʐๅ˃	ʐə˃	ꞈʐɔ	ʐou˃	ꞈʐē	ꞈlu	ꞈluā	luŋ˃
沧惠	黄乐	盐山	ʐๅ˃	ʐə˃	ꞈʐɔ	ʐou˃	ꞈʐē	ꞈyā	ʐuŋ˃	ꞈʐuŋ
沧惠	阳寿	寿光	i˃	lə˃	ꞈlɔ	ləu˃	ꞈlə	ꞈlu	ꞈluā	luŋ˃
沧惠	莒照	莒南	i˃	ei˃	ꞈci	iou˃	ꞈiə	y˃	ꞈyā	yŋ˃

说明：巨鹿，"肉"、"软"又读 lou˃、ꞈluan。

（4）古影疑母今北京开口呼零声母的字，本区分别读为 n、ŋ、ɣ 三个声母。

表 24　　　古影疑母开口呼字在冀鲁官话中的读音对照表

片	小片	点	鹅	爱	矮	祆	藕	安	岸	恩	昂
保唐	涞阜	广灵	₅nə	nɛ˃		ꞈoɑŋ	ꞈnəu	ꞈnæ	næ˃	ꞈnəŋ	₅nɔ
保唐	定霸	保定	₅ɣ	nai˃	ꞈnai	ꞈnau	ꞈnou	ꞈnan	nan˃	ꞈnən	₅naŋ
保唐	天津	天津	₅ɣ	nai˃	ꞈnai	ꞈnau	ꞈnou	ꞈnan	nan˃	ꞈnən	₅ŋaŋ
保唐	蓟遵	平谷	₅nɣ	nai˃	ꞈnai	ꞈnau	ꞈnou	ꞈnan	nan˃	ꞈnən	₅naŋ
保唐	滦昌	昌黎	₅ŋɣ	ŋai˃	ꞈŋai	ꞈŋau	ꞈŋou	ꞈŋan	ŋan˃	ꞈŋən	₅ŋaŋ
保唐	抚龙	卢龙	₅ɣɣ	ŋai˃	ꞈŋai	ꞈŋau	ꞈŋou	ꞈŋan	ŋan˃	ꞈŋən	₅ɑŋ

续表

片	小片	点	鹅	爱	矮	袄	藕	安	岸	恩	昂
石济	赵深	石家庄	₍ŋɤ	ŋaiᵒ	₍ŋai	₍ŋau	₍ŋou	₍ŋan	ŋanᵒ	₍neŋ	
	邢衡	巨鹿		ŋæᵒ	₍ŋæ	₍ŋau	₍ŋou	₍ŋã		₍ŋē	₍ŋaŋ
	聊泰	济南	₍ŋə	ŋəᵒ	₍ie	₍ɔ	₍ŋou	₍ŋã	ŋãᵒ	₍ŋē	₍ŋaŋ
沧惠	黄乐	盐山		ŋəᵒ	₍iɛ, ɜŋᵒ		₍ŋou	₍ŋã		₍ŋē	₍ŋaŋ
	阳寿	寿光	₍uə	ŋəᵒ	₍iɛ		₍neŋ	₍ŋã		₍ēŋ	₍ŋaŋ
	莒照	莒南	₍eɣ	ɣɛᵒ	₍iɛ	₍ɣɔ	noɣ	ɣã	ɣãᵒ	₍eɣ	₍ɣaŋ
	章桓	利津	₍ŋə	ŋəᵒ	₍iɛ	₍ŋɔ	₍ŋou	₍ŋã	ŋãᵒ	₍ŋē	₍ŋaŋ

（5）古曾开一德韵、梗开二陌麦韵，北京分读 ɤ、ei、o、ai 四个韵母，本区保唐片除涞阜小片的广陵比较特殊以外，其余大致跟北京相同。石济片和沧惠片大多读 ei 韵母，其中邢衡小片的巨鹿则是曾摄读 ei，梗摄读 aɛ（或 ɤ）。

表 25　　　古曾开一、梗开二入声字在冀鲁官话中的读音对照表

片	小片	点	曾开一				梗开二			
			墨	德	贼	刻	白	摘	客	隔
保唐	涞阜	广灵	meiᵒ	₍tei	₍tsei	₍k'ɯ	₍pɛ	₍tsɛ	₍tɕ'iə	₍kə
	定霸	保定	moᵒ	₍tɤ tɤᵒ	₍tsei	₍k'ei	₍pai	₍tʂai	₍tɕ'iə	₍kɤ
	天津	天津	moᵒ	₍tɤ	₍tsei	k'ɤᵒ	₍pai	₍tʂai	k'ɤᵒ	₍kə
	蓟遵	平谷	miᵒmoᵒ	₍tɤ	₍tsei	k'ɤᵒ	₍pai	₍tʂai	₍tɕ'iə	₍tɕiɛ
	滦昌	昌黎	miᵒmuoᵒ	₍tɤ	₍tsei	₍k'ei	₍pai	₍tsai	₍tɕ'iə	₍kɤ
	抚龙	卢龙	moᵒ	₍tɤ	₍tsei	k'ɤᵒ	₍pai	₍tʂai	tɕ'iɛᵒ	₍tɕiɛ

官话方言 • 77 •

续表

片	小片	点	曾开一				梗开二			
			墨	德	贼	刻	白	摘	客	隔
石济	赵深	石家庄	meiᵓ	ˌtɤ	ˌtsei	kʻɤᵓ	ˌpai	tʂai	ᵓtɕʻiɛ	ˌkɤ
	邢衡	巨鹿	meiᵓ	ˌtei	ˌtsei	ˌkʻei	ˌpæɛ	tʂæɛ	kʻɤᵓ	ˌkɤ
	聊泰	济南	meiᵓ	ˌtei	ˌtsei	ˌkʻei	ˌpei	ˌtʂei	ˌkʻei	ˌkei
沧惠	黄乐	盐山	meiᵓ	ˌtə	ᵓtsei	kʻəᵓ	ᵓpɛ	ˌtsɛ	ᵓtɕʻiə	ˌɕiə
	阳寿	寿光	meiᵓ	ˌtei	ˌtsei	ˌkʻei	ˌpei	ˌtʂei	ˌkʻei	ˌkei
	莒照	莒南	meiᵓ	ˌtei	ˌtθei	ˌkʻei	ˌpei	ˌtʂei	ˌkʻei	ˌkei
	章桓	利津	meiᵓ	teiˌ	ˌtsei	kʻeiˌ	ˌpei	tʂeiˌ	kʻeiˌ	keiˌ

　　说明:"客、隔"两字,保唐片各小片除天津以外的代表点,以及赵深片的石家庄,都另有读音为开口呼。如平谷"客、隔"又读 kʻɤᵓ、kɤ。

　　此外,本区保唐片涞阜小片山西省的广灵,东与河北接壤,在韵母方面深臻曾梗通合流、咸山宕江摄鼻音韵尾脱落,见前面表中的"人恩"、"安昂"等例字。这两项特点跟本区其他各片不同。

　　(五)中原官话

　　在官话方言中,中原官话的使用人口和分布县市虽不及西南官话,但是这个方言的分布地从黄海之滨的江苏赣榆向西至我国西部边境新疆喀什,中间除有藏语区相隔以外,几乎横贯我国中部地区,其地域跨度之宽,远远超过其他方言区。

　　《地图集》分中原官话为八片,加上中原官话南疆片共为九片,其中汾河片又分为三小片。本区的总体特点是古入声清声母和次浊声母读阴平,全浊声母读阳平。但是汾河片绛州小片的新绛清入和次浊入归去声,陇中和南疆两片全浊声母也归阴平。

表 26　　　　　古入声字在中原官话中的归类表

片	小片	点	八	福	笔	各	麦	月	杂	毒
郑曹		郑州	₌pa	₌fu	₌pei	₌kɤ	₌mɛ	₌ye	₌tsa	₌tu
蔡鲁		曲阜	₌pɑ	₌fu	₌pei	₌kɤ	₌mei	₌ye	₌tsɑ	₌tu
洛徐		洛阳	₌pa	₌fu	₌pei	₌kɤ	₌mai	₌yɛ	₌tsa	₌tu
信蚌		信阳	₌pa	₌fu	₌pi ₌pei	kɤ°	₌mɛ	₌ye	₌tsa	₌tou
汾河	平阳	洪洞	₌pa	₌fu	₌pi	₌ko	₌mɛ	₌ye	₌ts'a	₌t'u
	绛州	新绛	pa°	fu°	pi°	kə°	mei°	yɛ°	₌ts'a	₌t'u
	解州	万荣	₌pa	₌fu	₌pei	₌kɤ	₌mia	₌yE	₌ts'a	₌t'u
关中		西安	₌pa	₌fu	₌pi	₌kɤ	₌mei	₌ye	₌tsa	₌tu
秦陇		宝鸡	₌pa	₌fu	₌pi	₌kuo	₌mei	₌ye	₌tsa	₌tu
陇中		天水	₌pa	₌fu	₌pi	₌kuo	₌mei	₌yɛ	₌tsa	₌tu
南疆		焉耆	₌pa	₌fu	₌pi	₌kɤ	₌mei	₌ye	₌tsa	₌tu

说明：焉耆三个调类，平声不分阴阳，表中标阴平调号。

本区地域跨度大，内部差异较多，下面择要介绍七项：

（1）古全浊声母今读塞音和塞擦音的，平声送气、仄声不送气的规律，本区多数地区跟北京相同，但是汾河、秦陇、陇中三片有部分仄声字白读为送气音。下面三片仄声例字的注音都是白读音：

表 27　　　古全浊声母在中原官话汾河、秦陇、陇中
三片部分仄声字读为送气音表

片	小片	点	平		上		去		入	
			平	谈	并	淡	病	垫	别	叠
汾河	平阳	洪洞	₌p'ie	₌t'an	ˀpieŋ	t'an²	p'ie²	t'iɑn²	₌p'ie	₌t'ie
	绛州	新绛	₌p'iəŋ	₌t'ã	piəŋ°	t'ã°	p'ie°	t'iã°	₌p'ie	₌t'ie
	解州	万荣	₌p'ɑi	₌t'æ	piʌŋ°	t'æ°	p'iE°	t'iæ°	₌p'iE	₌t'ie

官话方言   • 79 •

续表

片	小片	点	平		上		去		入	
			平	谈	并	淡	病	垫	别	叠
秦陇		宝鸡	₌p'iəŋ⁼	₌t'æ⁼	piəŋ°	t'æ°	piəŋ°	t'iæ°	₌piɛ	₌t'ie
陇中		天水	₌p'in	₌t'an	pin°	t'an°	p'in°	t'ian°	₌piɛ	₌t'ie

　　(2)北京 ts、tʂ 两组声母的字,本区多数也分 ts、tʂ,但古知庄章三组声母的字归类大多跟北京不同,只有郑州跟北京相同。另有蔡鲁片、信蚌片两片 ts、tʂ 不分,读 ts 组。

表 28　　北京 ts、tʂ 两组声母在中原官话中的读音比较表

片	小片	点	资	支	知	蚕	馋	缠	僧	生	声
郑曹		郑州	₌tsๅ	₌ʂๅ		₌ts'an		₌tʂ'an	₌səŋ		₌ʂəŋ
蔡鲁		曲阜		₌tsๅ			₌ts'ā			₌səŋ	
洛徐		洛阳	₌tsๅ	₌ʂๅ	₌ʂๅ	₌ts'ā		₌tʂ'ā	₌səŋ		₌ʂəŋ
信蚌		信阳		₌tsๅ			₌ts'an			₌sən	
汾河	平阳	洪洞	₌tsๅ	₌ʂๅ		₌ts'ɑn			₌səŋ		₌ʂəŋ
	绛州	新绛	₌tsๅ	₌ʂๅ		₌ts'an		₌tʂ'an	₌səŋ		₌ʂəŋ
	解州	万荣	₌tsๅ	₌tʂๅ		₌ts'æ		₌tʂ'æ	₌svŋ		₌ʂvŋ
关中		西安	₌tsๅ	₌tʂๅ		₌ts'æ		₌tʂ'æ	₌səŋ		₌ʂəŋ
秦陇		宝鸡	₌tsๅ	₌tʂๅ		₌ts'æ		₌tʂ'æ	₌səŋ		₌ʂəŋ
陇中		天水	₌tsๅ	₌tʂๅ		₌ts'an		₌tʂ'an	₌sən		₌ʂən
南疆		焉耆	₌tsๅ	₌tʂๅ		₌ts'an		₌tʂ'an	₌səŋ		₌ʂəŋ

　　说明：洪洞,"生"白读 ₌ʂæ,"声"白读 ₌ʂe；万荣,"生"白读 ₌ʂɑ,"声"白读 ₌ʂιɛ。

　　(3)今北京 tʂ、tʂ'、ʂ、ʐ 拼合口呼的字,本区汾河片及关中片读 pf、pf'、f、v,或擦音读 f、v。

表 29　　　北京 tʂ、tʂ'、ʂ、ʐ 合口呼字在中原官话
汾河片及关中片读 pf、pf'、f、v 表

片	小片	点	猪	庄	穿	窗	双	鼠	如	软
汾河	平阳	洪洞	꜀tʂu	꜀tʂo	꜀tʂ'uan	꜀tʂ'o	꜀ʂo	ʂu꜄	vu꜄	vɑn꜄
汾河	绛州	新绛	꜀pfu	꜀pfə	꜀pf'ã	꜀pf'ə	꜀ʃə	ʃu꜄		vã꜄
汾河	解州	万荣	꜀pfu	꜀pfɤ	꜀pf'æ	꜀pf'ʌŋ	꜀ʃɤ	ʃu꜄	vu꜄	væ꜄
关中		西安	꜀pfu	꜀pfaŋ	꜀pf'æ	꜀pf'aŋ	꜀faŋ	fu꜄	vu꜄	væ꜄

（4）古影疑母北京读开口呼零声母的字，本区分别读 ŋ、ɣ 两个
声母。

表 30　　　古影疑母开口呼字在中原官话中的读音对照表

片	小片	点	鹅	爱	矮	袄	藕	安	岸	恩	昂
郑曹		郑州	꜀ɣɤ	ɣai꜄	꜀ɣai	꜀ɣau	꜀ɣou	꜀ɣan	ɣan꜄	꜀nəɣ꜄	꜀ɣaŋ
蔡鲁		曲阜	꜀ɣɤ	ɣɛ꜄	꜀əi	꜀ɣɔ	꜀nɔɣ	꜀ɣã	ɣã꜄	꜀ɣə꜄	꜀ɣɑŋ
洛徐		洛阳	꜀ɣə	ɣai꜄	꜀ɣai	꜀ɣɑ	꜀nɤɣ	꜀ɣã	ɣã꜄	꜀nəɣ	꜀ɣaŋ
信蚌		信阳	꜀ŋɣ	ŋai꜄	꜀ŋai	꜀ŋau	꜀nou	꜀ŋan	ŋan꜄	꜀nəŋ꜄	꜀ŋaŋ
汾河	平阳	洪洞	꜀no꜄	꜀ŋəi	꜀ŋai	꜀ŋao	꜀nou	꜀ŋan	ŋan꜄	꜀ŋen	꜀ŋɑŋ
汾河	绛州	新绛	꜀əŋ	꜀ŋai	꜀ŋai	꜀ŋao	꜀nei	꜀ŋâ	ŋã꜄	꜀nəŋ	꜀ŋəŋ
汾河	解州	万荣	꜀ɤŋ	꜀ŋai	꜀ŋai	꜀ŋao	꜀ŋæ	ŋæ꜄	꜀ŋei	iaɣ꜄	꜀ŋʌɣ꜄
关中		西安	꜀ŋɤ	əŋ꜄	꜀ŋe	꜀ŋo	꜀ŋæ	ŋæ꜄	꜀ŋə	꜀ŋã	
秦陇		宝鸡	꜀ŋuo꜄	ŋæ꜄	꜀ŋæ	꜀ŋo	꜀ŋo	꜀ŋæ	ŋæ꜄	꜀ŋəi	꜀ŋã
陇中		天水	꜀ŋuo꜄	ŋai꜄	꜀ŋai	꜀ŋao	꜀nou	꜀ŋan	ŋan꜄	꜀nəŋ	꜀ŋaŋ
南疆		焉耆	꜀ɤŋ	əŋ꜄	꜀əŋ	꜀ɤ	꜀ou	an꜄	ŋan꜄	꜀əŋ꜄	꜀aɣ̄꜄

（5）本区多数片不分尖团，分尖团的有郑曹、洛徐片的郑州、洛

阳等,见下:

郑州、洛阳:集 ₌tsi≠极 ₌tɕi   妻 ₌tsʻi≠欺 ₌tɕʻi   西 ₌si≠稀 ₌ɕi

聚tsyᵒ≠锯tɕyᵒ   趣 ₌tsʻyᵒ≠去 tɕʻyᵒ需 ₌sy≠虚 ₌ɕy

(6)本区多数片能够区分深臻摄舒声和曾梗舒声的不同韵尾,但是下表四片的代表点不分,跟北京比较如下:

表31   古深臻摄和曾摄舒声在中原官话信蚌等四片
跟北京的韵尾读音比较表

片	点	根臻	庚梗	真臻	蒸曾	今深	经梗	新臻	星梗
	北京	₌kən	₌kəŋ	₌tʂən	₌tʂəŋ	₌tɕin	₌tɕiŋ	₌ɕin	₌ɕiŋ
信蚌	信阳	₌kən		₌tsən		₌tɕin		₌ɕin	
秦陇	宝鸡	₌kəŋ		₌tsəŋ		₌tɕiŋ		₌ɕiŋ	
陇中	天水	₌kən		₌tʂəŋ		₌tɕin		₌ɕin	
北疆	焉耆	₌kəŋ		₌tʂəŋ		₌tɕiŋ		₌ɕiŋ	

(7)古曾开一、梗开二入声,本区蔡鲁、关中、秦陇、陇中、南疆五片及汾河片的绛州小片多数读 ei;信蚌片的信阳多数读 ɛ;其余大抵是曾摄多读 ei、梗摄多读 ɛ(或 ai)。洛徐片徐州和洛阳不同,下表的比较洛徐片加徐州一点:

表32 古曾开一、梗开二入声字在中原官话中的读音对照表

片	小片	点	曾开一				梗开二			
			墨	德	贼	刻	白	摘	客	隔
郑曹		郑州	₌mei	₌tɛ	ˍtsei	₌kʻɛ	ˍpɛ	₌tsɛ	₌kʻɛ	₌kɛ
蔡鲁		曲阜	₌mei	₌tei	ˍtsei	₌kʻei	ˍpei	₌tsei	₌kʻei	₌kei
洛徐		洛阳	₌mei	₌tai	ˍtsei	₌kʻai	ˍpai	₌tsai	₌kʻai	₌kai
		徐州	₌me	₌te	ˍtse	₌kʻe	ˍpe	₌tse	₌kʻe	₌ke

续表

片	小片	点	曾开一				梗开二			
			墨	德	贼	刻	白	摘	客	隔
信蚌		信阳	₋mɛ	₋tɛ	₌tsei	₋kʻɛ	₌pɛ	₋tsɛ	₋kʻɛ	₋kɛ
汾河	平阳	洪洞	₋mo	₋tɛ	₌tsei	₋kʻɛ	₌pˀɛ	₋tsɛ	₋kʻɛ	₋kɛ
	绛州	新绛	meiˀ	teiˀ	₌tsʻei	kʻeiˀ	₌pʻei	₋tsei	kʻeˀ	₋ke
	解州	万荣	₋mu / ₋mei	₋tei	₌tsʻei	₋kʻei	₌pʻiɑ / ₌pɑi	tseiˀ	₋kʻɤ / ₋tɕiE	₋kei
关中		西安	₋mei	₋tei	₌tsei	₋kʻei	₌pei	₋tsei	₋kʻei	₋kei
秦陇		宝鸡	₋mei	₋tei	₌tsei	₋kʻei	₌pei	₋tsei	₋kʻei	₋kei
陇中		天水	₋mei	₋tei	₌tsei	₋kʻei	₌pei	₋tsei	₋kʻei	₋kei
南疆		焉耆	₋mei	₋tei	₌tsei	₋kʻei	₌pei	₋tsei	₋kʻei	₋kei

此外,位于山西的汾河片还有跟其他片不同的一些特点:

(1)去声不分阴阳是官话大区的总体特点,但本区汾河片的洪洞、曲沃、翼城等点去声分阴阳。清去读阴去,次浊去和全浊去读阳去。如洪洞:帝 tiˀ、布 puˀ、对 tueiˀ、利 liˀ、墓 mu²、内 nei²、第 tʻiˀ²、步 pʻuˀ²、队 tueiˀ²。

(2)本片新绛、万荣古宕江曾梗通合为一套韵母,aŋ、əŋ,iaŋ、iŋ,uaŋ、uŋ,三对韵母不分。

表33　中原官话汾河片新绛、万荣古宕江、曾梗通舒声合为一套韵母表

	帮宕	崩曾	方宕	风通	江江	京梗	央宕	英梗	光宕	公通	皇宕	红通
新绛	₋pəŋ		₋fəŋ		₋tɕiəŋˀ	₋ɕiəŋ			₋kuəŋ		₌xuəŋ	
万荣	₋pʌŋ		₋fʌŋ		₋tɕivʌŋ	₋ivʌŋ			₋kuvʌŋ		₌xuvʌŋ	

(3)古宕江摄舒声部分字白读音鼻韵尾失落,韵母读同入声,

并跟果摄字合流。

表 34　　中原官话汾河片古宕江摄舒声白读韵尾失落跟
果摄合流的读音比较表

	帮宕舒	博宕人	玻果	汤宕舒	托宕人	拖果
洪洞		₌po			₌tʻo	
新绛	₌pəŋ	pəˀ	₌po	₌tʻə	tʻəˀ	₌tʻə
万荣	₌pʌŋ		₌pɤ		₌tʻɤ	
	苍宕舒	错宕人	搓果	巷江舒	鹤宕人	贺果
洪洞		₌tsʻo			xo²	
新绛	₌tsʻə	tsʻəˀ	₌tsʻə	xəˀ	₌xə	xəˀ
万荣		₌tsʻɤ		xʌŋˀ	₌xɤ	xɤˀ

（4）古曾梗摄部分字的白读音韵尾失落，韵母读同假摄开口
三等。

表 35　古曾梗摄舒声白读韵尾失落跟假摄合流的读音比较表

	蒸曾	遮假	剩曾	社假	钉梗	爹假	境梗	借假	赢梗	爷假
洪洞	₌tʂe		ʂe²		₌tie		tɕieˀ		₌ie	
新绛	₌tʂəŋ	₌tʂe	ʂeˀ		₌tie	₌tie	tɕieˀ		₌ie	
万荣	₌tʂei	₌tʂɿE	ʂʌŋˀ	ʂɿEˀ	₌tiE	₌tiE	tɕiEˀ		₌iE	₌ia

（5）古见组细音今北京读 tɕ、tɕʻ 声母的字，洪洞、万荣部分字
白读为 t、tʻ，tʂ、tʂʻ。下表的注音是白读音：

表 36　　中原官话汾河片部分地区古见组细音白读 t、tʻ 或 tʂ、tʂʻ 表

	鸡	家	浇	敲	间	紧	劲
洪洞	₌ti＝低	₌tia	₌tiao＝刁	₌tʻiao＝挑	₌tian＝颠	ˀtien	tienˀ
万荣	₌tʂɿ＝知	₌tʂɑ	₌tʂɑu＝招	₌tʂʻɑu＝超	₌tʂæ＝占	ˀtʂei＝诊	tʂeiˀ＝镇

（六）兰银官话

《地图集》分本区为金城、银吴、河西三片，加上兰银官话北疆片共为四片。

1. 古入声字在本区大致是清入和次浊入归去声，全浊入归阳平，但是银吴片全浊入也归去声。

表 37　　　　　　　　古入声字在兰银官话中的归类表

片	点	八	福	笔	各	麦	月	杂	毒
金城	兰州	paᵊ	fuᵊ	piᵊ	kɤᵊ	mɤᵊ	yeᵊ	꜀tsa	꜀tu
银吴	银川	paᵊ	fuᵊ	piᵊ	kəᵊ	miaᵊ	yəᵊ	tsaᵊ	tuᵊ
河西	民乐	paᵊ	fuᵊ	pzɿᵊ	kɤᵊ	mieᵊ	z̞yɛᵊ	꜀tsa	꜀tu
北疆	乌鲁木齐	paᵊ	fuᵊ	piᵊ	kəᵊ	məᵊ	yɛᵊ	꜀tsa	꜀tu

2. 兰银官话的共同特点主要是：不分尖团，古深臻摄和曾梗摄韵母合流。

（1）尖团不分，如"集极"、"妻欺"、"西稀"，"聚锯"、"趋去"、"需虚"各组音各片都读 tɕi、tɕʻi、ɕi、tɕy、tɕʻy、ɕy。

（2）古深臻摄和曾梗摄韵母合并。

表 38　　　　　　古深臻摄跟曾梗摄舒声在兰银官话中合韵表

片	点	根臻	庚梗	真臻	蒸曾	今深	经梗	新臻	星梗
金城	兰州	꜀kə		꜀tʂə		꜀tɕiə		꜀ɕiə	
银吴	银川	꜀kəŋ	꜀kəŋ	꜀tʂəŋ		꜀tɕiŋ		꜀ɕiŋ	
河西	民乐	꜀kəŋ		꜀tʂəŋ		꜀tɕiŋ		꜀ɕiŋ	
北疆	乌鲁木齐	꜀kəŋ		꜀tʂəŋ		꜀tɕiŋ		꜀ɕiŋ	

3. 本区的差异简述以下四项：

（1）本区分 ts、tʂ，但是有的片分类情况跟北京不同，见下面的比较：

表 39　北京 ts、tʂ 两组声母在兰银官话中的读音比较表

片	点	资	支	知	蚕	馋	缠
金城	兰州	꜀tsɿ		꜀tʂʅ		꜁tsʻɛ		꜁tʂʻɛ
银吴	银川	꜀tsɿ		꜀tʂʅ		꜁tsʻɛ		꜁tʂʻɛ
河西	民乐	꜀tsɿ		꜀tʂʅ		꜁tsʻan		꜁tʂʻan
北疆	乌鲁木齐	꜀tsɿ		꜀tʂʅ		꜁tsʻɛ		꜁tʂʻɛ

片	点	僧	生	声	苏	梳	书
金城	兰州	꜀sə		꜁ʂə	꜀su		꜀fu
银吴	银川	꜀səŋ		꜁ʂəŋ	꜀su		꜀ʂu
河西	民乐	꜀səŋ		꜁ʂəŋ	꜀su		꜀fu
北疆	乌鲁木齐	꜀səŋ		꜁ʂəŋ	꜀su		꜀ʂu

（2）北京 tʂ、tʂʻ、ʂ、ʐ 拼合口呼的字，金城片兰州及河西片民乐读 pf、pfʻ、f、v。

表 40　北京 tʂ、tʂʻ、ʂ、ʐ 合口呼字在兰银官话金城片和河西片读 pf、pfʻ、f、v 表

片	点	猪	庄	穿	窗	双	鼠	如	软
金城	兰州	꜀pfu	꜀pfɑ̃	꜀pfʻɛ	꜀pfʻɑ̃	꜀fɑ̃	꜂pfʻu	vuᵒ	꜀vɛ̃
银吴	银川	꜀tʂu	꜀tʂuaŋ	꜀tʂʻuæ	꜀tʂʻuaŋ	꜀ʂuaŋ	꜂tʂʻu	ʐ̩uˈ	꜀ʐ̩uæ
河西	民乐	꜀pfu	꜀kuan	꜀kʻuan	꜀kʻuaŋ	꜀faŋ	꜀pfʻu	꜀vu	꜀van
北疆	乌鲁木齐	꜀tʂu	꜀tʂuaŋ	꜀tʂʻuan	꜀tʂʻuaŋ	꜀ʂuaŋ	꜂tʂʻu	ʐ̩uˈ	꜀ʐ̩uan

（3）古影疑母今读开口呼的字，乌鲁木齐有声母 ŋ、河西片有 ɤ。

表 41　　　古影疑母开口呼字在兰银官话中的读音对照表

片	点	鹅	爱	矮	袄	藕	安	岸	恩	昂
金城	兰州	₌ɤ	ɛˀ	ˀɛ	ˀɔ	ˀəu	ˀẽ	ẽˀ	₌ə	₌ɑ̃
银吴	银川	₌ə	ɛˀ	ˀɛ	ˀɔ	ˀou	ˀæ	æˀ	₌əŋ	₌aŋ
河西	民乐	ˀɤɤ ɤɤˀ	ɤaiˀ	ˀɤai	ˀɤau	ˀɤou	₌ɤan	ɤanˀ	₌ɤeɤ	₌ɤaŋ
北疆	乌鲁木齐	₌ŋɤ	ŋaiˀ	ˀŋai	ˀŋau	ˀŋou	₌ŋan	ŋanˀ	₌neŋ	₌ŋaŋ

说明：乌鲁木齐，"鹅"又音 ₌nə。

（4）古曾摄开口一等、梗摄开口二等入声字，金城片兰州主要读 ɤ；银吴片银川的白读 a、ia 比较特殊（下表注音为白读）；北疆乌鲁木齐主要读 ei、ə 两个韵母。

表 42　古曾开一、梗开二入声字在兰银官话中的读音对照表

片	点	墨曾	德曾	贼曾	刻曾	白梗	摘梗	客梗	隔梗
金城	兰州	mɤˀ	tɤˀ	₌tsei	kʻɤˀ	₌pɤ	tsɤˀ	kʻɤˀ	kɤˀ
银吴	银川	miaˀ	tiaˀ	₌tsei	kʻaˀ	piaˀ	tsəˀ	kʻaˀ	kaˀ
河西	民乐	mɤˀ	tɤˀ	₌tsei	kʻɤˀ	₌pai	tʂaiˀ	kʻɤˀ	kɤˀ
北疆	乌鲁木齐	meiˀ	₌tə	₌tsei	kʻəˀ	ˀpei	₌tsai	kʻeiˀ	keiˀ

据高葆泰、林涛《银川方言志》，银川话上述曾梗摄有文白异读的字如下：

官话方言 ・ 87 ・

表 43　　　　兰银官话银川方言曾梗摄文白异读对照表

	曾摄					梗摄	
	北	墨默	得德	勒	刻克	百柏	迫
白读	piaᵒ	miaᵒ	tiaᵒ	liaᵒ	kʻaᵒ	piaᵒ	pʻiaᵒ
文读	pɛᵒ	mᵒ	tᵒ	lᵒ	kʻᵒ	pɛᵒ	pʻᵒ

	梗摄						
	拍	白	格	客	额	麦脉	隔
白读	pʻiaᵒ	piaᵒ	kaᵒ	kʻaᵒ	aᵒ	miaᵒ	kaᵒ
文读	pʻᵒ	pɛᵒ	kᵒ	kʻᵒ	ᵒ	mɛᵒ	

又据王森调查,河西片民乐的曾梗摄开口一二等入声部分字也有读齐齿呼的现象,如"北"piɛᵒ、"默墨"piɛᵒ、"得德"tiɛᵒ、"勒"liɛᵒ,"百柏"piɛᵒ、"迫"pʻiɛᵒ、"白"ₒpiɛ、"麦脉"miɛᵒ 等。

关于河西片的特点,《地图集》有简要介绍,下面摘记三条:北京开、齐、合、撮四呼的零声母字,本片有 ɣ、ʐ、v、z 声母,如民勤:"安"ₒɣæ、"咬"ₒziɔ、"望"vaŋᵒ、"鱼"ₒzy;张掖、民乐、高台、临泽、肃南五处"猪出书人"读ₒku、kʻuᵒ、ₒfu、vuᵒ;古浪、天祝两点古宕江摄的字今鼻韵尾失落,读 ɑ、iɑ、uɑ。

（七）西南官话

本方言区分布在我国西南周遭的 500 多个县市,人口达到两亿,也就是说,在说官话方言的人口中,有近三分之一的人说西南官话。但是这个方言并不因分布地区广、使用人口多而影响到各地人们的通话程度,相反,在方言特点方面有着一些惊人一致的地方,当然也不可避免地存在着许多差异。

《地图集》将本区方言分为 12 片,其中一片又分两小片、另一片分 4 小片,本文共选 16 个代表点。按"官话方言分区表",西南官话的基本特点是古入声字今读阳平,但是不读阳平的地点也不少。在 16 个代表点中：灌赤片岷江小片的西昌、丽川小片的洱源，岑江片的黎平，黔南片的都匀，湘南片的零陵，古入声今读入声；灌赤片仁富小片的自贡，常鹤片的常德，古入声今读去声；灌赤片雅棉小片的汉源，古入声今读阴平。

表 44　　　　　　　古入声字在西南官话中的归类表

片	小片	点	八	福	笔	各	麦	月	杂	毒
成渝		成都	ˌpa	ˌfu	ˌpi	ˌko	ˌme	ˌye	ˌtsa	ˌtu
滇西	姚浬	大理	ˌpa	ˌfu	ˌpi	ˌko	ˌme	ˌye	ˌtsa	ˌtu
滇西	保潞	保山	ˌpA	ˌfu	ˌpi	ˌkɤ	ˌɤ	ˌye	ˌtsA	ˌtu
黔北		遵义	ˌpa	ˌfɛ	ˌpiɛ	ˌko	ˌmæ	ˌye	ˌtsa	ˌtuɛ
昆贵		昆明	ˌpa	ˌfu	ˌpi	ˌko	ˌmə	ˌiɛ	ˌtsa	ˌtu
灌赤	岷江	西昌	pa꜔	fu꜔	pi꜔	ko꜔	me꜔	iɛ꜔	tsa꜔	tu꜔
灌赤	仁富	自贡	pa꜆	fu꜆	pi꜆	ko꜆	me꜆	ye꜆	tsa꜆	tu꜆
灌赤	雅棉	汉源	ˌpɑ	ˌfu	ˌpi	ˌko	ˌmai	ˌye	ˌtsa	ˌtu
灌赤	丽川	洱源	pa꜔	fu꜔		ko꜔	me꜔	ye꜔	tsɑ꜔	读 tu꜔
鄂北		钟详	ˌpa	ˌfu	必ˌpi	ˌko	ˌmo	ˌye	ˌtsa	ˌtu
武天		武汉	ˌpa	ˌfu	ˌpi	ˌkuo	ˌmɤ	ˌye	ˌtsa	ˌtu
岑江		黎平	pa꜔	fu꜔	pi꜔	ko꜔	mɛ꜔	ye꜔	tsa꜔	tu꜔
黔南		都匀	pa꜔	fu꜔	pi꜔	ko꜔	mia꜔	vie꜔	tsa꜔	tu꜔
湘南		零陵	pa꜔	fu꜔	pi꜔	ko꜔	me꜔	ye꜔	tsa꜔	tu꜔
桂柳		柳州	ˌpa	ˌfu	ˌpi	ˌko	ˌmɤ	ˌyɛ	ˌtsa	ˌtu
常鹤		常德	pa꜆	fu꜆	pi꜆	ko꜆	me꜆	ye꜆	tsa꜆	tou꜆

跟北京语音相比，本区有不少明显的特点。这些特点的地域覆盖面有大有小，其中有的有很强的一致性，有的则只分布于较小

的区域。下面以声母、韵母、声调为序说 13 项。

　1. ts、tʂ　本区多数地区 ts、tʂ 不分,共同特点是古知庄章三组字读同精组洪音。部分地区有 ts、tʂ 的分别,但分法跟北京不同。下表是有 ts、tʂ 而分类跟北京有别的代表点:

表45　　　西南官话分 ts、tʂ 的保潞等片 ts、tʂ 两组字的读音对照表

片	小片	点	资	支	知	蚕	馋	缠	苏	梳	书
保潞		保山	꜀tsɿ	꜀tʂʅ		꜀tsʻā	꜀tʂʻā		꜀su		꜀ʂu
昆贵		昆明	꜀tsɿ	꜀tʂʅ		꜀tsʻā	꜀tʂʻā		꜀su		꜀ʂu
灌赤	岷江	西昌	꜀tsɿ	꜀tʂʅ		꜀tsʻan	꜀tʂʻan		꜀su		꜀ʂu
	仁富	自贡	꜀tsɿ	꜀tʂʅ			꜀tsʻan	꜀tʂʻan	꜀su		꜀ʂu
鄂北		钟祥	꜀tsɿ	꜀tʂʅ		꜀tsʻan	꜀tʂʻan		꜀su		꜀ʂu

　2. 古日母字的读音　止摄字全部读零声母,成都、遵义、西昌、自贡、汉源、洱源、钟祥、常德 8 点是卷舌元音 ər(洱源 er),其余八点是平舌的舌面元音。止摄以外的字在不同地区读六种音:z,成都、大理、遵义、汉源、洱源、黎平、都匀 7 点;zʅ,保山、昆明、西昌、自贡、钟祥 5 点;开口呼多读 n,合口呼读零声母,武汉;ʐ,零陵;零声母,柳州;开口呼主要读 ŋ,合口字多读零声母,常德。上述各类下表各举一点为例进行比较:

表46　　　古日母字在西南官话中的读音对照表

片	小片	点	日	热	饶	肉	人	如	软	绒
成渝		成都	꜌zʅ	ʐe꜔	꜀zau	zəu꜔	꜀zən	꜀zu	꜍zuan	꜀zoŋ
滇西	保潞	保山	꜌ʅʐ	꜔ʅʐ	꜀zʐɑɔ	꜌ʅu	꜌ʅɛn	꜀ʅu	꜍zʅuan	꜀zʐoŋ
武天		武汉	꜊m̩	꜔ʐɤ	꜀nau	nəu꜔	꜌nən	꜀y	꜍yɛn	꜀ioŋ
湘南		零陵					꜌zin			
桂柳		柳州	꜀i	ʑi꜔	꜀ɕi	꜀iu	꜌iei	꜀y	꜍ȵyɛ	꜀ioŋ
常鹤		常德	꜔ɚ	꜔ŋe	꜀ŋau	꜀nou	꜌ŋən	꜀y	꜍nan	꜀ŋoŋ

　　说明：零陵的材料据《湖南方言调查报告》，吴宗济调查。关于日母的例字很少，但吴先生在"音韵特点"中说："日母在止开声母失落如'而'、'二'读ɛ；其他开口字（例字很少）读ʑ，如'让'ʑiã；合口无例字。"（1007页）

　　3. 尖团　本区 16 个代表点有 14 点不分尖团，只有保山、柳州分尖团。下表只列分尖团的两点：

表 47　　　　　　　　西南官话尖团音表

	集	极	妻	欺	西	稀
保山	₋tsi	₋tɕi	₋tsʻi	₋tɕʻi	₋si	₋ɕi
柳州	₋tsi	₋ki	₋tsʻi	₋kʻi	₋si	₋xi
	聚	锯	趣	去	需	虚
保山	tsyᵒ	tɕyᵒ	tsʻyᵒ	tɕʻyᵒ	₋sy	₋ɕy
柳州	tsyᵒ	kyᵒ	tsʻyᵒ	kʻyᵒ	₋sy	₋xy

　　4. 古影疑母今北京读开口呼零声母的字，本区昆明、洱源、钟祥也读开口呼零声母，保山一点是喉塞音 ʔ，其余 13 点绝大多数字读 ŋ 声母。下表的比较读零声母和喉塞音 ʔ 的各举一点、读 ŋ 声母的举三点为代表：

表 48　　　　古影疑母开口呼字在西南官话中的读音表

片	小片	点	鹅	爱	矮	妖	藕	安	岸	恩	昂
成渝		成都	₋o	ŋaiᵒ	₋ŋai	₋ŋau	₋ŋɤu	₋ŋan	ŋanᵒ	₋ŋən	₋ŋaŋ
滇西	保潞	保山	₋uo	ʔæᵒ	₋ʔæ	₋ʔɔ	₋ʔɤu	₋ʔɑ̃	ʔɑ̃ᵒ	₋ʔɛn	₋ʔɑ̃
昆贵		昆明	₋o	æᵒ	₋æ	₋ɔ	₋ne	₋ɑ̃	ɑ̃ᵒ	₋ə̃	₋ɑ̃
灌赤	雅棉	汉源	₋o	ŋeᵒ	₋ŋɯ	₋ŋau	₋ŋɤu	₋ŋan	ŋanᵒ	₋ŋən	₋ŋaŋ
桂柳		柳州	₋ŋo	ŋæᵒ	₋ŋæ	₋ɔ	₋nʌu	₋ŋã	ŋãᵒ	₋ŋən	₋ŋaŋ

5. n、l　本区有半数以上的代表点 n、l 不分，下表古泥、来母例字的读音比较略去分 n、l 的各点：

表 49　　　　　西南官话成渝等片古泥来母读音比较表

片	小片	点	南	兰	泥	离	娘	良
成渝		成都	ˌnan		ˌni		ˌniaŋ	
滇西	姚浬	大理	ˌnā		ˌni		ˌniã	
黔北		遵义	ˌlan		ˌli		ˌliaŋ	
灌赤	岷江	西昌	ˌnan		ˌni		ˌniaŋ	
灌赤	仁富	自贡	ˌnan		ˌȵi	ˌni	ˌȵiaŋ	ˌniaŋ
灌赤	雅棉	汉源	ˌnan		ˌȵi	ˌni	ˌȵiaŋ	ˌniaŋ
鄂北		钟祥	ˌnan		ˌni		ˌniaŋ	
武天		武汉	ˌnan		ˌni		ˌniaŋ	
常鹤		常德	ˌlan		ˌli		ˌliaŋ	

片	小片	点	奴	炉	农	笼	女	旅
成渝		成都	ˌnu		ˌnoŋ		ᶜny	
滇西	姚浬	大理	ˌnu		ˌnoŋ		ᶜny	
黔北		遵义	ˌlu		ˌloŋ		ᶜly	
灌赤	岷江	西昌	ˌnu		ˌnoŋ		吕ᶜni	
灌赤	仁富	自贡	ˌnu		ˌnoŋ		ᶜȵy	ᶜny
灌赤	雅棉	汉源	ˌnu		ˌnoŋ		ᶜȵy	ᶜny
鄂北		钟祥	ˌnu		ˌnuŋ		ᶜny	
武天		武汉	ˌnəu		ˌnoŋ		ᶜy	
常鹤		常德	ˌlou		ˌloŋ		ᶜy	

6. f、x 分混　古非组和晓组声母，本区大体有三类：一是全部分清，有保山、昆明、洱源、钟祥、武汉、零陵 6 点；二是在单元音韵母前相混，全部读为 f，其余不混，有成都、大理、遵义、西昌、自贡、汉源、都匀、柳州 8 点；三是基本相混，除在 oŋ 韵母前读 x 以外，其余各类韵母一般读 f，有黎平、常德两点。下表是黎平、常德两点的读音情况：

表 50　　　西南官话岑江等片古非组和晓组读音基本相混的读音表

片	点	夫	呼	飞	灰	翻	欢	分	昏	方	荒	风	烘
岑江	黎平	꜀fu		꜀fei		꜀fan	꜀fuoŋ	꜀fən		꜀faŋ		꜀xoŋ	
常鹤	常德	꜀fu		꜀fei		꜀fan		꜀fən		꜀fən		꜀xoŋ	

7. 撮口呼　本区多数点四呼俱全，只有昆明和西昌两点没有撮口呼，北京撮口呼韵母的字一般读齐齿呼；都匀一点虽有撮口呼，但读撮口呼的零声母只有两个字"然软"，读 yø 韵母。上述三点的情况见下表：

表 51　　　西南官话昆贵等片有无撮口呼韵母的读音比较表

片	小片	点	驴	居	雨	决	月	捐	元	军	云
昆贵		昆明	꜀lu ꜀li	꜀tɕi	꜂i	꜀tɕie	꜀ie	꜀tɕiɛ	꜀iɛ	꜀tɕĩ	꜀ĩ
灌赤	岷江	西昌	꜀nu	꜀tɕi	꜂i	tɕiɛ꜄	iɛ꜄	꜀tɕian	꜀ian	꜀tɕin	꜀in
黔南		都匀		꜂tɕy	꜂vi	tɕye꜄	vie꜄	卷 ꜀tɕyø꜄	꜀vie	꜀tɕyn	꜀vin

8. 介音 u　古蟹止山臻合口端系声母的字，本区共八个代表点有不同程度的读开口呼的现象，u 介音失落的多少依次是臻、止、蟹、山。下表对照八点的读音情况：

表 52　　　　　西南官话黔北等片古蟹止山臻合口端

系字读开口呼的读音表

片	小片	点	对	岁	雷	端	暖	酸	敦	孙
黔北		遵义	tuei°	suei°	ˌluei	ˌtuan	ꜛnuan	ˌsuan	ˌtəŋ	ˌsən
灌赤	岷江	西昌	tuei°	suei°	ˌluei	ˌtan	ꜛnan	ˌsan	ˌtəŋ	ˌsən
鄂北		钟祥	təi°	sui°	ˌləi	ˌtan	ꜛnan	ˌsuan	ˌtəŋ	ˌsən
武天		武汉	tei°	sei°	ˌlei	ˌtan	ꜛnan	ˌsan	ˌtəŋ	ˌsən
岑江		黎平	tei°	suei°	ˌlei	ˌtuɔn	ꜛnuɔn	ˌsuɔn	ˌtəŋ	ˌsən
黔南		都匀	tei°	suei°	ˌlei	ˌtø	ꜛnø	ˌɕyø	ˌtəŋ	ˌsən
桂柳		柳州	tɛi°	sɛi°	ˌlei	ˌtuɑ̃	ꜛnuɑ̃	ˌsuɑ̃	ˌtəŋ	ˌsən
常鹤		常德	tei°	ɕyei°	ˌlei	ˌtan	ꜛnan	ˌɕyan	ˌtəŋ	ˌsən

9. an、aŋ　本区大理一点古咸山摄舒声和宕江摄舒声合韵,保山、昆明、洱源、零陵四点则是四摄按韵呼部分合韵。

表 53　　　西南官话滇西等片古咸山摄跟宕江舒声合韵的读音比较表

片	小片	点	凡咸	房宕	担咸	当宕	奸山	江江	官山	光宕
滇西	姚泾	大理	ˌfa		ˌta		ˌtɕia		ˌkua	
	保潞	保山	ˌfaŋ		ˌtaŋ		ˌtɕian	ˌtɕiaŋ	ˌkuaŋ	ˌkuaŋ
昆贵		昆明	ˌfa		ˌta		ˌtɕiẽ	ˌtɕiã	ˌkua	
灌赤	丽川	洱源	ˌfã		ˌtã		ˌtɕiē	ˌtɕiã	ˌkuã	ˌkuã
湘南		零陵	ˌfã 防		ˌtã		ˌtɕiē	ˌtɕiã	ˌkuã	

10. əŋ、aŋ　本区深臻摄舒声跟曾梗摄舒声开口字韵母相混,读 n 韵尾或鼻化元音。下表是成都、大理、保山、昆明四点的读音情况,其余 12 点的韵母读音皆同成都:

表 54　　　　西南官话成渝等片古深臻摄跟曾梗摄舒声
开口字合韵的读音表

片	小片	点	根臻	庚梗	真臻	蒸曾	今深	经梗	新臻	星梗
成渝		成都	꜀kən		꜀tsən		꜀tɕin		꜀ɕin	
滇西	姚泪	大理	꜀kə̃		꜀tsə̃		꜀tɕĩ		꜀ɕĩ	
	保潞	保山	꜀kɛn		꜀tʂɛn		꜀tɕin		꜀sin	
灌赤	丽川	洱源	꜀kəĩ		꜀tsəĩ		꜀tɕĩ		꜀ɕĩ	

11. 古曾开一、梗开二入声，本区大多地区的多数字读为同一韵母，按不同材料的记录分别有 7 种读音：e，成都、大理、保山、自贡、洱源、零陵、常德；æ，遵义；ə，昆明、钟祥；ɛ，西昌、黎平；ɤ，武汉、柳州；ai，汉源；ia，都匀。下表各举一点进行比较：

表 55　　古曾开一、梗开二入声在西南官话中的读音对照表

片	小片	点	墨曾	德曾	贼曾	刻曾	白梗	摘梗	客梗	隔梗
成渝		成都	꜀me	꜀te	꜀tse	꜀k'e	꜀pe	꜀tse	꜀k'e	꜀ke
黔北		遵义	꜀mæ	꜀tæ	꜀tsuei	꜀k'æ	꜀pæ	꜀tsæ	꜀k'æ	꜀kæ
灌赤	雅棉	汉源	꜀mai	꜀tai	꜀tsai		꜀pai	꜀tsai	꜀k'e	꜀ko
鄂北		钟祥	꜀mə	꜀tə	꜀tsə ꜀tsui	꜀k'ə	꜀pə	꜀tsə	꜀k'ə	꜀kə
岑江		黎平	mɛ꜁	tɛ꜁	tsɛ꜁	k'ɛ꜁	pɛ꜁	tsɛ꜁	k'ɛ꜁	kɛ꜁
黔南		都匀	mia꜁	tia꜁	tɕia꜁	k'ia꜁	pia꜁	tɕia꜁	k'ia꜁	kia꜁
桂柳		柳州	꜀mɤ	꜀tɤ	꜀tsɤ	꜀k'ɤ	꜀pɤ	꜀tsɤ	꜀k'ɤ	꜀kɤ

说明：上表可见，有的地方并不全部一致，又如武汉，现在虽然归为读 ɤ 的一类，但梗摄字如"摘册客"等读 ə 韵母。

12. 部分地区流摄和通摄入声的部分明母字有舌根韵尾,可能是因为受到声母同化的结果。见下表:

表 56　　　西南官话部分地区流摄和通摄入声有舌根鼻韵尾的字音表

片	小片	点	亩流一	某流一	母流一	谋流三	茂流一	贸流一	木通一	目通三
成渝		成都	ᶜmoŋ	ᶜmoŋ	ᶜmo	moŋ꜀	moŋ°	moŋ°	꜀mu	꜀mu
黔北		遵义	ᶜmoŋ	ᶜmoŋ	ᶜmu		moŋ°	moŋ°	꜀mɤ	꜀mɤ
昆贵		昆明	ᶜmoŋ	ᶜmoŋ	ᶜmu	moŋ꜀	moŋ°	moŋ°	꜀mu	꜀mu
灌赤	岷江	西昌	ᶜmoŋ	ᶜmoŋ	ᶜmu	moŋ꜀	moŋ°	mau°	mu꜀	mu꜀
	仁富	自贡	ᶜmoŋ	,	ᶜmu			moŋ°	mu°	mu°
	雅棉	汉源			ᶜmu	moŋ꜀	moŋ°	moŋ°	꜀mu	꜀mu
	丽川	洱源	ᶜmu	ᶜmoŋ	ᶜmu	꜀mɤu			mu꜀	mu꜀
鄂北		钟祥	ᶜmuŋ	ᶜmɤu	ᶜmuŋ	꜀mɤu	mɤu°	mɤu°	꜀muŋ	꜀muŋ
武天		武汉	ᶜmɤu	ᶜmɤu	ᶜmo	꜀mɤu	mau°	mau°	꜀moŋ	꜀moŋ

13. 四声调值　本区四个声调的常见调值为:阴平高平、阳平和去声分别是低降和高降,去声低降升或升调,除鄂北、岑江、黔南、湘南等片以外,其余调形大体一致。(参见本节附录表64:官话方言41片62代表点调类、调值比较表。)

(八)江淮官话

江淮官话既有官话方言的特点,还有吴方言的特点,实质上是吴方言到官话方言的过渡区。从整体说,本区是官话方言中唯一一个既有入声又有塞音韵尾、还有几套入声韵母的方言,这跟西南官话中部分地区虽有入声而没有塞音韵尾的方言是明显不同的。跟同样既有入声也有塞音韵尾的晋语相比,晋语的入声韵母一般来说只有两套,少数地域有三套或只有一套,而江淮官话的入声韵母一般在三套以上,有的多到六套。例如,晋语的太原有 aʔ、iaʔ、uaʔ 和 əʔ、iəʔ、uəʔ、yəʔ 两套 7 个入声韵,而江淮官话的南京则有 aʔ、iaʔ、uaʔ、ɛʔ、eʔ、ieʔ、yeʔ、oʔ、ioʔ、ʅʔ、iʔ、uʔ、yʔ 五套 13 个入声韵,这跟吴方言的特点比较一致,吴方言除南部温州等地存在入声舒化的现象以外,入声韵一般都在三套以上。此外,本区许多地区 ts、tʂ 不分,全区 ən、əŋ 不分,以及有的片去声分阴阳,等等,都超出官话方言的一般性特点。

《地图集》根据以下三项将江淮官话分为三片。

表 57　　　　　江淮官话分片表

片	入声是否分阴阳	全浊仄声是否送气	"书虚"、"篆倦"是否同音
洪巢	不分	不送气	不同音
泰如	分	送气	不同音
黄孝	不分	不送气	同音

下面补充说明上表的具体内容:

(1)三片中泰如片分阴阳入,其余不分。

表 58　　　　江淮官话入声分不分阴阳的对照表

片	点	八	福	笔	各	麦	月	杂	毒
洪巢	扬州	pæʔ₃	foʔ₃	piʔ₃	kaʔ₃	moʔ₃	yiʔ₃	tsæʔ₃	toʔ₃
泰如	南通	paʔ₂	foʔ₂	piʔ₂	koʔ₂	moʔ₂	yʔ₂	tsaʔ₂	toʔ₂
黄孝	英山	paʔ₃	fuʔ₃	piʔ₃	koʔ₃	møʔ₃	mɥɛʔ₃	tsaʔ₃	təuʔ₃

(2)三片中泰如片古全浊声母塞音和塞擦音仄声多读送气,其余不送气。

表 59　江淮官话全浊声母今塞音和塞擦音仄声送气不送气的读音表

片	点	平			上		
		平	谈	情	并	淡	静
洪巢	扬州	$_5$p'in	$_5$t'æ	$_5$tɕ'in	pin^3	tæ^3	tɕin^3
泰如	南通	$_5$p'eɳ	$_5$t'ã	$_5$ts'eɳ	peɳ^3	t'ã^2	ts'eɳ^2
黄孝	英山	$_5$p'in	$_5$t'an	$_5$tɕ'in	pin^3	tan^2	tɕin^2

片	点	去			入		
		病	垫	净	别	敌	籍
洪巢	扬州	pin^3	tĩ^3	tɕin^3	piʔ$_5$	tiʔ$_5$	tɕiʔ$_5$
泰如	南通	p'eɳ^2	t'ĩ^2	ts'eɳ^2	p'iʔ$_5$	t'iʔ$_5$	tɕ'iʔ$_5$
黄孝	英山	pin^2	tian^2	tɕin^2	piʔ$_5$	tiʔ$_5$	tɕiʔ$_5$

（3）此处的所谓"书虚"、"篆倦"是否同音，是指知系字逢合口韵（日母为开口）时是否跟见系的合口字相混。见下表的比较：

表 60　江淮官话古知系合口字是否跟见系合口相混的字音对照表

片	点	书	虚	篆	倦	拙	决	然	元
洪巢	扬州	$_5$su	$_5$ɕy	tsõ^3	tɕĩ^3	tsoʔ$_5$	tsyiʔ$_5$	$_5$ĩ	$_5$yø
泰如	南通	$_5$su	$_5$ɕy	tɕyø^2		tɕyʔ$_5$		$_5$ĩ	$_5$yø
黄孝	英山	$_5$ʂʯ		tʂɥan^2		tʂɥɛʔ$_5$		$_5$ɥan	

　　除了上述三项以外，本区方言还有一些特点存在地域差异，简述如下：

　　（1）ts、tʂ 分混　就代表点来说，本区洪巢片的扬州和泰如片的南通不分 ts、tʂ，黄孝片的英山分，但古知系字的归类跟北京不同。各片内部并不一致，如泰如片的南京是分 ts、tʂ 的，只是分类情况也跟北京不同。

（2）n、l 分混　本区 n、l 不分的地域不少，下表三片的比较增加孝感一个代表点：

表 61　　　　　　　江淮官话古泥来母分混表

片	点	南	蓝	泥	离	娘	良	农	笼	女	吕
洪巢	扬州	$_c$læ		$_c$li		$_c$liaŋ		$_c$loŋ		^{c}ly	
泰如	南通	$_c$nyø	$_c$lã	$_c$ni	$_c$li	$_c$niē	$_c$liē	$_c$nʌŋ		^{c}ny	^{c}liø
黄孝	英山	$_c$nel	$_c$ni	$_c$li	$_c$nian	$_c$liaŋ		$_c$len		^{c}ŋ̩	^{c}ɻ̩
	孝感	$_c$nan		$_c$ni		$_c$niaŋ		$_c$noŋ		^{c}ŋ̩	

（3）an、aŋ 和 ən、əŋ 的分混　本区三片的代表点 an、aŋ 都能分，但是属于洪巢片的南京市 an、aŋ 多不能分，如"凡＝房"$_c$fã、"关＝光"$_c$kuā 等。三片代表点 ən、əŋ 全不分，读音情况如下表，表中加南京一点。

表 62　　　江淮官话古深臻和曾梗通舒声韵分混的读音表

片	点	根	庚	真	蒸	今	经	新	星
洪巢	扬州	$_c$kən		$_c$tsən		$_c$tɕin		$_c$ɕin	
	南京	$_c$kəŋ		$_c$tsəŋ		$_c$tɕiŋ		$_c$ɕiŋ	
泰如	南通	$_c$kɛ̃		$_c$tsɛ̃		$_c$tseŋ		$_c$seŋ	
黄孝	英山	$_c$kən		$_c$tʂən		$_c$tɕin		$_c$ɕin	

（4）分不分阴阳去　本区分阴阳去的有泰如、黄孝两片，见下表：

表 63   **江淮官话分不分阴阳去的读音比较表**

片	点	帝	对	布	丽	内	墓	第	队	步
洪巢	扬州	ti°	tuəi°	pu°	li°	luəi°	mo°	ti°	tuəi°	pu°
泰如	南通	ti°	tuəi°	pu°	li²	ne²	mo²	t'i²	t'e²	p'u²
黄孝	英山	ti°	ti°	pu°	li²	ȵi²	mo²	ti²	字 tsɿ²	pu²

江淮官话另外还有一些既跟北京话不同而内部并不一致的特点,如尖团分不分、古日母字的今读音、影疑母开口呼(包括疑母今齐齿呼)有无 ŋ 声母,等等,不多细叙。

附录:

表 64   **官话方言 41 片 62 代表点调类、调值比较表**

区	片	小片	点	阴平	阳平	上声	去声	阴入	阳入
北京	京师		北京 4	55	35	214	51		
	怀承		承德 4	55	35	214	51		
	朝峰		赤峰 4	55	335	213	52		
	北疆		温泉 4	44	35	213	51		
东北	吉沈	蛟宁							
		通溪	通化 4	323	24	213	52		
		延吉							
	哈阜	肇扶	哈尔滨 4	44	24	213	52		
		长锦	长春 4	44	24	213	52		
	黑松	嫩克	黑河 4	44	24	213	52		
		佳富	佳木斯 4	44	24	13	52		

续表

区	片	小片	点	阴平	阳平	上声	去声	阴入	阳入
			站话						
胶辽	青州		诸城 4	214	53	55	31		
			平度 3	214	53	55			
	登连		荣成 4	42	35	214	44		
			烟台 3	31		214	55		
	盖桓		盖县 4	31	45	213	53		
冀鲁	保唐	涞阜	广灵 4	53	31	55	213		
		定霸	保定 4	45	22	214	51		
		天津	天津 4	21	35	113	53		
		蓟遵	平谷 4	55	22	213	52		
		滦昌	昌黎 4	32	13	213	55		
		抚龙	卢龙 4	55	35	214	51		
	石济	赵深	石家庄 4	23	53	55	31		
		邢衡	巨鹿 4	13	53	44	21		
		聊泰	济南 4	213	42	55	21		
	沧惠	黄乐	盐山 3	214		55	31		
		阳寿	寿光 4	213	53	55	21		
		莒照	莒南 4	213	42	55	21、312		
		章桓	利津 5	213	53	55	21	44	
中原	郑曹		郑州 4	24	42	53	312		
	蔡鲁		曲阜 4	213	53	55	312		
	洛徐		洛阳 4	34	42	54	31		
	信蚌		信阳 4	33	53	35	312		

续表

区	片	小片	点	阴平	阳平	上声	去声	阴入	阳入
	汾河	平阳	洪洞 5	21	24	42	33³ 53²		
		绛州	新绛 4	53	325	44	31		
		解州	万荣 4	51	24	55	33		
	关中		西安 4	21	24	53	44		
	秦陇		宝鸡 4	21	24	53	44		
	陇中		天水 3	13		53	24		
	南疆		焉耆 3	24		51	44		
兰银	金城		兰州 4	31	53	33	24		
	银吴		银川 3	44	53		13		
	河西		民乐 3	212	53		21		
	北疆		乌鲁木齐3	44	52		312		
西南	成渝		成都 4	44	21	53	213		
	滇西	姚浬	大理 4	44	31	53	213		
		保潞	保山 4	31	24	53	213		
	黔北		遵义 4	55	21	53	24		
	昆贵		昆明 4	44	31	53	212		
	灌赤	岷江	西昌 5	33	52	45	213	31	
		仁富	自贡 4	45	31	53	14		
		雅棉	汉源 4	55	31	53	13		
		丽川	洱源 5	44	53	42	24	31	
	鄂北		钟祥 4	24	31	53	214		
	武天		武汉 4	55	213	42	35		
	岑江		黎平 5	33	213	31	53	24	

续表

区	片	小片	点	阴平	阳平	上声	去声	阴入	阳入
	黔南		都匀 5	33	53	45	12	42	
	湘南		零陵 5	13	33	55	24	11	
	桂柳		柳州 4	44	31	53	24		
	常鹤		常德 4	44	213	31	35		
江淮	洪巢		扬州 5	31	35	42	55	5	
	泰如		南通 7	21	35	55	42ᵇ 213ᵃ	4	5
	黄孝		英山 6	31	55	34	35ᵇ 33ᵃ	213	

说明：

① 以上有三片缺代表点，有两片因需要各增加一个点。

② 表中代表点后的数字是该点的调类数。

③ 调类名称统一写在表端，两类中间没有竖线的表示此两类合并，但其中烟台等是阳平和去声合并，本表将调值标在去声的位置。

④ 利津入声只有清声母字，调值标在清入的位置。

⑤ 南通等分阴阳去，在去声的位置分别用调类符号标明两个调值所属的调类。

参考文献

1. 郭沫若主编：《中国史稿》，人民出版社 1962 年版。

2. 束世澂编辑：《中国通史参考资料选辑》，新知识出版社 1955 年版。

3. 王力：《汉语史稿》，中华书局 1982 年版。

4. 袁家骅等：《汉语方言概要》，文字改革出版社 1983 年版。

5. 周振鹤、游汝杰：《方言与中国文化》，上海人民出版社 1986 年版。

6. 游汝杰：《汉语方言学导论》，上海教育出版社 1992 年版。

7. 罗福腾：《胶辽官话研究》，博士学位论文，打印稿，1998 年。

8. 鲍明炜：《南京方言历史演变初探》，载《语言研究集刊》第 1 集，江苏教育出版社 1986 年版。

9. 李蓝：《西南官话内部声调与声母的异同》，博士学位论文，打印稿，

1995 年。

10. 刘勋宁:《现代汉语研究》,北京语言文化大学出版社 1998 年版。

11. 丁邦新:《丁邦新语言学论文集》,商务印书馆 1998 年版。

12. 侯精一:《现代晋语的研究》,商务印书馆 1999 年版。

13. 赵元任、丁声树等:《湖北方言调查报告》,商务印书馆 1947 年版。

14. 杨时逢整理:《云南方言调查报告》,台湾中央研究院历史语言研究所专刊之五十六,1969 年出版。《湖南方言调查报告》,台湾中央研究院历史语言研究所专刊之六十六,1974 年出版。《四川方言调查报告》,台湾中央研究院历史语言研究所专刊之八十二,1984 年出版。

15. 中国社会科学院、澳大利亚人文科学院:《中国语言地图集》,香港朗文出版公司 1987 年版。

16. 陈章太、李行健主编:《普通话基础方言基本词汇集》,语文出版社 1996 年版。

17. 李荣主编:《现代汉语方言大词典》官话各分册,江苏教育出版社。

18. 侯精一主编:《现代汉语方言音库》官话各分册,上海教育出版社。

19. 河北北京师范学院、河北语文研究所:《河北方言概况》,河北人民出版社 1961 年版。

20. 张启焕、陈天福、程仪:《河南方言研究》,河南大学出版社 1993 年版。

21. 梁德曼:《四川方言与普通话》,四川人民出版社 1982 年版。

22. 孟庆惠:《安徽省志·方言志》,方志出版社 1997 年版。

23. 鲍明炜主编:《江苏省志·方言志》,南京大学出版社 1998 年版。

24. 涂光禄主编:《贵州省志·汉语方言志》,方志出版社 1998 年版。

25. 侯精一、温端政主编:《山西方言调查研究报告》,山西高校联合出版社 1993 年版。

26. 温端政主编:《山西省方言志丛书》官话方言部分,语文出版社、山西高校联合出版社 1982～1997 年版。

27. 钱曾怡主编:《山东方言志丛书》,语文出版社、齐鲁书社等 1982～1997 年版。

28. 河北昌黎县志编委会、中国社会科学院语言所:《昌黎方言志》,科学出版社 1960 年版,上海教育出版社 1984 年版。

· 104 ·　　　　　**钱曾怡汉语方言研究文选**

29. 陈淑静：《平谷方言研究》，河北大学出版社 1998 年版。

30. 钱曾怡等：《烟台方言报告》，齐鲁出版社 1982 年版。

31. 张志静、丁振芳：《曲阜方言志》，山东史志丛刊 1992 年版。

32. 卢甲文：《郑州方言志》，语文出版社 1992 年版。

33. 曾光平、张启焕、许留森：《洛阳方言志》，河南人民出版社 1987年版。

34. 朱建颂：《武汉方言研究》，武汉出版社 1992 年版。

35. 高葆泰、林涛：《银川方言志》，语文出版社 1993 年版。

36. 高保泰：《兰州方言音系》，甘肃人民出版社 1985 年版。

37. 刘俐李：《焉耆汉语方言研究》，新疆大学出版社 1993 年版。

38. 钱曾怡、李行杰主编：《首届官话方言国际学术讨论会论文集》，青岛出版社 2000 年版。

　　（原文收入侯精一主编《现代汉语方言概论》，上海教育出版社2002 年版）

山东地区的龙山文化与山东方言分区[*]

　　考古学家将分布于山东境内的龙山文化按不同地区的特征分为六种类型。这六种类型跟现代山东方言的分区大体一致。本文通过对山东文化的类型分布和现代山东方言的分区比较说明：一个地区的方言跟当地的地域文化存在着与生俱来的一致性关系，不论经历多么长的历史发展，这种一致性始终存在。

　　1928 年，前中央研究院吴金鼎先生在山东省章丘县龙山镇（今章丘市）城子崖发现了一处重要的史前文化遗址，这就是著名的龙山文化遗址。这一重大的发现为探求中国文明的起源提供了极为宝贵的资料。① 七十多年的时间过去了，人们对存在于距今 4600～4000 年的这一古代文化的认识也在逐步深入，由龙山文化

---

　　* 萌生对本课题的合作研究，是在一个偶然的机会，钱曾怡在山东大学南院的一条马路边上，向蔡凤书讨教中国原始人的起源问题。两人由原始人种的产生，谈到了由考古发掘的文物所划出的文化圈跟现代方言的关系，发现山东地区的文化圈跟现代山东方言的分区竟是惊人的一致。虽然至今还没有人将考古跟方言结合起来进行过研究，但是对于这项研究的重要学术价值，笔者深信不疑。

　　① 中央研究院历史语言研究所：《城子崖》，1934 年南京。

· 106 ·   钱曾怡汉语方言研究文选

所能够探求到的并不限于中国文明的起源,在广泛涉及到文化生活的各个方面中,也联系到语言学研究的诸多问题,其中如汉字的产生、汉语方言的形成和分区,等等。

语言是人们进行思维、相互交流思想、组织社会生产和斗争的工具。语言与人类共生,是人类文化的象征。方言是一种语言在其分布区域内不同地区的实际存在形式,是地域文化的重要表现手段,也是组成地域文化本身的重要内容。方言是社会历史发展到一定阶段的产物,是语言在不同分布地的不同发展的结果。方言产生的前提是人类历史进入到定居时代,恩格斯说:"部落和方言本质上是一致的。"①作为一个地区全体社会成员的交际工具,方言这种信息符号的体系是约定俗成的,现代方言的形成经历了漫长的过程,其历史可以追溯到人类定居时代的开始。

我们虽然无法了解史前时期语言的具体情况,但是可以判断文字产生之前地域方言跟原始地域文化的密切关系。考古学所指的文化,是一个历史时期遗物和遗迹的综合体。考古所发掘的遗物、遗迹,不同地区有不同的特点,史前时期虽然还没有文字的记载,但是应该有自己的名称、有不同制作方式的思路和表述方式,这都必须依靠语言这一工具。例如,被现代人誉为"黑如漆、亮如镜、薄如壳、声如磬",代表龙山文化的黑陶器皿,没有语言就没有名称,也不能在制作中协调其操作过程,完成它一步一步的制作工序,达到其各种规格的要求等等。可以想见,当时龙山文化区使用的语言就是龙山人的方言。这说明一个地域的文化离不开方言而存在。地域文化和方言,因为存在着与生共来的不可分割的联系,必然在地区分类上有一致的关系。这从考古划分的山东龙山文化的类型跟现代山东方言分区的一致关系可以看得比较清楚。

---

① 恩格斯:《家庭私有制和国家的起源》,《马克思恩格斯选集》第 4 卷,人民出版社 1972 年版,第 87 页。

山东地区的龙山文化与山东方言分区　　　・107・

　　龙山文化时期代表了我国的一个历史时代,即"龙山时代"①。概括起来说,龙山文化大体上有以下几个主要特征:以磨光石器为主要生产工具,但在该文化后期有了金属工具;有了比较发达的农业、畜牧业和原始手工业;各个地区之间的交换和贸易已经具备了初步的形态;出现了城市的雏形——城堡;产生了原始的文字,等等。不难看出,龙山文化时期已经是处在文明的前夜,或者说,在后期开始产生了国家。② 在这历史大转折的时期,各种文化因素通过地区之间的交流,相互融合,彼此吸收,从而产生了一些相对独立的集团。历史传说中的太昊、少昊、共工、蚩尤和夏鲧,以及时代更早的黄帝、炎帝等一系列人物,无不以龙山文化的分布区作为他们的活动中心,到了龙山文化时期形成了华夏和东夷两大集团。③

　　龙山文化的分布很广。西起渭水流域,东到黄海之滨;北起内蒙古南部,南抵汉水流域。主要分布地区是河南、山东、河北、晋南和陕西,全部在现代汉语官话方言的范围之内。这一分布区广泛的文化遗存彼此间的内部差别比较显著,可以分成几个大的区系,其中的山东地区自成体系,被称为"山东龙山文化",或"典型龙山文化"。

　　山东龙山文化的创造者是东夷人,在陶器风格、石器形状、墓葬特点等方面,都有别于今天河南郑州以西至关中地区的龙山文化。由这些看得见、摸得着的考古遗存中,可以窥见山东龙山文化在习俗、信仰等精神文化方面的特点,表明这个地区存在着历史、文化的共同渊源和传统。

---

　　① 严文明:《龙山文化和龙山时代》,载《文物》1981年第6期。
　　② 蔡凤书:《城址、文字和文明的起源》,载《中国史研究》1998年第1期。
　　③ 庄春波:《华夏东西说》,《赵俪生先生八十寿辰纪念论文集》,山东大学出版社1996年版。

　　山东龙山文化的中心是沂蒙、泰山一带，但是分布并不局限于山东境内，东到黄海之滨，南至安徽北部的蒙城和江苏的徐州、高邮，西到河南永城、濮阳一带，北到河北大名、临西等地。有的学者认为，辽东半岛是山东龙山文化分布的最北界。[①] 以上山东龙山文化的分布区，在汉语方言中分别属于官话方言的**冀鲁官话**、**中原官话**和**胶辽官话**三个次方言。

　　龙山文化在不同的分布地有不同的类型，即使同属于山东龙山文化，也可以再细分为几个更小的类型。最初有人把山东龙山文化划为东西两个类型：东面类型以潍坊姚官庄遗址为代表，称之为"姚官庄类型"；西面以梁山青固堆遗址为代表，称之为"青固堆类型"。[②] 20 世纪 80 年代末有人设想以东经 118 度为界，即从今天的费县和淄博市画一条南北向的直线，线东是广义上的半岛区，线西可以说是内陆区，东西两地的文化判然有别。[③] 这个划分跟山东方言第一层次东西两大区的划分完全吻合。1985 年，钱曾怡等《山东方言的分区》[④]根据 50 年代山东方言普查和 80 年代后补充调查的材料，将山东方言划分为东西两大区：东部山东半岛，即广义的胶东地区共 40 县市为东区；西部 70 县市为西区。两区的分界可以从北部莱州湾南岸向南画一弧线，从寿光、青州、临朐、沂源、蒙阴、沂南直至海州湾沿岸的莒南，这些地区及以东属于东区，弧线以西属于西区，包括鲁西北、鲁西南、鲁中和鲁南。山东方言东西两大区的划分，跟东汉扬雄《方言》（全称《輶轩使者绝代语释别国方言》）所出现的地名组合"东齐"和"齐鲁"的对称正好

　　① 安志敏：《略论三十年来我国新石器时代考古》，载《考古》1979 年第 5 期。
　　② 高平、吴秉楠：《对姚官庄青固堆两类遗存的分析》，载《考古》1979 年第 5 期。
　　③ 蔡凤书：《山东龙山文化与同时期诸文化的关系》，载《山东大学学报哲学社会科学版》1989 年第 1 期。
　　④ 钱曾怡等：《山东方言的分区》，载《方言》1985 年第 4 期。

山东地区的龙山文化与山东方言分区   · 109 ·

相应。①

由于考古发掘的资料不断增加，进入 80 年代的后期，关于龙山文化的分区提出了"三分法"、"四分法"、"五分法"、和"六分法"，似乎有越分越细的趋势。② 这许多类型的划分，仍然把着眼点放在陶器、石器、墓葬和房屋建筑的不同上，尤其对陶器的质料、制作方法、纹饰和造型特征的描述是很细致的，这对考古学的研究来说，自然是十分必要的。可是，在作上述划分时，也有必要考虑各个地区人群的生活习惯等其他的各种因素，其中很重要的一项就是当地的方言。这是因为方言是本地区人们世代相袭的交际工具，现代方言中保存着大量古代方言的成分，必然跟本地文化具有不可分割的联系，两者在区域划分上具有一致的关系。下面先从考古文化的类型（采用大多数的说法）将山东龙山文化分为 6 种类型，然后将山东境内方言与之比较。

1. 城子崖类型：主要分布在小清河中上游和徒骇河流域的鲁西北地区，即今天的济南市、茌平县、禹城县、德州市、邹平县、滨州市、聊城市和淄博市的一部分。这一地区的龙山文化比较发达，延续的时间也长，有许多重要的遗迹，如城子崖、丁公、尚庄、田旺等。在这一区域之内发现了十多处龙山时代的城址③，中国第一片刻在陶片上的文字也是在这一区域内发现的④。这一类型文化的陶器以灰陶为主，陶器上绳纹所占的比例比其他地区高，有三足鬲，显示了可能受到河南省龙山文化的影响。墓地比较分散，迄今为止尚未发现大面积的墓地，在生产工具中较突出的特点是蚌器相对较多。

① 参看丁启阵《秦汉方言》，东方出版社 1991 年版。
② 参看《山东龙山文化研究论集》，齐鲁书社 1992 年版。
③ 张学海：《论山东地区的龙山文化》，载《文物》1996 年第 12 期。
④ 山东大学历史系考古专业：《山东邹平丁公遗址第四、五次发掘简报》，载《考古》1993 年第 4 期。

2. 尹家城类型：尹家城是泗水县金庄镇的一个小村，和曲阜市临界。1973 年起山东大学在当地发掘大获成果，为学术界所注目。① 这一类型主要分布在汶水和泗水流域，即今天的曲阜、兖州、邹县、滕州等地。这一地区龙山文化的墓葬发现较多，有大型的木椁墓存在，墓中的随葬品也丰富，陶器中黑陶所占的比例比城子崖高。该地区处于鲁西、鲁东的分界处，可以说具备了两个地区的特点，在山东龙山文化的分期和分型上有典型意义。②

3. 姚官庄类型：该遗址 1960 年在潍坊白浪河修水库时被发现，并于当年进行发掘。③ 主要分布在潍河和淄河流域，以今天的潍坊市、青州市、寿光市、昌乐县、临朐县、安丘县、诸城市为发展基地。这一类型迄今只发现了一座小城堡④，墓葬有大、中、小之分，大型的墓葬不仅有木质的葬具，而且还有随葬的玉器，有的死者口中含玉，数量虽不多，但是构成了本地区文化的特色之一，模仿鸟形状的装饰也较多。陶器中黑陶占了较大的比例，飞薄如纸的"蛋壳陶"在这里并不罕见，陶鬲已很少见到，以绳纹作陶器装饰的风气已近消失。生产工具以石器和骨器为主，蚌器较少。

4. 两城镇类型：日照市的两城镇遗址，是在 20 世纪 30 年代被发现并由著名考古学家梁思永等发掘的重要遗址。这一类型主要分布在沂河、沭河的上游，包括了今天的临沂、日照以及江苏省的东海（原连云港）、赣榆等县市。北面跟尹家城类型以及姚官庄类型相连接，在物质文化面貌上受到这两个类型文化的影响。这一类型目前虽然没有发掘到大型的聚落遗址，但是根据 90 年代中

---

① 山东大学考古教研室：《泗水尹家城》，文物出版社 1990 年版。

② 蔡凤书、于海广：《山东龙山文化陶器概观》，载《考古集刊》第 8 集，中国社会科学出版社 1994 年版。

③ 山东省博物馆等：《山东潍坊姚官庄遗址发掘报告》，载《文物资料丛刊》第 5 辑，1981 年。

④ 《山东发现四千年前的古城堡遗址》，载《人民日报》（1985 年 1 月 9 日）。

山东地区的龙山文化与山东方言分区　　• 111 •

期中美联合考古队调查证实,在以两城镇为中心的地带,居民点密集,呈等级状散在。^① 以黑陶为代表的手工业非常发达,陶器中的鬶比较多见,基本上看不到鬲,也没有绳纹。石器的磨制精细,有大量的玉器出土。这个地区是山东省较早种植水稻的地方,在日照市的尧王城遗址就发现过人工栽培的稻米。^②

　　5. 杨家圈类型　　杨家圈是栖霞县的一个小村落,20 世纪 80 年代初期发掘。这在胶莱河以东是一个有典型意义的遗址,分布于烟台的各个县市,诸如长岛、蓬莱、烟台、栖霞、海阳等地,威海四市虽然还没有大的发掘,但从少量资料来看,也应归入这一类型。这一地区三面环海,西面有胶莱河,跟其他地区的文化分割开来,自古就有其文化上的独立性。可是,我们目前所知道的考古资料还太少,可供研究的不多。从陶器的特点看,一方面和辽东半岛以及长山列岛很接近,另一方面在陶器造型上则和两城镇遗址相似。

　　6. 鲁西南类型　　在山东省境内,如菏泽、曹县虽然作过一些发掘,不过都不是很典型的遗址,在定陶、东明、郓城、单县等地则可以说调查发掘的工作还没有开始,而在豫东和皖北如杞县、商丘、永城、郸城、宿县、蒙城等地却有许多重要的遗迹发现。这一类型遗迹中出土的文物,在很大程度上和河南省的龙山文化一致,跟山东省东部地区差别很大,如陶器中的灰陶占了绝大部分,基本上没有蛋壳陶,陶器中的鬲较多,但是见不到鬶,也没有玉器,陶器上多饰以绳纹等。

　　考古学的类型区分跟现代方言的分区有一点不同。考古只能按现已发掘的文物进行分类,分区工作只能在不断取得考古收获中逐步深入、逐步完善,没有可能将全省各县市都划进某一个文化

　　① 　中美两城地区联合考古队:《山东日照市两城地区考古调查》,载《考古》1997年第 4 期。

　　② 　《尧王城遗址第二次发掘有重要发现》,载《中国文物报》(1994 年 1 月 23 日)。

区。而现代方言只要能去调查就可以掌握材料，现代山东方言分区是根据全省各县市的调查材料而进行的，当然，由于所采用的分区标准不同，就有可能得出不同的分区结果，但是因为语言的区域特点是客观的存在，所以其不同结果也并非是实质性的。本文采用钱曾怡等山东方言两区四片的说法，将上述考古的 6 种类型放到山东方言两区四片中进行对照，看看两者在地域上的关系。

山东境内方言分为东、西两区的地域已见上文。两区划分的语言标准主要有 5 项，见下表：

分区标准	东　区	西　区
1. 古知庄章三组声母字的分合	分为两套： 支≠知　巢≠潮 生≠声	大多合为一套： 支＝知　巢＝潮 生＝声
2. 古日母字读音	今读零声母： （前面例字为日母字） 人＝银　让＝样 软＝远	今不读零声母： 人≠银　让≠样 软≠远
3. 尖团分不分，古精见组声母在细音韵母前是否相分	分尖团： 精≠经　清≠轻 星≠兴	大多不分尖团： 精＝经　清＝轻 星＝兴
4. 古果摄一等开合口字的今韵母是否相混	多相混，韵母读合口呼： 歌＝锅　贺＝货 饿＝卧	多不混： 歌≠锅　贺≠货 饿≠卧
5. 古清声母入声字的调类	今归上声： （中间例字为古清入字） 西≠昔＝洗 书≠叔＝暑	大多数今归阴平： 西＝昔≠洗 书＝叔≠暑

山东地区的龙山文化与山东方言分区 ・ 113 ・

两区又各分为两个片。

东区分为东莱和东潍两片,分片的语言标准主要有 8 项,见下表:

东区分区标准	东莱片	东潍片
1. 古山臻摄合口字在知庄章甲、乙分类中的声母归类	归入甲类: 争抄生＝准船顺 ≠蒸超声	归入乙类: 争抄生≠准船顺 ＝蒸超声
2. 团音字的读音	多为舌面中音: "经轻兴"的声母 c、c'、ç	多为舌面前音: "经轻兴"的声母 tɕ、tɕ'、ɕ
3. 古精组字洪音的声母读音	舌尖前音: "资次四"的声母 ts、ts'、s	齿间音: "资次四"的声母 tθ、tθ'、θ
4. 古影疑母一二等字的今声母	零声母: "安袄"读 an、au	舌根鼻辅音: "安、袄"读 ŋan、ŋau
5. 蟹止山臻合口一三等端泥精组字 u 介音的有无	没有 u 介音,读开口呼: 端＝单、暖＝南、 孙＝森	有 u 介音,读合口呼: 端≠单、暖≠南、 孙≠森
6. 古曾梗摄舒声和通摄舒声韵母的分混	不混: 登≠东　争≠忠 庚≠公　形≠雄 影≠永　硬≠用	局部地区相混: 登＝东　争＝忠 庚＝公　形＝雄 影＝永　硬＝用
7. 古次浊平声字的调类分化	分两类:南≠男 人≠仁	无分化:南＝男 人＝仁
8. 阴平调值	多为降调型	低降升型

从地域说,东莱和东潍的分片大抵以胶莱河为界:河东北为东莱片,包括荣成、烟台、招远、莱西、海阳等 15 县市;河西南为东潍片,包括潍坊、青州、诸城、莒南、蒙阴、临朐等 25 个县市,其中河东面的莱州属东潍片,但也有东莱片的一些特点。

结合山东龙山文化的类型看,山东东区方言东莱片方言区也正是杨家圈文化的分布区。这个方言区的人们偏居山东半岛东隅,与内陆交往相对较少,其方言具有浓郁的地方色彩,是汉语官话方言中胶辽官话的典型代表,在汉语方言研究中很受国内外学者的注意。本地区跟辽东半岛隔海相望,山东人向东北移民的情况在历史上多有记载,所以这个方言对辽东方言有重大影响,胶辽官话的形成就是胶东方言向辽东地区延伸的结果。

东区东潍片是龙山文化姚官庄类型和两城镇类型的分布地。山东东潍片方言也是属于汉语官话方言的胶辽官话,虽然跟东莱片具有共同的特点,但是同中有异,差别也是很明显的。方言的分区层次可以有许多,一个县乃至一个村都有可能存在不同的特点,山东方言两区四片的分区还是一种概括的分法。从整个东潍片内部结合龙山文化的两种类型说,也可以从语言特点上找出其中的一些差异。从方言特点说,姚官庄类型的分布区潍坊、安丘等地代表了典型的东潍方言的特点,如上述有齿间音、“登”“东”不分等等,而两城镇类型的分布地日照、临沂、赣榆、东海则有从胶辽官话向江苏江淮官话和中原官话过渡的特点,其中日照方言跟诸城、五莲靠近,如果说东潍方言的特色在日照还较明显的话,那么,到了江苏东海,则“知支”两分、齿间音、日母读零声母、清入归上等特点就已逐渐消失。东海的标志性特点是保留古入声调类,属于汉语官话方言的江淮官话。赣榆方言比较特殊,其特点大多接近东莱片。[①]

---

① 参看鲍明炜主编《江苏省志·方言志》,南京大学出版社 1998 年版。

山东地区的龙山文化与山东方言分区　　· 115 ·

西区分为西齐片和西鲁片，所以西区又可以合称为齐鲁方言。两片划分的语言标准主要有 6 项，见下表：

西区分区标准	西齐片	西鲁片
1. 古影疑母一二等字的今声母读音	读舌根鼻辅音 ŋ： "安袄"读 ŋā、ŋau	读舌根浊擦音 ɣ： "安袄"读 ɣā、ɣau
2. 古生书禅三母的合口字声母是否读 f	不读 f 声母： 刷≠发　树≠富 双≠方	多数地区读 f 声母： 刷＝发　树＝富 双＝方
3. 有无 fi 音节	无："飞肥匪费"读 fei	有："飞肥匪费"读 fi
4. 精组合口洪音读不读撮口呼	不读撮口呼： 坐 tsuo、最 tsuei、孙 suē	读撮口呼： 坐 tɕyo、最 tɕyei、孙 ɕyē
5. 古次浊入声字的今调类	归去声： "麦业木律"等字读去声	大多数地区归阴平： "麦业木律"等字读阴平
6. 去声调型	低降型	多为中降升型

　　西区两片的地域基本是南北分：济南、德州、淄博、泰安等 33 县市为西齐片，曲阜、济宁、菏泽、枣庄等 28 县市为西鲁片，另外聊城、阳谷等 9 县市的方言可以按不同的标准归为西齐或西鲁，即按上表的第 1 条标准归西齐，按表中第 5 条标准则归西鲁，表现了这一地区方言的过渡性特点。

　　山东方言西区西齐片属于汉语官话方言的冀鲁官话，地处山东政治文化的中心。以济南为中心的方言是山东方言的代表，在山东方言中跟民族共同语最为接近，对周围方言的影响是不言而喻的。这个方言区是龙山文化城子崖类型的分布地，也对周围文化有所影响。特别以黑陶为标志的城子崖龙山文化跟我国西部发现的以灰陶为主的河南龙山文化所存在的不同，说明汉语方言的冀鲁官话跟中原官话的不同是由来已久的。

西区西鲁片属于汉语官话方言的中原官话。中原官话分布的地域很大，从东到西几乎横贯我国中部。山东龙山文化中的尹家城类型和鲁西南类型分布在这一方言区的东部。从两个类型的分布地来看方言特点，有一项明显的差异完全可以作为进一步方言分区的标准是：尹家城类型的分布地微山湖以东的汶上、宁阳、泗水、曲阜、兖州、济宁、邹县、滕州、枣庄、微山及以西的嘉祥、鱼台共12县市，古知庄章三组声母读同精组洪音，即"平翘舌不分"，或者说没有卷舌声母：知=资、雌=痴、思=诗；而鲁西南类型的分布区没有这一特点。此外，鲁西南类型分布区的菏泽、曹县、郓城分尖团（精≠经、清≠轻、星≠兴），这在山东西区方言中比较特殊，而尹家城类型的分布地曲阜等则尖团不分，鲁西南分尖团的现象跟河南商丘、永成、郸县一致（杞县不分尖团）①，说明当地方言、文化和河南一些地区的一致关系。

从方言学的角度来说，因为谁也阻挡不了不同方言区人们之间的彼此交往，也就避免不了方言间的相互渗透，也就是说，方言特点的过渡在地域上是渐变而不是突变的，因此，方言分区绝对的鸿沟是不存在的②，以上的分类特点在交界地区还会存在一些过渡性的特点，如上文说到的临沂、聊城等地。另外，西齐片的济南、淄博等地跟东潍片一带都是处于山东腹地，两片人民之间交往较多，方言也有某些共同之处，如古影疑母开口一二等字两片今音都读舌根鼻辅音声母、阴平和去声同为低降升和低降调等。这和古文物类型也存在过渡性是同样的道理。从山东方言东西两区的发展来看，西区分布地历来是山东政治文化的中心，比较开放，齐鲁之邦的文化对我国传统文化的发展，以及我国古代齐鲁学者的著

---

①　张启焕、陈天福、程仪：《河南方言研究》，河南大学出版社1993年版。

②　参看钱曾怡《汉语方言学方法论初探》，载《中国语文》1987年第4期。

山东地区的龙山文化与山东方言分区   · 117 ·

述,在汉语的发展都具有深远的影响,东区则相对闭塞,在长期的发展中,西区方言有向东区方言逐步同化、蚕食的作用。

　　　　(合作人:蔡凤书,原载《中国语文》2002 年第 2 期)

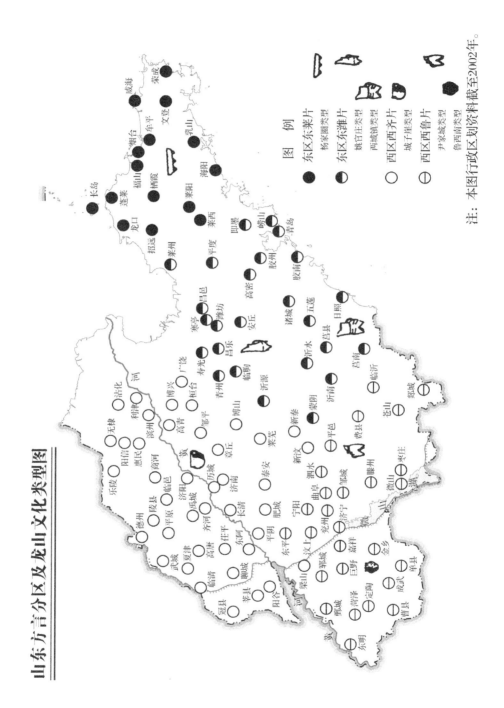

古知庄章声母在山东方言中的分化
及其跟精见组的关系 *

　　中古知庄章三组声母在山东部分地区以韵母等呼为条件分为甲、乙两类,这些地区大多又分尖团。知庄章声母甲、乙两类跟精组洪音、精组细音、见组细音的交叉关系造成了山东方言塞擦音和擦音的复杂情况。本文详细说明古知庄章声母在山东方言中的分类条件、内部分歧、读音类型、和精见组的关系,并跟《中原音韵》作了比较,最后讨论关于历史演变的几个问题。文中对毗连省市接邻地点的情况稍作介绍。

　　李荣先生曾经说过:汉语方言中要了解韵母之多到广东,了解声母发音部位分类之细到山东。山东方言声母发音部位分类细,主要是塞擦音和擦音的类别比较多。造成塞擦音和擦音类别多的原因:一是中古知庄章三组声母在山东许多地区分为两类,二是这些地方还分尖团。其复杂的情况还在于知庄章跟精组和见晓组声母存在或分或混的多种关系。

　　山东方言关于知庄章声母今读还有两个特点:一是鲁西南一

　　* 本文曾于 2004 年 3 月 8 日在香港科技大学人文社会科学院宣讲。蒙李蓝教授等指正多处,谨致谢忱。

些地方如泗水等地将知系声母的合口字（包括宕江摄的一些开口字）读为齿唇音 pf、pf'、f、v，如"猪、初、书、如"等；二是古庄组字在北京有 32 字（约占全部庄组字的 18％）读同精组洪音 ts、ts'、s，如"辐、岑、缩"等（另知组"择、泽"二字），这种情况在山东各地方言中也不同程度地存在。这两种现象不涉及上述知庄章声母以等呼为条件的分类和尖团等问题，本文不列入讨论范围。

一、分化条件

古知庄章声母两类的分化以韵母等呼为条件。因为内部还有一定差异，下表的条件是北部荣成、烟台等地的情况。

表 1   中古知庄章声母在山东的分化条件（表中"茶"等为例字）

		甲 类			乙 类		
		知	庄	章	知	庄	章
假	开二	茶	楂山~叉沙				
	开三						遮车蛇舍社
	合二		髽耍			*傻	
遇	合三		初锄梳		猪除		诸处书树
蟹	开二	搋	斋钗柴晒				
	开三					滞	制世誓
	合二		拽				
	合三	缀		赘税			
止	开三		辎差参~事师	支之齿诗是	知耻迟		
	合三	追植	揣捶帅	锥吹水睡			

古知庄章声母在山东方言中的分化及其跟精见组的关系 · 121 ·

续表

		甲 类			乙 类		
		知	庄	章	知	庄	章
效	开二	罩	抓抄捎				
	开三				朝~夕超赵		招烧绍
流	开三		皱愁瘦		肘抽绸		周丑手受
咸	开二	站扎	斩馋衫插				
	开三				沾		瞻闪涉
深	开三		簪参~差渗涩		沉蛰		针深湿十
山	开二	绽	盏铲山杀				
	开三				展缠哲彻		战善舌设
	合二		撰闩刷				
	合三	转传~达(舒)		专穿船(舒)			拙说(人)
臻	开三		衬虱		珍趁陈伩		真神身实失
	合三	椿(舒)	率蟀	准春顺(舒)			出秫(人)
宕	开三	*着	庄疮床霜	*酌绰勺芍	张畅丈		章昌商上
江	开二	撞桌浊	窗双捉镯				
曾	开三		侧测色		徵惩直		蒸称升食植
梗	开二	撑澄摘择	争生责册				
	开三				贞蛏程掷		整声成尺石
通	合三	忠宠竹(人)	崇缩	终充烛(人)	轴(人)		粥叔(人)

说明：

①前面有"※"号的是例外字：傻假合二生，庄组唯一归乙组的字。着睡~、~重，宕开三、酌、绰、勺宕开三章、昌、禅等，归甲组或乙组各地不一，如牟平归甲组、平度归乙组；同一地也有不同，如荣成，着睡~、勺~子，勺归甲组，酌、绰归乙组。

②山、臻摄合口三等知章组是古舒声归甲组，入声则归乙组。通摄知章组也是舒声归甲组，入声则是不规则地分化为甲乙两组。《方言调查字表》通摄知章组17个入声字的归类情况如下。

表 2　　　　　　　　　通摄知章组入声字的归类

	甲类	乙类	甲乙两读	
知组屋韵	竹筑畜~牲逐	轴		
章组 屋、烛韵	祝淑烛触束蜀	粥叔	甲：熟~人嘱新 赎~出属军~	乙：熟饭~嘱老 赎~罪属~鼠

如果不计上述的例外和一些摄的分化情况，笼统地说知庄章的分类，表一可以简化为：

甲类	知开二	章开口止摄	知章合口（除遇摄）	庄组开二、开三、合二、合三
乙类	知开三	章开口（除止摄）	知章合口遇摄	

二、内部差异

内部差异主要存在于北部跟南部之间。北部指招远、莱西、海阳一线及以北，直到荣成、烟台、长岛（除去威海），乃至跟烟台隔海相望的辽宁省的大连、长海等地，即"狭义的胶东话"，还包括西部的东明；南部指从莱州、平度、即墨一线及以南，还有鲁西北和鲁西的几个点，包括青岛、莒南、无棣、成武等地。主要不同有二：

1. 山臻摄合口舒声（入声皆归乙组没有差异）的归类。这是北和南的主要不同，在山东方言分区中作为东区东莱片（荣成等）跟东潍片（莱州等）的划分标准。山臻摄合口舒声字东莱片归甲组

古知庄章声母在山东方言中的分化及其跟精见组的关系 · 123 ·

（除威海，包括东明），东潍片归乙组。见下表的比较：

表 3　山臻摄合口不同归向的比较（表中列出大连，属北部类型）

		甲	乙	山合三				
				转知	传澄	专章	川昌	船船
东莱	荣成	tʂ	tʃ	tʂuan	tʂʻuan	tʂuan	tʂʻuan	tʂʻuan
	烟台	ts	tɕ	tsuan	tsʻuan	tsuan	tsʻuan	tsʻuan
	长岛	ts	tʃ	tsuɑn	tsʻuɑn	tsuɑn	tsʻuɑn	tsʻuɑn
	海阳	tʂ	tʃ	tʂuan	tʂʻuan	tʂuan	tʂʻuan	tʂʻuan
	东明	ts	tɕ	tsuan	tsʻuan	tsuan	tsʻuan	tsʻuan
	大连	ts	tʂ	tsuan	tsʻuan	tsuan	tsʻuan	tsʻuan
东潍	莱州	ts	tʂ	tʂuā	tʂʻuā	tʂuā	tʂʻuā	tʂʻuā
	诸城	tʂ	tʃ	tʃuā	tʃʻuā	tʃuā	tʃʻuā	tʃʻuā
	莒南	tʂ	tʃ	tʃuā	tʃʻuā	tʃuā	tʃʻuā	tʃʻuā

		甲	乙	臻合三					
				椿彻	准章	春昌	唇船	舜书	纯禅
东莱	荣成	tʂ	tʃ	tʂʻuən	tʂuən	tʂʻuən	tʂʻuən	ʂuən	tʂʻuən
	烟台	ts	tɕ	tsʻun	tsun	tsʻun	tsʻun	sun	tsʻun
	长岛	ts	tʃ	tsʻuən	tsuən	tsʻuən	tsʻuən	suən	tsʻuən
	海阳	tʂ	tʃ	tʂʻuən	tʂuən	tʂʻuən	tʂʻuən	ʂuən	tʂʻuən
	东明	ts	tɕ	tsʻuən	tsuən	tsʻuən	tsʻuən	suən	tsʻuən
	大连	ts	tʂ	tsʻuən	tsuən	tsʻuən	tsʻuən	suən	tsʻuən
东潍	莱州	ts	tʂ	tʂʻuē	tʂuē	tʂʻuē	tʂʻuē	ʂuē	tʂʻuē
	诸城	tʂ	tʃ	tʃʻuə̄	tʃuə̄	tʃʻuə̄	tʃʻuə̄	ʃuə̄	tʃʻuə̄
	莒南	tʂ	tʃ	tʃʻuə̄	tʃuə̄	tʃʻuə̄	tʃʻuə̄	ʃuə̄	tʃʻuə̄

· 124 ·　　钱曾怡汉语方言研究文选

上表"甲"和"乙"栏下的音标表示该点甲乙两类的声母读音。有些点的字（如"专船"、"准春顺"）虽然从音标来看声母读音彼此相同，却是属于不同的类。例如：

荣成："支翅诗"tʂ tʂʻ ʂ（甲类）＝"专船、准春顺"tʂ tʂʻ ʂ≠
　　　"知迟石"tʃ tʃʻ ʃ（乙类）

莱州："支翅诗"ts tsʻ s（甲类）≠"专船、准春顺"tʂ tʂʻ ʂ＝
　　　"知迟石"tʂ tʂʻ ʂ（乙类）

2. 威海、宁津归乙类的字比青岛、潍坊等地更为扩大。除去知庄章的古合口字以外，还包括宕江两摄的开口字。但是威海跟宁津还有所不同，相对来说，威海还带有一点东莱片（"狭义胶东话"）的特点。宁津的情况跟中原官话的徐州相同。见下表（为便于比较，表中威海与宁津、徐州归类不同的标音涂黑）：

表4　　古合口和宕江摄开口在威海、宁津的读音归类
（表中列出徐州，以便比较）

	甲	乙	假合二		遇合三			蟹合二	蟹合三	
			傻生	耍生	猪知	初初	书书	搋崇	缀知	税书
威海	ts	tʃ	ʃia	ʃya	tʃy	tʂʻu	ʃy	tʃyai	tʃyei	ʃyei
宁津	ts	tʂ	ʂua	ʂa	tʂu	tʂʻu	ʂu	tʂuɛ	tʂuei	ʂuei
徐州	ts	tʂ	ʂua	ʂa	tʂu	tʂʻu	ʂu	tʂuɛ	tʂue	ʂue

	甲	乙	止合三			山合二	山合三		臻合三	
			追知	帅生	水书	闩生	转知	说书	椿彻	春昌
威海	ts	tʃ	tʃyei	ʃyai	ʃyei	ʃyan	tʃyan	ʃyɛ	tʃʻyn	tʃʻyn
宁津	ts	tʂ	tʂuei	ʂuɛ	ʂuei	ʂuā	tʂuā	ʂuə	tʂʻuɛ̄	tʂʻuɛ̄
徐州	ts	tʂ	tʂue	ʂuɛ	ʂue	ʂuæ	tʂuæ	ʂuə	tʂʻuə̄	tʂʻuə̄

续表

	甲	乙	通合三		宕开三			江开二	
			忠知钟章	崇崇	张知	床崇	商书	桩知	窗初
威海	ts	tʃ	**tsuŋ**	**tsʻuŋ**	tʃiaŋ	tʃʻyaŋ	ʃiaŋ	tʃyaŋ	tʃʻyaŋ
宁津	ts	tʂ	tʂuŋ	tʂʻuŋ	tʂaŋ	tʂʻuaŋ	ʂaŋ	tʂuaŋ	tʂʻuaŋ
徐州	ts	tʂ	tʂuŋ	tʂʻuŋ	tʂaŋ	tʂʻuaŋ	ʂaŋ	tʂuaŋ	tʂʻuaŋ

　　威海跟宁津的不同在：遇摄庄组字和通摄舒声字归甲组，这跟荣成、烟台等地相同，而且通摄入声也有部分字是归甲组的，也跟荣成等地相同，而宁津都归乙组。

　　上述不同可用下表表示（为使甲、乙对比分明，表中的归类"甲"涂黑）：

表 5　　　　　知庄章分类的比较

（表中东莱即烟台等北部威海以外各点，东潍即青岛等各点）

	遇合三	遇合三	假蟹止合口	山合三	臻合三	通舒合三
声母	知章	庄	知庄章	知章	知章	知庄章
例字	猪诸	初	耍税追	传专	椿春	忠崇终
东莱	乙	甲	甲	甲	甲	甲
东潍	乙	甲	甲	乙	乙	甲
威海	乙	甲	乙	乙	乙	甲
宁津	乙	乙	乙	乙	乙	乙

	通入	通入		宕开三		江开二
声母	知章	庄		知章	庄	知庄
例字	竹烛	叔淑	缩	张章	庄	撞窗
东莱	甲	乙	甲	乙	甲	甲

续表

	遇合三	遇合三	假蟹止合口	山合三	臻合三	通舒合三
东潍	甲	乙	甲	乙	乙	甲
威海	甲	乙	乙	乙	乙	乙
宁津	乙	乙	乙	乙	乙	乙

表中遇合三知章组都归乙组，此处列出以便跟庄组比较。

三、读音类型

按照目前我们了解的情况，山东方言知庄章三组声母分两类的共有 50 个点，甲乙两类的读音有 6 种类型。

表 6　　　　　　　　　知庄章两分的读音类型

类	甲：支	乙：知	分布地					备　注
一 22	tʂ	tʃ	荣成　文登　乳山　海阳　即墨 崂山　青岛　胶州　高密　平度 昌邑　昌乐　青州　临朐　沂源 胶南　诸城　五莲　日照　莒县 沂南　莒南					江苏赣榆
二 3	tʂ	tʂ₂	潍坊市　寒亭　寿光					寿光限于部分地区
三 3	tʂ	ts	沂水　安丘　蒙阴					沂水乙组读 z tsʻs
四 6	ts	tɕ	牟平　烟台　福山　栖霞　莱阳 东明					
五 6	ts	tʃ	威海　长岛　蓬莱　龙口　招远 莱西					
六 10	ts	tʂ	莱州　无棣　乐陵　宁津　陵县 商河　临邑　平原　成武　曹县					河北黄骅 13 点、江苏徐州、河南洛阳等

古知庄章声母在山东方言中的分化及其跟精见组的关系 · 127 ·

"备注"写出跟山东接邻的外省市同类型的代表点。第六类河北 13 点为：黄骅、海兴、青县、沧县、孟县、盐山、南皮、交河、东光、阜城、武邑、景县、枣强。

四、与精、见晓组的交叉关系

精见组跟知庄章的读音有交叉的是精组洪音、精组细音、见晓组细音，在知庄章分两套的地区有以下 20 种读法（各类大体按分布地由北向南排列）。

表 7　知庄章甲乙两类跟精组洪音、精组细音及见晓组细音读音比较表

类别	类数	精洪	知甲	精细	知乙	见细	分布地				点数
		增	争	精	蒸	经					
1	5	ts	tʂ	tsi	tʃ	c	荣成	文登	乳山	海阳	4
2	5	ts	tʂ	tsi	tʃ	tɕ	青岛	昌邑	沂南		3
3	5	tθ	tʂ	tsi	tʃ	c	即墨	平度	莒县		3
4	5	tθ	tʂ	tsi	tʃ	tɕ	崂山	胶州	胶南	莒南	4
5	5	tθ	tʂ	tɕ	tʃ	c	高密				1
6	5	tθ	tʂ	tθi	tʃ	tɕ	沂源				1
7	5	tθ	tʂ	tsi	tʃ	tɕ	安丘	沂水			2
8	3	ts		tɕ		c	牟平　烟台　福山　栖霞　莱阳				5
9	3	ts		tʃ		c	长岛　蓬莱　龙口　莱西　招远				5
10	3	ts		tɕ	tʂ	tɕ	无棣　乐陵　宁津　陵县　商河　临邑　平原　东明				8

续表

类别	类数	精洪	知甲	精细	知乙	见细	分布地	点数
		增	争	精	蒸	经		
11	4	ts		tsi	tʃi	c	威海	1
12	4	ts		tsi	tʃ	tɕ	莱州	1
13	4	ts		tsi	tʂ	tɕ	成武　曹县	2
14	4	tθ	tʂ	ȶ		tʃ	诸城　五莲	2
15	4	ts	tʂ	tsi		tʃ	昌乐	1
16	4	tθ	tʂ	tθi		ts	日照	1
17	4	tθ	tʂ	tɕ	tʃ	tɕ	临朐	1
18	4	ts	tʂ	tɕ	tʃ	tɕ	青州	1
19	4	ts	tʂ	tɕ	tʂ₂	tɕ	潍坊　寒亭　寿光	3
20	4	tθ	tʂ	tɕ	ts	tɕ	蒙阴	1

　　表中凡声母后加 i 的，表示此处韵母为齐齿呼和撮口呼，如荣成的 tsi、威海的 tʃi。

　　上表的 20 种如果不论音值的差别而单从音类来说，就可以概括为 6 类。比较如下：

表 8　　　　　　　　知庄章声母与精、见晓组的分合关系

读音组数	类	上表类	五类分合情况	要　点
5	1	1~7	精洪≠知甲≠精细≠知乙≠见细	五类独立
4	2	14~16	精洪≠知甲≠精细≠知乙＝见细	知乙、见细合并
	3	11~13	精洪＝知甲≠精细≠知乙≠见细	精洪、知甲合并
	4	17~20	精洪≠知甲≠知乙≠精细＝见细	不分尖团

古知庄章声母在山东方言中的分化及其跟精见组的关系 · 129 ·

续表

读音组数	类	上表类	五类分合情况	要　点
3	5	8～9	精洪＝知甲≠精细＝知乙≠见细	精洪、知甲合并 精细、知乙合并
	6	10	精洪＝知甲≠知乙≠精细＝见细	精洪、知甲合并 不分尖团

　　精组的洪音和细音声母都是 ts 组的,按两类计,细音标 tsi。如荣成:增 $_c$tsəŋ≠精 $_c$tsiŋ、糟 $_c$tsau≠焦 $_c$tsiau、操 $_c$ts'au≠锹 $_c$ts'iau、臊 $_c$sau≠消 $_c$siau。

五、与《中原音韵》的比较

　　本文的方法是,跟前文"分化条件"的表一相对应,依据《中原音韵》用于表示声母区别的小圆圈"○"的分隔,按中古等呼情况,参考赵荫棠《中原音韵研究》的分类拟音,将全部知庄章声母的字在《中原音韵》中的读音进行分类,制成表格。因为这个表格较大,下表简缩为全部字只选部分例字,如"东锺"韵读甲类的知组,除"中平声、虫、冢、宠、仲"5 字以外,还有"忠、衷、冲、忡、重中去声仲、重"8 字。

表 9　　　　　中古知庄章声母在《中原音韵》中的归类

	甲　类			乙　类		
	知	庄	章	知	庄	章
1 东锺	中虫冢宠仲	崇	锺充肿众铳			
2 江阳	桩幢壮创	双庄窗床爽		张肠昶丈畅		章昌常敞上
3 支思	徵五音之一	淄师史涩瑟	支时始是翅			
4 齐微	追坠缒		锥吹水睡瑞	知迟耻治直		蚩制世质十
5 鱼模		初锄阻楚熟	触束	猪除住轴畜		诸书主烛叔
6 皆来	摘	钗柴帅宅策				

续表

	甲　类			乙　类		
	知	庄	章	知	庄	章
7 真文		臻衬		椿陈镇		春真臣准顺
8 寒山	绽	山产闩栈篡				
9 桓欢	○	○	○	○	○	○
10 先天				缠椽传篆		毡专穿善战
11 豪萧	嘲罩镯浊	抓抄炒捉		超潮赵着		招烧照少酌
12 歌戈	浊镯			着		勺
13 家麻	茶扎	沙杈傻插刷				
14 车遮				撤哲		车蛇者哲说
15 庚青	撑	生争省挣		贞呈郑		征声成整政
16 尤侯		飕邹馊愁瘦		抽筹肘宙		周酬受粥烛
17 侵寻		森岑碜渗		砧沉沈		针深婶枕
18 监咸	站赚	衫搀馋斩忏				
19 廉纤				粘蛊谄		瞻苫蟾闪占

　　以上可以看出,中古知庄章声母在山东方言中的分化跟《中原音韵》是很一致的,而在山东北部和南部的差别中,《中原音韵》更接近南部类型,见下表的比较(参见表5)。

表 10　《中原音韵》知庄章归类跟山东南北两片的比较

（表中"音韵"指《中原音韵》）

	遇合三	遇合三	假蟹止合口	山合三	臻合三	通舒合三
声母	知章	庄	知庄章	知章	知章	知庄章
例字	猪诸	初	耍税追	传专	椿春	忠崇终
东莱	乙	甲	甲	甲	甲	甲
东潍	乙	甲	甲	乙	乙	甲
音韵	乙	甲	甲	乙	乙	甲

	通入			通入	宕开三	宕开三	江开二
声母	知章			庄	知章	庄	知庄
例字	竹烛	叔	淑	缩	张章	庄	撞窗
东莱	甲		乙	甲	乙	甲	甲
东潍	甲	乙		甲	乙	甲	甲
音韵	乙	甲		甲	乙	甲	甲

　　《中原音韵》跟东潍方言稍有不同的是,《方言调查字表》通摄入声知章组字在《中原音韵》中归甲类的只有"熟、淑、蜀、触、束"5字,归乙类的多于东潍片。但从鱼模韵"入声作平声"中"赎、属≠淑、蜀、熟"、"入声作上声"中"畜≠触、束"的事实来看,中古通摄入声归类不一的情况,在《中原音韵》时就已存在。另外,"轴、逐、熟、竹、烛、粥"6字,《中原音韵》,除收入鱼模韵以外,还收入尤侯韵。这6个字赵荫棠先生全部归为乙类。其中"熟"字归为鱼模、尤侯两韵,方言也是两读(见表2)。

　　从跟精组和见组细音的关系看,《中原音韵》应该也是属于读为5类独立的类型,上文举到的代表精组洪音和细音、知庄章两类以及见晓组细音的"增、精、蒸、争、经"5个例字在《中原音韵》(庚青韵平声）中也都是不同音的。

六、关于历史演变的几点讨论

　　笔者长期在胶东方言的研究中形成一个较为固定的认识是：山东东区东莱片处于胶东山东半岛东隅，有悠久的历史，方言具有明显特色，是胶辽官话的典型代表。其特色呈现着由北向南（北部隔海相望的辽宁等东北地区则是由南往北）逐渐弱化的趋势。表现在知庄章声母的演化及其跟精见组的关系上也是如此。

　　本文将中古知庄章声母跟精见组的读音分为 5 类视为胶东方言的基本特点。这个特点跟《中原音韵》一致。这种情况共 19 点，包括东莱片东边沿海的荣成、文登、乳山、海阳 4 点，其余全部分布在东潍片。下面先要讨论的是东莱片威海以外的牟平、烟台、福山、栖霞、莱阳和长岛、蓬莱、龙口、莱西、招远 10 点。这 10 点跟沿海一线荣成等 4 点的最大不同是，荣成等 4 点有卷舌音 tʂ、tʂ'、ʂ，而烟台等 10 点没有。烟台等 10 点知庄章和精见组的读音只有 3 类，但是我们仍然认为这 10 点跟荣成等 4 点同样具有狭义胶东话的性质。狭义胶东话在声母方面的主要特点是：知庄章分两组、分尖团，而且团音的舌位较后，大多是舌面中音。整个东莱片各点全都符合这些特点。但是由于地域和开放程度的不同，东部荣成 4 点比起烟台等地，在语言发展上稍微保守一点。烟台等 10 点则比荣成等点有了以下两项新的发展。

　　第一，烟台等点知庄章甲类读同精组洪音：从汉语方言精组洪音跟知庄章声母的发展关系即通常所说的 ts、tʂ 分混来看，有一种趋势是 tʂ 组向 ts 组靠拢。山东境内西南地区曲阜、济宁等 14 点知庄章全部读为 ts 组，跟精洪相同，这种情况尚在扩大。烟台等 10 点正是走了 ts、tʂ 合并的道路，从地理位置来看，这种影响应该是来自东北地区，东北沈阳、长春等许多地方 ts、tʂ 不分，知庄章归入精洪。

古知庄章声母在山东方言中的分化及其跟精见组的关系 · 133 ·

　　第二,知庄章乙类读同精组细音:从知庄章分类的规律来看,知章组开口三等是属于乙类,但是止摄章组除外。值得注意的是,《中原音韵》将同是止摄的知组字"知痴池"等字归入了齐微韵,跟"衣、鸡欺希、蔀妻西"等为同一韵母,说明《中原音韵》知庄章乙类字的韵母比较靠近细音。方言的事实也正如此:《威海方言志》的知庄章乙组是拼细音的(见表七),在《荣成方言志》单字音系韵母的描写中也说:"韵母逢 tʃ、tʃ'、ʃ 普遍有细音色彩。"荣成代表了文登、乳山和海阳,跟青岛及其以南的诸城等地 tʃ、tʃ'、ʃ 后面的韵母为洪音是明显不同的。东莱片烟台等地造成知庄章乙类跟精组尖音的合并正是韵母为细音的条件。

　　附带要说明的是:东潍片青岛等 15 点虽然知庄章分两类,也分尖团,有 5 类读音,但其胶东话的色彩仍不及只有 3 类读音的烟台等地浓重,这是因为受西部权威方言的影响,这些地方的团音的发音部位已经前移,如青岛等 10 点读为舌面前音。此外,还有声韵调的其他情况,这里不细述。

　　读为 3 类的还有西北部的无棣、乐陵等点。这些点在知庄章组跟精组洪音合并方面,跟东莱片的烟台等地相同,而且在不分尖团方面则是更接近于普通话了。

　　再讨论读 4 类的 3 种情况:

　　第一种是知庄章甲组读同精组洪音,如威海、莱州,见上面的解释。

　　第二种是尖团不分,如临朐、潍坊等地,汉语方言中由分尖团到不分尖团也是方言演变的一个趋势,山东东区方言见组细音的舌位由北向南逐渐靠前,是尖团音合并的条件。

　　第三种是知庄章乙组字跟见组细音合并,读 tʃ、tʃ'、ʃ,有诸城等 4 点,当地人称为"咬舌音"。这种类的归并在汉语方言中比较少见。从音值来看,诸城、五莲、昌乐 3 点,知庄章乙类读 tʃ、tʃ'、ʃ,这是山东境内知庄章乙类读音的普遍情况,没有问题。但是为什么见组细音也这样读，笔者考虑是走了 c－tɕ－tʃ 的道路，即：先是跟青岛、潍坊等地一样团音由舌面中音发展为舌面前音，然后再变为舌叶音。上文说过，舌叶音后面的韵母东莱和东潍有明显不同，东潍是读洪音的，那么诸城等地为什么见组细音会跟洪音的知庄章乙类字合并呢？有一种情况可供参考，就是在东潍片临朐、诸城、五莲、沂南、沂水、莒南等地，中古三等的深臻摄舒声有程度不同的读为开口呼的现象。下表举 3 点为例（表中的洪音涂黑）。

表 11　　中古深臻摄舒声开口三等字在诸城等地读开口呼

	帮　组			泥　组	
	宾臻	品深	民臻	恁泥	林深
临朐	pē	pʻē	mē	nē	lē
沂水	pə̄	pʻə̄	mə̄	nə̄	lə̄
诸城	pə̄	pʻə̄	mə̄	nə̄	lə̄

	精　组			知章组		
	进臻	亲臻	心深	珍臻	沉深	身臻
临朐	tθiē	tθʻiē	θiē	tʃē	tʃʻē	ʃē
沂水	zə̄	tsʻə̄	sə̄	zə̄	tsʻə̄	sə̄
诸城	tθə̄	tθʻə̄	θə̄	tʃə̄	tʃʻə̄	ʃə̄

	见晓组 疑母另列			日母	疑母	影母	以母
	斤臻	琴深	欣臻	人臻	银臻	音深	殷臻
临朐	tɕiē	tɕʻiē	ɕiē	iē	iē	iē	iē
沂水	tɕiə̄	tɕʻiə̄	ɕiə̄	iə̄	iə̄	iə̄	iə̄
诸城	tʃə̄	tʃʻə̄	ʃə̄	iə̄	iə̄	iə̄	iə̄

以上 3 点，读开口呼的范围不同，诸城是最为广泛的。诸城的深臻摄只有零声母是读齐齿呼的。诸城：宾＝奔、贫＝盆、民＝门、

古知庄章声母在山东方言中的分化及其跟精见组的关系 · 135 ·

金＝针、芹＝陈、莘＝深。这样，我们可以作两点推测：第一，由于深臻摄开口三等读了洪音，影响到见组声母，使之由舌面前音转化为舌叶音而跟知庄章乙类字混合；第二，由于同组声母的类化关系，使得见晓组声母其他非深臻摄的韵母也转化为舌叶拼洪音了。

附录　山东方言知庄章不分两类的地区跟精见组的读音关系表

类	精洪	知庄章	精细	见细	分布点
3	ts ts‘ s	tʂ tʂ‘ ʂ	tɕ tɕ‘ tɕ		济南　沽化　滨州　阳信 惠民　德州　成武　夏津 临清　高唐　禹城　济阳 齐河　茌平　东阿　莘县 阳谷　高青　博兴　桓台 邹平　博山　章丘　历城 长清　平阴　肥城　泰安 莱芜　平邑　东平　梁山 （32 点）
3	tθ tθ‘ tθ	tʂ tʂ‘ ʂ	tɕ tɕ‘ tɕ		新泰（1 点）
2	ts ts‘ s		tɕ tɕ‘ tɕ		聊城　汶上　宁阳　曲阜 泗水　兖州　济宁　嘉祥 邹城　金乡　单县　定陶 滕州　枣庄　微山（15 点）
4	ts ts‘ s	tʂ tʂ‘ ʂ	tʃ tʃ‘ ʃ	tɕ tɕ‘ tɕ	广饶　博兴（2 点）
4	ts ts‘ s	tʂ tʂ‘ ʂ	tsi ts‘i si	tɕ tɕ‘ tɕ	菏泽　冠县　鄄城　郓城 巨野　费县　临沂　苍山 郯城　利津（10 点）

说明：

以上如果不计音值的不同，只从音类来说，知庄章跟精、见晓组的读音是 3 种情况：

1. 济南等读为 3 类：精洪≠知庄章，尖团不分。

2. 聊城等只有 2 类：精洪＝知庄章，尖团不分。

3. 菏泽等读为 4 类：精洪≠知庄章，分尖团。

参考文献

1. 毕拱辰：《韵略汇通》，光绪戊子年刻本，1888 年。

2. 曹延杰：《宁津方言志》，中国文史出版社 2003 年版。

3. 蒋希文：《从现代方言论中古知庄章三组声母在〈中原音韵〉里的读音》，载《中国语言学报》第 1 期，商务印书馆 1993 年版。

4. 罗福腾：《牟平方言志》，语文出版社 1992 年版。

5. 李申：《徐州方言志》，语文出版社 1985 年版。

6. 马静、吴永焕：《临沂方言志》，齐鲁书社 2003 年版。

7. 钱曾怡：《胶东方音概况》，《山东大学文科学报》1959 年第 4 期。

8. 钱曾怡、蔡凤书：《山东地区的龙山文化与山东方言分区》，载《中国语文》2002 年第 2 期。

9. 钱曾怡等：《烟台方言报告》，齐鲁书社 1982 年版。

10. 钱曾怡主编：《山东方言研究》，齐鲁书社 2001 年版。

11. 钱曾怡、曹志耘、罗福腾：《诸城方言志》，吉林人民出版社 2002 年版。

12. 钱曾怡、刘祥柏、邢军：《莒南县志·方言志》，齐鲁书社 1998 年版。

13. 钱曾怡、罗福腾：《长岛方言音系》，日本神户外国语大学《亚洲言语研究》1990 年 Ⅵ。

14. 钱曾怡、罗福腾：《潍坊方言志》，潍坊市新闻出版局 1992 年版。

15. 钱曾怡、太田斋、陈洪昕、杨秋泽：《掖城音系——掖县方言调查研究之一》，日本神户外国语大学《亚洲言语论丛》2，1998 年。

16. 石明远：《莒县方言志》，语文出版社 1995 年版。

17. 王力：《汉语史稿》上册，中华书局 1980 年版。

18. 王淑霞：《荣成方言志》，语文出版社 1995 年版。

19. 熊正辉：《官话区方言分 ts、tʂ 的类型》，载《方言》1991 年第 1 期。

20. 徐明轩、朴炯春：《威海方言志》，韩国学古房 1997 年版。

21. 薛凤生：《中原音韵音位系统》，鲁国尧、侍建国译，北京语言学院出版社 1990 年版。

22. 于克仁:《平度方言志》,语文出版社 1992 年版。
23. 赵日新、沈明、扈长举:《即墨方言志》,语文出版社 1991 年版。
24. 赵荫棠:《中原音韵研究》,商务印书馆 1957 年版。
25. 张廷兴:《沂水方言志》,语文出版社 1999 年版。
26. 张树铮:《寿光方言志》,语文出版社 1995 年版。
27. 张玉来:《韵略汇通音系研究》,山东教育出版社 1994 年版。

(原载《中国语文》2004 年第 6 期)

长岛方言音系

壹　概说

一、地理人口简况

山东省长岛县位于山东半岛和辽东半岛之间的海域，是介于渤海和黄海之间的一群小岛。长岛全县从南到北有南长山岛、北长山岛、庙岛、鱼鳞岛、大黑山岛、小黑山岛、烧饼岛、螳螂岛、裙裤岛、铝锞把子岛、碎矶岛、大竹山岛、小竹山岛、车由岛、高山岛、砣矶岛、砣子岛、大钦岛、小钦岛、南隍城岛、北隍城岛等三十多个大小不等的岛屿，南北纵贯 56 公里。其中有居民的是北长山岛、南长山岛、庙岛、大黑山岛、小黑山岛、砣矶岛、大钦岛、小钦岛、南隍城岛、北隍城岛 10 个。三万七千余人口。县政府设在南长山岛的南长山镇。

二、方言特点

本文所指的长岛方言，是指上述有居民的十个岛的方言。长

岛方言属于北方方言。在北方方言中,山东省的胶东方言是有相
当特色的一个分支。长岛方言具有胶东方言的一般特点,语音情
况跟与其隔海相对的蓬莱方言尤其接近。全县人民虽然分居在十
个岛上,但是语音系统基本一致。单字音系的主要特点有以下
几项:

  1. 声母方面:分尖团,尖音读 tʃ、tʃʻ、ʃ,团音读 c、cʻ、ç;没有卷
舌音,北京读 tʂ、tʂʻ、ʂ 声母的字,长岛分为 ts、tsʻ、s 和 tʃ、tʃʻ、ʃ 两
类,前者跟北京读 ts、tsʻ、s 声母的字合为一类,后者则跟尖音字合
为一类;北京读 ʐ 声母的字,长岛多数是零声母,少数读 l 声母。
见下表:

例字	增层僧	争撑生	蒸城声	精清星	经轻兴	人软	仍
北京声类	ts 组	tʂ 组			tɕ 组	ʐ	
长岛声类	ts 组		tʃ 组		c 组	∅	l

  2. 韵母方面:北京 t、tʻ、n、l,ts、tsʻ、s 7 个声母拼 uei、uɑn、
uən 3 个韵母的字,长岛没有 u 介音,分别读为 ei、ɑn、ən;长岛还有
一个 iɛ 韵母,跟 ɛ、uɛ 两韵配套;另外,北京 uŋ、uəŋ 分韵,长岛合为
一韵,见下列二表:

例 字	堆推嘴催岁	端团暖乱钻蹿酸	敦吞轮尊村孙
北京韵母	uei	uɑn	uən
长岛韵母	ei	ɑn	ən

例 字	败带在盖爱	街解界蟹	挨~号	崖	怪外	东中公	翁瓮
北京韵母	ɑi	ie	ɑi	iɑ	uɑi	uŋ	uəŋ
长岛韵母	ɛ		iɛ		uɛ	uŋ	

3. 声调方面：从调类看，中古的绝大多数清声母入声字归上声，次浊入声字归上声或去声；从调值看，阴平一类有 313 和 31 两个调值，其中的 313 和上声 214 是两个有明显差别的降升调。

语音方面还有一些明显而不成系统的特点，例如：多数岛"鞋"读 $çi^{55}$，"埋"读 mei^{55}，"夹袄"合音读 $ciɔ^{313}$，等等。

长岛方言在词汇方面的特点尤其值得注意。最显著的是由其特殊的地理环境和岛上人民特殊的生产、生活方式所决定的关于海洋及海上作业的词语特别丰富，有的还有严格的系统。主要介绍以下几方面的内容：

水产品鱼类、贝类、海藻类等品种繁多，名称复杂而有细致的区分。像虾一类，有大虾、对虾、黄蛸虾、小虾、鹰爪虾、蝼蛄虾、爬子虾、板儿虾，等等。

有关渔业生产的，包括船上人员的职责分工和渔业操作的名称以及渔具名称等，也都十分纷繁。仅网一类，就有捕不同鱼种的网名，如青鱼网、针良网、蛤蜊网、海参网、蟹子网、干贝网等；有按作业形式称呼的网名，如拖网、围网、流网等，流网又可按鱼种细分为鲨鱼流网、鲅鱼流网、鲐鱼流网等；还有按网的样式所起的网名，如裤裆网、袖子网、迷魂阵网，等等，总数可达数十种。

长岛还是候鸟旅站，是候鸟南北迁徙的必经之路。长岛方言中关于鸟名的词也很多，常见的如瞎簸箕（夜莺）、鹡子、老豹子、大穷等、葫芦头、老鹰、耕地耧儿、红眼儿老夜猫子、黄眼儿老夜猫子，等等，可达一百余种。

旧社会由于渔业生产没有安全的保障，渔民中长期形成的一些迷信的习俗和求平安图吉利的心理，在长岛方言词汇中也有一定程度的反映。例如一些忌讳的说法：为了避开"翻"，甚至也避开与"翻"相同的音，称"翻身"为"划身儿"、"划个儿"（按："人民翻身做主人"仍用"翻身"，不说"划身"），称"帆"为"篷"；为了避开"破"、"裂"等字眼，馒头蒸裂了口子称"笑了"，水饺煮碎了称"挣了"；为了避开"完了"、"了（liǎo）了"，一船鱼卸完了叫"满了"，把酒喝完了叫"把酒满出来"，等等。

此外，流传在长岛的一些儿歌、海潮歌、谚语、谜语和故事，也多有明显的地方色彩。

长岛方言的语法也有自己的一些特点，像形容词生动形式"一AA 的"，动词儿化及几种特殊句型"V（动词）不了的 V"等，都将给现代汉语的语法研究提供新鲜资料。

三、内部差异及方言地图

长岛方言的内部差异比较明显的是语音，存在于上岛跟下岛①之间，以中间的砣矶岛为界，主要不同有三：

1. 下岛 l 母拼 i 韵母的音节，上岛读为 ei 韵母。见下表（并见"长岛方言地图"一）：

	梨犁	雷	李里理	累积~	利丽力	泪
南长山岛	₌li	₌lei	ᶜli	ᶜlei	liᵓ	leiᵓ
北长山岛	₌li	₌lei	ᶜli	ᶜlei	liᵓ	leiᵓ
庙　　岛	₌li	₌lei	ᶜli	ᶜlei	liᵓ	leiᵓ
大黑山岛	₌li	₌lei	ᶜli	ᶜlei	liᵓ	leiᵓ
小黑山岛	₌li	₌lei	ᶜli	ᶜlei	liᵓ	leiᵓ
砣矶岛	₌lei		ᶜlei		leiᵓ	
大钦岛	₌lei		ᶜlei		leiᵓ	
小钦岛	₌lei		ᶜlei		leiᵓ	

---

① 长岛人一般以砣矶岛为界，称砣矶岛以北的岛为"上岛"（又称"北五岛"），以南的岛为"下岛"（又称"南五岛"）；砣矶以北各岛的人则又称本岛以北的岛为"上岛"，本岛以南的岛为"下岛"。本稿统称北面的一些岛为"上岛"，南面的一些岛为"下岛"。

续表

	梨犁	雷	李里理	累积~	利丽力	泪
南隍城岛	ꞏlei		ᶜlei		leiᵒ	
北隍城岛	ꞏlei		ᶜlei		leiᵒ	

2. 下岛的 ye、yo 两个韵母，上岛合为一韵。见下表（并见"长岛方言地图"二）：

	月	药	越	悦	瘸	靴	脚	觉
南长山岛	ᶜye	ᶜyo	yeᵒ	yoᵒ	ꞏcʻye	ꞏçye	ᶜcyo	ᶜcyo
北长山岛	ᶜye	ᶜyo	yeᵒ	yoᵒ	ꞏcʻye	ꞏçye	ᶜcyo	ᶜcyo
庙　　岛	ᶜye	ᶜyo	yeᵒ	yoᵒ	ꞏcʻye	ꞏçye	ᶜcyo	ᶜcyo
大黑山岛	ᶜye	ᶜyo	yeᵒ	yoᵒ	ꞏcʻye	ꞏçye	ᶜcyo	ᶜcyo
小黑山岛	ᶜye	ᶜyo	yeᵒ	yoᵒ	ꞏcʻye	ꞏçye	ᶜcyo	ᶜcyo
砣矶岛	ᶜye	ᶜyo	yeᵒ	yoᵒ	ꞏcʻye	ꞏçye	ᶜcyo	ᶜcyo
大钦岛	ᶜyo		ᶜyo		ꞏcʻye	ꞏçye	ᶜcyo	ᶜcyo
小钦岛	ᶜyo		ᶜyo		ꞏcʻye	ꞏçye	ᶜcyo	ᶜcyo
南隍城岛	ᶜye		ᶜye		ꞏcʻye	ꞏçye	ᶜcye	ᶜcye
北隍城岛	ᶜye		ᶜye		ꞏcʻye	ꞏçye	ᶜcye	ᶜcye

　　下岛 ye、yo 分韵。其中读 ye 韵母的除个别果摄合口三等字外，多是山、臻两摄的合口三等入声字；读 yo 韵母的，主要是宕、江两摄的开口入声字。例如："瘸靴"（果合三戈），"绝悦阅"（山合三薛），"掘厥阙橛撅蹶月越曰粤"（山合三月），"决诀缺穴"（山合三屑），"倔"（臻合三物），以上读 ye 韵；"脚却虐疟约药钥若弱"（宕开

三药)、"觉角确乐音~学岳"(江开二觉),以上读 yo 韵。例外字有"镬"(宕开三药)音ᶜcye、"哕"(山合三月)音ᶜyo。

3. 长岛方言与 ɛ、uɛ 配套的 iɛ 韵母,主要在下岛,例如"矮"(音ᶜiɛ),跟"野"(音ᶜie)不同音,上岛则"矮"、"野"同音(读ᶜie)。(参见"长岛方言地图"三)

长岛方言上岛 li 读 lei,ye、yo 不分韵及没有 ɛ 韵母的特点,跟辽宁省长海县的一些岛屿及旅顺、大连等地一致;而下岛的特点则又跟胶东的蓬莱等地相同。我们由此可以看到方言渗透的相互作用。

在长岛方言中,砣矶岛的方言还值得单独一提。上文举到的下岛读 li,上岛读 lei 及下岛有 iɛ 韵母而上岛没有的情况,砣矶是属于上岛;而从 ye、yo 分韵来看,砣矶又属于下岛。砣矶岛的方言不仅是上、下岛方言不同特点的交界,而且在有些音类的发音和个别字的读法上,也有许多特别的地方。例如:阴平和去声的发音,开头比其他岛要高一点,可以记作 413 和 53,前面下降的部分显得特别的陡;ɛ 韵母(包括 uɛ 中的 ɛ)发得比其他岛要高一点,音值为 E。个别字如"稳那场"(放在那儿)的"稳"读ᶜmən,"给"读ᶜkən(参见"长岛方言地图"四、五),"勺"、"唇"两字读舌面中音₌çyo、₌c'yn,"觉"口语说ᶜciɑ,等等。

本文记音、分析以县政府所在地南长山镇的语音为准。调查时间为 1983 年 7 月和 1984 年 7 月,成稿于 1985 年 1 月。主要发音人田庭家,男,读书五年,南长山岛乐园村人,1983 年 62 岁。

贰 单字音系

一、声母 韵母 声调

1. 声母 21 个（零声母在内）

p 布比别步	pʻ 怕批皮盘	m 门满米木	f 夫飞冯奉
t 到多道夺	tʻ 太铁同砣	n 南牛努女	l 来里路吕仍
ts 早罪争闸	tsʻ 操曹初唇		s 思似师时
tʃ 精净蒸赵	tʃʻ 清晴昌潮		ʃ 星寻声善
c 经捐件忌	cʻ 气丘求权		ç 休戏鞋学
k 贵肝共脆	kʻ 开抠葵狂		x 海汉胡汗
ø 安烟弯冤 耳然软			

说明：

①ts、tsʻ、s，舌尖前抵住上齿尖，实际音值更接近 tθ、tθʻ、θ（这是根据主要发音人的发音；同是南长山镇人，有的人发 tθ、tθʻ、θ 时可以看到舌尖外露在齿间）。

②tʃ、tʃʻ、ʃ，舌尖靠在下齿背，舌面前部抵住前硬腭，舌两面的边缘部分贴向上腭的犬齿。

③c、cʻ，实际音值是舌面中塞擦音。

2. 韵母 37 个

ɑ 爬答沙割	iɑ 加价压牙	uɑ 瓜夸瓦华		
ə 波色舌节	ie 别爹结热		ye 决缺靴月	
		uo 多活歌说	yo 脚学药若	
ɿ 资师知西	i 低鸡衣日	u 古屋猪徐	y 举虚鱼如	
ər 儿耳二				
ɛ 来灾海哀	iɛ 解蟹矮挨	uɛ 衰快坏歪		

ei 杯内对岁   uei 追鬼亏委

ɔ 包刀烧焦   iɔ 标刁交饶

ou 头够周修   iou 刘求油柔

an 班战仙算   ian 边见烟然   uan 船晚宣旋   yan 捐犬远软

ən 分真心村   in 民今音人   uən 唇昆文讯   yn 军裙云闰

aŋ 帮昂伤将   iaŋ 凉江央让   uaŋ 庄广黄王

əŋ 朋增蒸精   iŋ 兵丁庆英   uŋ 冬众空翁   yŋ 穷兄勇容

说明：

①单韵母 ə,拼在唇音声母和舌根音声母的后面时,实际音值是 ɤ,例如："波"、"末"、"革"等。

②ye 的 e 圆唇,ye 的实际音值是 yø。

③ɿ 拼在 tʃ、tʃʻ、ʃ 声母后面时,实际音值是跟 tʃ、tʃʻ、ʃ 同部位的舌叶元音。

④u,包括单韵母和介音,拼在 tʃ、tʃʻ、ʃ 声母后面时,实际音值是跟 tʃ、tʃʻ、ʃ 同部位的圆唇舌叶元音,其音值接近 y。例如"除"、"说"、"寻"等字,其韵母也可记作 ʮ、ʮo、ʮn 等。

⑤ɛ、iɛ、uɛ、yɛ 的 ɛ,是一个动程很小的复合音,实际音值是 æɛ。

⑥ɔ、iɔ 的 ɔ,也是一个动程很小的复合音,收尾略低于标准元音 o,实际音值 ɔo。

⑦an、ian、uan、yan 中的主要元音 a,舌位靠前,实际音值是 a。

⑧uŋ 中的 u,比标准元音 u 略低,实际音值是 ʊ。

3. 声调 4 个

调类	调值	例字
阴平	313~31	巴批摸飞都通馏租穿周侵书区灰衣冤
阳平	55	拔皮魔肥独同刘族船轴尘徐渠回移员
上声	213	八劈麦匪赌统柳竹喘酒寝鼠屈悔椅远
去声	42	霸屁墨废杜痛六助串就趁树去贿意愿

说明：

阴平 313、31 两值,单字慢读是 313,快读和连读的前一音节多数为 31 (参见下文"变调")。

二、音节结构

声母、四呼配合关系表

声母	开口呼	齐齿呼	合口呼	撮口呼	备注：北京声母
p p' m	巴爬麻	比皮米	布普母	○	p p' m
f	发	○	夫	○	f
t t'	达塔	低梯	东土	○	t t'
n l	拿拉	你李	奴龙	女吕	n l
ts ts' s	资刺丝	○	足粗苏	○	ts ts' s
	之翅师	○	烛初梳	○	tʂ tʂ' ʂ
tʃ tʃ' ʃ	知痴十	○	住出书	○	
	集妻习	○	聚娶需	○	tɕ tɕ' ɕ
c c' ç	○	机奇希	○	居区虚	
k k' x	哥客喝	○	姑枯呼	○	k k' x
∅	额	衣	乌	淤	∅
	○	人	○	如	ʐ

说明：

①本表由原文的声母、韵母、声调配合关系表简化而来。

②"备注"列出北京声母，以便了解长岛方言音节结构特点。

叁　音　变

一、两字组连读变调和轻声

1. 四个声调处于前后不同位置时的基本情况

　　阴平 313～31　作后字不变调，可 313，也可 31，前者往往是在强调或慢读的时候。作前字，在阴平前变阳平；在阳平前读 313，但是后面的升度稍微减弱；在上声、去声、轻声前都读 31。除在阴平前外，阴平字不论在前在后，本文一律作不变处理，记作 31。

　　阳平 55　作后字不变调；作前字除在阳平、上声前变去声以外，其余不变调。

　　上声 214　作后字不变调；作前字，在阴平和少部分轻声前变阳平，在上声前变去声，其余不变调，只是在阳平前时，末尾升度稍减，仍作不变处理。

　　去声 42　作前字，作后字，全不变调，只是两去相连时，后字开头略重于前字，前字比原调稍低，但仍高于阴平的开头，作不变处理。

　　见下表：

前字／后字	阴平 31	上声 214	阳平 55	去声 42
阴平 31	55　　　　　31			42　　31
上声 214	31　214	42　　　　　214		
阳平 55	31　55	214　55	42	55
去声 42	31　42	214　42	55　42	42　42

　　2. 两字组连读变调举例

　　以下举例先标调类调值和变调调值，例字只记声韵。

　　前字阴平

阴平＋阴平	天边 tʻiɑn piɑn	书包 ʃu pɔ	秋收 tʃʻou ʃou
55＋31	搬家 paŋ ciɑ	高低 kɔ ti	阴天 in tʻiɑn

· 148 ·　　钱曾怡汉语方言研究文选

阴平＋阳平	清明 tʃʻəŋ miŋ	车由岛名 tʃʻə iou	中学 tsuŋ çyo
31＋55	刀鱼 tɔ y	山前 san tʃʻan	猪皮 tʃu pʻi
阴平＋上声	工厂 kuŋ tʃʻɑŋ	收网 ʃou uaŋ	烧火 ʃɔ xuo
31＋214	生产 səŋ san	钦岛岛名 cʻin tɔ	东北 tuŋ pə
阴平＋去声	车站 tʃʻə tsan	医院 i yan	车票 tʃʻə pʻiɔ
31＋42	公社 kuŋ ʃə	东濠地名 tuŋ ɔ	干贝 kan pei

前字阳平

阳平＋阴平	田边 tʻian pian	农村 nu tsʻən	洋鸡 iɑŋ ci
55＋31	离婚 li xuən	长山 tʃʻɑŋ san	鞋帮 çi paŋ
阳平＋阳平	轮船 lən tsʻuan	南隍 nan xuaŋ	银行 in xɑŋ
42＋55	食堂 ʃ tʻɑŋ	阳台 iɑŋ tʻai	值钱 tʃ tʃʻan
阳平＋上声	馇口 xu kʻu	鱼网 y uaŋ	农民 nu min
42＋214	棉袄 mian ɔ	长岛 tʃʻɑŋ tɔ	年底 nian ti
阳平＋去声	邮票 iou pʻiɔ	学校 çyo çiɔ	文化 uən xua
55＋42	鱼厚鱼多 y xou	毛线 mɔ ʃan	条件 tʻiɔ cian

前字上声

上声＋阴平	马车 ma tʃʻə	北京 pə ciŋ	养鸡 iɑŋ ci
55＋31	雨衣 y i	黑山 xə san	点灯 tian təŋ
上声＋阳平	打鱼 tɑ y	北城地名 pə tʃʻəŋ	酒瓶 tʃou pʻiŋ
214＋55	表扬 piɔ iɑŋ	码头 ma tʻou	老人 lɔ in
上声＋上声	虎口 xu kʻou	织网 tʃ uaŋ	割草 kɑ tsʻɔ
42＋214	海米 xɛ mi	北岛 pə tɔ	选举 ʃan cy
上声＋去声	紫菜 tsɿ tsʻɛ	写信 ʃə ʃin	海市 xɛ sɿ
214＋42	考试 kʻɔ sɿ	搭救 ta ciou	老伴儿 lɔ panr

前字去声

去声＋阴平 汽车 cʻi tʃʻə	电灯 tian təŋ	看书 kʻan ʃu
42＋31 细心 ʃɿ ʃən	晕车 yn tʃʻə	后沟村名 xou kou
去声＋阳平 玉石 y ʃɿ	地图 ti tʻu	乐园 luo yan
42＋55 证明 tʃəŋ miŋ	晕船 yn tsʻuan	布鞋 pu çi
去声＋上声 户口 xu kʻou	晒网 sɛ uaŋ	报纸 po tsɿ
42＋214 大米 ta mi	庙岛 miɔ ɔt	电影 tian iŋ
去声＋去声 对象 tei ʃɑŋ	电话 tian xua	淡菜 tan tsʻɛ
42＋42 看报 kʻan po	做饭 tsou fan	上当 ʃɑŋ taŋ

3. 两字组第二字为轻声的情况

阴平、阳平、上声和去声在轻声前一般不变调。阴平只读 31,不读 313。轻声音节可分为高轻和低轻两类,分别记作 4 和 2。读高轻的是在阴平和上声后;读低轻的主要在阳平和去声后,还有一小部分在上声(多来源于古入声)后。见下表:

后字 ＼ 前字	阴平 31	阳平 55	上声 214	去声 42
轻 声	31＋4	55＋2	A 214＋4 B 55＋2	42＋2

4. 轻声例词

阴平＋轻声	多少 tuo su	东西 tuŋ ʃ	哥哥 kə kə
31＋4	芝麻 tsɿ ma	兄弟 çyŋ ti	干净 kan tʃəŋ
阳平＋轻声	萝卜 luo pei	黄瓜 xuaŋ kua	棉花 mian xua
55＋2	前日 tʃʻan i	瓶子 pʻiŋ tsɿ	明白 miŋ pə
上声＋轻声 A 类	姐夫 tʃə fu	买卖 mɛ mɛ	本子 pən tsɿ
214＋4	老的 lɔ ti	骨头 ku tʻou	小心 ʃɔ ʃən

B 类	月亮 yə liɑŋ	热闹 ie nɔ	铁匠 tʻie tʃɑŋ
55＋2	咳嗽 kʻə sou	讨换 tʻɔ xuan	摆弄 pɛ luŋ
去声＋轻声	料理 liɔ li	露水 lu suei	地场 ti tʃʻɑŋ
42＋2	木匠 mu tʃɑŋ	外甥 uɛ səŋ	利害 li xɛ

以上讨论的两字组的变调和轻声,都是属于有规则的变化,少数特殊变化不在内。

二、儿化韵

长岛方言的 37 个韵母,除去原来的卷舌韵母 ər 以外,余下的 36 个都可儿化。其儿化方式跟北京话基本相同,只是卷舌程度稍轻。个别韵母在 t 声母后面儿化时,前面带有一个轻微的闪音 ɾ,像"小豆儿"ʃɔ²¹⁴ tʻouɾ⁴²,"小洞儿"ʃɔ²¹⁴ tʻõɾ⁴²;有的 l 声母拼 i 的字音,儿化后 l 变为舌尖后元音 ɻ,这时单韵母 i 变为 ər,介音 i 丢失,像"朝里儿"tʃɔ⁵⁵ ɻər²¹⁴,"蒙蒙亮儿"məŋ⁵⁵ məŋ² ɻāɾ⁴²;y 韵母的儿化为 ɥur,也较特殊,下面是各套韵母儿化后的分化、合并规律。

儿化韵	原韵母	例　词	备　注
ɑr	ɑ	小马儿 没法儿 小塔儿	
iɑr	iɑ	他俩儿 小虾儿 小鸭儿	
uɑr	uɑ	小褂儿 小华儿 花儿	
ɤr	ə	葱白儿 老婆儿 小磨儿 色儿 格儿 小矮个儿	声母 p ts k 等组,实际音值为 ɤr
		小车儿 姐儿俩 下小雪儿	声母 tʃ 组,实际音值近 ʌr

长岛方言音系 · 151 ·

续表

儿化韵	原韵母	例　词	备　注
ər	ɿ	字儿 树枝儿 小芝儿	
	ei	刀背儿 猜谜儿 小腿儿	
	ən	本儿 小盆儿 小村儿	
ier	i	虾皮儿 小鞋儿 小米儿	
	ie	小鳖儿 小碟儿 树叶儿	
	in	小人儿 虾仁儿 小手巾儿	
uer	uei	小鬼儿 凉水儿 小铁锤儿	
	uən	没准儿 掉魂儿 小木棍儿	
yer	yn	小军儿 小裙儿 不合群儿	
uor	uo	小锣儿 秤砣儿 干活儿	
yor	yo	小脚儿	
yør	ye	小靴儿 月儿	
ur	u	小铺儿 小鹿儿 小虎儿	
ʮur	y	小驴儿 小菊儿 小鱼儿	l 声母变为 ʮ（小驴儿 ʃɔ²¹⁴ lʮur⁵⁵）
ɛr	ɛ	牌儿 孩儿 盖儿	
	ɑn	盘儿 尖儿 小铲儿	
iɛr	iɛ	小街儿 小蟹儿	
	iɑn	小辫儿 一点儿 眼儿	
uɛr	uɛ	一小块儿	
	uɑn	小罐儿 药丸儿 海湾儿	
yɛr	yɑn	花卷儿 小院儿	

续表

儿化韵	原韵母	例　词	备　注
ɔr	ɔ	小枣儿 小高儿 小号儿	
iɔr	iɔ	小瓢儿 小苗儿 赶巧儿	
our	ou	小豆儿 小丑儿 两口儿	声母 t 后带闪音 ɾ
iour	iou	小九九儿 小皮球儿 擦手油儿	
ɑ̃	ɑŋ	鞋帮儿 小胖儿 小芳儿	
iɑ̃r	iɑŋ	亮儿 瓜瓢儿 鞋样儿	
uɑ̃r	uɑŋ	小窗儿 一筐儿 蛋黄儿	
ə̃r	əŋ	缝儿 小凳儿 星儿	
iə̃	iŋ	小明儿 小钉儿 零儿	
õr	uŋ	小洞儿 王家弄儿	声母 t 后带闪音 ɾ
yõr	yŋ	小狗熊儿	

肆　同音字汇

凡　例

　　1. 本字汇收入长岛方言常用字约 3400 个,按先韵母、后声母、再声调的顺序排列。

　　韵母顺序:ɑ iɑ uɑ ə ie ye ou yo ʅ i u y ər iɛ uɛ ei uei ɔ iɔ ou iou ɑn iɑn uɑn yɑn ən in uən yn ɑŋ iɑŋ uɑŋ əŋ iŋ uŋ yŋ

　　声母顺序:p pʻ m f t tʻ n l ts tsʻ s tʃ tʃʻ ʃ c cʻ ç k kʻ x ø

　　声调顺序:阴平　阳平　上声　去声　轻声

长岛方言音系　　　·153·

2．声调只标调类，并以①②③④⊙分别代表阴平、阳平、上声、去声和轻声。

3．写不出的字用"□"表示。

4．字下加双线"＝"表示文读（读书音），加单线"—"表示白读（口语音）。

5．字的右下角用括号注出"（又）"、"（新）"、"（老）"，分别表示又读音、新读音和老读音。

6．必要的释义或例词用小字写在字的右下角。例词中的"～"代表所注的字，释义加"（　）"。

α

p　①巴疤
　　②拔雹
　　③八把~住
　　④爸坝霸罢把刀~巴南乡 ~子

p'　①趴
　　②爬
　　③籴当地土字,藏:~妈
　　④怕

m　①妈籴~(捉迷藏)麻~达雨蚂 ~~蚬
　　②麻瘴
　　③马码妈母亲
　　④骂蚂~蚱

f　②乏罚伐垡筏
　　③发髮法

t　①奓答~理

②答褡~褡岛
③搭打大~连市沓
④大

t'　①它他她
　　③塌塔

n　②拿纳出~
　　③哪捺纳~鞋底
　　④那

l　①拉~屎
　　②拉~人
　　③拉~车硪石~子腊蜡辣
　　④落~在后面

ts　①渣踏
　　②杂铡闸炸油~咱
　　③扎札咂碴眨
　　④乍诈炸~弹榨

ts'　①叉叹大口~差~别

②茶搽查察茬

③擦嚓插馇

④权汉岔

s　①沙纱仁洒杉～木

②霎满天～

③杀撒

④厦

ʃ　②啥

③傻

k　①嘎～哒板□～鱼

②□忽～（忽然）

③乇～古割合～伙葛姓

k'　①咯把鱼刺～出来咔——～喇
　　　（响声）

②瞌

③渴磕

④咯～喇味

x　①哈

②哈～趴（俯卧）

③喝

ø　①啊打～～

②啊～，什么

③啊

④啊

ia

l　③俩

c　①加家佳嘉

②夹（名词）

③夹（动词）袷贾甲假放～，
　　真～角墙～

④嫁稼价驾架

c'　①掐

③卡恰

ç　①虾

②霞匣辖洽狭峡侠

③瞎

④下吓夏

ø　①丫

②牙芽衙

③鸦雅鸭押亚哑压

④轧

ua

ts　①抓鬏

③爪～子抓～人

s　①唰雨一～～地下

③耍刷～子涮

④刷～下一批

k　①瓜

长岛方言音系　　　　· 155 ·

③寡刮~风
④挂卦
k' ①夸垮
　③侉~子刮~脸
　④跨
x ①花

③华铧划滑猾
④画化话
Ø ①挖
　②娃蛙
　③瓦袜
　④洼

ə

p ①波玻播拨饽勃
　②白柏伯泊停~博薄驳脖
　③剥~皮,~削 簸~一~~北百擘~开
　④簸~箕
p' ①坡颇
　②婆
　③拍迫泊~地魄泼
　④破
m ①摸
　②魔摩磨~刀没沉~模~范,~子莫馍寞膜
　③末抹脉麦墨默
　④磨石~沫蓦
t ①□~塞
　③得德
t' ①忑心里直~~
　②特
　④□~勒(抖落)

l ①勒~进
　②勒断:~奶
　③勒~索,~雀
　④肋
ts ②则责择泽宅贼
　③侧摘窄
ts' ③拆
　④测厕策册
s ③色涩瑟塞~住□人多~不过去
tʃ ①遮
　②折浙哲蛰蜇截绝辙捷~报
　③者姐接节捷(又)摺
　④借褯
tʃ' ①车
　③切扯
　④且彻撤妾
ʃ ①些佘赊

②舌邪蛇折~本
③舍写雪
④舍宿~赦社射涉设泻卸
　谢泄薛奢

k ①哥(新)戈(新)□~娄□~就
③鸽革隔格圪
④个过~来人

k' ①□紧,勒人:~脖子
②颏下巴~
③克刻客咳

x ①喝□~嗝(心口剧烈跳动)赫
②核~桃,~算
③黑

Ø ②额金~

ie

p ①瘪
②别
③憋鳖
④别~扭

p' ③撇

m ①篾席~子□~~(头发晕)
④灭

t ①爹蹀
②迭蝶谍碟牒
③跌

t' ①□太:他~会那么样
③贴帖铁

n ①捏~古~古
③捏~住摄~影镊
④乜那里

l ①咧

③劣裂
④列烈猎

c ①秸胡~
②洁杰竭
③结劫

c' ①趄
②茄
③怯

ç ②协谐
③蝎歇血

Ø ①噎挨~趄
②耶揶爷
③也野冶惹热页叶额~
　来盖
④夜腋液掖业

长岛方言音系　　　　　　• 157 •

ye

c	①掘决~口嚓~嘴撅~草包	ç	①靴
	②决 解~诀阙橛嚓~人（骂		②穴
	人）倔		③□~了（多指牲口惊跑）
	③镢蹶撅~尾巴	∅	②瓯黑~~
c'	②瘸		③月抈
	③撅缺		④悦阅曰越粤

uo

t	①多	ts'	①搓
	②夺惰		②矬
	③朵躲掇~弄		③撮铁~子雀
	④舵堕垛		④错措
	⊙掇拾~	s	①蓑梭
t'	①拖		②朔~风
	②驼驮砣		③索锁琐所
	③妥脱託托庹	tʃ	②着~重嚼
n	②挪诺	tʃ'	①啜~~（嘀咕）
	④糯（又）		③戳鹊
l	①啰	ʃ	②缩勺~子芍朔硕
	②罗锣箩骡摞略		③说削剥~
	③洛骆络落烙酪掠		④塑
	④乐快~糯~米	k	①锅哥（老）歌戈（老）
ts	②凿浊镯着睡~卓琢啄酌		②国
	③拙左桌捉		③果裹各阁郭括聒葛诸~亮
	④坐座昨作		④过

k'　①科棵颗窠　　　　　　　　　③火伙霍郝

　　③可壳廓　　　　　　　　　　④货贺祸获（又）

　　④课骒阔扩苛　　　　　ø　①窝倭

x　①豁祸~害劐刀剖　　　　　　②蛾娥鹅讹恶~心

　　②河何荷和~气,~灰禾合　　　③我握

　　盒活或惑鹤（较少用）　　　　④饿卧鄂鳄

yo

c　③脚觉角　　　　　　　ø　②弱约若岳

c'　②确却　　　　　　　　　　　③药钥虐疟哕

ç　②学　　　　　　　　　　　　④乐音~药山~

1

ts　①姿资之芝兹滋支枝肢　　　　③死史使驶屎虱始

　　③子籽紫姊旨脂指止址　　　　④四肆饲祀斯赐似是示

　　趾之纸只~有　　　　　　　　视士仕市柿事矢恃

　　④字牸自至志　　　　　　　　试氏

　　⊙炸鈷~（水饺）　　　tʃ　①知蜘只一~鸡

ts'　①疵呲龇寺~后村膥　　　　②执（又）直值植殖侄致置

　　②瓷慈磁辞词祠此次齿　　　　集即疾辑

　　匙雌　　　　　　　　　　③职质执织汁迹蹟绩籍挤

　　③跐刺　　　　　　　　　　　济剂积鲫墼脊寂缉

　　④翅寺朝海~刺鱼~　　　　　　秩稚

s　①私司丝思撕师狮施　　　　④制智治祭际痔

　　诗尸　　　　　　　　tʃ'　①妻凄栖痴

　　②时　　　　　　　　　　　②迟池驰耻赤持齐脐

③吃尺七漆 习学~

④砌 ③释失湿洗析夕汐息熄

⊙戚亲~ 昔惜习~惯锡悉蟋饰

ʃ ①西犀 袭膝

②十拾实食蚀识石室适 ④世势式誓细逝

i

p ①屄 ③体踢

②逼鼻必觱拉~儿 ④替剃

③比鄙毕壁璧笔 ⊙涕鼻~

④闭避箆敝蔽弊币臂 n ②尼逆倪匿溺

p' ①批纰匹 ③你

②皮疲脾 ④腻~外人

③辟劈譬僻 l ①劙

④屁 ②犁梨厘立~字据

m ①眯 ③李里理鲤狸礼立~着粒

②迷谜(又)泥(名词) ④利痢吏丽荔厉励隶例力

③米 历蛎栗黎离篱

④泥(动词)秘蜜密觅腻~口 ⊙璃

(又) c ①几~乎机讥饥肌基鸡激

⊙墨即~县 击级技妓既姬戟

t ①低抵 ②及极急吉

②敌狄笛嫡耀 ③己几~个给~你,供~棘

③底滴 ④计寄继系记忌季纪荠

④弟第递地帝的~确 冀痣

t' ①梯 ⊙矶矼~

②堤提啼蹄题剔 c' ①期欺

　　②奇骑棋麒旗岐祈　　　　　　Ø　①衣依医腻~耐耐

　　③启起岂其给~你（又）乞　　　　　②宜移夷姨疑遗益译疫役

　　④气汽器弃契　　　　　　　　　　　逸翼饴抑

　　⊙喜欢~　　　　　　　　　　③以乙已椅倚一亦日揖

ç　①希稀嘻牺溪熙兮隙　　　　　　④艺义议意异亿忆易容~，

　　②鞋畦（量词）　　　　　　　　　交~腻~耐人饴（又）

　　③喜蟢~蛛吸

　　④戏系畦（动词）

u

p　①□~娄　　　　　　　　　　　　③斧府腑俯腐附甫铺福幅

　　②鹁不　　　　　　　　　　　　　④父釜富傅

　　③补　　　　　　　　　　　t　①都~城嘟督

　　④布步部簿埠卜　　　　　　　　②独毒读牍

p‘　①铺~设扑~拉噗　　　　　　　　③堵赌肚猪~

　　②蒲葡筐扑~娄瀑　　　　　　　④杜肚~子度渡镀

　　③普谱脯胸~，果~仆扑~过　　t‘　①突（象声词）

　　　去朴捕　　　　　　　　　　②图徒途涂屠

　　④铺店~　　　　　　　　　　　　③土吐秃突

m　①牟　　　　　　　　　　　　　　④兔

　　②模~样　　　　　　　　　n　②奴努农

　　③母亩某木　　　　　　　　　④怒

　　④墓暮募幕慕谋目牧木　　　l　①□绳子~扣了

　　　（又）穆　　　　　　　　　　②炉芦卢撸批评：~他一顿

f　①夫麸妇　　　　　　　　　　　③鲁橹撸~到底卤辱鹿

　　②肤孵敷扶符浮凫服伏佛　　　　④路露陆禄录辘

　　　拂复腹付负　　　　　　　ts　①租组阻逐

长岛方言音系　　　· 161 ·

②卒足烛嘱

③祖竹筑

④助祝

ts‘ ①粗初

②锄

③族促楚础触猝

④醋畜～牲

s ①苏酥梳疏蔬

②赎（老）属熟（老）

③数（动词）

④素嗉俗速诉塑粟数（名词）漱束

tʃ ①猪诸朱株珠蛛

②主心定意～柱

③主拄煮粥

④住注蛀驻注著聚铸

tʃ‘ ①樗～树蛆黢

②厨储除殊

③出取娶

④处相～趣趋

ʃ ①书舒输需须枢

②熟（新）赎（新）徐

③鼠暑黍宿叔淑

④术述秫竖树恤絮序叙绪续恕淑（又）

⊙婿帇

k ①姑咕钴～鿉（水饺）孤辜

②核枣～儿

③古估股鼓谷骨

④固雇顾故轱

k‘ ①枯酷

③苦哭窟

④库裤

x ①呼忽互

②胡湖糊煳鬍葫狐壶

③虎□碰,接触

④户护获

⊙蝠

ø ①乌

②吴蜈无

③五吾伍午舞武屋

④务悟误梧恶可～勿物机渥毋

y

n ③女

l ①□～徐（来回抚摸）□爬行:虱子在身上直～～

②驴

③吕铝旅理～会将～胡子绿

④虑滤律率效～

c　①居驹拘□冻得直~~车~
　　马炮
　②局
　③举菊锔
　④句锯剧据巨苣拒距具惧
　　□~拉
　⊙惧

c'　①区驱
　②渠蛐
　③曲麯屈苣~门芽儿
　④去

ç　①虚嘘
　③许蓄储~旭
　④畜~牧

ø　①淤吁~叨迂加火使弯
　②鱼余于盂榆愉如欲
　③雨语虞予熨~贴与给~，
　　参~人乳汝儒
　④玉遇寓愚裕育狱域娱誉
　　预喻褥入~草浴儒(又)

ər

ø　①耳
　②儿

　③饵尔
　④而二

ɛ

p　②□~活(夸夸其谈)别(又)
　③摆
　④拜败

p'　①排~子(尖头船)
　②排牌
　③□三~~，六坐坐，七个月打
　　磨磨
　④派

m　①埋海~汰(水云)

　②埋
　③买
　④卖迈

t　①呆
　③歹逮呀土字，~饭(吃饭)
　④代袋贷带待怠戴在
　⊙得~去

t'　①胎态
　②台抬

长岛方言音系　　　• 163 •

④太泰　　　　　　　　②洒

n ③乃奶　　　　　　　④晒赛塞边~

④耐奈捺—撇—~~　　　k ①该

l ①□~~蛛（蜘蛛）　　　　③改

②来　　　　　　　　　④盖概

③攋撕:~块纸　　　　k' ①开揩

④赖　　　　　　　　　③凯楷

ts ①灾栽斋　　　　　　④慨

③载三年五~宰　　　　x ①□~上（大量地用上·添加上）

④再在债载超~寨　　　　②孩核~心

ts' ①猜差出~撅~面　　　③海

②才财材豺裁柴　　　　④害

③采睬彩　　　　　　Ø ①哀挨~反

④菜蔡　　　　　　　　③碍（又）

s ①腮筛　　　　　　　　④艾爱碍

iɛ

c ①皆街阶稭　　　　　④蟹澥懈

②蚧~巴子　　　　　Ø ①挨~号

③解　　　　　　　　　②崖涯

④介芥疥界戒械届　　　③矮

ç ②鞋（又）

uɛ

ts ④拽　　　　　　　　④踹（新）

ts' ①揣　　　　　　s ①衰摔

③甩

④帅率蟀

k ①乖蝈

③拐

④怪

k' ③扩

④块快筷会~计

x ①□小船直~~

②怀槐准

④坏

Ø ①歪

③崴~了脚□~霞子（衬衫）

④外

ei

p ①杯悲卑碑

④贝被备辈背倍彼

p' ①坯披

②培陪赔

④配佩

m ②梅霉枚眉媒煤埋没糜

③每美

④昧妹谜

f ①飞非

②肥

③匪

④肺费痱废

t ①堆

③□~死（抵消）

④对队兑

t' ①推

③腿

④退蜕

n ③馁

④内

l ②雷擂

③累积~锐蕊勒~紧垒儡

④泪类累~了瑞

ts ①□~杏（甜仁儿的杏）

③嘴

④最醉罪赘

ts' ①崔催

④翠悴粹脆

s ①虽

②随隋绥~远县遂隧

④岁碎穗

k ③给

k' ①剋

③给（又）

长岛方言音系　　　　　　　• 165 •

uei

ts	①追锥		④愧溃崩~
	④坠	x	①灰辉徽
ts'	①吹炊		②回
	②垂捶锤槌		③悔毁
s	②谁		④会绘汇溃~脓惠慧讳
	③水		贿挥
	④睡税瑞	∅	①威
k	①龟归规轨		②为作~伪桅维惟违围卫
	③鬼		红~兵
	④贵跪桂柜		③委尾苇伟危微偎
k'	①亏		④未味胃谓猬畏喂位魏
	②葵		卫威海~为~什么

ɔ

p	①包苞鲍褒	t	①刀叨
	③宝保堡饱		③岛捣倒打~导祷
	④报豹抱鲍~鱼		④倒~水到盗道稻
p'	①抛	t'	①滔掏
	②袍刨胞		②桃逃陶
	③跑		③讨
	④炮泡砲		④套
m	①□扔	n	①孬
	②猫锚矛茅毛		②挠
	③卯冒~肚子		③脑恼
	④冒帽貌茂贸		④闹

l　①捞
　②劳牢
　③老
　④涝耢鳓

ts　①遭糟
　②□说话～～地（又快又土的外地口音）
　③早枣爪～牙找
　④灶皂造糙燥罩焯笊
　⊙蚤

ts'　①操抄钞
　②曹槽巢
　③草吵炒
　④傄

s　①骚臊搔梢捎艄稍
　③扫～地嫂
　④扫～帚潲□～色（退色）

tʃ　①朝～夕召昭招沼诏焦蕉礁椒
　②嚼～瓜（旧指好吃的东西）
　④赵兆照

tʃ'　①超缲～边（动词）悄
　②朝～代潮樵瞧
　④俏鞘缲衣～（名词）

ʃ　①烧消宵霄硝销萧箫
　②韶
　③小少多～
　④少～年绍笑啸邵

k　①高膏羔糕
　③搞稿
　④告

k'　③考烤
　④靠犒～油

x　①蒿薅
　②毫豪濠大～村鹤
　③好～坏
　④号耗好喜～

ø　②熬濠东～村,小～村懊
　③袄
　④傲

iɔ

p　①标彪
　③表
　④鳔

p'　①飘

②嫖瓢
③漂～白
④票漂～亮

m　②苗描喵猫叫声

	③秒	c	①交郊胶教~书骄娇浇
	④庙妙		③绞狡茭~瓜铰搅矫侥
t	①刁貂雕		④轿叫较窖觉睡~教~育
	③屌	c'	①敲
	④吊掉钓调~动鸢~脚		②乔侨桥
t'	①挑~水		③巧
	②调~和条		④窍
	③挑~起门帘	ç	①枵
	④跳		③晓皛
n	③鸟		④孝酵鸮效校学~,~对
	④尿	ø	①妖要~求腰吆邀
l	①撩		②摇窑遥谣姚尧饶
	②辽疗燎聊廖		③咬舀肴淆扰
	③了~结		④要重~褃勒绕跃
	④料		

ou

f	③否		②楼耧
t	①都~是兜		③搂
	③斗一~米抖陡		④漏
	④豆痘窦斗~争	ts	①邹皱绉诌撮——~面
t'	①偷		③走
	②头投		④做奏骤
	③䞒	ts'	①□~干(风干)
	④透		②愁
n	④弄		③瞅
l	①搂蒜~(蒜头)		④凑

s ①搜馊飕
②擞
④瘦

tʃ ①周舟州洲揪貙鬏
②轴宙
③肘酒
④昼咒就
⊙帚

tʃʻ ①抽秋鞦
②仇囚泅绸稠筹酬
③丑
④臭

ʃ ①修羞收
③手首守
④受授兽寿售袖秀绣锈

k ①勾沟钩
③狗苟
④够构购媾

kʻ ①抠眍
③口
④叩扣寇

x ①齁
②候侯喉猴猴~矶岛
③吼
④后厚

ø ①欧
②哦 表疑问
③呕偶藕
④沤

iou

t ①丢
n ②牛
③扭纽租 瓜类植物初生的果实 谬
④拗

l ①溜馏流汗~儿(背心)
②刘留榴硫琉流
③柳
④六流水~

c ①纠究

③韭久灸九
④旧舅救

cʻ ①丘阄
②求球
③朽木头~了糗面条~在一起

ç ①朽休嗅

ø ①优忧悠幽
②由油柚邮釉尤犹游遊柔揉
③有友

④又幼右祐宥肉

ɑn

p　①班斑扳颁般搬　　　　　　　③暖
　　③板版　　　　　　　　　　　④难_患~
　　④半伴拌扮瓣　　　　l　②篮兰拦栏蓝栾
p'　①潘攀　　　　　　　　　　③览揽懒娄卵
　　②盘　　　　　　　　　　　④滥缆烂乱
　　④盼判　　　　　　ts　①钻
m　①□从,到:~这儿坐　　　　③斩盏攒
　　②蛮瞒馒　　　　　　　　④赞暂蘸战栈钻_{金钢~儿}
　　③满　　　　　　　　ts'　①参~_加餐搀搴
　　④漫慢蔓(又)幔墁~_墙　　②蚕残馋
f　①帆番翻　　　　　　　　　③惨铲
　　②凡矾烦繁　　　　　s　①三衫杉山酸
　　③反　　　　　　　　　　③伞散_{鞋带}~了产删
　　④犯范饭贩　　　　　　　④散_分~算蒜
t　①旦担~_任丹单端　　tʃ　①沾粘毡笺尖煎
　　③胆掸短　　　　　　　　③展搌剪践
　　④旦担~_子但弹子~蛋淡段　　④占战渐箭溅贱荐
　　　锻缎断　　　　　　tʃ'　①千迁歼签鸧鸡~_食
t'　①贪滩摊　　　　　　　　②蝉缠钱前全泉
　　②谈痰谭檀弹~_琴团　　③浅潜
　　③毯坦疃　　　　　　　　④颤
　　④叹炭探　　　　　ʃ　①搧苦仙鲜先纤~_维
n　①□_剌　　　　　　　　③选陕闪
　　②南男难~_易　　　　　④善鳝扇线旋镟羡赡

k ①甘柑泔干~湿肝竿杆骭　　②含寒韩涵
　③赶敢感杆秆　　　　　　　③喊
　④干~活　　　　　　　　　④汉汗旱

k' ①刊看~守堪　　　ø ①安鞍鹌
　③坎砍　　　　　　　③俺唵~干面子
　④看~见　　　　　　　④岸暗按案蔓地瓜~

x ①憨

ian

p ①边编鞭　　　　　　　　　③碾辇撵捻
　③贬扁匾　　　　　　　　　④念
　④变遍徧辨辩辫便方~　　　l ①连与人交往:他不~~人
p' ①篇偏　　　　　　　　　　②连莲缝廉镰帘联怜
　②便~宜　　　　　　　　　③脸
　③谝　　　　　　　　　　　④恋敛练炼链
　④片骗　　　　　　　　　c ①肩坚间奸艰兼监犍
m ②眠棉绵　　　　　　　　　③减碱俭检简茧柬拣
　③免勉　　　　　　　　　　④见舰剑件建健腱间~
　④面　　　　　　　　　　　　断润
t ①颠　　　　　　　　　　c' ①牵铅谦搛
　③点典　　　　　　　　　　②钳乾~坤
　④店电殿佃　　　　　　　　③遣~送
t' ①天添　　　　　　　　　　④欠歉遣~返
　②田甜填　　　　　　　　ç ①掀锨
　③舔　　　　　　　　　　　②闲嫌贤衔咸弦
n ①蔫　　　　　　　　　　　③险显蚬~子
　②年拈鲇粘　　　　　　　　④县限现献宪陷馅

Ø	①烟淹醃焉	③眼演掩染
	②言严盐檐阎颜研沿然燃缘岩炎	④厌咽砚晏雁燕宴验酽延

uan

ts	①专砖	③管馆
	③转~眼	④贯惯灌罐冠~军
	④赚篆转~圈传~记	k' ①宽
ts'	①川钏穿	③款□松弛,肥大:衣服太~
	②船传椽	x ①欢
	③喘	②还环
	④串籔去麦芒	③缓
s	①闩栓	④唤换焕患宦
	④涮	Ø ①弯湾剜豌
tʃ'	②全痊	②完玩顽丸
ʃ	①宣旋	③挽晚碗
	③癣	④万
k	①关官观冠衣~	

yan

c	①捐涓	④劝
	③卷~起	ç ①轩
	④卷~宗眷圈猪~倦券绢	②玄悬
c'	①圈圆~	④楦
	②权颧踡拳鬈	Ø ①冤
	③犬	②元园员圆原源袁辕援

③远软　　　　　　　　　　　④院怨愿

ən

p	①锛			③怎
	③本	ts‘	①村
	④笨奔		②存
p‘	①喷		③碜
	②盆		④寸衬
	④喷一～子,头～子	s	①孙森参人～
m	①焖		③损笋榫髓
	②门		④渗
	④闷	tʃ	①真针斟珍朕津
f	①分芬纷		③枕（名词）疹诊□使成血块：～猪血
	②坟		
	③粉		④镇阵振震尽进俊竣浸～种枕（动词）晋
	④愤忿粪奋份		
t	①敦～厚墩吨蹲	tʃ‘	①皴侵亲
	③盹□（又）～死(抵消)		②陈沉～重尘晨辰臣秦
	④盾遁钝顿砘		③寝
	⊙饨		④趁称～心沉～下去呎
t‘	①吞	ʃ	①身申伸深心辛新薪
	②屯豚臀		②神旬寻迅鲁～
	④褪		③沈审婶
n	④恁		④肾慎甚什信芯磨～子迅～速
l	②伦轮沦峇		
	④论嫩		⊙蟳
ts	①尊遵	k	①根跟亘

	③艮不脆		②痕
	④艮打~		③很
k'	③肯啃垦恳		④恨
	④裉衣~	Ø	①恩
x	①□~达（呵斥）		④摁

in

p	①宾彬斌	c	①今巾金襟筋□衣物缩水斤
	④殡		③仅紧锦谨
p'	①拼		④近劲禁
	②贫频聘	c'	①钦
	③品		②芹琴勤禽擒
m	③民敏闽	ç	①欣
	④赁~房		④鲜
l	①□~达（手执绳子一端甩动）	Ø	①因姻音阴殷吟
	□~饼（摊饼）		②银人仁
	②林淋临林燐鳞邻吝轮		③尹引隐饮忍淫
	~换		④印寅认任刃
	③檩		
	④淋~灰		

uən

ts	③准	s	④顺舜
ts'	①春椿	ʃ	②巡循
	②唇纯醇鹑		④讯
	③蠢	k	③滚

	④棍		④浑混
k'	①昆崑坤	ø	①温瘟
	③捆		②文纹蚊闻
	④困		③稳
x	①昏婚荤		④问
	②魂		

yn

c	①均钧军君	ø	①晕
	④菌郡		②匀云芸
c'	②裙群		③允
ç	①熏薰		④运晕韵孕熨闰润
	④训勋		

ɑŋ

p	①邦帮		③访纺彷做仿
	③绑榜膀肩~		④放
	④棒傍	t	①当应~端~午
p'	①膀~胱		③党挡
	②旁□捧,端:~了个瓢		④当典~
	③耪嗙螃	t'	①汤蜣摊~着了
	④胖		②堂唐糖溏塘
m	②忙茫芒		③躺倘
	③盲莽蟒		④烫趟
f	①方芳秄南瓜的一种	n	②囊嚷
	②房防妨		③攘

④㧽(人多拥挤)

l ①浪~当

②狼郎廊螂

③朗

④浪

ts ①脏不干净臧赃

④藏西~脏内~葬

ts' ①仓疮苍

②藏隐~

s ①桑丧婚~

③嗓

④丧~失

tʃ ①章樟张将(介词)浆桨

③长生~涨~潮掌蒋奖港金山~

④丈仗杖帐胀涨障保~匠将大~酱

tʃ' ①昌鲳枪

②长~短肠场~园常尝偿墙

③场草~厂畅抢呛~人敞

④唱倡呛吃~了戗~面

ʃ ①商伤相互~箱厢襄镶

②祥详翔

③想赏晌

④上尚象像橡相~面湘

k ①冈刚纲钢缸肛缰~绳

③港

④钢(动词)杠

k' ①康慷糠

②扛~活

④炕抗

x ②行银~航杭

ø ①骯□~冶(请求)

②昂

③□~烟

ian

n ②娘

l ②良粮凉量~长短梁粱

③两

④亮谅量度~

c ①江姜疆礓刚~才

③讲耩僵

④降下~犟

c' ①腔

②强国富民~

③强坚~

ç ①香乡

②降投~

③享响饷

④向项巷

Ø	①央秧殃扬～～(～言)壤
	②羊洋阳扬杨瓤
	③养痒疡仰攘嚷
	④样恙让

uɑŋ

ts	①庄桩装	k'	①筐
	③奘		②狂
	④壮状撞		③夼
ts'	①窗		④矿况
	②床	x	①荒慌
	③闯		②黄皇惶蝗
	④创		③晃～眼谎
s	①双霜		④晃～动
	②爽	Ø	①汪
	③双—对～(双胞胎)		②王亡望
k	①光		③网往
	③广		④忘旺
	④逛		

əŋ

p	①崩绷～带迸	m	①蒙～～亮儿蠓
	③绷～着脸□紧抱		②萌盟没～歇儿(不多久)明～
	④蚌蹦泵		日(又)
p'	①烹		③蒙猛
	②朋棚彭膨篷		④孟梦
	③捧	f	①风讽疯封丰峰锋蜂
	④碰蓬		②冯逢缝

长岛方言音系　　• 177 •

	④凤奉俸缝—条~		③省
t	①登蹬灯	tʃ	①正~月征贞侦蒸精睛旌
	③等		③井整
	④凳瞪邓栋—~房子扽拽拉		④正政证症郑净静晶匠木~（又）
t'	①熥	tʃ'	①称~呼蛏青清晴蜻~蜓
	②腾膯藤		②丞承呈逞程成诚城盛~饭乘橙情惩
	③□返~（返潮）		③请
	④痛疼		④秤~砣亲~家
n	①鯪	ʃ	①升声星腥
	②能		②绳
	④弄		③省反~醒
l	①扔		④圣胜剩盛兴~性姓
	③仍冷	k	①更~改绠耕庚羹
	④稜楞		③耿鲠颈
	⊙楞		④梗~~脖
ts	①曾姓增争睁筝挣~扎	k'	①坑吭铿
	④赠粽挣~钱□使力拽拉	x	①夯
ts'	①撑~得慌		②恒衡
	②曾~经层		④横蛮~
	④撑~起来		
s	①僧生牲笙甥		

iŋ

p	①兵冰		②平评坪萍瓶屏凭
	③丙饼秉	m	②名铭明鸣
	④并併病		④命
p'	①乒	t	①丁钉铁~

③顶鼎

④定订钉

t‘　①厅听

②廷庭艇亭停

③挺艇梃树～

n　②宁凝

③拧

l　②陵凌菱伶铃零灵

③岭领

④令另菱

⊙凉风～

c　①京惊经荆耕更五～

③景警境

④竟镜敬竞径

c‘　①轻卿

②擎

③顷倾苘

④庆

ç　①兴～旺

②行～为形刑型

④杏幸兴高～

Ø　①应～当英婴樱缨鹦鹰

②迎营萤蝇盈赢

③影

④硬应响～

uŋ

t　①东冬

③董懂

④洞动冻

t‘　①通

②同桐铜童瞳

③统筒桶捅

n　②浓脓

④弄

l　②龙笼聋拢微火烤

③拢陇垄

④弄（又）

ts　①中当～忠钟盅宗踪鬃终

③总种～类肿

④中射～仲种～树重～量

纵众

ts‘　①匆葱囱聪充冲舂～米

②从丛重～复虫崇～祯

③宠崇～拜

④冲说话很～

s　②松放～嵩

③操～达（推）

④宋送讼颂诵

ʃ　①松～树嵩严～

k　①公工功攻弓躬宫恭

长岛方言音系 ・ 179 ・

③巩拱耕土字,~子(大麦)   ②红虹弘宏洪鸿

④共供~养贡   ③哄~人

k' ①空~虚   ④横~竖哄起~

③孔恐   ∅ ①翁

④空缺~控   ④瓮

x ①烘哄~堂大笑轰

yŋ

n ②□~乎(粘乎)   ∅ ①拥庸~俗

c ③窘   ②戎绒茸容蓉镕融荣庸中

c' ②穷琼   ~之道

ç ①兄凶胸   ③永勇蛹

②雄熊   ④用

（合作人：罗福腾。原载：日本神户外国语大学《亚洲言语研究》Ⅵ,1990 年）

长岛方言地图（一）

li的读音

图　例

梨　雷　李　累积~　利　泪

○　₌li ≠ ₌lei　ˆli ≠ ˆlei　liˀ ≠ leiˀ

●　₌lei = ₌lei　ˆlei = ˆlei　leiˀ = leiˀ

注：本图行政区划资料截至1990年。

隍城（山前村）　北隍城岛

南城　南隍城岛

小钦岛村　小钦岛

钦岛（北村）　东濠

大钦岛

砣矶岛

大口村　井口村

高山岛

车由岛

猴矶岛

小竹山岛　大竹山岛

北长山岛

大黑山岛　黑山岛　北长山（北城）

大濠　黑山（北庄）　庙岛村

山前村　庙岛　南长山岛

南长山（南城）

长岛

蓬莱

长岛方言地图（二）

ye yo 韵母

图　例

月　药　越　悦

○ °ye = °ye　ye° = ye°

⊖ °yo = °yo　yo° = yo°

● °ye ≠ °yo　ye° ≠ yo°

注：本图行政区划资料截至1990年。

隍城（山前村）　北隍城岛

南城　南隍城岛

小钦岛村　小钦岛

钦岛（北村）　东濠

大钦岛

砣矶岛　井口村

大口村

高山岛

车由岛

猴矶岛

小竹山岛　大竹山岛

北长山岛

大黑山岛　黑山岛　北长山（北城）

大濠　黑山（北庄）　庙岛村　南长山岛

庙岛　南长山（南城）

山前村　长岛

蓬莱

长岛方言地图（三）

　　"矮"的读音

　　图　例

　　○ ie（＝野）

　　● iɛ（≠野）

注：本图行政区划资料截至1990年。

隍城（山前村）　北隍城岛

南城　南隍城岛

小钦岛村　小钦岛

钦岛（北村）　东滧

大钦岛

砣矶岛　井口村

大口村

高山岛

猴矶岛

车由岛

小竹山岛　大竹山岛

北长山岛

大黑山岛　黑山岛　北长山（北城）

大滧　黑山
（北庄）　庙岛村　南长山岛

庙岛　南长山（南城）

山前村

长岛

蓬莱

长岛方言地图（四）

"稳_{安放}"的读音

图　例

○ ᶜuen

● ᶜmen

注：本图行政区划资料截至1990年。

隍城（山前村）　北隍城岛

南城　南隍城岛

小钦岛村　小钦岛

钦岛（北村）　东濠

大钦岛

鸵矶岛　井口村

大口村

高山岛

车由岛

猴矶岛

小竹山岛　大竹山岛

北长山岛

大黑山岛　黑山岛　北长山（北城）

黑山　庙岛村

大濠（北庄）　南长山岛

庙岛　南长山（南城）

山前村　长岛

蓬莱

长岛方言地图（五）

"给"的读音

图 例

○ ᶜkei（或ᶜkʻei、ᶜcʻi）

● ᶜken

注：本图行政区划资料截至1990年。

隍城（山前村）　北隍城岛

南城　南隍城岛

小钦岛村　小钦岛

钦岛（北村）　东濠

大钦岛

砣矶岛　井口村

大口村

高山岛

车由岛

猴矶岛

小竹山岛　大竹山岛

北长山岛

大黑山岛　黑山岛　北长山（北城）

大濠　黑山（北庄）　庙岛村　南长山岛

庙岛　南长山（南城）

山前村　长岛

蓬莱

临朐方言简记[*]

一、概况

（一）临朐方言的特点

临朐县位于山东省的中部，地处山东方言东潍片的西端，是山东方言东、西两区的交界地带。临朐方言除具有山东东区东潍方言的多数特点以外，又具有西区西齐方言的某些特点。前者如：北京 tʂ tʂʻ ʂ 声母的字在临朐各地都分为两套，像"知支"、"蒸争"、"超抄"、"缠馋"、"声生"、"书梳"等各对字分别不同音；全县都有一套齿间音，"租粗苏"读为 tθu tθʻu θu；清声母入声字基本归上声。后者如：绝大多数地区不分尖团，"精经"、"清轻"、"星兴"等各对字分别同音；北京 ʐ 声母的字在多数地区读 ʐ l 两个声母。至于东潍片和西齐片相同的特点，如："爱袄欧安恩"等字有 ŋ 声母，四类声调的调值为阴平低降升、阳平高降、上声高平、去声低降等，临朐全县皆无例外。

---

* 1984 年 4～5 月，笔者带 85 届硕士研究生李蓝、王淑霞、刘自力、张艳华和进修教师郭展到山东临朐县进行汉语方言调查课的教学实习，本文由当时笔者按本人所记材料撰写的《临朐方言志》删节而成。

　　跟山东大多数地方的方言一样，临朐方言也没有明显的 n 韵尾，"安烟弯冤"和"恩音温晕"等字的韵母，临朐读带鼻化的元音 ā iā uā yā 和 ē iē uē yē；单元音丰富，"妖摇"和"衰歪"等字，临朐读 ɔ iɔ 和 ɛ uɛ 韵母。其中的 ɔ iɔ 两韵，临朐人发音时舌位较高，嘴巴张得比济南等地的人要小，ɔ 有点接近于北京的 o 了。

　　词汇方面，临朐方言虽然在构词上跟官话方言大体一致，但这个方言有许多特殊词语。在临朐方言的特有词库中，表时间的一类和人的称谓如"早里以前"、"这霎这一会儿"、"多暂什么时候"、"头晌上午"、"晌午中午"、"下晌下午"、"夜来昨天"、"嬷嬷奶奶"、"娘母亲"、"妗子舅母"、"学宝子旧称学生"等，既有古朴的特点，又有浓郁的乡土气息。有的词十分形象生动，像动物名称"黑瞎斯熊"、"长虫蛇"、"夜猫子猫头鹰"、"扁嘴鸭子"、"家鹁子麻雀"、"光棍多忕布谷鸟"、"拆拆洗洗蟋蟀"、"刀螂螳螂"、"叫咬子蝈蝈"、"波螺蚰子蜗牛"等等。

　　语法方面，较为明显的特点有：程度副词"刚"（上声）的用法，可以用变换主要元音的舌位和声调来区别程度的不同，如"刚好"，读 kaŋ$^{55-42}$ xɔ^{55} 时只表示一般的"很好"，读 kaŋ^{213} xɔ^{55} 则"好"的程度更为加深，表示"非常好"；再如"去啊吧"、"你上过北京来啊吧"的疑问句式，都是汉语语法研究中值得注意的情况。

　　（二）临朐方言的地域分歧及地图
　　临朐方言的地域差异主要存在于语音方面，有三项：
　　1. 尖团分不分　上文已经讲到，临朐的多数地区不分尖团，分尖团的各点，主要分布于自东往南跟昌乐、安丘、沂水相邻的边缘各乡，如梓林、柳山、辛山、白塔、蒲沟、大关、九山等地（参见"临朐方言地图"一）。
　　2. 北京 ʐ 声母的字如"热肉人入荣"等字的声母　在临朐境内各地的读音比较复杂，除去"仍扔"一般读 l 声母，"瑞"读 ʂ 声母，"闰"读零声母外，其余的字大致有 5 种情况（参见"临朐方言地图"二）：

　　第一种,东部靠昌乐、安丘两县的梓林、柳山、辛山、白塔、蒋峪、蒲沟、大关等乡读零声母。

　　第二种,上述地区往西的自北向南的一溜,包括营子乡的郝家庄、盘阳乡的天桥子、辛寨镇的黄泉店以及沂山乡的河口村、九山镇的褚庄村,北京 z 声母字基本也读 z,但是郝家庄遇 u 韵母时读 l 声母,河口村则存在 z 声母和零声母两读的情况,一般读零声母的为口语音,读 z 声母的为读书音。

　　第三种,北端龙岗乡的小河圈村和上林,除个别字以外,其余一般读 l 声母,"日"字与"二"同音,读 lə。

　　第四种,县城一带,除 ē 韵母如"人认"等字读 z 声母以外,其余一般读 l 声母,"日"字与"二"同音,读 lə。

　　第五种,其余各地凡开口呼如"热人"等字读 z 声母,合口呼如"入荣"等字读 l 声母。

　　3. iē 韵母跟声母相拼的情况　就临朐全县来说,读 iē 韵母的字普遍比别处要少。n l 两个声母不拼 iē,"您"读 nē,"林"读 lē,各地相同。县内存在的差异主要是唇音声母字"殡贫民"和古精组细音"进亲新"读不读 iē 韵母的不同。大致看来,以县城为代表的北部和中部"殡贫民"读 ē 韵母,其余各地除去东边的柳山、郭家庄子、南河西村、白塔、刘家营及巨家沟六点读 iē 韵母外,存在部分字读 iē、部分字读 ē 的过渡情况。南部自石佛乡桃花村以南及东边的白塔、刘家营、王家庄子等地,"进亲新"等字读为 ē 韵母(参见"临朐方言地图"三)。

二、音系

　　临朐方言语音的地域差异已如上述,本文的语音分析及各种语料记音皆以城关一带的语音为准。(主要发音人:张在勤、陈志圣,皆男性,1986 年调查时 57 岁,二人同龄。)

　　(一)声母 27 个

· 188 ·　　钱曾怡汉语方言研究文选

p 布	p' 怕	m 门		f 飞	
t 到	t' 太	n 南女	l 蓝惹如		
tθ 增	tθ' 粗			θ 苏	
tʃ 蒸	tʃ' 除			ʃ 声	
tʂ 争	tʂ' 锄		ɭ 二日	ʂ 生	ʐ 人
tɕ 精经	tɕ' 秋丘			ɕ 修休	
k 贵	k' 开	ŋ 岸		x 海	
Ø 言完远					

说明：

(1)n 拼齐齿、撮口两呼时实际读 ɳ。

(2)tʃ tʃ' ʃ 舌位稍靠前，近 ts ts' s。

(3)tɕ tɕ' ɕ 舌位稍靠后，但不到舌面中。

（二）韵母 37 个

ɿ 资知	i 以	u 故猪	y 雨
ʅ 支			
ɑ 爬	iɑ 架	uɑ 花	
ə 车耳	ie 姐	uo 过	yo 月
ɛ 盖	iɛ 街	ɜu 怪	
ei 妹	iei 谁	uei 桂	
ɔ 保	iɔ 条		
ou 收	iou 流		
ā 山	iā 减	uā 关	yā 元
ē 根林门	iē 心音	uē 温	yē 群
ɑŋ 桑	iɑŋ 良	uɑŋ 光	
əŋ 登ɡe	iŋ 丁	uŋ 东翁	yŋ 用

说明：

(1)ɿ 在 tθ 组后为齿间元音，在 tʃ 组后为舌叶元音。

(2)u 在 tʃ 组后为舌叶圆唇元音，也可记作 ʮ。

(3)ie 的 e，舌位靠后略低，接近 ʌ。

(4)ɔ 的舌位略高，接近 o。

(5)uŋ 为零声母时读 uəŋ。

（三）声调

1．单字调四个

阴平213　诗衣乌于伯一速郁　　阳平42　时移无鱼白极毒局

上声55　　使椅五雨百乙屋足　　去声21　是意务预墨历物玉

说明：

(1)上声55调，收尾时略微上扬。

(2)古清声母入声字今绝大多数归上声，少数读阴平。

2．两字组连读及后字轻声表

前字 后字	阴平 213	阳平 42	上声 55	去声 21
阴平 213	24＋213 冰糕　飞机	42＋213 牙膏　毛巾	55＋213 火车　北关	21＋213 电灯　汽车
阳平 42	213＋42 分红　标明	42＋42 白糖　咸鱼	213＋42 粉红　表明	21＋42 社员　电台
上声 55	213＋55 生产　烧火	42＋55 涂改　骑马	42＋55 土改　起码	21＋55 户口　大米
去声 21	24＋21 僵化　干面	42＋21 迟到　学校	24＋21 讲话　擀面	21＋21 犯病　受气
轻声	①21＋1 饥困　闺女 ②213＋5 多少　妈妈	①55＋5 临朐　萝卜 ②42＋3 年成　年头	①213＋5 椅子　暖壶 ②55＋5 想想　蚂蚱	544＋3 木头　忌讳 ②21＋1 后来　冻冻

说明：

(1)变调产生的新调值有 24、544 两个。

(2)变调后合并的共有三组：

　　阴阳和上阳　分≠粉　分红＝粉红

　　　阳上和上上　骑≠起　骑马＝起码
　　　阴去和上去　僵≠讲　僵化＝讲话
　（3）四个声调在轻声前各有两种变法，皆以第一种居多。

（四）音节结构

　声母、四呼配合关系表

	开口呼	齐齿呼	合口呼	撮口呼
p pʻ m	巴怕妈	笔批米	布普母	○
f	发	○	夫	○
t tʻ	打他	地体	独土	○
n l	拿拉	你礼	奴路如	脓龙
tθ tθʻ tθ	杂擦撒	○	租粗苏	○
tʃ tʃʻ ʃ	知吃湿	○	主除书	○
tʂ tʂʻ s	支翅诗	○	追锤睡	○
ʐ	认	○	○	○
ɭ	二	○	○	○
tɕ tɕʻ ɕ	○	鸡欺西	○	举区虚
k kʻ ŋ x	该开哀海	○	古苦胡	○
Ø	啊	衣	午	鱼

说明：

（1）开口呼零声母只有"啊"一个字。

（2）ʐ 声母只拼 ē 韵母，如"人"；ɭ 声母只拼 ə 韵母，如"儿尔"。

（3）iē 韵母不拼 p pʻ m 和 n l 五个声母，"殡贫民您林"等都读 ē 韵母。

（4）特有的音节 ɕiei，只有"谁"一个字，而且是口语音。

三、500 常用词语

　　本词汇收入临朐方言中较有特点的常用词语 500 余条，大体按意义分为 10 类。各条的内容顺序为：汉字、注音、释义，必要时加例句。写不出的字用同音字代替，没有同音字的用"□"表示。意义相同的词排在一起，说得多的在前，其余缩一格排在后面；意义可以互作说明者，不另作解释。括号内的字与其相应的音节表示可有可无。

（一）天时、地理、方位、地名

月明　yo²¹⁻⁵⁴⁴ miŋ˙ 月亮

贼星　tθei⁴²⁻⁵⁵ ɕiŋ˙ 流星

扫帚星　θɔ²¹⁻⁵⁴⁴ tʃu˙ ɕiŋ²¹³ 彗星

勺星　ʂuo⁴²⁻⁵⁵ ɕiŋ˙ 北斗星

云彩　yē⁴²⁻⁵⁵ tθʻɛ˙ 云

打呱拉　tɑ⁵⁵ kuɑ⁵⁵⁻²¹³ lɑ˙ 霹雷

毛毛雨　mɔ⁴²⁻⁵⁵ mɔ˙ y⁵⁵

雾露雨　u²¹⁻⁵⁴⁴ lu˙ y⁵⁵

雨点儿　y⁵⁵⁻⁴² tiār⁵⁵ 小雨点

雨点子　y⁵⁵⁻⁴² tiā⁵⁵⁻²¹³ tθ̩˙ 大雨点

饭巴拉子　fā²¹⁻⁵⁴⁴ pa˙ la˙ tθ̩˙ 雪珠

冻冻　tuŋ²¹ tuŋ˙ 冰

冻冻凌子　tuŋ²¹ tuŋ˙ liŋ⁴²⁻⁵⁵ tθ̩˙ 冰锥儿

雹子　pɑ⁴²⁻⁵⁵ tθ̩˙

虹　tɕiɑŋ²¹

烧云　ʃɔ²¹³⁻²¹ yē˙ 霞

杀风了　ʂɑ⁵⁵ fəŋ²¹³⁻²¹ liɑ˙

住风了　tʃu²¹ fəŋ²¹³⁻²¹ liɑ˙

住点儿了　tʃu²¹ tiār⁵⁵⁻²¹³ liɑ˙ 雨停了

上年　ʃɑŋ²¹ niā˙ 去年

下年　ɕiɑ²¹ niā˙ 明年

门年　mē⁴²⁻⁵⁵ niā˙ 往年

今门儿　tɕi²¹³⁻²¹ mēr˙ 今天

早晨　tθɔ⁵⁵⁻²¹³ tʃʻē˙ 明天

后日　xou²¹⁻⁵⁴⁴ lə˙ 后天

夜来　ie²¹⁻⁵⁴⁴ lɛ˙ 昨天

清晨　tɕʻiŋ²¹³ tɕʻiŋ˙ 早晨

头晌　tʻou⁴²⁻⁵⁵ ʃɑŋ˙ 上午

晌午头儿里　ʃɑŋ⁵⁵⁻²¹³ u˙ tʻour⁴²⁻⁵⁵ li˙ 中午

下晌　ɕiɑ²¹⁻⁵⁴⁴ ʃɑŋ˙ 下午

后上　xou²¹⁻⁵⁴⁴ xɑŋ˙ 晚上

白夜　pei⁴²⁻⁵⁵ ie˙ 白天

黑夜　xei⁵⁵⁻²¹³ ie˙ 夜里

天天　tʻiā²¹³⁻²¹ tʻiā²¹³

见天　tɕiā²¹ tʻiā²¹³

麦里　mei²¹⁻⁵⁴⁴ li˙ 麦天

秋里　tɕʻiou²¹³⁻²¹ li˙ 大秋

伏里　fu⁴²⁻⁵⁵li˙ 伏天

腊八日　la²¹⁻⁵⁴⁴pa˙lə˙

年除日　niā⁴²tʃʻu⁴²⁻⁵⁵lə˙ 除夕

正月初一　tʃɑŋ²¹³⁻²¹yo˙tʂʻu²¹³⁻²⁴i²¹³

正月十五　tʃɑŋ²¹³⁻²¹yo˙ʃɿ⁴²⁻⁵⁵u˙ 元宵

五月端午　u⁵⁵⁻²¹³yo˙tā²¹³⁻²¹u˙

八月十五　pɑ⁵⁵⁻²¹³yo˙ʃɿ⁴²⁻⁵⁵u˙ 中秋

九月九　tɕiou⁵⁵⁻²¹³yo˙tɕiou⁵⁵

这　tʃə²¹ 现在

望后　uaŋ²¹xou²¹ 以后

早里　tθɔ⁵⁵⁻²¹³li˙ 过去，以往

几儿　tɕir⁵⁵ 什么时候

　多暂　tuo²¹³⁻²⁴tθā²¹

这时候　tʃə̄²¹ʂɿ⁴²⁻⁵⁵xou˙

　这霎（里）tʃə˙ʂɑ˙（li˙）

那时候　na²¹ʂɿ⁴²⁻⁵⁵xou

　那霎（里）na²¹ʂɑ˙（li˙）

十拉年儿　ʃɿ⁴²⁻⁵⁵lɑ˙niār⁴² 十来年

好么几年　xɔ⁵⁵⁻⁴²mə˙tɕi⁵⁵⁻²¹³niā⁴² 好几年

刚着年岁儿　kaŋ⁵⁵⁻²¹³tʂuo˙niā⁴²θueir˙ 很多年

壮地　tʂuaŋ²¹ti²¹ 肥沃地

薄地　pə⁴²ti²¹ 贫瘠地

闲地　ɕiā⁴²ti²¹ 空闲地

土骨突　tʻu⁵⁵⁻²¹³ku˙tu˙ 土丘

埝儿　niār⁵⁵ 地方

远道儿　yā⁵⁵⁻²¹³tɔr˙ 远路

近道儿　tɕiē²¹⁻⁵⁴⁴tɔr˙ 近路

河帮儿　xuo⁴²paŋr²¹³ 河堤

河流子　xuo⁴²⁻⁵⁵liou˙tθɿ˙ 鹅卵石

沙子　ʂɑ²¹³⁻²¹tθɿ˙ 沙

（土）坷垃　(tʻu⁵⁵⁻²¹³)kʻɑ⁵⁵⁻²¹³lɑ˙ 土块

埠土　pu²¹⁻⁵⁴⁴tʻu 灰尘

当间央儿　taŋ²¹³⁻²¹tɕiā˙iaŋr˙ 中间

左近处　tθuo²¹tɕiē²¹⁻⁵⁴⁴tʃʻu˙ 附近

跟前　kē²¹³⁻²¹tɕʻiā˙

　脸前里　liā⁵⁵⁻²¹³tɕʻiā˙li˙

坡里　pʻə⁵⁵⁻²¹³li˙ 野外

天上　tʻiā²¹³⁻²¹xɑŋ

地下　ti²¹⁻⁵⁴⁴xɑ˙

上边儿　ʃaŋ²¹pār˙

下边儿　ɕia²¹pār˙

东边儿　tuŋ²¹³⁻²⁴pār²¹（又音 tuŋ²¹³pār˙）

西边儿　ɕi²¹³⁻²⁴pār²¹（又音 ɕi²¹³pār˙）

南边儿　nā⁴²pār²¹（又音 nā⁴²⁻⁵⁵pār˙）

北边儿　pei⁵⁵pār²¹）（又音

pei$^{55-213}$pār˙）　　　　李家营　li$^{55-213}$ka˙iŋ^{42}

旁边儿　p'aŋ^{42}pār^{213}　　　七贤店　tɕ'i$^{55-213}$ɕiā˙tiā^{21}

临朐　lē$^{42-55}$tɕ'y˙　　　　张家寨　tʃaŋ$^{213-21}$ka˙tʂɛ^{21}

营子　iŋ$^{42-55}$tθɿ˙　　　　　李家崖　li$^{55-213}$ka˙iɛ^{55}

产贝河　tʃ'ā$^{55-213}$pei˙xuo^{42}　后疃　xou$^{21-544}$t'ā˙

田村集　t'iā$^{52-55}$tθ'uē˙tɕi^{42}　窦家洼　tou$^{21-544}$ka˙ua^{213}

清泉沟　tɕ'iŋ^{213}tɕ'yā^{42}kou^{213}　巩家桥　kuŋ$^{55-213}$ka˙tɕ'iɔ^{42}

倪家庄　i$^{42-55}$ka˙tʂuaŋ^{213}　朱堡　tʃu$^{213-21}$pɔ˙

龙洗堡　lyŋ$^{42-55}$ʃəŋ˙p'u^{21}

（二）亲属称谓、代词

爷爷　ie$^{213-21}$ie˙祖父　　老婆　lɔ$^{55-213}$p'ə妻子

嬷嬷　ma^{213}ma˙祖母　　　媳妇　ɕi$^{55-213}$fu˙（年轻人他

姥爷　lɔ$^{55-213}$ie˙外祖父　　　　　称）

姥娘　lɔ$^{55-213}$niaŋ˙外祖母　嫂斯　θɔ$^{55-213}$θɿ大～、二～（不

爹　tie^{213}父亲　　　　　　　能称小～）

　爷　ie^{42}　　　　　　　连梗　liā$^{42-55}$kəŋ˙连襟

娘　niaŋ^{42}母亲　　　　　儿　lə^{42}儿子

　妈妈　ma$^{213-21}$ma˙　　　闺女　kuē$^{213-21}$ny˙女儿、女

大爷　ta^{21}ie^{42}伯父　　　　　　孩儿

　爷爷　ie$^{42-55}$ie˙　　　　外甥　uei$^{21-544}$ʂəŋ˙外甥、外孙

大娘　ta^{21}niaŋ^{42}伯母　　　外甥闺女　uei$^{21-544}$ʂəŋ˙kuē$^{213-21}$

妽子　ʃē$^{55-213}$tθɿ˙婶婶　　　　　　ny˙外甥女、外孙女

妗子　tɕiē$^{21-544}$tθɿ˙舅母　　老汉子　lɔ$^{55-24}$xā$^{21-544}$tθɿ˙老

男人　nā$^{42-55}$ʐ̩ē˙丈夫　　　　　头儿

　外头　uei$^{21-544}$t'ou˙　　　老婆子　lɔ$^{55-24}$p'ə$^{42-55}$tθɿ˙老

女婿　ny$^{55-213}$ɕy˙（年轻人　　　　年妇女

　　他称）　　　　　　　大闺女　ta$^{21-544}$kuē$^{213-21}$ny˙

大姑娘

小厮　ɕiɔ⁵⁵⁻²¹³θɿ· 小男孩儿

邻舍百家　lē⁴²⁻⁵⁵ʂɿ· pei⁵⁵⁻²¹³ tɕia· 邻居

模样儿　mu⁴²⁻⁵⁵iaŋr· 相貌

脸片儿　liā⁵⁵⁻²¹³p'iār· 他～刚好看

年纪　niā⁴²⁻⁵⁵tɕi·（年老的）

年纪儿　niā⁴²⁻⁵⁵tɕir·（年轻的）

我　uo⁵⁵

你　ni⁵⁵

他　t'ɑ⁵⁵

俺　ŋā⁵⁵我、我们

您　nē⁵⁵你、你们

咱　tθē⁵⁵

大伙儿　tɑ²¹xuor⁵⁵大家

大伙子　tɑ²¹xuo⁵⁵⁻²¹³tθɿ·

谁　ʂei⁴²（又音ɕiei⁴²）

什么　ʃəŋ²¹⁻⁵⁴⁴mə·

怎么　tθē⁵⁵⁻²¹³mə·

这样　tʃɑŋ²¹³（合音）

那样　niaŋ²¹³（合音）

（三）身体、疾病、医疗

身子　ʃē²¹³⁻²¹tθɿ· 身体

后脑勺子　xou²¹nɔ⁵⁵⁻²¹³ʂuo⁴²⁻⁵⁵tθɿ·

脖子　pə⁴²⁻⁵⁵tθɿ·（整个的）

脖勒颈　pə⁴²⁻⁵⁵lə· kəŋ·（后脖子）

额来盖　iē²¹⁻⁵⁴⁴lɛ· kɛ²¹额头

眼珠子　iā⁵⁵tʃu²¹³⁻²¹tθɿ·

眼蛋子　iā⁵⁵tā²¹⁻⁵⁴⁴tθɿ·

白眼珠子　pei⁴²iā⁵⁵tʃu²¹³⁻²¹tθɿ·

黑眼珠子　xei⁵⁵⁻⁴²iā⁵⁵tʃu²¹³⁻²¹tθɿ·

瞳仁儿　t'uŋ⁴²ʐēr⁴²

鼻子　pi⁴²⁻⁵⁵tθɿ· 鼻子、鼻涕

斜涎　ɕie⁴²⁻⁵⁵ɕiā· 口水

喉咙　xu⁴²⁻⁵⁵luŋ·

夹紧窝　tɕia²¹³⁻²¹tɕiē· uo²¹³

夹□窝　tɕia⁵⁵⁻²¹³tʃē· uo²¹³

左手　tʃuo²¹ʃou⁵⁵

右手　iou²¹ʃou⁵⁵

肉手　lou²¹ʃou⁵⁵

手面子　ʃou⁵⁵miā²¹⁻⁵⁴⁴tθɿ· 手背

耳巴子　lə⁵⁵⁻²¹³手掌pɑ· tθɿ·

槌　tʂ'uei⁴²拳头

指甲盖子　tʃɿ⁵⁵⁻²¹³kɑ· kɛ²¹⁻⁵⁴⁴tθɿ·

脊梁　tɕi⁵⁵⁻²¹³niaŋ·

肋椎骨　luei²¹⁻⁵⁴⁴tʂuei· ku⁵⁵

奶子　nɛ⁵⁵⁻²¹³tθɿ· 乳房

肚子　tu⁵⁵⁻²¹³tθɿ· 胃（同于称下

水的肚子）

布脐眼子　pu²¹⁻⁵⁴⁴ tɕˑiˑiā⁵⁵⁻²¹³ tθɿˑ
　　　　　肚脐眼

腔　tiŋ²¹ 屁股

　腔槌子　tiŋ²¹ tʂˑuei⁴²⁻⁵⁵ tθɿˑ

膊罗盖　pə⁵⁵⁻²¹³ luoˑ kɛ²¹ 膝盖

干腿子　kā²¹³⁻²¹ tˑuei tθɿˑ
　　　　　小腿

嫌不剂　ɕiā⁴²⁻⁵⁵ puˑtɕi²¹ 病了

　不熨括　puˑyˑ⁵⁵⁻²¹³ kˑuoˑ

　不好受　puˑxɔ⁵⁵ ʃou²¹

冻着了　tuŋ²¹⁻⁵⁴⁴ tʂuoˑliaˑ
　　　　　伤风

发皮寒　fɑ⁵⁵⁻²¹³ pˑi⁴²⁻⁵⁵ xāˑ发
　　　　疟疾

痨病　lɔ⁴²⁻⁵⁵ piŋˑ肺病

心口疼　ɕiē²¹³ kˑou⁵⁵ tˑəŋ⁴²
　　　　胃痛

羊羔子风　iaŋ⁴²⁻⁵⁵ kɔˑtθɿˑ
　　　　　fəŋ²¹³ 羊角风

发恶　fɑ⁵⁵⁻²¹³ uoˑ发炎

折拉　tʃə⁵⁵ lɑˑ烧心

先生　ɕiā²¹³⁻²¹ ʂəŋˑ医生

草药先生　tθˑʅ⁵⁵⁻²¹³ yoˑɕiā²¹³⁻²¹
　　　　　　ʂəŋˑ中医

洋（药）先生　iaŋ⁴²⁻⁵⁵（yoˑ）
　　　　　　ɕiā²¹³⁻²¹ ʂˑəŋˑ西医

扎针　tʂɑ⁵⁵ tʂē²¹³（旧）

　打针　tɑ⁵⁵ tʂē²¹³（新）

长疙渣　tʃaŋ⁵⁵ kɑ²¹³⁻²¹ tʂɑˑ
　　　　结痂

左撇裂儿　tθuo²¹ pˑie⁵⁵⁻²¹³
　　　　　　lierˑ左撇子

秃斯　tˑu⁵⁵⁻²¹³ θɿˑ秃子

瞎汉　ɕia⁵⁵⁻²¹³ xāˑ瞎子

　瞎斯　ɕia⁵⁵⁻²¹³ θɿˑ

聋汉　luŋ⁴²⁻⁵⁵ xā²¹ 聋子

疯汉　fəŋ²¹³⁻²¹ xāˑ疯子

瘸巴　tɕˑyo⁴²⁻⁵⁵ pɑˑ瘸子

嘲巴　tʃˑɔ⁴²⁻⁵⁵ pɑˑ傻子

锅腰子　kuo²¹³⁻²¹ ciˑtθɿˑ驼背

豁唇子　xuo²¹³ tʃˑuēˑtθɿˑ豁嘴

（四）生活、交往、红白事

起来　tɕˑi⁵⁵⁻²¹³ lɛˑ起床

饥困　tɕi²¹³⁻²¹ kˑuēˑ饿

做饭　tθu²¹ fā²¹

喝水　xɑ⁵⁵⁻⁴² ʂuei⁵⁵ 喝茶

喝汤　xɑ⁵⁵ tˑaŋ²¹³ 喝白开水

嗝儿嗝儿　kar⁵⁵⁻⁴² kar⁵⁵ 打嗝

吃烟　tʃˑʅ⁵⁵ iā²¹³ 抽烟

打夜作　tɑ⁵⁵⁻²¹³ ie²¹⁻⁵⁴⁴ tθuoˑ
　　　　　熬夜

歇歇　ɕie⁵⁵⁻²¹³ ɕieˑ

睡觉　kʻuē²¹tɕiɔ²¹

趄下　tɕʻie²¹³⁻²¹xɑˑ　躺下

打鼾睡　tɑ⁵⁵⁻²¹³xā̄ʂuei·

拉屎　lɑ²¹³ʂɿ⁵⁵

尿尿　niɔ²¹θuei²¹³

逛逛　kuɑŋ²¹kuɑŋ·　散步

跍蹲下　ku²¹³⁻²¹tuei·xɑ·　蹲下

蜷(横)腿　tɕʻyā⁴²⁻⁵⁵(xəŋ·)tʻuei⁵⁵

拾掇　ʃɿ⁴²⁻⁵⁵tuo·　收拾

夯　xɑŋ²¹　放：～下

　搁 kuo⁵⁵

丸弄　uā⁴²⁻⁵⁵luŋ·　团弄

搓悠　tθʻuo²¹³⁻²¹iou·

□瞵眼儿　mɑ⁴²⁻⁵⁵θɑ·iār⁵⁵　眨眼

想想　ɕiaŋ⁵⁵ɕiaŋ·　考虑

掂量　tiā²¹³⁻²¹liaŋ·

　掂对 tiā²¹³⁻²¹tuei·

爱见　ŋɛ²¹⁻⁵⁴⁴tɕiā·　喜欢

犯恶　fā²¹u⁵⁵　讨厌

挂挂着　kuɑ²¹kuɑ·tʂuo·　记挂

盼盼着　pʻā²¹⁻⁵⁴⁴pʻā·tʂuo·　盼望

想住　ɕiaŋ⁵⁵⁻²¹³tʃu·　记住

眼馋　iā⁵⁵⁻²¹³tʂʻā·　眼红

轧伙儿　kɑ⁵⁵⁻⁴²xuor⁵⁵　合伙

耍　ʂuɑ⁵⁵　玩儿

磕倒了　kʻɑ⁵⁵⁻²¹³tɔ·liou·　跌倒

懂的　tuē⁵⁵⁻²¹³ti·　懂得

碰见　pʻəŋ²¹⁻⁵⁴⁴tɕiā·　遇见

闯门子　tʂʻuan²¹mē⁴²⁻⁵⁵tθɿ·　串门

架　tɕiɑ²¹　搀扶

伺候　tθʻɿ²¹⁻⁵⁴⁴xou·　侍奉，款待

拉呱儿　lɑ⁵⁵⁻¹²kuɑ⁵⁵

　闲扯 ɕiā⁴²tʃʻə⁵⁵

　闲拉 ɕiā⁴²lɑ⁵⁵

笑话　ɕiɔ²¹⁻⁵⁴⁴xuɑ·　讥笑

嚜　tɕyo⁴²　咒骂

诓　kʻuaŋ²¹³　骗

　搐 tʂʻu⁵⁵

打礼　tɑ⁵⁵⁻⁴²li⁵⁵　送礼

吆喝　iɔ²¹³⁻²¹xuo·　喊、叫

舔腚　tʻiā⁴⁴⁻²⁴tiŋ²¹　拍马屁

装嘲　tʂuaŋ²¹³tʃʻɔ⁴²　装傻

　装二憨 tʂuaŋ²¹³lə²¹⁻⁵⁴⁴xā·

拿架子　nɑ⁴²tɕiɑ²¹⁻⁵⁴⁴tθɿ·　摆架子

打仗　tɑ⁵⁵tʃaŋ²¹　吵嘴、打架

走字儿　tθou⁵⁵tθɿr²¹　走运

糊迷　xu⁴²⁻⁵⁵mi·　迷失方向

亲事　tɕʻiē²¹³ʂɿ²¹

　喜公事 ɕi⁵⁵⁻²¹³kuŋ·ʂɿ²¹

临朐方言简记   • 197 •

提亲　t'i⁴² tɕ'iē²¹³ 说媒
定亲　tiŋ²¹ tɕ'iē²¹³ 订婚
男头　nā⁴²⁻⁵⁵ t'ou˙ 男方
女头　ny⁵⁵⁻²¹³ t'ou˙ 女方
娶　tɕ'y⁵⁵
架女客　tɕia²¹ ny⁵⁵ k'ei²¹³ 旧时
　　结婚挽扶新娘的妇女
喜屋　ɕi⁵⁵⁻²¹³ u˙ 新房
闹房　nɔ²¹ faŋ⁴²
　反反　fā⁵⁵⁻²¹³ fā˙ （旧）
上了身　ʃaŋ²¹⁻⁵⁴⁴ liou˙ ʃē²¹³
　　怀孕
拾　ʃʅ⁴² 生（孩子）
掉了　tiɔ²¹⁻⁵⁴⁴ liou˙ 小产
双生子　ʂuaŋ²¹⁻⁵⁴⁴ ʂəŋ˙ tθʅ˙
　　双胞胎
百岁儿　pei⁵⁵⁻²¹³ θueir˙ 小孩
　　生后一百天
光棍子 kuaŋ²¹³ kuē²¹⁻⁵⁴¹ tθʅ˙
寡妇　kuɑ⁵⁵⁻²¹³ fu˙
　寡妇老婆　kuɑ⁵⁵⁻²¹³ fu˙

　　　　　　　lɔ⁵⁵⁻²¹³ p'ə˙
　　　　　　（蔑称）
老大闺女　lɔ⁵⁵⁻²¹³ tɑ˙
　　kuē²¹³⁻²¹ ny˙ 老姑娘
带犊子　tɛ²¹⁻⁵⁴⁴ tu˙ tθʅ˙ 拖油瓶
白公事　pei⁴²⁻⁵⁵ kuŋ˙ ʂʅ˙ 丧事
不在了　pu˙ tθɛ²¹⁻⁵⁴⁴ liou˙
　　死了（大人）
　老了　lɔ⁵⁵⁻²¹³ liou˙（老人）
　没有了　mu⁴²⁻⁵⁵ iou˙ lia˙
　　（小孩）
　瞎了　ɕia⁵⁵⁻²¹³ liou˙（小孩）
　没拾起来　mu⁴² ʃʅ⁴²⁻⁵⁵ tɕ'i˙
　　lɛ˙（婴儿）
百日　pei⁵⁵⁻²¹³ lə˙ 人死后一百
　　天
坟子　fē⁴²⁻⁵⁵ tθʅ˙（单个）坟
林　lē⁴²（很多）坟
老林　lɔ⁵⁵⁻²¹³ lē˙ 祖坟
舍林子　ʃə²¹ lē⁴²⁻⁵⁵ tθʅ˙ 义葬地

　　　　（五）房舍用品

屋　u²¹³ 房子（包括整所、单间）
当天井　taŋ²¹³⁻²⁴ t'iā²¹³⁻²¹ tɕiŋ˙
　　院子
门关子　mē⁴² kuā²¹³⁻²¹ tθʅ˙ 门闩
门身子　mē⁴²⁻⁵⁵ ʃē˙ tθʅ˙ 门槛

虚棚　ɕy²¹³ p'əŋ⁴² 顶棚
饭屋　fā²¹⁻⁵⁴⁴ u˙ 厨房
　厨屋 tʃ˙ u⁴²⁻⁵⁵ u˙
栏　lā⁴² 厕所
　茅房　mɔ⁴²⁻⁵⁵ faŋ˙

烟筒　iã²¹³⁻²¹ t'uŋ·
　倒堵　tɔ²¹⁻⁵⁴⁴ tu· 安在锅头上的烟筒
风匣　fəŋ²¹³⁻²⁴ ɕia· 风箱
搞儿　kɔr⁵⁵ 东西
棉条　miã⁴²⁻⁵⁵ t'iɔ· 床单
洗脸盆子　ɕi⁵⁵⁻²¹³ liã· p'ē⁴²⁻⁵⁵ tθʅ· 脸盆
抽匣盒子　tʃ'ou²¹³⁻²¹ ɕiɑ· xuo⁴²⁻⁵⁵ tθʅ· 抽屉
板凳　pã⁵⁵⁻²¹³ təŋ·（长条形的）
　小板凳　ɕiɔ⁵⁵ pã⁵⁵⁻²¹³ təŋ·（矮短的）
杌子　u²¹⁻⁵⁴⁴ tθʅ· 方形凳子
擦脸布子　tθ'ɑ⁵⁵⁻²¹³ liã· pu²¹⁻⁵⁴⁴ tθʅ·
抹桌布子　mɑ⁵⁵⁻²¹³ tʂuo· pu²¹⁻⁵⁴⁴ tθʅ·
手灯　ʃou⁵⁵ təŋ²¹³ 手电筒
　电棒子　tiã²¹ paŋ²¹⁻⁵⁴⁴ tθʅ·
扁担　piã⁵⁵⁻²¹³ tã·
　担杖　tã²¹⁻⁵⁴⁴ tʃaŋ·（带钩的）
挂棒　tʃu²¹⁻⁵⁴⁴ paŋ· 手杖

擦腚纸　tθ'ɑ⁵⁵⁻²⁴ tiŋ²¹ tʂʅ⁵⁵ 手纸
提篮　t'i⁵²⁻⁵⁵ lã· 篮子
　筐子　k'uaŋ²¹³⁻²¹ tθʅ·
手戳儿　ʃou⁵⁵⁻⁴² tɕ'yor⁵⁵（私人印章）
　戳子　tʂ'uo⁵⁵⁻²¹³ tθʅ·（通称）
大印　tɑ²¹ iē·（公章）
鞭　piã²¹³ 鞭炮
间角　tɕiã²¹³ tɕyo⁵⁵ 地基
墼　tɕi²¹³ 土坯
洋灰　iaŋ⁴² xuei²¹³
炭　t'ã²¹ 煤
拱子　kuŋ⁵⁵⁻²¹³ tθʅ· 煤块
洋油　iaŋ⁴² iou·（旧）
　火油　xuo⁵⁵⁻²¹³ iou·（新）
臭蛋子　tʃ'ou²¹ tã²¹⁻⁵⁴⁴ tθʅ·（旧）
　卫生球　uei²¹ ʂəŋ²¹³ tɕ'iou⁴²
香炉子　ɕiaŋ²¹³⁻²¹ lu· tθʅ·
木落鱼子　mə²¹ luo· y⁴²⁻⁵⁵ tθʅ· 木鱼
波落鱼子　pə²¹³⁻²¹ luo· y⁴²⁻⁵⁵ tθʅ·

（六）服饰、饮食

衣裳　i²¹³⁻²¹ ʃaŋ· 衣服
大氅　tɑ²¹ tʃ'aŋ⁵⁵ 大衣（旧）
裤　k'u²¹
半裤子　pã²¹⁻⁵⁴⁴ k'u· tθʅ· 短裤

裤衩子　k'u²¹ tʂ'ɑ⁵⁵⁻²¹³ tθʅ·
裤头儿　k'u²¹ t'our⁴²
背心儿　pei²¹ ɕiēr²¹³
汗溜子　xã²¹⁻⁵⁴⁴ liou· tθʅ·

（旧）

汗衫儿　xā²¹ʂār²¹³

　汗溻子　xā²¹t'ɑ⁵⁵⁻²¹³tθꞮ·

围脖子　uei⁴²⁻⁵⁵pə·tθꞮ·围巾

遮裙　tʃə²¹³⁻²¹tɕ'yē·围裙

□拉　kɑ²¹³⁻²¹lɑ·涎布

褯子　tɕiē²¹⁻⁵⁴⁴tθꞮ·尿布

扣子　k'ou²¹⁻⁵⁴⁴tθꞮ·纽扣

疙瘩子　kɑ⁵⁵⁻²¹³tɑ·tʃꞮ·中式
　　　纽扣

扎腰带子　tʂa⁵⁵⁻²¹³iɔ·tɛ²¹⁻⁵⁴⁴
　　　tθꞮ·腰带

坠子　tʂuei²¹⁻⁵⁴⁴tθꞮ·耳环

清晨饭　tɕ'iŋ²¹³tɕ'iŋ·fā²¹
　　　早饭

晌（午）饭　ʃaŋ⁵⁵⁻²¹³（u·）fā²¹
　　　中饭

后晌饭　xou²¹⁻⁵⁴⁴xaŋ·fā²¹晚饭

饽饽　pə²¹³⁻²¹pə·圆形馒头

卷子　tɕyā⁵⁵⁻²¹³tθꞮ·方形馒头

糊疙渣　xu⁴²⁻⁵⁵kɑ·tʂɑ·锅巴

包子　pɔ²¹³⁻²¹tθꞮ·饺子

菜包子　tθ'ɛ²¹⁻⁵⁴⁴pɔ·tθꞮ·包子

面汤　miā²¹t'aŋ²¹³面条

饹饸　ku²¹³⁻²¹tʂɑ·面疙瘩

水煎火烧　ʂuei⁵⁵⁻²¹³ɕiā·
　　　xuo⁵⁵⁻²¹³ʃɔ·锅贴

油炸果子　iou⁴²tʂɑ²¹kuo⁵⁵⁻²¹³
　　　tθꞮ·油条

干粉　kā²¹³fē·粉条

糖蘸儿　t'aŋ⁴²tʂār²¹冰糖葫芦

　糖蘸子　t'aŋ⁴²tʂā²¹⁻⁵⁴⁴tθꞮ·

果子油　kuo⁵⁵⁻²¹³tθꞮ·iou⁴²花
　　　生油

大油　tɑ²¹iou⁴²猪油

　腥油　ɕiŋ²¹³iou⁴²

醋　tθ'u²¹

忌讳　tɕi²¹⁻⁵⁴⁴xuei·

烧酒　ʃɔ²¹³tɕiou·白酒

佐料　tθuo²¹⁻⁵⁴⁴liɔ·

（七）农工商学

营生　iŋ⁴²⁻⁵⁵ʂəŋ活儿、事情

农民　nu⁴²mē⁴²

　下庄户的　ɕia²¹tʂuaŋ²¹³⁻²¹
　　　　xu·ti·

　庄户头　tʂuaŋ²¹³⁻²¹
　　　　xu·t'ou⁴²（蔑称）

上坡　ʃaŋ²¹p'ə⁵⁵下地

抓地　tʂuɑ²¹³⁻²⁴ti²¹刨地

做买卖的　tθu²¹mɛ⁵⁵⁻²¹³mɛ·ti·

铺子　p'u²¹⁻⁵⁴⁴tθꞮ·店（旧）

　门市　mē⁴²⁻⁵⁵ʂꞱ·（今）

店　tiā²¹旧称旅店

集　tɕi⁴²集市

叫货郎子　tɕio²¹⁻⁵⁴⁴xuo·laŋ⁴²⁻⁵⁵
　　　tθ₁·货郎

货郎　xuo²¹laŋ⁴²专指推着小车
　　在集市上卖布的商人

主户　tʃu⁵⁵⁻²¹³xu·顾客

挣钱　tʂəŋ²¹tɕ'iɑ⁴²

　闯钱　tʂ'uaŋ²¹tɕiɑ⁴²

饥荒　tɕi²¹³⁻²¹xuaŋ²¹欠账

堂子　t'ɑŋ⁴²⁻⁵⁵tθ₁·澡堂

剃头铺子　t'i²¹t'ou⁴²p'u²¹⁻⁵⁴⁴tθ₁·

大师傅　tɑ²¹⁻⁵⁴⁴ʂ₁·fu·厨师

裁缝　tθ'ɛ⁴²⁻⁵⁵faŋ

箍榈子　ku²¹³⁻⁵⁵lu·tθ₁·
　　　锯锅匠

窑匠　io⁴²⁻⁵⁵tɕiaŋ·瓦匠

窑保士　io⁴²⁻⁵⁵pɔ·ʂ₁·（旧）

　烧窑的　ʃɔ²¹³io⁴²⁻⁵⁵·ti·

唱戏的　tʃ'ɑŋ²¹ɕi²¹⁻⁵⁴⁴ti·

　戏班子　ɕi²¹⁻⁵⁴⁴pā·tθ₁·他
　　　是个～

玩藏掖的　uā⁴²tθaŋ⁴²ie⁵⁵⁻²¹³ti·
　　　杂技演员

书房　ʃu²¹³⁻²¹faŋ·学校

先生　ɕiā²¹³⁻²¹ʂəŋ·教师（旧）

　师父　ʂ₁²¹³⁻²¹fu·（旧）

　老师　lɔ⁵⁵ʂ₁²¹³（新）

学宝子　ɕyo⁴²⁻⁵⁵pɔ·tθ₁·旧称
　　　学生

散学　θā²¹ɕyo⁴²放学

留级　liou⁴²tɕi²¹³

　蹲级　tuē²¹³⁻²⁴tɕi²¹³

　降班　tɕiaŋ²¹pā²¹³

白字　pei⁴²tθ₁²¹

　叔伯字　ʂu⁵⁵⁻²¹³pei·tθ₁·
　　　（旧）

（八）动物、植物

犍子　tɕiā²¹tθ₁·公牛

氏牛　ʂ₁²¹⁻⁵⁴⁴iou·母牛

牛犊子　iou⁴²⁻⁵⁵tu·tθ₁·

　小牛犊　ɕiɔ⁵⁵⁻²¹³iou·tu·

牛角　iou⁴²tɕiɑ²¹³

骒马　k'uo²¹⁻⁵⁴⁴ma·母马

叫驴　tɕio²¹⁻⁵⁴⁴ly·公驴

草驴　tθ'ɔ⁵⁵⁻²¹³ly·母驴

牙狗　iɑ⁴²⁻⁵⁵kou·公狗

母狗　mu⁵⁵⁻²¹³kou·

牙猫　iɑ⁴²⁻⁵⁵mɔ·公猫

女猫　ny⁵⁵⁻²¹³mɔ·母猫

角猪　tɕyo⁵⁵⁻²¹³tʃu·公猪

扁嘴　piā⁵⁵⁻²¹³tθuei·鸭子

菢　pu²¹孵：～窝、～小鸡

狐狸　xu⁴²⁻⁵⁵li·

貔狐　p'i⁴²⁻⁵⁵xu·

妈虎　mɑ²¹³⁻²¹xu· 狼

狗熊　kou⁵⁵⁻²¹³ɕyŋ·

黑瞎厮　xei⁵⁵ɕiɑ⁵⁵⁻²¹³θ̩·

黄鼠狼子　xuɑŋ⁴²⁻⁵⁵ʃu·lɑŋ⁴²⁻⁵⁵tθ̩·

黄鼬子　xuɑŋ⁴²⁻⁵⁵iou⁴²⁻⁵⁵tθ̩·

盐蝙蝠（子）　iɑ⁴²⁻⁵⁵p'iɑ· xu²¹(tθ̩·)

长虫　tʃ'ɑŋ⁴²⁻⁵⁵tʂ'uŋ· 蛇

老鼠　lɔ⁵⁵⁻²¹³ʃu·

土憋儿　t'u⁵⁵⁻²¹³pier· 大老鼠的又称

野鹊　ie⁵⁵⁻²¹³tɕ'iɔ· 喜鹊

老鸹　lɔ⁵⁵⁻²¹³kuɑ· 乌鸦

鹁鸽　pə⁴²⁻⁵⁵kuo· 鸽子

家鹩子　tɕiɑ²¹³⁻²¹tʃ'ē·tθ̩· 麻雀

□大□子　θ²¹tɑ·mə⁵⁵⁻²¹³tθ̩· 啄木鸟

光棍多怵儿　kuɑŋ²¹³⁻²⁴kuē²¹ tuo²¹³tʃ'ur⁴² 布谷鸟

夜猫子　ie²¹⁻⁵⁴⁴mɔ·tθ̩· 猫头鹰

蚕　tθ'ā⁴²

宝宝儿　pɔ⁵⁵⁻²¹³pɔr·（小儿语）

蜘蛛　tʃu²¹³⁻²¹tʃu·

蜻蜓　t'iŋ²¹³⁻²¹t'iŋ·

蛤蟆　xɑ⁴²⁻⁵⁵mɑ· 青蛙

蛤蟆果角子　xɑ⁴²⁻⁵⁵mɑ· kuo⁵⁵⁻²¹³ tɕyo·tθ̩·（"角子"又可为"角儿"）蝌蚪

蝎虎子　ɕie⁵⁵⁻²¹³xu·tθ̩· 壁虎

蝎片虎子　ɕie⁵⁵⁻²¹³p'iɑ· xu⁵⁵tθ̩·

拆拆洗洗　tʂ'ei⁵⁵⁻²¹³tʂ'ei· ɕi⁵⁵ɕi· 蟋蟀

土蛰子　t'u⁵⁵⁻²¹³tʃə·tθ̩·

节了　tɕie⁵⁵⁻²¹³liou·（又音 tɕie⁵⁵⁻²¹³liɔ·）蝉

蚂蚱　mɑ⁵⁵tʂɑ· 蝗虫

刀螂　tɔ²¹³⁻²¹lɑŋ· 螳螂

红姑娘子　xuŋ⁴²⁻⁵⁵ku·niɑŋ⁴²⁻⁵⁵tθ̩· 花大姐

虼蚤　kuo⁵⁵⁻²¹³tθɔ· 跳蚤

剥垂子　pɔ⁵⁵⁻²¹³tʂ'uei·tθ̩· 子孑

蚊猴子　ue⁴²⁻⁵⁵xou·tθ̩·

白渣　pei⁴²⁻⁵⁵tʂɑ· 苍蝇卵

蚁蝉　i⁵⁵⁻²¹³iɑŋ· 蚂蚁

曲蟮　tɕ'y⁵⁵⁻²¹³ɕiē· 蚯蚓

蝼蛄　lu⁴²⁻⁵⁵ku·

波螺蚰子　pə²¹³⁻²¹luo· iou⁴²⁻⁵⁵tθ̩· 蜗牛

米　mi⁵⁵ 专指小米

棒槌子　pɑŋ²¹⁻⁵⁴⁴tʂ'uei·tθ̩· 玉米

秫秫　ʃu⁴²⁻⁵⁵ʃu· 高粱

地瓜　ti²¹⁻⁵⁴⁴kuɑ· 白薯

地蛋　ti²¹tɑ̄²¹ 马铃薯

果子　kuo⁵⁵⁻²¹³tθ̩˙ 花生
　长虫果儿　tʂˈɑŋ⁴²⁻⁵⁵tʂˈuŋ˙
　　kuor⁵⁵（旧）
果子仁儿　kuo⁵⁵⁻²¹³tθ̩˙ l̩⁴² 花
　生米
方瓜　faŋ²¹³⁻⁴²kuɑ˙ 南瓜
洋柿子　iaŋ⁴²ʂl̩²¹⁻⁵⁴⁴tθ̩˙ 西
　红柿
场院花　tʃˈɑŋ⁴²⁻⁵⁵yā˙xuɑ²¹³
　向日葵

场院花头种子　tʃˈɑŋ⁴²⁻⁵⁵yā˙
　xuɑ²¹³tˈou˙²tʂuŋ⁵⁵⁻²¹³
　tθ̩˙ 葵花子
莲蓬子　liā⁴²⁻⁵⁵pˈəŋ˙tθ̩⁵⁵
　莲子
酸楂　θuā²¹³⁻²⁴tʂɑ²¹³山楂
石榴楂子　ʃl̩⁴²⁻⁵⁵liou˙
　　tʂɑ²¹³⁻²¹tθ̩˙
花骨突　xuɑ²¹³ku⁵⁵⁻²¹³tu˙
树母子　ʃu²¹mu⁵⁵⁻²¹³tθ̩˙树身

（九）性质、状态、副词

结实　tɕie⁵⁵⁻²¹³ʃ̩˙ 牢固、健康
沉　tʃˈē⁴²重
俊　tɕøyē⁵⁵⁻²¹³漂亮
爽　ʂuaŋ²¹³快：～走
奻　naŋ⁴²拥挤
　挤巴　tɕi⁵⁵⁻²¹³pɑ˙
熨括　y⁵⁵⁻²¹³kˈuo˙合适、舒服
使　ʃl̩⁵⁵累：刚～的慌
舒坦　ʃu²¹³⁻²¹tˈā˙舒适
　受用　ʃou²¹⁻⁵⁴⁴iŋ˙
精　tɕiŋ²¹³精明
拙（古）　tʃuo⁵⁵⁽⁻²¹³⁾（ku˙）笨
听说　tˈiŋ²¹³ʃuo⁵⁵听话
皮　pˈi⁴²
　调皮　tˈiɔ⁴²pˈi⁴²
窝囊　uo²¹³⁻²¹naŋ˙脏乱

乇古　kɑ⁵⁵⁻²¹³ku˙吝啬
点实　tiā⁵⁵⁻²¹³ʃ̩˙好生、认真、
　实在：～干、～学、他不
　～吃
孙　θuē²¹³无能：刚～、老～头
瞎包　ɕia⁵⁵⁻²¹³pɔ˙脓包
刚　kaŋ⁵⁵
　很　xē⁵⁵
　乔　tɕˈie⁴²
刚　kaŋ²¹³极、非常（程度比读
　kaŋ⁵⁵深）
　没那　mu²¹⁻⁵⁴⁴nɑ˙～好、
　　～俊
多少　tuo²¹³ʃuo˙稍微：你～过
　去点
先后　ɕiā²¹³xou²¹差点儿：～迟

临朐方言简记 • 203 •

到了

希会儿 ɕi²¹³ xueir²¹　　　　　　故意地

刚刚的 tɕiaŋ²¹³⁻²⁴ tɕiaŋ²¹³ ti·　　赶不上 kā⁵⁵⁻²¹³ pu· ʃaŋ·

　刚才 tɕiaŋ²¹³ tθ'ɛ⁴²　　　　　　比不上

一共总 i⁵⁵ kuŋ²¹ tθuŋ⁵⁵ 一共　　管不 kuā⁵⁵⁻²¹³ pu· 大概

一堆儿 i²¹³⁻²⁴ tθueir²¹³ 一块儿　恐怕 p'əŋ⁵⁵ p'ɑ²¹

顶霎霎 tiŋ⁵⁵ ʂɑ⁵⁵⁻²¹³ ʂɑ·　　　管许是 kuā⁵⁵ ɕy⁵⁵⁻²¹³ ʂʅ· 可能

　一会儿　　　　　　　　亏了 k'uei²¹³⁻²¹ liou· 幸亏

就着 tɕiou²¹⁻⁵⁴⁴ tʂuo·　　　　不动不惊儿 pu⁵⁵⁻²⁴ tuŋ²¹ pu·

　马上:~去　　　　　　　　tɕiŋr²¹³ 悄悄地

　赶着 kā⁵⁵⁻²¹³ tʂuo· 马上　挡不住 taŋ²¹⁻⁵⁴⁴ pu· tʃu·

着意 tʂuo⁴²⁻⁵⁵ i· 太、过于:　　说不定

　~客气、写得~好　　　　迭不的 tie⁴²⁻⁵⁵ pu· ti· 来不及

特为的 tei²¹ uei²¹⁻⁻⁵⁴⁴ ti·　　甮 pẽ²¹ 不用

（十）其他

打 tɑ⁵⁵　　　　　　　　　俩 liɑ⁵⁵

　从 tɕ'yŋ⁴²　　　　　　　　一俩 i²¹³ liɑ⁵⁵

　把 pa⁵⁵ ~南边儿来　　　三个 θā²¹³⁻²⁴ kuo²¹

和 xaŋ⁴² 他~你一样高　　　仨 θɑ²¹³

叫 tɕiɔ²¹ 被:铅笔~他使完了　一仨 i²¹³⁻²⁴ θɑ²¹³

使 ʂʅ⁵⁵ 用:~我的笔写吧　　四个 θʅ²¹ kuo²¹（又音:θʅ²¹⁻⁵⁴⁴ kuo·）

上 ʃaŋ²¹ 向、到:~前走、~　五个 u⁵⁵ kuo²¹（又音:u⁵⁵⁻²¹³ uɑ·）

　北京　　　　　　　　六个 liou²¹ kuo²¹（又音:liou²¹⁻⁵⁴⁴

和 xaŋ⁴² 他~你一样高　　　　kuo·、liou²¹⁻⁵⁴⁴ uɑ·）

一个 i²¹³⁻²⁴ kuo²¹（又音:　七个 tɕ'i⁵⁵ kuo²¹（又音:

　i²¹³⁻²⁴ ɑ²¹）　　　　　　　tɕ'i⁵⁵⁻²¹³ ɑ·、tɕ'i⁵⁵⁻²¹³ iɑ·）

两个 liaŋ⁵⁵⁻²¹³ kuo²¹　　　八个 pa⁵⁵⁻²⁴ kuo²¹（又音:

$pɑ^{55-213}ɑ\cdot$、$pɑ^{55-213}iɑ\cdot$）

刚着货　$kɑŋ^{55-213}tʂuo\cdot xuo^{21}$

九个　$tɕiou^{55}kuo^{21}$（又音：$tɕiou^{55-213}uɑ\cdot$）

一点儿点儿　$i^{213-24}tiār^{213}tiār\cdot$

十个　$ʃ̩^{42}kuo^{21}$（又音：$ʃ̩^{42-55}ɑ\cdot$）

顶点儿　$tiŋ^{55-213}tiār\cdot$

十来个　$ʃ̩^{42-55}lɑ\cdot kuo^{21}$（顶多十个）

顶星点儿　$tiŋ^{55-213}ɕiŋ\cdot tiār^{55}$

停儿　$t'iŋr^{42}$成儿，十分之几：三～

十来多个　$ʃ̩^{42-55}lɑ\cdot tuo^{213-24}kuo^{21}$十多个

个　kuo^{21}一～客人、一～米粒儿

千数个　$tɕ'iā^{213-21}ʂu\cdot kuo^{21}$（不超过一千）

溜　$liou^{21}$一～墙、一～座位

盘　$pā^{42}$一～炕

一千多个　$i^{213-24}tɕ'iā^{213}tuo^{213-24}kuo^{21}$

位　uei^{21}一～宅子（一所房子）

根　$kē^{213}$一～鱼、一～街

刚货　$kɑŋ^{55-24}xuo^{21}$很多

块儿　$k'uɛr^{213}$一～电影、一～戏、一～甘蔗（一节甘蔗）

四、语法

（一）语法特点举要

1. 后缀"子"　临朐方言的"子"缀词跟普通话相比要多，一些临朐方言是"子"缀的词，普通话不带"子"。例如：

巷子　　史家庄子　　山溜子_{山洞}　泉子　　　蜂子

屎克郎子　蛹子_{蚕蛹}　蜜虫子　　苦菜子　　麦头穗子

椒子_{辣椒}　香炉子　　鞋带子　　车轱辘子　手镯子

园笆障子_{篱笆}

有些临朐方言的"子"缀词，普通话是儿化词，例如：

牛犊子　　眼珠子　　死扣子　　闯门子_{串门儿}

围脖子　　洗脸盆子　麦芒子　　麦秸桻子

2. 代词"俺"和"您"　临朐方言的代词"俺"和"您"都可以表示第一、第二人称的单数和复数（单数以女性自称居多），例如：

俺自己先走了。（单数）　　俺仨都去。（复数）

这字是您写的？（单数）　　您俩谁先去？（复数）

有时候也表示单数和复数的领有，例如：

俺家一共总才我一个人。（单数领有）

俺学校已经开学了。（复数领有）

您老婆在家啊吧？（单数领有）

您学校赶几儿开学？（复数领有）

3. 可能补语　临朐方言可能补语的格式是"动词＋补语＋了（liou）"，这种格式跟普通话的通用格式比较如下：

临朐：（动＋补＋了）		普通话：（动＋得＋补）	
看见了	上去了	看得见	上得去
说清了	信着了	说得清	信得过
闻着了	搬动了	闻得到	搬得动

否定式"动词＋不＋补语"的格式跟普通话一致，例如：说不清、看不见。

疑问式"动词＋补语＋了啊吧"，普通话一般用"动词＋补语＋动词＋不＋补语"或"动词＋补语＋吗"表示，比较如下：

临朐："动＋补＋了啊吧"	普通话："动＋补＋动＋不＋补"
	或："动＋得＋补＋吗"
看见了啊吧？	看得见看不见？看得见吗？
说清了啊吧？	说得清说不清？说得清吗？

4. 程度表示法　临朐方言的形容词有多种生动形式，其中的程度表示法很有特色，择要介绍两点：

第一，形容词重叠前面加程度副词"大"和"精"，表示形容程度加深。例如：

大高高	大远远	精矮儿矮儿	精近儿近儿
大粗粗	大深深	精细儿细儿	精浅儿浅儿
大长长	大厚厚	精短儿短儿	精薄儿薄儿

大宽宽　　　大胖胖　　　精窄儿窄儿　　　精瘦儿瘦儿

一般说，用"大"修饰的是表示积极意义的形容词，不儿化；用"精"修饰的是表示消极意义的形容词，两个重叠音节都儿化。个别形容词前的"精"还可以用"溜"代替，例如"溜薄儿薄儿"。

这种方式使用的范围较窄，限于表示长短、宽窄、厚薄、高矮等（多有对立意义）的单音节形容词，不能说"大热热"、"大俊俊"、"大干净干净"或"大干干净净"等。

第二，程度副词"刚"的两种语音形式分别表示程度很深和极深，例如：

刚好 $kaŋ^{55-42} xɔ^{55}$（很好）　　　　$kaŋ^{213} xɔ^{55}$（极好）

刚坏 $kaŋ^{55-24} xuε^{21}$（很坏）　　　　$kaŋ^{213} xuε^{21}$（极坏）

刚香 $kaŋ^{55-24} ɕiaŋ^{213}$（很香）　　　$kaŋ^{213-24} ɕiaŋ^{213}$（极香）

刚忙 $kaŋ^{55-24} maŋ^{42}$（很忙）　　　$kaŋ^{213} maŋ^{42}$（极忙）

比较级用的是上声，高平调；最高级用的是阴平，低降升调，声音拉长，由降到升的弯度特别明显，而且主要元音也由后 ɑ 变为前 a。这种方式差不多适用于所有的形容词，甚至也可以加在某些重叠的形容词前，例如"刚薄儿薄儿"。

5. 是非疑问句　临朐方言的是非问句一般用"X 啊吧"（"吧"或用"吗"）的格式表示，例如：

中啊吧？ $tʂuŋ^{213-21} a˙ pa˙（ma˙）$（行不行？）

有啊吧？ $iou^{55-213} a˙ pa˙（ma˙）$（有没有？）

学习啊吧？ $ɕyo^{42} ɕi^{42-55} a˙ pa˙（ma˙）$（学习不学习？）

吃饱了啊吧？ $tʃʻɿ^{55-42} pɔ^{55} liou˙ a˙ pa˙（ma˙）$（吃饱了没有？）

记的啊吧？ $tɕi^{21-544} ti˙ a˙ pa˙（ma˙）$（记得吗？）

这种句式同可能问的句式基本一致，但是可能问的"吧"不能替用为"吗"。

（二）语法例句

1. 谁呀？贵姓（或：姓什么）？ $ɕiei^{42-55} ia˙ ? kuei^{42-55} ɕiŋ^{21}$

临朐方言简记　　　　• 207 •

（或：ɕiŋ²¹ ʃəŋ²¹⁻⁵⁴⁴ mə˙）？

2. 我，老王。uo^{55}，lɔ$^{55-213}$ uaŋ^{42}。

3. 他在家里做什么？n'ɑ^{55} tθɛ^{21} tɕia$^{213-21}$ li˙ tθu^{21} ʃəŋ$^{21-544}$ mə˙。

4. 知不道不知道 tʃʅ$^{213-21}$ pu˙ tɔ˙。

5. 今门儿今天好天。tɕi$^{213-21}$ mēr˙ xɔ^{55} t'iā^{213}。

6. 上坡做营生干活。ʃaŋ^{21} p'ə^{213} tθu^{21} iŋ$^{42-544}$ ʂəŋ˙。

7. 他走的没那快极快。t'ɑ^{55} tθou$^{55-213}$ ti˙ mu$^{21-544}$ nɑ˙ k'uɛ^{21}。

8. 这天刚很冷，冻脚啊吧？tʃə^{21} t'iā^{213} kaŋ$^{55-42}$ ləŋ^{55}，tuŋ^{21} tɕyo$^{55-213}$ ɑ˙ pɑ˙？

9. 刚手冷手很冷。kaŋ^{55} ʃou$^{55-42}$ ləŋ^{55}。

10. 后上晚上有电影，你看啊吧？xou$^{21-544}$ xaŋ˙ iou^{55} tiā^{21} iŋ^{55}，ni^{55} k'ā$^{21-544}$ ɑ˙ pɑ˙？

11. 你上过北京来啊吗？ni^{55} ʃaŋ$^{21-544}$ kuo˙ pei^{55} tɕiŋ$^{213-21}$ lɛ˙ ɑ˙ mɑ˙？

12. 上海、北京，他都去咧。ʃaŋ^{21} xɛ、pei^{55} tɕiŋ^{213}，t'ɑ^{55} tou$^{213-21}$ tɕ'y$^{21-544}$ lie˙。

13. 烟、茶，我都不喜拉喜欢。iā^{213}、tʂ'ɑ^{42}，uo^{55} tou$^{213-21}$ pu˙ ɕi$^{55-213}$ lɑ˙。

14. 这东西有多沉啊？管不大概有五十多斤吧，拿动了？tʃə^{21} tuŋ$^{213-21}$ ɕi˙ iou^{55} tuo$^{213-55}$ tʃ'ē$^{42-55}$ ɑ˙？kuā$^{55-213}$ pu˙ iou^{55} u$^{55-213}$ ʃʅ˙ tuo$^{213-24}$ tɕiŋ$^{213-21}$ pɑ˙，nɑ$^{42-55}$ tuŋ˙ liɑ˙？

15. 你去啊，还是我去？ni$^{55-213}$ tɕ'y$^{21-544}$ ɑ˙，xɛ$^{42-55}$ ʂʅ˙ uo$^{55-213}$ tɕ'y˙？

16. 不就你去，不就我去。pu^{55} tɕiou˙ ni^{55} tɕ'y^{21}，pu^{55} tɕ'iou˙ uo^{55} tɕ'y^{21}。

17. 即凡你去，不跟（或："如"）我去。tɕi$^{213-21}$ fā˙ ni^{55} tɕ'y^{21}，pu^{55} kē^{213}（或：lu^{42}）uo^{55} tɕ'y˙。

18. 就是我去，也不能叫你去。tɕiou^{21} ʂʅ^{21} uo^{55} tɕ'y^{21}，ie^{55} pu˙

nəŋ⁴² tɕiɔ²¹ ni⁵⁵⁻²¹³ tɕ'y˙ 。

19. 我非去不可，你爱去不去。uo⁵⁵ fei²¹³⁻²¹ tɕ'y˙ pu˙ k'uo⁵⁵，ni⁵⁵ ŋɛ²¹ tɕ'y˙ pu˙ tɕ'y²¹ 。

20. 他给我了本儿书。t'ɑ⁵⁵ tɕi⁴²⁻⁵⁵ uo˙ liou˙ pɛr˙ ʃu²¹³ 。

21. 碗叫他（给我）打了。uɑ⁵⁵ tɕiɔ²¹⁻⁵⁴⁴ t'ɑ˙（tɕi⁴²⁻⁵⁵ uo˙）tɑ⁵⁵⁻²¹³ liou˙（或∶liɑ˙）。

22. 这块电影比那块好。tʃə²¹ k'uɛ˙ tiā²¹ iŋ⁵⁵ pi⁵⁵ nɑ²¹ k'uɛ²¹ xɔ⁵⁵ 。

23. 他赶不上（或∶"不跟"）你高。t'ɑ⁵⁵ kā⁵⁵⁻²¹³ pu˙ xaŋ˙（或∶pu⁵⁵ kɛ˙）ni⁵⁵ kɔ²¹³ 。

24. 咱一抹儿—边儿说着一抹儿走，中啊吧行不行？tθē⁵⁵ i²¹³⁻²⁴ mər²¹ ʃuo⁵⁵⁻²¹³ tʂuo˙ i²¹³⁻²⁴ mər²¹ tθou⁵⁵，tʂuŋ²¹³⁻²¹ ɑ˙ pɑ˙？

25. 做中好饭了，快来吃啊。tθu²¹⁻⁵⁴⁴ tʂuŋ˙ fā²¹⁻⁵⁴⁴ liɑ˙，k'uɛ²¹ lɛ⁴² tʃ'ɿ⁵⁵⁻²¹³ ɑ˙ 。

26. 这一拍儿—阵子刚老下雨，真□耐煞人了。tʃə²¹ i˙ pɛr⁵⁵ kaŋ²¹³ ɕiɑ²¹ y⁵⁵，tʃē²¹³⁻²⁴ tʂ'ɿ²¹³⁻²¹ nɛ˙ ʂɑ˙ zē⁴²⁻⁵⁵ liɑ˙ 。

27. 你今年多么大年纪啊？有五十来岁吧。ni⁵⁵ tɕiē²¹³ niā⁴² tuo⁴²⁻⁵⁵ mə˙ tɑ˙ niā⁴²⁻⁵⁵ tɕi˙ ɑ˙？iou⁵⁵ u⁵⁵⁻²¹³ ʂɿ˙ lɛ˙ θuei²¹⁻⁵⁴⁴ pɑ˙ 。

28. 你先学了（或∶着）再干。ni⁵⁵ ɕiā²¹³ ɕyo⁴²⁻⁵⁵ liou˙（或∶tʂuo˙）tθɛ²¹ kā²¹ 。

29. 刚害渴了，押倒碗水喝。kaŋ⁵⁵⁻²⁴ xɛ²¹ k'ɑ⁵⁵⁻²¹³ liou˙，iɑ⁵⁵ uā˙ ʂuei⁵⁵ xɑ˙ 。

30. 电影院不在这边儿，在那边儿。tiā²¹ iŋ⁵⁵ yā²¹ pu˙ tɛ⁵⁵ tʃə²¹ pār²¹，tɛ⁵⁵ nɑ²¹ pār²¹ 。

31. 爽快去吧，他那些他们早走了。ʂuaŋ²¹³⁻²⁴ tɕ'y²¹⁻⁵⁴⁴ pɑ˙，t'ɑ⁵⁵ nɑ²¹ ɕie˙ tɕɔ⁵⁵ tθou⁵⁵⁻²¹³ liɑ˙ 。

32. 这菜多少钱一斤啊？tʃə²¹ tθ'ɛ²¹ tuo²¹³⁻²⁴ ʂuo˙ tɕ'iā⁴² i²¹³⁻²⁴

tɕiē²¹³⁻²¹ɑ·?

33. 要多少啊？五斤吧？iɔ²¹ tuo²¹³⁻²¹ ʂuo· ɑ·? u⁵⁵⁻²¹³
tɕiē· pɑ·?

34. 这样（或："拙"）多，要不了那些。tʃaŋ²¹³⁻²⁴（或：tʃuo⁴²）
tuo²¹³,iɔ²¹⁻⁵⁴⁴ pu· lɔ· nie²¹ ɕie·。

35. 这块幽戏好倒是好，就是拙长啊！tʃə²¹ kʻuɛ²¹ ɕi²¹ xɔ⁵⁵ tɔ²¹
ʂɿ²¹ xɔ⁵⁵,tɕiou²¹ ʂɿ²¹ tʃuo⁴² tʃʻaŋ⁴²⁻⁵⁵ ɑ·！

36. 外边儿有人吆喝叫你，听见了吗？没听见。uei²¹ pār· iou⁵⁵⁻²¹³
zɛ̄⁴² iɔ²¹³⁻²¹ xuo· ni⁵⁵，tʻiŋ²¹³⁻²¹ tɕiā· liɑ· mɑ·? mu⁴²
tʻiŋ²¹³⁻²¹ tɕiā·。

37. 这营生活儿越干越使的慌。tʃə²¹ iŋ⁴²⁻⁵⁵ ʂəŋ· yo²¹ kā²¹ yo²¹
ʂɿ⁵⁵⁻²¹³ ti· xaŋ·。

38. 这屋里没住回儿人。tʃə²¹ u⁵⁵⁻²¹³ li· mu⁴² tʃu²¹ xueir⁴² ʂɛ̄⁴²。

39. 这（个）床睏睡俩人。tʃə²¹（kuo·）tʂʻuaŋ⁴² kʻuē²¹
liɑ⁵⁵⁻²¹³ ʂɛ̄¹²。

40. 这屋盛不上十个人。tʃə²¹ u⁵⁵ tʃʻəŋ⁴²⁻⁵⁵ pu· xaŋ· ʃ¹⁴²⁻⁵⁵ ɑ· zɛ̄⁴²。

四、语料记音

（一）儿歌

yo²¹ mar²¹³ mar·
月　嬷儿　嬷儿

yo²¹ mar²¹³ mar· pē⁵⁵⁻²⁴ ɕiŋ²¹ tʃaŋ²¹³
月　嬷儿　嬷儿，　本　姓　张　。

tɕʻi⁴²⁻⁵⁵ tʂuo· ly⁴²　kʻuɑ²¹⁻⁵⁴⁴ tʂuo· kʻuaŋ²¹³
骑　着　驴，　挎　　着　筐　。

ie⁵⁵⁻²¹³　lɛ· tθʻɛ²¹ ie· tθʻɛ⁵⁵ θaŋ²¹³
也　擷（摘）菜　，也　采　桑　。

tθʻɛ⁵⁵ nɑ²¹ θaŋ²¹³ lɛ⁴² uei²¹ pɔ⁵⁵⁻²¹³ pɔ·
采　那　桑　来　喂　宝　宝　。

uei$^{21-544}$　ti·　pɔ$^{55-213}$　pɔ·　da^{21}　p'aŋ$^{21-544}$　p'aŋ·

喂　的　宝　宝　大　胖　胖 。

tθu^{21}　na·　tɕiā$^{55-213}$　lɛ·　iou^{55}　fē$^{21-544}$　liaŋ·

做　那　茧　来　有　分　量 。

（二）谚语

1. tɕ'iŋ^{213}　tɕ'iŋ·　ʃɔ^{213}　ɕia$^{21-544}$　ʃaŋ·　tɕiɔ^{213}

清　晨　烧 ，　下　晌　浇 。

2. liou$^{21-544}$　yo·　li·　pei$^{55-213}$　fəŋ　taŋ$^{213-21}$　lə·　y^{55}

六　月　里　北　风　当　日　雨 。

3. k'a^{213}　la·　yē^{42}　ʂɛ$^{21-544}$　ʂa·　z̩ē^{42}

坷　垃　云 ，　晒　杀　人 。

4. pa$^{55-213}$　yo·　ʃ̩$^{42-55}$　u·　yē^{42}　tʃə$^{213-24}$　lə^{21}

八　月　十　五　云　遮　日 ，

tʃəŋ$^{213-21}$　ye·　ʃ̩$^{42-55}$　u·　ɕyo^{55}　ta^{55}　təŋ^{213}

正　月　十　五　雪　打　灯 。

5. θā$^{213-24}$　tɕ'iou^{213}　pu^{55}　lu^{42}　i$^{213-24}$　mei^{21}　maŋ^{42}

三　秋　不　如　一　麦　忙 ，

i$^{213-24}$　mei^{21}　pu^{55}　lu^{42}　θā$^{213-24}$　tɕ'iou^{213}　tʃ'aŋ^{42}

一　麦　不　如　三　秋　长 。

6. tʂuŋ^{21}　ti^{21}　pu^{55}　ʂ̩^{55}　fē^{21}　təŋ^{55}　y·　ɕia$^{55-213}$　xu·　xuē·

种　地　不　使　粪 ，　等　于　瞎　胡　混

7. tɕ'i$^{213-21}$　yo·　li·　xɛ$^{42-55}$　t'ou·　pa$^{55-213}$　yo·　li·　li^{42}

七　月　里　核　桃　八　月　月　里　梨 。

tɕiou$^{55-123}$　yo·　li·　ʂ̩$^{21-544}$　ts̩·　luā^{21}　kā$^{55-213}$　tɕi^{42}

九　月　里　柿　子　乱　赶　集 。

8. tʃ̩$^{55-213}$　pu·　tɕ'yŋ^{42}　xa$^{55-213}$　pu·　tɕ'yŋ^{42}

吃　不　穷 ，　喝　不　穷 。

θuā^{21}　tɕi^{21}　pu$^{55-24}$　tɔ^{21}　tθ'ɛ^{42}　ʃou^{21}　tɕ'yŋ^{42}

算　计　不　到　才　受　穷 。

9. fā^{21}　xou^{21}　pei^{55}　pu^{21}　tθou^{55}　xuɔ$^{42-55}$　tɔ·　tɕiou$^{55-213}$　ʃ̩·　tɕiou^{55}

饭　后　百　步　走 ，　活　到　九　十　九

临朐方言简记   · 211 ·

10. tʃ'ɿ⁵⁵⁻²⁴ fã²¹ ɕiã²¹³ xɑ⁵⁵ t'ɑŋ⁴²⁻⁵⁵   tɕ'iaŋ⁴²⁻⁵⁵   ti·
    吃   饭   先   喝   汤   ， 强   的胜过

    k'ε²¹³ yo²¹ faŋ²¹³
    开   药   方   。

（本文提要曾在全国汉语方言学会 2005 年第 13 届年会上宣
读）

临朐方言地图（一）

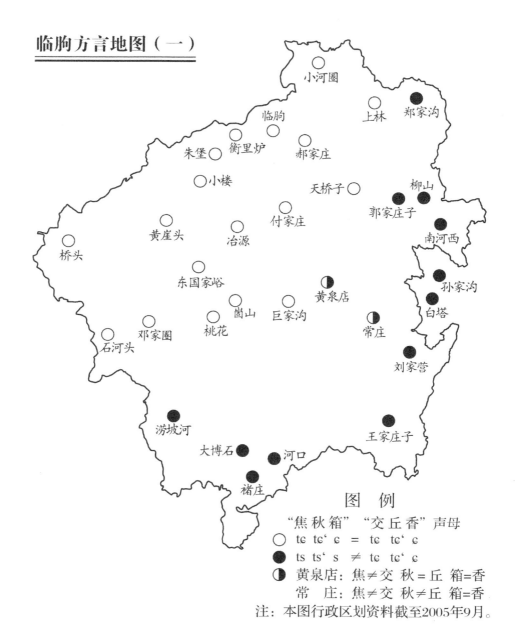

图　例

"焦秋箱" "交丘香"声母

○ tɕ tɕʻ ɕ ＝ tɕ tɕʻ ɕ

● ts tsʻ s ≠ tɕ tɕʻ ɕ

◑ 黄泉店：焦≠交 秋＝丘 箱=香
　　常　庄：焦≠交 秋≠丘 箱=香

注：本图行政区划资料截至2005年9月。

临朐方言地图（二）

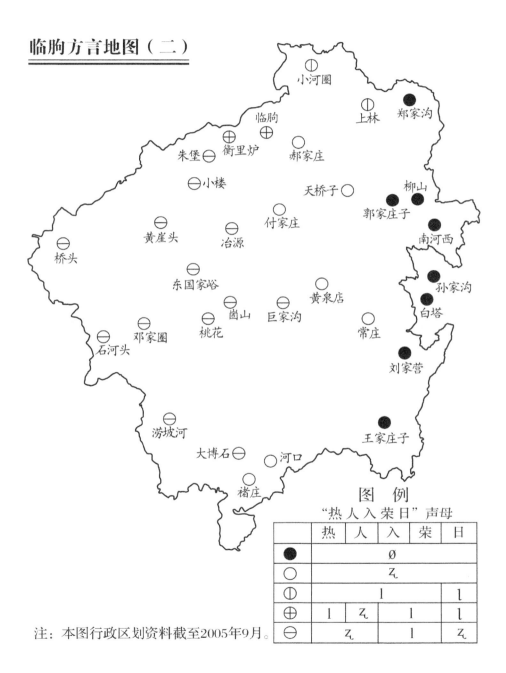

图　例

"热人入荣日"声母

	热	人	入	荣	日
●			∅		
○			ʐ		
⏀			l		l
⊕	l	ʐ	l		l
⊖		ʐ	l		ʐ

注：本图行政区划资料截至2005年9月。

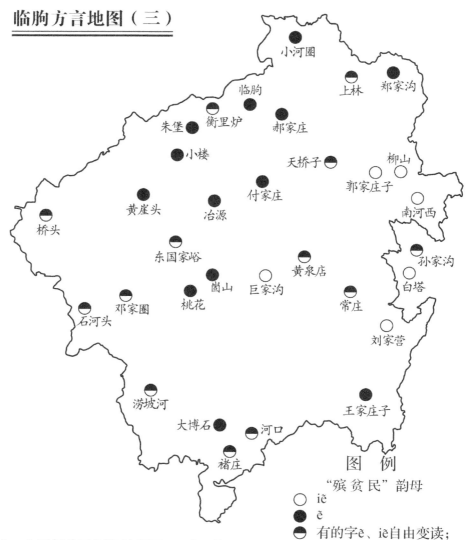

临朐方言地图（三）

注：本图行政区划资料截至2005年9月。
说明：白塔、刘家营、王家庄子、河口、大博石、褚庄、涝坡河，tθ tθ' θ
声母的字如"进 亲 新"等读ɛ̃韵母。

济南方言的句法特点

　　济南方言同大部分官话方言一样,在句法上,像句子的基本语序、句子的主要组织方式等方面,与普通话的差别并不大,但这并不意味着济南方言在句法上就没有自己的特点。实际上,细致观察济南方言中的句法现象,我们会发现其中有许多短语和句式,在结构、意义和用法上与普通话都有明显不同。本文仅就其中几种特点较为突出的句法现象作一些阐述。

一、表示特定语义的固定结构

　　1.“V／A 人”结构

　　这种结构普通话中也有,如:“吓人”、“馋人”等,但在济南方言中,能进入这个结构的动词 V 或形容词 A 的数量要更多一些,而且就使用频率来说,济南方言比普通话也要高得多。

　　(1)“V／A 人”结构的组成

　　从结构的角度看,“V／A 人”结构都是由“人”作宾语的动宾短语,但担当这一结构的谓词的成分并不只是动词。在语言应用中“V／A 人”结构常作为一个固定的语言单位来使用。

　　①“V(动词)＋人”,例如:

吓人　呛人　齁人　气人　恨人　怄人

②"A（形容词）＋人"，例如：

馋人　烦人　累人　急人　窝囊人　硌影人

（2）"V／A人"结构的语法意义

从意义的角度看，"V／A人"结构不同于一般的动宾结构，它是一种使动用法，具有其特定的语法意义，即：用来表示人的某种感受和心理状态，有"令人觉得怎么样"的意思。多是用来描述一种人们难以忍受或不愿忍受的感觉，常含有贬义色彩。比如"硌影人"，"硌影"在济南方言中有"恶心"的意思，"硌影人"就是令人觉得恶心。例如：你看他吐了一地，真硌影人。

（3）"V／A人"结构的语法功能

从功能上看，"V／A人"结构属于形容词性短语。其语法特点主要有：

①前面能受程度副词的修饰，表示程度的加深或语气的加重。例如：

楞吓人　真烦人　楞气人　楞急人

②在句中可作谓语。例如：

黑夜里，这屋子楞吓人。

这孩子真急人，都两岁啊还不会说话。

③在句子中可作补语。例如：

他们不停地闹，吵得烦人。

这条道儿黑得楞吓人。

这一现象在山东其他地区的方言中，尤其是东部的莱州、荣成等地也经常能够看到。例如荣成话：

做的那个事儿真扎刺人令人觉得恶心。

你儿郎真愿人使人羡慕，这么小就考上大学了。

从现在的调查资料看，在荣成方言中能进入这一结构的动词或形容词比济南话要多得多。常见的如：

把人_{因事物等缠身而叫人不痛快}　憋人　磨人　乏人　闹人

刺人　挤人　揪人　撑人　晒人　香人　稀罕人_{令人羡慕}

愚弄人_{让人觉得丢脸}　醒么人_{让人觉得无聊烦闷}

2. "V 不了的 V"结构

"V 不了的 V"是指像"喝不了的喝"、"穿不了的穿"等一类具有特定语法意义的固定结构。这种结构在济南方言口语中的使用频率是比较高的,能进入这一结构的动词 V 多是关于吃、穿、住、用等日常生活方面的词。

(1)"V 不了的 V"结构的语法意义

"V 不了的 V"结构主要用来表示数量多,意思是某些东西、事物非常多,V 也 V 不完,本身含有夸张的意味。例如:

他家里酒刚多来,喝不了的喝。

俺闺女铅笔有的是,使不了的使。

(2)"V 不了的 V"结构的语法功能

"V 不了的 V"结构的内部组合比较紧密,在句子中一般都是作为一个整体来使用的,而且通常是单独来充当某一句子成分,前边不再带其他修饰成分。具体用法有:

①在句子中常作谓语。例如:

咱家买的煤烧不了的烧。

她好看的衣服穿不了的穿。

②在句子中常作补语。例如:

她家粮食多的吃不了的吃。

他家的钱多的花不了的花。

"V 不了的 V"结构在山东其他地区,诸如龙口、牟平等地也经常使用。例如:

龙口　　屋子里乱得拾掇不了的拾掇。

　　　　亲戚多得走动不了的走动。

牟平　　钱多得花不了的花。

好东西多得用不了的用。

与此结构相似的，还有莱州的"V 不完的 V"，如"衣服多得穿不完的穿"，"粮食多得吃不完的吃"，"草多得烧不完的烧"，等等。

3. "V 不出好 V 来"结构

"V 不出好 V 来"是指像"喝不出好喝来"、"干不出好干来"等一类含有特定否定意味的固定结构。

（1）"V 不出好 V 来"结构的语法意义

从语法意义的角度来看，济南方言中由"V 不出好 V 来"结构组成的句子可分为三类：

①用于表示因能力、水平等比较差，导致 V 不好、不会 V 好的意思，暗含信不过或看不起的意味。在这里"V 不出好 V 来"所强调的是动作主体的能力、水平等，而事物本身性质上的"好"与"不好"则被淡化了。比如："（这么好的车叫他开，）开不出好开来"，就是说"他水平不行，好车他也开不好"，暗含他水平太差，会把好车给糟蹋了。这时由"V 不出好 V 来"结构所组成的句子都有明显的贬义色彩，有时甚至还含有轻蔑、厌恶的感情色彩。这种否定结构比一般否定形式的否定语气更强。例如：

好东西他也吃不出好吃来。

再好的衣裳叫他穿，他也穿不出好穿来。

这活儿叫他干，干不出好干来。

你这个弄法儿弄不出好弄来。

这么新的车让他开，开不出好开来。

他这个喝酒法儿喝不出好喝来。

②用于表示因行为、做法不妥，导致 V 不出好结果的意思，暗含批评或责备的意味。例如：

这么小就谈恋爱谈不出好谈来。

这爷爷疼孙子疼不出好疼来，忒宠着啊。

这俩皮孩子在一块儿玩儿，玩儿不出好玩儿来。

这些孩子在一块儿闹,闹不出好闹来。

③用于表示因受水平、经验、条件等的限制,而感觉不出好 V 的意思。这时的"V 不出好 V 来"是对"好 V"感觉的否定,强调的是动作主体对事物本身的性质的感知差异。不含贬义色彩。例如:

她又不会喝酒,好酒她也喝不出好喝来。

她刚学会开车还开不出好开来。

这辆车子真好骑,俺骑不出好骑来。

这支钢笔楞好使,俺使不出好使来。

都说这个游戏好玩儿,俺玩儿不出好玩儿来。

都说真丝衣服好穿,俺穿不出好穿来。

(2)"V 不出好 V 来"结构的语法功能

"V 不出好 V 来"结构,不管是表示哪种含义,其内部组合都比较紧,在句子中一般都是作为一个整体来担当谓语成分(或主谓谓语句的小谓语),结构中间不能插进其他词语,但前面通常都会有一定的副词或介词短语加以限制。例如:

第一种含义:　好酒他们也喝不出好喝来,净瞎胡闹。

　　　　　　好衣裳他也穿不出好穿来,一会儿就作登脏了。

第二种含义:　他们在一块儿闹不出好闹来。

　　　　　　这些孩子在一块儿玩儿不出好玩儿来。

第三种含义:　这酒楞好喝,你咋就喝不出好喝来呢?

　　　　　　你说这车子楞好骑,俺一点儿也骑不出好骑来。

在山东其他地区的方言中,也有与济南话"V 不出好 V 来"形式、意义相近的结构,其中以流行于山东东部龙口、莱州、平度、沂水等地的"V 不出个好 V(儿)来"结构最为典型。例如:

莱州　他这样不听话,弄不出个好弄来。

　　　他能开拖拉机? 开不出个好开来。

龙口　他弄不出个好弄儿来。

　　　　他耍不出个好耍儿来。

平度　好酒他也喝不出个好喝来。

　　　　他干营生管价从来干不出个好干来。

沂水　有好衣裳也叫他穿不出个好穿来。

　　　　这个事儿叫他弄不出个好弄来。

　　牟平方言中,结构形式稍有变化,即常把"来"提前说成"V 不出来个好 V 儿",其他意义和用法都与"V 不出个好 V(儿)来"相同。例如:

有好东西也吃不出来个好吃儿。

弄不出来个好弄儿。

　　另需注意的是,山东东部方言的这种结构,除在形式上与济南方言的"V 不出好 V 来"稍有差别外,它还有一个与其有互补分布的近义表达形式,即"还能 V 出个好 V(儿)来"/"还能 V 出来个好 V 儿"。在语用上,前一结构用于陈述句,后一结构用于疑问句,表示反问语气,其否定意味重于前一结构。而济南方言中没有与此相当的表达形式。例如:

平度　他们在一块儿闹不出个好闹来。

　　　　他们在一块儿还能闹出个好闹来?

牟平　他吃不出来个好吃儿。

　　　　他还能吃出来个好吃儿?

二、中补结构

　　济南方言的中补结构,在组成成分、结构形式等方面与普通话都有明显不同。尤其是在可能补语、程度补语等类型上,这些不同表现得更为突出。

　　1. 可能补语

　　济南方言可能补语的表示方法与普通话差别较大,这主要表现在以下三个方面：

（1）普通话的可能补语"V 得"（如"吃得"）式及否定式"V 不得"（如"吃不得"）、疑问式"V 得 V 不得"（如"吃得吃不得"），在济南方言中大多不用"得"，而是用在动词前加助动词"能"的形式来表示，即说成"能 V"、"不能 V"和"能不能 V"。列表比较如下：

表 1

肯定式		否定式		疑问式	
普通话	济南话	普通话	济南话	普通话	济南话
吃得	能吃	吃不得	不能吃	吃得吃不得	能不能吃
看得	能看	看不得	不能看	看得看不得	能不能看
晒得	能晒	晒不得	不能晒	晒得晒不得	能不能晒
去得	能去	去不得	不能去	去得去不得	能不能去
说得	能说	说不得	不能说	说得说不得	能不能说

（2）普通话的可能补语"V 得 C"（如"吃得饱"）式及否定式"V 不 C"（如"吃不饱"）、疑问式"V 得 CV 不 C"或"V 得 C 吗"（如"吃得饱吃不饱"或"吃得饱吗"），在济南方言中除否定式与它的说法相同外，肯定式、疑问式都有多种说法与它相对应。

①肯定式　济南方言中与普通话可能补语肯定式"V 得 C"式相对应的格式主要有四种：

第一种："V 的 C"式　"的"读 ti˙，用法和意义与普通话的"V 得 C"式相同，例如：

这个包袱我背的动。　　　你甭担心，这些书我搬的了。

这一大篮子菜我拿的动。　这么高的树你上的去吗？

第二种："能 VC"式　本式在四种格式中使用频率最高，例如：

这一大篮子菜我能拿动唠。

这么大一个箱子，你能搬唠吗？

这个字我能看清唠。

我能吃唠这碗饭,不会剩下。

第三种:"VC 唠"式　　这也是一种常见的表示方式,例如:

这些水我挑动唠。　　　　这个大箱子我搬动唠。

这一大篮子菜我拿了唠。　这碗饭我吃了唠。

如果"VC 唠"说成"VC 啊",则不再表示可能,而是表示结果。比较如下:

VC 唠　　这些衣服我一个人就洗干净唠。

　　　　这些活儿他一天就干完唠。

VC 啊　　这些衣服我一个人就洗干净啊。

　　　　这些活儿他一天就干完啊。

第四种:"V 唠"式　　"V 唠"式是"VC 唠"式中的"V 了(lio^{55})唠"(如"拿了唠")意义的一种省略说法,是省去补语"了"而得来的。意思相当于普通话的"V 得了"。举例如下:

V 了唠　　　　　　　　　　　　　V 唠

这一大篮子菜我拿了唠。　　　这一大篮子菜我拿唠。

这些东西一个人就搬了唠。　　这些东西一个人就搬唠。

以上四种格式列表比较如下:

表 2

普通话	V 的 C			
	V 的 C	能 VC	VC 唠	V 唠
济南话	听的清	能听清	听清唠	——
	买的起	能买起	买起唠	——
	上的去	能上去	上去唠	——
	拿的了	能拿唠	拿了唠	拿唠
	搬的了	能搬唠	搬了唠	搬唠

济南方言的句法特点　　• 223 •

②疑问式　济南方言中与普通话"V 得 C"式的疑问式"V 得 CV 不 C"或"V 得 C 吗"意思相当的提问方式也有多种形式,而且在习惯上提问方式不同,回答方式也会相应的有所变化。大致对应关系列表举例如下:

表 3

	肯定式		疑问式		
普通话	V 得 C	拿得动　拿得了	V 得 CV 不 C	拿得动拿不动	拿得了拿不了
			V 得 C 吗	拿得动吗	拿得了吗
济南话	V 的 C	拿的动　拿的了	V 的 CV 不 C	拿的动拿不动	拿的了拿不了
	能 VC	能拿动　能拿唠	能 VC 吗	能拿动吗	能拿了吗
	VC 唠	拿动唠　拿了唠	VC 唠吧	拿动唠吧	拿了唠吧
			VCV 不 C	拿动拿不动	拿了拿不了
	V 唠	拿唠　搬唠	VCV 不 C	拿了拿不了	搬了搬不了

当然,也不全部对应。除"V 的 C"和"V 的 CV 不 C"一组较为固定外,其他三组常常可以互用,尤其是"能 VC"、"VC 唠"和"能 VC 吗"、"VC 唠吧"。

2. 程度补语

济南方言表示程度补语有多种特殊组合形式,常见的有以下两种:

(1)"A ＋ 着货来"式

在形容词后面加上"着货来"表示程度加强。例如:

这东西他家里多着货来!　　这车子走起来快着货来!

这孩子难调教着货来!　　这件衣裳好着货来!

(2)"V ＋ 的伤/慌"式

在动词后面加上"的伤"或"的慌"表示不快的心理状态或感觉的程度深。例如：

冻的伤　　　热的伤　　　痒的伤　　　心疼的伤
气的慌　　　闷的慌　　　憋的慌　　　使累的慌

三、比较句

分析济南方言比较句内部结构的特点时可以看到，济南方言的比较句除具有普通话比较句相同的"比"字句外，还有几种在组成成分、结构方式上都不同于普通话的特殊表达形式。归结起来，它们主要可分为以下几种类型：

	肯定式	否定式	疑问式
A	他学习比我强。	他学习不比我强。	他学习比你强啊吧？
B	他伴我高。	他不伴我高。	他伴你高啊吧？
C	他跟我一般高。	他不跟/赶不上我高。	你跟他哪个高呢？
D	他学习强起我。	他学习不强起我。	他学习强起你啊吧？

但是，这种分类并没有反映出比较双方程度值间的对应关系。从语义角度来看，比较句实际表现的是两种不同事物在某一点上（包括性质、状态、行为、态度、数量等）的不同程度值的比较。比较双方程度值间的关系不同，所用的比较格式也便会有不同。所以，按照语义特点来给比较句分类，也许更能理清济南方言多种不同结构形式的比较句格式间的内在联系。

按照语义特点，济南方言的比较句可分为差值比较句、等值或近值比较句、渐进比较句。

1. 差值比较句

差值比较是程度值不相等的两个事物之间的比较。比如："他比我高。""他"和"我"在"高"的程度上是不同的。从语用的角度来看，济南方言表示差值比较的格式又可以分为一般式比较和强调式比较两类。

（1）一般式比较

济南方言表示一般式比较语气的比较句，其肯定式、否定式和疑问式都有多种格式。分别阐述如下：

①肯定式

表4 济南方言与普通话肯定式比较句对照表

普通话	N_1 比 N_2 ＋ VP 我学习比他好 他比你高	
济南话	N_1 比/伴 N_2 ＋ VP 我学习比/伴他好 他比/伴你高	N_1 ＋ VP 起 N_2 我学习好起他 他高起你

济南方言的第一种格式"N_1 比/伴 N_2 ＋ VP"，与普通话的"N_1 比 N_2 ＋ VP"式相比，除了比较句的标记语"比"有时还可以说成"伴"外，两格式实际没有什么区别。比如，普通话的"我学习比他好"，在济南方言中既可以说成"我学习比他好"，也可以说"我学习伴他好"。

济南方言与普通话差别比较的大是第二种格式"N_1 ＋ VP 起 N_2"式。这种差别主要表现在三个方面：一是语序不同。普通话的比较句"N_1 比 N_2 ＋ VP"，是把介词"比"放在比较体 N_1 和 N_2 之间，把比较值 VP 置于句子的后段，放在 N_2 的后面；而济南方言的"N_1 ＋ VP 起 N_2"，则是把 VP 放在句子的中段，置于 N_1 和介词"起"之间，介词"起"则放在 VP 和 N_2 之间。二是功能不同。普通话和济南方言中都有一个由介词和 N_2 构成的介词短语，但普通话中的介词短语是在谓词性成分 VP 之前作状语，而济南方言的介词短语则是在 VP 之后作补语。三是引进比较对象 N_2 的介词不同。普通话是用介词"比"引进 N_2，而济南方言的这种比较句式，则用读轻声的介词"起"。用"起"作比较句标记语的现象，在山东近 2/3 的地区的方言中都存在，但以山东东部、中部广大地区的使用为主，尤其是在东部地区，诸如荣成、文登、威海、乳山、牟平、烟台、海阳、栖霞、蓬莱、长岛、龙口、莱州、招远、即墨、青岛、平度等地，其使用频率都比较高。这种格式在济南多见于中老年人口语中，年轻人较少使用。

②否定式

表 5　济南方言与普通话否定式比较句对照表

普通话	N_1 不如 N_2 ＋ VP 我学习不如他好　他不如你高	
济南话	N_1 赶不上 N_2 ＋ VP 我学习赶不上他好 他赶不上你高	N_1 不跟 N_2 ＋VP 我学习不跟他好 他不跟你高

从结构上来说，济南方言差值比较句的这两种否定式与普通话"N_1 不如 N_2 ＋ VP"式的区别主要是用了不同的否定比较标记语：普通话用"不如"，济南方言则或用"赶不上"，或用"不跟"。从意义上说，它们都与普通话的"N_1 不如 N_2 ＋ VP"式意义相当。在济南话里，两种否定比较句格式"N_1 赶不上 N_2 ＋VP"、"N_1 不跟 N_2 ＋VP"和两种肯定比较句格式"N_1 比/伴 N_2 ＋ VP"、"N_1 ＋ VP 起 N_2"，是一组肯定和否定相对应的句式。

从这两种否定形式在整个山东方言的分布情况看，以"不跟"作否定式标记语的用法多见于西区，而用"赶不上"的多见于东区，但两格式并不形成互补分布。虽说东部地区较少使用"不跟"，但"赶不上"的说法在西部也是经常可以看到的，尤其在山东中部，东、西区方言相邻的地带，两种形式常常同时使用。

③疑问式

济南方言的句法特点   • 227 •

表 6   济南方言与普通话疑问式比较句对照表

普通话	N_1 比 N_2 + VP 吗 他学习比你好吗 他比你高吗		
济南话	N_1 比 N_2 + VP 啊吧 他 学 习 比 你 强 啊吧 他比你高啊吧	N_1 赶上 N_2 + VP 啊吧 他 学 习 赶 上 你 学 习 好 啊 吧 他赶上你高啊吧	N_1 + VP 起 N_2 啊吧 他学习强起你啊吧 他高起你啊吧

在现在的济南方言口语中,表示疑问语气多采用第一和第二种表示方法,第三种形式较少使用。

在作肯定回答时,第一、二种多使用相同的"N_1 比/伴 N_2 + VP"形式,而第三种习惯上总是采用"N_1 + VP 起 N_2"(年轻人仍用"N_1 比/伴 N_2 + VP")形式。即,如果问:"他比你高啊吧?"或"他个子赶上你高啊吧?"人们一般都会回答说:"他比/伴我高。"如果问:"他高起我啊吧?"通常年纪稍大一些的人会说:"他高起我。"而年轻人则仍说:"他比/伴我高。"而三种疑问格式的绝对否定式都可用"N_1 不跟 N_2 + VP"式或"N_1 赶不上 N_2 + VP"式,即都可以说:"他不跟我高。"或"他赶不上我高。"

(2)强调式比较

差值比较句的强调式比较,有加深事物间差异程度的作用。在济南方言中具有方言特点的强调式比较格式是:"N_1 比 N_2 + A 的 A"式,其意义相当于普通话的"N_1 比 N_2 + A 得多"(如:我比他高得多)。它是在一般比较句中的表示程度的形容词 A 后面再加上"的 A"构成的,A 通常只能是单音节形容词。例如:

他比你高的高。   他的比你的少的少。

这种格式在山东其他地区诸如寿光、青岛、泰安、德州等地的方言中也有使用。在济南方言中,它的使用频率比较低。但山东有的地方使用得比较广泛，而且可以类推到双音节形容词，比如寿光话就有"这个屋比那个屋干净得干净"、"你比他聪明得聪明"、"老李比老王糊涂得糊涂"等说法。

2. 等值或近值比较句

程度值相等或相近的两个或几个事物之间的比较，在济南方言中，富有特色的表示格式主要有以下几种：

（1）等值比较式

济南方言中，常用的等值比较格式是"N_1 和/跟 N_2 一般 VP"式。这种格式与普通话的"N_1 和/跟 N_2 一样 VP"式相比，意义和结构都相同，只是常用的表示等值的词语有区别。另外，VP 只能是形容词。例如：

他跟你一般高。　　　　　　　我年龄和他一般大。

（2）近值比较式

济南方言中常用的近值比较格式主要有两种：

①"N_1 不 VP 起 N_2"式 ，例如：

他学习不强起你。　　　　　　他不高起你。

他考得不差起你。　　　　　　他不年轻起我。

这种格式在山东使用非常广，尤其以东部使用频率为最高。

②"N_1 不伴 N_2 ＋ VP"式 ，例如：

他不伴我高。　　　　　　　　我不伴他会下棋。

这种格式主要通行于包括济南在内的山东中部一带地区。

从形式上看，"他不高起你"和"他不伴你高"两个句子，似乎分别是"他高起你"和"他伴你高"两个句子的否定形式，但从意义上看，它们之间实际并不存在否定和肯定的完全对应关系。因为"他不高起你"、"他不伴你高"虽然否定了"他高起你"、"他伴你高"，但这并不意味着就肯定了"你高起他"、"你伴他高"；"他不高起你"和"他不伴你高"还含有"他和你差不多高"的意思。实际上，从语境角度看，说"他不高起你"、"他不伴你高"这些话的前提就是比较项

济南方言的句法特点   • 229 •

（"他"和"你"）的程度值在客观上存在着相近性。所以,济南方言中的"N_1 不 VP 起 N_2"和"N_1 不伴 N_2 ＋ VP"两式,实际都是一种用否定形式来表示近值关系的近值比较句式,而非差值比较句式。

3. 渐进比较句

渐进比较句是指比较项的程度值逐渐加深的比较句。济南方言中常用的格式是:"一 ＋ 量词 ＋ VP 起 ＋ 一 ＋ 量词"。例如:

日子一年强起一年。　　　　一天热起一天。

他家的孩子一个强起一个。

这一格式在山东使用地区非常广。一般说来,比较的格式在山东方言不同地区存在不同程度的差异,但这种渐进比较句在山东各地的使用,在格式上却有着很强的一致性（各地相当于"起"的音节的形式不同）。例如:

荣成　一天好看起一天。　　一步难走起一步。

牟平　他弟兄家一个儿高起一个儿。

　　　这往后一天好过起一天。

烟台　一天强起一天。　　　一天热起一天。

寿光　这天一天长的一天。　　一天冷的一天。

利津　俺这日子一年强的一年了。

　　　孩子一天懂事的一天了。

沂水　天是一天热起一天的了。

新泰　日子一年好起一年。

聊城　一个好似一个。　　　一个强起一个。

德州　日子一天好起一天。

金乡　生活一天好似一天。

四、反复问句

反复问句,又叫"正反问句",从意义上说也是一种选择问句,它要求在 X 和非 X 中选择一项作为回答。普通话反复问句常用肯定和否定并列的形式，即："VP ＋ 否定词 ＋ VP"（如"学习不学习"）式。与之相比，济南方言的反复问句形式要复杂一些。

1. "VP ＋ 语气词 ＋ 不"式与"VP 了 ＋（语气词）＋ 没"式

"VP ＋ 语气词 ＋ 不"式表示未然义，"VP 了 ＋（语气词）＋ 没"式表示已然义。这一组格式的否定项部分与普通话不同，即都省略了否定副词后的中心语 VP，构成肯定项 VP 与否定项中否定副词"不"或"没"的并列，同时在"VP"和否定副词"不"、"没"之间嵌入语气词。

济南方言"VP ＋ 语气词 ＋ 不"式和"VP 了 ＋（语气词）＋ 没"式中的否定副词读音都不同于普通话，"不"通常读为 pa˙，一般写作"吧"；"没"通常读为 ma˙，一般写作"吗"，"VP"和否定副词"不"、"没"之间嵌入的语气词通常读作 a˙，一般写作"啊"，其读音听起来往往都较为含混。另外，在形式上，表已然格式的 VP 后面，也常比表未然的格式多跟一个表示完成体的助词"了"（读 lo˙，写作"唠"）。这时，如果说快了，语气词"啊"可以省略。例如：

未然	已然
VP ＋ 啊 ＋ 吧	VP 唠 ＋（啊）＋ 吗
你抽烟啊吧？	你抽烟唠（啊）吗？
你去啊吧？	你去唠（啊）吗？
你有啊吧？	你有唠（啊）吗？
你学习啊吧？	你学习唠（啊）吗？
你记的那个人啊吧？	你记的那个人唠（啊）吗？

除济南外，这一组格式在山东方言中还通行于鲁中、鲁北、鲁西北的临朐、寿光、利津、无棣、德州、临清、章丘、博山、泰安等地。所不同的是，各地否定副词和语气词的读音形式都有差别（德州语气词为零形式，以 VP 末音节韵母读音拖长来表示）。例如：

济南方言的句法特点　　• 231 •

	未然	已然
	VP ＋ 语气词 ＋ 不	VP 了 ＋（语气词）＋ 没
寿光	这个人老实呃啵？	道上碰上二叔来呃么？
	你买这本书呃啵？	你买了那本书了呃么？
淄川	看电影啊不？	听见了啊没？
	去啊不？	去来没？
无棣	记得啊吧？	都来了啊吧？
	去啊吧？	写完了啊吧？
德州	来〇吧？	看见了没？
	想〇吧？	毕业了没？

2. "VP 啊 ＋ 还是 ＋ 不 VP"式与"VP 了啊 ＋ 还是 ＋ 没 VP"式

"VP 啊 ＋ 还是 ＋ 不 VP"式表示未然义，"VP 了啊 ＋ 还是 ＋ 没 VP"式表示已然义。这类反复问句中"还是"连接的前后两个选择项在意义上是对立关系，即：或 X 或非 X。另外，表已然格式的 VP 后面，也比表未然的格式多加一个表示完成体的助词"了"（读 lɔ˙，写作"唠"）。举例如下：

未然	已然
VP 啊 ＋ 还是 ＋ 不 VP	VP 唠啊 ＋ 还是 ＋ 没 VP
你去啊还是不去？	你去唠啊还是没去？
你吃饭啊还是不吃饭？	你吃饭唠啊还是没吃饭？
你学习啊还是不学习？	你学习唠啊还是没学习？
你抽烟啊还是不抽烟？	你抽烟唠啊还是没抽烟？

3. "VP ＋ 不 VP"式与"VP ＋ 没 VP"式

"VP ＋ 不 VP"式表示已然义，"VP ＋ 没 VP"式表示未然义。如果提问部分是由单音节 V（动词或形容词）构成的肯定形式和否定形式的并列，这一组格式跟普通话说法相同。例如：

未然	已然
VP ＋ 不 VP	VP ＋ 没 VP
你去不去？	你去没去？
我脸红不红？	我脸红没红？
你想不想孩子？	你想没想孩子？

　　但是，如果提问部分是由非单音节谓词或是短语构成的肯定形式和否定形式的并列，济南方言与普通话在说法上就会有一些差别。普通话是用整个非单音节谓词或短语的肯定形式与其否定形式构成并列，说成"VP ＋ 不/没 VP"（如"学习不/没学习"等）；而济南话则既可以用如"学习不/没学习"、"记的不/没记的"、"愿意不愿意"的形式，也可以用"学不/没学习"、"记不/没记的"、"愿不愿意"的形式。这种区别具体可分为两种情况：

　　（1）拆出非单音节谓词或谓词性短语中动词或形容词的第一个音节作为肯定形式，与整个的词或短语的否定形式构成并列，即说成"V ＋ 不/没 VP"。例如：

未然	已然
V ＋ 不 VP	V ＋ 没 VP
他反不反对？	他反没反对？
你鞠不鞠躬？	你鞠没鞠躬？
你喜不喜欢他？	你喜没喜欢他？
饭热不热乎？	饭热没热乎？
他提不提拔你？	他提没提拔你？

　　（2）如果谓词性短语中动词的前面有助动词，则只拆除助动词的第一个音节作为肯定形式与整个助动词的否定形式构成并列，这种形式只能表示未然的语法意义。即说成"助动词 ＋ 不 ＋ 助动词 ＋ VP"。例如：

该不该拿	该不该答应
愿不愿（意）去	愿不愿（意）学习

可不可以走   可不可以上学
应不应该来   应不应该出去
值不值得做   值不值得生气

这两种情况,在山东其他地区诸如烟台、蓬莱、海阳、莱州、平度、青岛、胶南、诸城、沂水、利津、枣庄等地的方言中也普遍存在。

4. 反复问格式中所带宾语的位置

反复问句中如果有宾语,宾语的位置由句式决定。具体又分为三种情况:

(1)在"VP + 语气词 + 不/没"类格式中,宾语出现在VP中的动词后面。例如:

未然	已然
VO + 语气词 + 不	VO 唠 +(语气词)+ 没
你抽烟啊吧?	你抽烟唠(啊)吗?
你吃饭啊吧?	你吃饭唠(啊)吗?

(2)在"VP 啊 + 还是 + 不 VP"类格式中,宾语对称出现在前后两个VP中的动词后面。例如:

未然	已然
VO 啊 + 还是 + 不 VO	VO 唠啊 + 还是 + 没 VO
你抽烟啊还是不抽烟?	你抽烟唠(啊)还是没抽烟?
你吃饭啊还是不吃饭?	你吃饭唠(啊)还是没吃饭?

(3)在"VP + 不 VP"类格式中,情况较为复杂:如果是一般的"VP + 不/没 VP"格式,宾语或分别出现在前后两个VP中动词后面,或合并出现在由前后两个VP中动词并列组成的"V 不/没 V"结构后面;如果是特殊情况的"V + 不/没 VP"和"助动词 + 不 + 助动词 + VP"两种格式,宾语一律出现在最后的VP中的动词后面。例如:

未然	已然
VO + 不 VO	VO + 没 VO

你抽烟不抽烟？ 　　你抽烟没抽烟？

V 不 V ＋ O 　　V 没 V ＋ O

你答不答应他？ 　　你答应没答应他？

V ＋ 不 VO 　　V ＋ 没 VO

你喜不喜欢他？ 　　你喜欢没喜欢他？

助动词 ＋不＋ 助动词 ＋ VO

你愿不愿意学外语？

我该不该答应他？

参考文献

①钱曾怡:《济南方言词典》,江苏教育出版社 1997 年版。

②钱曾怡:《济南话音档》,上海教育出版社 1998 年版。

③钱曾怡:《山东方言研究》,齐鲁书社 2001 年版。

④山东省地方史志编纂委员会:《山东省志·方言志》,山东人民出版社 1993 年版。

⑤高文达:《山东省志丛刊·济南方言志》,山东省地方史志办公室 1992 年版。

（合作人:岳立静,原载《济南文史论丛》,济南出版社 2003 年版）

长乐话音系

　　长乐镇位于浙江嵊州市西部。按《中国语言地图集》的分区，长乐话应属吴方言太湖片临绍小片。笔者自幼在长乐镇长大，直至考上大学才离开。因长期在北方工作，从而保留了比较纯正的老派长乐口音。老派长乐话跟新派长乐话在语音方面有一些不同。下面说两项成系统的区别：一，老派分尖团，新派不分尖团，例子见本文贰"长乐话语音特点"；二，新派流摄知、章、见三组在今细音韵母前都读舌面音，完全相混，老派流摄知、章两组读舌尖音，与见组在今细音韵母前的读音不同。例如：

表 1　　新老派流摄知章见声母分混的字音比较表

	肘知	帚章	酒精	九见	抽彻	秋清	丘溪
老派	ᶜtsøy			ᶜtɕiøy		ᶜtsʻøy	ᶜtɕʻiøy
新派	ᶜtɕiøy					ᶜtɕʻiøy	

	绸澄	酬禅	球群	寿禅	袖邪
老派	ᶜdzøy		ᶜdʑiøy	zøy²	
新派	ᶜdʑiøy			ʑiøy²	

本文的长乐话声韵调记于 47 年前，是丁声树先生定的音。长乐话"我、你、他"的"你"口语音是ᶜŋ，当初不知道应是什么字，和李荣先生谈及，李先生说就是"尔"字，才恍然大悟。因为工作需要，笔者主要以北方汉语方言为研究对象，对自己的母语却一直没有机会进行深入、系统的研究。承《方言》编辑部盛情相邀，谨作此文，作为对丁先生、李先生的追思与纪念。

全文共分三部分。第一部分描写长乐话的音韵调。第二部分主要以长乐话的古今语音对应关系为出发点，介绍长乐话一些比较重要的语音特点。第三部分是长乐话同音字表。

壹　长乐话声韵调

一、声母 30 个（包括零声母）

p 帮比布	p' 滂批普	b 並皮部	m 明母忙	f 非敷方	v 奉微房
t 端都当	t' 透拖汤	d 定涂唐	n 南挪奴		l 来理路
ts 精做租	ts' 清千粗	dz 从曹祥		s 心三苏	z 邪齐石
tɕ 见鸡军	tɕ' 溪区曲	dʑ 群衢及	ȵ 泥娘女	ɕ 晓希虚	ʑ 寿又食又
k 高过古	k' 开窠裤	g 共衔狂	ŋ 咬我岸		
ʔ 影乌迂				h 货呼欢	ɦ 匣河黄
∅ 云以雨怡无胡儿文					

说明：

①ʑ声母只见于"寿"、"食"等字的又读。ʑ、z 两读，ʑ 后面的韵母是齐齿呼，z 后面的是开口呼。

②少数来自古次浊声母如明、泥、来等母的字，实际发音是 ʔm、ʔȵ、ʔl，以轻微的喉塞音开头。声调也变成阴调，不读阳调。这些字不多，常用字见下文"声调特点"。

③n 和 ȵ 基本是互补关系：n 拼开口呼、合口呼，ȵ 拼齐齿呼、撮口呼，但是"你"字读ᶜʔȵi。本文不合并这两个声母。

④零声母字中，开口呼限于止摄开口日母字文读"儿"、"耳"等字；齐齿呼、撮

口呼的开头实际音值是 j、ɥ,发音时摩擦比较明显;合口呼的开头是 w 和 ɦ 的混合音。

二、韵母 54 个(包括两个自成音节的鼻辅音韵母)

ər 儿文耳文二文

ɿ 资知支书如	i 齐皮二白微吕	u 姑驴初夫雏	y 女居遇龟白
a 泰蟹排街矮	ia 笡斜惹白也白	ua 怪快坏	
ɛ 海队脆瑞类	iɛ 皆文且文也文	uɛ 灰贿规葵威	
ɒ 豪刀闹咬烧	iɑ 效孝苗妖乛		
ɔ 麻茶沙牙蛇	ɔi 霞亚	uɔ 瓜跨花华蛙	
o 歌我拖波窠			
øy 沟厚谋流寿	iøy 藕后囚九牛		
æ 谈尴山晏反	iæ 盐甜仙言烟	uæ 鳏顽还弯万	
œ 覃南沾团闩	iœ 元劝犬县渊	uœ 官罐欢换碗	
ən 深痕分曾贞	in 侵殷冰清名	uən 坤棍昏温文	yn 军匀裙熏云
ɑŋ 宕忙方江双	iɑŋ 降文讲文	uɑŋ 光荒狂矿王	
aŋ 张昌猛白庚白	iaŋ 阳娘枪香羊	uaŋ 横	
oŋ 东风中锺龙	ioŋ 荣穷绒嗅用		
m̩ 亩白姆白无白			
ŋ̍ 鱼白五白			
	iʔ 叶帖缉薛昔	uʔ 窟	yʔ 月越缺血橘
aʔ 着酌弱麦册	iaʔ 药略鹊脚虐	uaʔ 括刮划	
æʔ 答甲乏杀发		uæʔ 挖滑	
əʔ 合湿末质德	iəʔ 食又十又	uəʔ 阔活骨核果~	
ɔʔ 乐各恶学白	iɔʔ 乐音~学文		
oʔ 博桌屋粥烛	ioʔ 肉育曲旭欲		

说明：

① 自成音节的 m̩ 和 ŋ̍ 限于口语音。

② ər、iɛ、iɑŋ 三韵只用于读书音。

③ iaʔ 只见于"食、十"等字的又读音。uʔ 只有"窟"一个字。

④ a、ia、ua 的 a 舌位居中，实际音值是 A。

⑤ ɒ、ɔ、o 的实际舌位都稍高。

⑥ øy、yøy 的 øy 动程很小，韵尾不到 y，实际音值是 Y，快读时是单元音。

⑦ iæ 的 æ 舌位较高，实际音值是 E。

⑧ aŋ、iaŋ、uaŋ 和 ɑŋ、iɑŋ、uɑŋ 的 a 和 ɑ 是鼻化元音，实际音值是 ã 和 ɑ̃。

⑨ 鼻韵尾 n 的部位比 n 靠后，实际音值是舌面中的 ɲ。

三、单字音声调 8 个

阴平 413	诗衣乌迂	阳平 213	时移无余
阴上 53	史椅府鬼	阳上 22	是以武雨
阴去 44	试意付贵	阳去 35	事异务柜
阴入 5	识一弗菊	阳入 2	实翼勿局

说明：阳上 22、阴去 44，收尾时略有上升，实际音值为 22^3、44^5。

贰　长乐话语音特点

一、声母特点

（一）古全浊声母今均读带音声母。中古 11 个全浊声母的今读音见下表。

表 2　　　　　　　　　　　**古全浊声母的今读音**

古声母	并	奉	定	从		邪		崇	
例字	婆	父	驮	情	坐	寻	徐	助	柴
今读音	₌bo	ᶜvu	₌do	₌dziŋ	ᶜzo	₌ziŋ	₌dzi	dzuᶜ	₌za

长乐话音系   **· 239 ·**

续表

古声母	澄	船		禅		群		匣	
例　字	池	神	蛇	树	成	共	琴	鞋	胡
今读音	$_\subset$dzᵢ^5	$_\subset$nɛʔ^5	$_\subset$dzɔ^5	zᵢ^2	$_\subset$dzɛn^5	gouʔ^2	$_\subset$dziŋ	$_\subset$ŋa^5	$_\subset$u^5

说明：

①"从、邪、崇、船、禅"五母分化为塞擦音 dz 和擦音 z。"从、崇"两母多数字读 dz，少数字读 z；"邪、船、禅"三母多数字读 z，少数字读 dz。其中"船"母读 dz 的只有"蛇舌"二字。

②"群"母按今韵母洪细分化为 g 和 dz，例字见上表。

（二）8 个次浊声母中，"明"、"泥"、"来"、"云"、"以"都是规则性的演变关系，不用讨论。"微、日、疑"三母有文白异读，下面分别讨论。

①微母字的白读音是 m，例如"微笑~~尾~巴晚~上万麻将牌名曼蔓袜蚊~虫问望忘网无"等。

文读音除单韵母"无武舞务"等字读 u 以外，其余是 v，例如"微~小尾结~晚万问望忘"等，其中，"晚"也可读 $_\subset$uæ，"问"也可读 uən²，"望"也可读 uɑŋ²。

微母 m-、v-、u- 三种读音反映的是微母历时演变的三个时间层次。

②疑母开口一等除流摄"藕偶"读 n 以外，其余一概读 ŋ，二等多数读 ŋ，少数读 ø，如"雅衙崖乐音~"等，开口三四等基本上读 n。

合口字一般读合口呼的零声母，白读有少数字读 ŋ，如"五午~牌：中午鱼外"，只有个别字读 n，如"月~亮"。

③日母有三个白读音，两个文读音。具体情况为：

n（白读 1），如"惹饶绕壬任姓热软又人忍认壤攘让绒肉儿新耳新二"；

n（白读 2），如"软日~子"；

ŋ（白读 3），限于止摄字，如"儿旧耳旧尔旧"；

z（文读 1），如"惹饶任责~人忍认壤攘让肉日~本"；

ø（文读 2）止摄字如"儿耳尔二"。

三个白读音是本方言的读音，两个文读音来自官话方言。

（三）老派分尖团，新派不分尖团。见下表的比较：

表 3　　　　　　　　　新老派尖团分混比较表

	精精	经见	清清	轻溪	情从	擎群	星心	兴晓	寻邪	行匣
老派	₌tsin	₌tɕin	₌tsʻin	₌tɕʻin	₌dzin	₌dʒin	₌sin	₌ɕin	₌zin	₌in
新派	₌tɕin		₌tɕʻin		₌dʒin		₌ɕin		₌ʑin	₌in

说明："匣"母细音不读舌面前浊擦音 ʑ 而读齐齿呼零声母。长乐话的 z 声母只有来自章组的"十食实"等字，都是 z 声母的又读音。

（四）古知系字的声母跟精组相同，读 ts、tsʻ、dz、s、z，如"资精=知知=支庄=之章"，音 ₌tsɿ；"雌清=痴彻=差参~，初=嗤昌"，音 ₌tsʻɿ；"丝心=师生=施书"，音 ₌sɿ；"似邪=士崇=市禅"，音 ₌zɿ。

（五）影母绝大多数字读 ʔ 声母，极少例外。《方言调查字表》中只有"秒"一字长乐读 huɛʔ，此字口语不用。

（六）古音轻重唇不分的现象有所保存，非组字读双唇音的多数是浊声母字的白读音，具体的字有："微"母 13 个"无微尾晚万曼蔓袜蚊问网望忘"读 m（又见上文"微"母文白异读）；另有"味"字白读双唇浊塞音 ₌bi（文读 viʔ）；"奉"母有"吠犬叫"biʔ、"肥~皂、~桶"₌bi、"防"₌baŋ、"缚"boʔ₌四字。清声母除"敷"母字"捧"读 ₌pʻoŋ、"孵"buʔ两字以外，一般没有轻唇读重唇的。

（七）浊塞音 g 声母一般来自"群"母洪音，但也有来自见系其他声母的。来自"见"母的如"懈~塌塌"₌ga、"搅~七廿三"₌gɒ；来自"匣"母的如"怀~里头"₌gua、"厚"₌gøy、"衔"₌gæ、"环"₌guæ 等。

（八）有的人"晓"母合口呼一些字读 f，例如："花"₌fɒ、"呼"₌fu、"灰挥辉徽"₌fɛ、"欢"₌fœ、"唤"fœʔ、"昏婚"₌fən、"忽"fəʔ、"荒慌"₌faŋ。笔者不这样读，但"忽"可 huəʔ、fəʔ 两读。

二、韵母特点

（一）四呼齐全，但撮口呼韵母只有 y、yn、yʔ 三个，这就使长乐话的撮口呼在开齐合撮四呼上比北京有更多的空格，例如有 œ、iœ、uœ、æ、iæ、uæ 而没有 yœ 和 yæ，有 əʔ、iəʔ、uəʔ 而没有 yəʔ。从跟声母的拼合关系来看，长乐话的撮口呼只拼 tɕ、tɕ'、dʑ、ȵ、ɕ 五个声母。此外，长乐话的合口呼韵母虽然有 12 个，但是除了单韵母 u 能拼唇音 p、p'、b、f、v 和舌尖音 t、t'、d、n、l、ts、ts'、dz、s 以外，其余都只能跟 k、k'、g、h、ʔ、ø 六个声母相拼。也就是说，长乐话的合口呼跟撮口呼一样在跟声母拼合关系上，也存在许多空格。

对照古音，长乐话不少韵母的开合跟古音不对应，具体来说，是一些古代合口韵的字长乐读成了开口。下表列举古合口今长乐读开口呼和齐齿呼的。见下表：

表 4　　　古合口今长乐话读开口呼和齐齿呼例字表

古摄等	果合一	假合二	遇合一	遇合三	蟹合一	蟹合三	止合三	咸合三
例 字	波	瓦	模	墓	堆	脆	追	凡
长乐音	꜀po	ŋa꜀	꜀mo	mo²	꜀tE	ts'Eꜜ	꜀tsE	꜀vãe
古摄等	山合一	山合二	山合三	臻合一	臻合三	宕合一	宕合三	曾合一
例 字	端	闩	专	村	春	扩	方	国
长乐音	꜀tœ	꜀sœ	꜀tsœ	꜀ts'ən	꜀ts'ən	k'ɔʔꜜ	꜀fɑŋ	koʔꜜ
古摄等	曾合三	梗合二	通合一	通合三	遇合三	蟹合三	止合三	山合三
例 字	或	宏	东	足	吕	废	维	恋
长乐音	ɦioʔꜜ	꜀ɦoŋ	꜀toŋ	tsoʔꜜ	꜀li	fiꜛ	꜀vi	꜀liæ
古摄等	山合三	山合四	臻合三	臻合三	梗合三	梗合三	通合三	通合三
例 字	权	犬	律	笋	兄	疫	绒	用
长乐音	꜀dziœ	꜀tɕ'iœ	liʔꜜ	꜀sin	꜀ɕioŋ	ioʔꜜ	꜀ȵioŋ	ioŋꜛ

（二）成系统的文白异读主要有三种：

1. 开口二等见系，白读开口呼（声母牙喉音）、文读齐齿呼（声母舌面前）。见下表：

表5　　　　　　古开口二等见系字文白异读对照表

古摄	假		蟹		效	
例字	家	下	介	佳	交	觉困~
白读	ˎkɒ	ɦˎ	kaᵒ	ˎkɔ	ˎkɒ	kɒᵒ
文读	ˎtɕiɒ	iɔˎ	tɕiaᵒ	ˎtɕiɔ	ˎtɕiɒ	tɕiɒᵒ

古摄	咸		山		江	
例字	减	衔	间	眼	讲	项
白读	ˎkæ̃	ˎgæ̃	ˎkæ̃	ˎŋæ̃	ˎkaŋ	ɦaŋˎ
文读	ˎtɕiæ̃	ˎʑiæ̃	ˎtɕiæ̃	ˎiæ̃	ˎtɕiaŋ	ˎiaŋ

说明：梗摄的文白异读是另一系统，见③。

2. 止摄合口三等见系少量常用字白读 y，文读 uE。下表是穷尽式列举：

表6　　　　古止摄合口三等见系少量常用字文白异读对照表

字	亏 支韵 ~得	脆 支韵 ~落来	龟 脂韵 乌~	柜 脂韵 被~	鬼 微韵 小~	贵 微韵 ~贱	围 微韵 ~巾(老派)
白读	ˎtɕʻy	ˎdʑy	ˎtɕy	dʑyᵒ	ˎtɕy	tɕyᵒ	ˎy
文读	ˎkʻuE	ˎguE	ˎkuE	guEᵒ	ˎkuE	kuEᵒ	ˎuE

3. 梗摄开口二等舒声白读 aŋ，文读 ən、in。分布于各组声母，但也有一些字只有文读或白读。见下表：

长乐话音系　　　　　　　　　· 243 ·

表 7　　　　　　　古梗摄字文白异读对照表

字	烹滂	彭并	打端	冷来	撑澈	争庄	省生
白读		$_c$baŋ	^{c}taŋ	^{c}laŋ	$_c$tsʻaŋ	$_c$tsaŋ	^{c}saŋ
文读	$_c$pʻən	$_c$bən		^{c}lən	$_c$tsʻən	$_c$tsən	^{c}sən

字	耕见	哽见	坑溪	硬疑	亨晓	行匣	樱影
白读	$_c$kaŋ	^{c}kaŋ	$_c$kʻaŋ	ŋaŋ²	^{c}haŋ	$_c$ɦaŋ	^{c}ʔaŋ
文读	$_c$kən	^{c}kən	$_c$kʻən		^{c}hən	$_c$in	^{c}ʔin

此外，果摄少数字白读 a，文读 o，如："拖果开一透"白读 $_c$tʻa，文读 $_c$tʻo‖"大果开一定"文读 da²，白读 do²‖"个果开一见"白读 $_c$ka，文读 koᵓ。

其他文白异读如："锄遇合三崇"白读 $_c$zɻ，文读 $_c$dzu‖"戴蟹开一见"白读 taᵓ，文读 tɛᵓ‖"外蟹合一疑"白读 ŋa²，文读 ua²‖"亩流开一明"白读 m²，文读 møy²‖"浮流开三奉"白读 $_c$vu，文读 $_c$vøy，等等。

（三）古鱼虞两韵已经相混，下面在两韵共有的声母中选出例字进行比较。

表 8　　　　　　　鱼虞两韵读音比较表

鱼	猪知	除澄	锄崇		梳生		诸章	书书	墅禅
	$_c$tsɻ	$_c$dzɻ	$_c$zɻ 白	$_c$dzu 文	$_c$sɻ 白	$_c$su 文	$_c$tsɻ	^{c}sɻ	zɻ²
虞	蛛知	厨澄	雏崇		数 动词,生		朱章	输书	殊禅
	$_c$tsɻ	$_c$dzɻ	$_c$dzu		^{c}sɻ 白	^{c}su 文	$_c$tsɻ	^{c}sɻ	zɻ²

鱼	如日	居见	去溪		渠群	鱼疑	虚晓	淤影	余以
	$_c$zɻ	$_c$tɕy	tɕʻiᵓ 白	tɕʻyᵓ 文	$_c$dʑy	$_c$ŋy 文	$_c$ɕy	^{c}ʔy	$_c$y
虞	儒日	拘见	区溪		瞿群	愚疑	吁晓	迂影	裕以
	$_c$zɻ	$_c$tɕy	$_c$tɕʻy		$_c$dʑy	$_c$ŋy	$_c$ɕy	$_c$ʔy	y²

（四）长乐话ɿ韵母的范围比较大，其来源有：遇摄合口三等精组和知系（庄组除外）的多数字、蟹摄开口三等知章组、止摄开口三等精组、知系。见下表：

表9　　　　　　　　　　ɿ韵母来源表

摄	遇合三					
例字	序邪	猪知	锄崇	输书	树禅	乳日
读音	zɿ²	ꞈtsɿ	ꞈzɿ	ꞈsɿ	zɿ²	ꞈdzɿ
摄	蟹开三		止开三				
例字	滞澄	制章	资精	斯心	知知	筛生	时禅
读音	dzɿ²	tsɿ⁼	ꞈtsɿ	ꞈsɿ	ꞈtsɿ	ꞈsɿ	ꞈzɿ

庄组字多读u韵母，如"阻初楚助疏蔬雏数名词"但还存在白读ɿ、文读u的两读现象，如"锄~头梳~头数动词"。例外字有："徐邪"读i韵母。

此外，还有蟹开二一个"筛生"字读ꞈsɿ，止合三精组一个字"嘴精"白读ꞈtsɿ（文读ꞈtsE），和知系少数字的白读，如"吹清"ꞈts'ɿ、（文读ꞈts'E），"水书"ꞈsɿ（文读ꞈsE），等等。

（五）流摄一等的疑母和匣母字读齐齿呼的iøy韵母，而三等的来母和精组字则读开口呼的øy韵母。一等疑母和匣母读iøy的字：泥母"藕偶~然"ꞈȵiøy、"偶配~"ȵiøy²、匣母"侯猴"ꞈiøy、"后"ꞈiøy、"候"iøy²。三等见系读iøy韵母、非组和知系读øy韵母都不在话下，来母和精组读øy则比较特殊，如"刘来"ꞈløy、"秋清"ꞈts'øy、"袖邪"zøy²。这使有些一、三等的字在声母相同的条件下读成相同的音，如："楼开一＝留开三"ꞈløy、"漏开一＝溜开三"løy²、"走开一＝酒开三"ꞈtsøy、"嗽开一＝秀开三"søy⁼。

（六）咸山摄舒声读为æ、iæ、uæ和œ、iœ、uœ两套鼻化元音韵母。长乐话æ、ɔ̃两类韵母的古音系来源见下表：

表 10　　　　　　长乐话æ̃、ɔ̃两套韵母来源表

æ类		咸开一谈韵端系	山开一端系	咸山开二全部系组	咸山开三帮端见系
ɔ̃类	咸开一覃韵端系、见系	咸开一谈韵见系	山开一见系		咸山开三知系
æ̃类	咸山开四全部系组		山合二见系	咸山合三非组端系	
ɔ̃类		山合一、合四全部系组	山合二知系	山合三知见系	

上表说明，咸摄开口一等的覃、谈两韵，长乐话拼见系声母时相混，而拼端系声母时则区分明显，见下表的比较：

表 11　　　　　古覃、谈两韵在端系声母后的读音比较表

	端	透	定	泥	来	精	清
覃	耽 ₑtæ̃	贪 ₑtʻɔ̃	潭 ₑdɔ̃	南 ₑnɔ̃	楼 ₑlɔ̃	簪 ₑtsɔ̃	参 ₑtsʻɔ̃
谈	担 ₑtæ̃	坍 ₑtʻæ̃	谈 ₑdæ̃		蓝 ₑlæ̃		
	从	心	见	溪	晓	匣	影
覃	蚕 ₑzɔ̃		感 ᶜkɔ̃	砍 ᶜkʻɔ̃		含 ₑɦɔ̃	庵 ₑʔɔ̃
谈	惭 ₑdzæ̃	三 ₑsæ̃	敢 ᶜkɔ̃	瞰 ᶜkʻɔ̃	憨 ₑhɔ̃	邯 ₑɦɔ̃	

例外字："耽覃" ₑtæ̃、"喊谈" hæ̃°。

（七）有 aŋ、iaŋ、uaŋ 和 ãŋ、iãŋ、uãŋ 两套 ŋ 尾韵母，都跟低元音相结合。分别来自宕、江摄和梗摄白读。两类韵母的古音来源并举例如下：

aŋ 类　　宕开一：忙 ₌maŋ、唐 ₌daŋ、昂 ₌ŋaŋ。宕开三庄组：床 ₌zaŋ。江开二：庞 ₌baŋ、撞 dzaŋ²、扛 ₌kaŋ。梗合二见系：矿一字 kʻuaŋ²

aŋ 类　　宕开三（庄组以外）：娘 ₌nˌiaŋ、张 ₌tsaŋ、强 ₌dzˌiaŋ、央 ₌ʔiaŋ。江开二（见系文读）：讲 ᶜtɕiaŋ。梗开二（白）：猛 ᶜmaŋ、冷 ᶜlaŋ、生 ₌saŋ、庚 ₌kaŋ、亨 ᶜhaŋ。梗合二：横～竖，一字 ₌uaŋ

（八）深臻摄舒声跟曾梗摄合并，读为 ən、in、uən、yn 一套韵母。各韵母的古音来源并举例如下：

ən 韵　　深开三知系：森 ₌sən、针 ₌tsən。臻开一：吞 tʻ₌ən、恩 ₌ʔən。臻开三知系：陈 ₌dzən、仁 ₌zən。臻合一帮组端系：门 ₌mən、尊 ₌tsən。臻合三端系、知系：轮 ₌lən、尊 ₌tsən、纯 ₌zən。曾开一：朋 ₌bən、增 ₌tsən、恒 ₌hən。曾开三知系：升 ₌sən、仍 ₌dzən。梗开二（文）撑 tsʻ₌ən、更 ₌kən。梗开三知系：郑 dzən²、城 ₌dzən。

in 韵　　深开三（知系以外）：禀 ᶜpin、寻 ₌zin、琴 ₌dzin。臻开三（知系以外）：辛 ₌sin、银 ₌nˌin、因 ₌ʔin。曾开三（知系以外）：冰 ₌pin、陵 ₌lin、应 ₌ʔin。梗开三（知系以外）：兵 ₌pin、晴 ₌zin、轻 tɕʻ₌in、婴 ₌ʔin。梗开四：瓶 ₌bin、丁 ₌tin、经 ₌tɕin。梗合三、合四：营 ₌zin、萤 ₌zin。

uən 韵　　臻合一见系：滚 ᶜkuən、昏 ₌huən、温 ₌ʔuən。

yn 韵　　臻合三见系：均 ₌tɕyn、熏 ₌ɕyn、匀 ₌yn。

（九）入声韵 6 套 15 个，跟古音系 9 摄入声的对照并举例如下：

aʔ 韵　　咸开二：眨 tsaʔ。宕开三：若 zaʔ。梗开二各组、开三：百 paʔ、石 zaʔ。

iaʔ 韵　　咸开二（文）开三：夹 tɕiaʔ、怯 tɕʻiaʔ。宕开三（知系以外）：略 liaʔ、爵 tsiaʔ、脚 tɕiaʔ、药 iaʔ。

uaʔ 韵　　山合二：刮又 kuaʔ。梗合二划 uaʔ。

æʔ 韵　　咸开一、二、三：答 tæʔ、闸 zæʔ、猎 læʔ。咸合三：法 fæʔ。山开一、二：达 dæʔ、八 pæʔ。山合三：发 fæʔ

uæʔ 韵　　山合二：挖 ʔuæʔ、刮又 kuæʔ。

əʔ韵　咸开一见系、开三知章组：鸽 kəʔ₂、摺 tsəʔ₂。深开三知系：十 zəʔ₂。山开一见系、开三知章组：割 kəʔ₂、哲 tsəʔ₂。山合一、合二、合三：夺 dəʔ₂、刷 səʔ₂、说 səʔ₂。臻开三知系：侄 dzəʔ₂。臻合一、合三知系：突 dəʔ₂、出 tsʻəʔ₂。曾开一、开三知系：北 pəʔ₂、直 dzəʔ₂。梗开二见系、开三知系：革 kəʔ₂、尺 tsʻəʔ₂。

iəʔ韵　深开三：十拾 ʑiəʔ₂。臻开三：实 ʑiəʔ₂。臻合三术 ʑiəʔ₂。曾开三：食 ʑiəʔ₂。本韵五字，皆 zəʔ₂ 的又读。

uəʔ韵　山合一见系：活 uəʔ₂。臻合一见系：骨 kuəʔ₂。

iʔ韵　咸开三、四：接 tsiʔ、协 iʔ₂。深(知系以外)：立 liʔ₂。山开三、四：灭 miʔ₂、节 tsiʔ。山合三泥精组：劣 liʔ₂、雪 siʔ。臻开三(知系以外)：笔 piʔ。臻合三来母：律 liʔ₂。曾开三(知系以外)：逼 piʔ。梗开三(知系以外)开四：积 tsiʔ、敌 diʔ₂。

uʔ韵　臻合一：窟 kʻuʔ。本韵仅一字。

yʔ韵　山合三见系、合四：越 yʔ₂、决 tɕyʔ。臻合三：橘 tɕyʔ。

ɔʔ韵　宕开一：托 tʻɔʔ。宕合一：扩 kʻɔʔ。江开二见系：角 kɔʔ、岳 ŋɔʔ₂。

iɔʔ韵　山合三：曰 iɔʔ₂。江开二见系(文)：乐音~iɔʔ₂、学 iɔʔ₂。

oʔ　宕开一：博 poʔ。宕合一、合三：郭 koʔ、缚 boʔ₂。江开二帮组、知系：剥 poʔ、桌 tsoʔ。梗合二：获 ɦoʔ₂。通合一各组、合三(见系以外)：屋 ʔoʔ、目 moʔ₂、足 tsoʔ、竹 tsoʔ、缩 soʔ、属 zoʔ₂。

ioʔ韵　梗合三：役 ioʔ₂。通合三见系：玉 ŋioʔ₂、旭 ɕioʔ、欲 ioʔ₂。

三、声调特点

（一）古平、上、去、入四声各按声母清浊分化为阴平、阳平、阴上、阳上、阴去、阳去、阴入、阳入八个调类，比较整齐。少量古浊上混入阳去，有的阳上、阳去两读，《方言调查字表》中的常用字如下：

1. 古全浊上读阳去：序叙绪遇合三邪 zʅ²、墅遇合三禅 zʅ²、巨遇合三群 dʒy²、荠蟹开四从 dzi²、汇蟹合一匣 uɛ²、雉痔峙止开三澄 dzʅ²、浩效开一

匣 ɦɒ²、甚深开三禅 zən²、件键山开三群 dʑiæ²、伴山合一并 bõe²、盾臻合三船 dən²矛～（又音₂dən 乒乓球～牌）、荡宕开一定 dɑŋ²、仗宕开三澄，打～tsɑŋ²（此字长乐读为清声母，阴去）。

2. 古全浊上阳上、阳去两读：

	社假开三禅	腐遇合三奉	在蟹开一从	技止开三群	尽臻开三从	笨臻合一并
阳上	₂zE～会	₂vu～败	₂dzE～家	₂dʑi～术	₂dzin～忠报国	₂bən～虫
阳去	zE²合作～	vu²豆～	dzE²实～	dʑi²特～	zin²～量	bən²单用

3. 古次浊上读阳去：与遇合三以 y²给～。履止开三来 li²。蚁止开三疑 n̠i²。宙流开一明 m²(白)、møy²(文)。览咸开一来 læ²。敛咸开三来liæ²。嚷宕开三日 zaŋ²(文)。

4. 古次浊上阳上、阳去两读：

	伍遇合一疑	舞遇合三微	语遇合三疑	朗宕开一来
阳上	₂u 数词	₂u 跳～	₂n̠y～言	₂lɑŋ～读
阳去	u²队～	u²歌～	n̠y²汉～、日	lɑŋ²明～

古去声读为上声的字很少，像"二止开三日"文读 ₂ər，是较个别的。

（二）长乐话声调跟声母的关系是：清声母字读阴调类，浊声母字读阳调类。但是有少数次浊声母的字读为阴调类，实际上这些字都是以轻微的喉塞音开头的。常用字有：

"妈明"ᶜʔma、"尾微"ᶜʔmi(最后的，末了的)、"挽微"ᶜʔuæ、"□"ᶜʔmæ(～辰：现在)、"你泥"ᶜʔni、"那泥"ᶜʔna、"孃泥"ᶜʔniaŋ、"拉来"ᶜʔla、"啰来"ᶜʔlo、"拎来"ᶜʔlin、"两来"ᶜʔliaŋ(不定数)、"二日"ᶜʔər、"雅疑"ᶜʔiɔ、"养以"ᶜʔiaŋ。

（三）少数舒声字读为入声。常用字有：

"阿果开一影平"ʔæʔ₃～叔　　　　"萝果开一来平"loʔ₃～卜

"吓假开二晓去"haʔ₃～杀　　　　"摸遇合一明平"moʔ₃

"蔼蟹开一影去"ʔəʔ₃和～　　　　"隘蟹开二影去"ʔiʔ₃狭～

"砌蟹开四清去"ts'iʔ₃　　　　　"婿蟹开四心去"siʔ₃女～

"携蟹合四匣平"iʔ₃　　　　　　"臂止开帮去"piʔ₃手～

"鼻止开並去"bəʔ₃～头（又音 biʔ₃～子）　　　"髓止合心上"siʔ₃骨～

"率止合生去"səʔ₃～领　　　　"宿流开三心去"soʔ₃～夜。

以上 14 字中有 9 字来自古去声。

叁　长乐话同音字表

说明：

①本表韵母、声母、声调的顺序见"壹　长乐话声韵调"。

②有文白、新老等异读音的字，在后面用小字注明，必要时加解释或例词。

③写不出来的字用"□"代替，后面用小字解释或举例。

ər

∅	阳平	儿文而		阳上	尔文耳文
	阴上	二文			

1

ts	阴平	猪诸诛蛛株朱铢珠 知蜘智支枝肢栀资 姿咨脂兹滋淄辎之 芝		阴上	煮主紫纸只～有指旨 至子梓止趾置嘴
				阴去	著驻注蛀铸制致痣 志

ts'	阴平	雌差参~嗤疵吹白翅		阴上	数白死史使大~始水白
	阴上	处相~取娶鼠此侈次耻齿厕		阴去	絮柳~恕需输运~世势岁白赐矢四肆驶使~得试
	阴去	处~理趣刺	z	阳平	锄白如儒慈磁糍瓷辞词祠时鲥
dz	阳平	除橱厨池驰弛迟		阳上	汝薯聚竖匙是氏似祀巳士仕市柿恃
	阳上	雉苎箸~笼:筷筒柱乳储又		阳去	序叙绪储又墅署殊树誓逝示视嗜寺嗣饲字事侍自文
	阳去	储又住滞稚痔峙持支~治			
s	阴平	梳白书纾黍暑庶枢输~赢筛斯厮撕舒宽~施私师狮尸尿司丝思诗			

i

p	阴平	屄	f	阴平	飞非妃啡菲
	阴上	比		阴上	榧
	阴去	鄙闭敝秘泌蔽庇		阴去	废肺匪费痱沸
p'	阴平	披批砒	v	阳平	微文:~笑薇肥文:~胖维唯
	阴去	屁譬		阳上	尾文未味文:人~
b	阳平	皮疲脾婢琵肥白:~皂	t	阴平	低
	阳上	陛味白:~道被卧具		阴上	底抵
	阳去	弊币毙吠避痹鼻摩擦:~来火（火柴）		阴去	帝蒂渧滴水
m	阳平	迷谜糜靡微白:笑~~	t'	阴平	梯锑涕屉
	阳上	米尾白		阴上	体替代~
				阴去	剃替~身

长乐话音系 ・ 251 ・

d	阳平	堤题提蹄啼
	阳上	弟第~一
	阳去	第门~递地隶
n	阴上	你
l	阳平	犁黎离篱璃漓梨厘狸
	阳上	吕旅~行礼蠡李里理鲤泪莠履~历
	阳去	虑滤厉励丽荔履削足适~利莉痢俐吏旅军~
ts	阴平	□~糟:琐碎杂乱令人心烦
	阴上	姐挤
	阴去	祭际稷济剂
ts'	阴平	妻凄萋栖
	阴去	趋~向
dz	阳平	徐齐~国脐
	阳去	荠
s	阴平	西
	阴上	洗
	阴去	细絮花~:棉胎
z	阳平	齐整~
	阳去	已白,自己:~顾~
tɕ	阴平	鸡稽羁基姬箕几~平、茶~机饥讥肌
	阴上	已自~几~个纪年~
	阴去	计继系~鞋带寄冀记纪世~既季
tɕ'	阴平	溪欺
	阴上	启企起岂
	阴去	契器弃气汽去白
dʑ	阳平	奇骑崎祁耆鳍其期棋骐麒芪黄~
	阳上	技~术妓~女
	阳去	技特~妓歌~歧忌
ȵ	阳平	倪泥尼宜疑拟儿白:~子
	阳去	谊义议仪蚁二白贰白腻耳白,新:~朵毅
ɕ	阴平	奚系又牺熙嘻嬉游览希稀
	阴上	系关~、联~喜
	阴去	戏
ʔ	阴平	伊又医衣依倚
	阴上	椅亿~万
	阴去	意忆回~
ø	阳平	系又夷姨胰怡贻饴遗
	阳上	伊代词,他已以
	阳去	肆异易容~、交~

u

p	阴上	补谱
	阴去	布佈怖
p‘	阴平	铺～设潽食物在锅中沸腾外溢
	阴上	普浦甫
	阴去	铺店～
b	阳平	蒲菩葡浦匍
	阳上	簿箁盛物用竹器
	阳去	部步捕埠脯孵～鸡娘 鹁～鸪（鹁鸽）
f	阴平	夫肤俘～虏敷～衍孵文
	阴上	府腑斧
	阴去	付赋傅姓敷热～赴俯富副
v	阳平	抚～养符浮白芙
	阳上	父辅腐～败妇阜傅师～
	阳去	扶腐豆～附
t	阴平	都全～、～市
	阴上	堵赌肚猪～
	阴去	蠹妒
t‘	阴上	土吐
	阴去	兔
d	阳平	徒屠涂图
	阳上	杜肚～皮
	阳去	度渡镀途
n	阳平	奴努
	阳去	怒
l	阳平	驴炉卢芦庐颅胪攎抚摸
	阳上	鲁橹卤
	阳去	路露鹭潞璐
ts	阴平	租
	阴上	组祖阻
ts‘	阴平	粗初
	阴上	楚础
	阴去	醋
dz	阳平	锄文
	阳去	助
s	阴平	梳文苏酥疏须胡～
	阴上	数文，动词
	阴去	素诉塑数名词
k	阴平	姑菇孤鸪鹁～
	阴上	古估股鼓
	阴去	故固顾雇辜贾
k‘	阴平	枯
	阴上	苦
	阴去	裤库
ʔ	阴平	乌钨
	阴上	恶可～

	阴去	恶厌~污烀慢火焖煮			狐弧壶无巫和麻将
		□~堂:地方			用语:~了乎之~者也
h	阴平	呼戽~水		阳上	吾五文伍文,数词午
	阴上	虎唬琥浒			文户沪护~士扈武
	阴去	滹洗:~衣裳			鹉舞跳~侮戊
∅	阳平	吴梧蜈文胡湖蝴瑚		阳去	误悟互护务雾诬舞
		葫煳糊葫喉白:~咙			歌~伍队~、人~

y

tɕ	阴平	居车~马炮拘驹龟	ɕ	阴平	靴虚嘘吁
		白:乌~		阴上	许
	阴上	举鬼白矩	ʔ	阴平	于~是淤迂
	阴去	据锯句贵白		阴上	盂瘀~
tɕʻ	阴平	区躯驱亏白:~得	∅	阳平	鱼文渔余于俞
	阴去	去文		阳上	与和,及雨宇逾尉~
dʑ	阳平	渠衢瞿			迟:姓椅老:~子
	阳上	拒距跪白		阳去	与参~,给~誉预豫
	阳去	巨柜白俱惧具			芋羽裕吁驭舆予
ȵ	阳平	愚虞禺			喻谕榆愉遇文寓文
	阳上	语~言女娱白:~乐			娱文:文~活动
	阳去	语曰~御遇白寓白			

a

p	阴上	爸单摆		阴去	破白□劈:~柴
	阴去	爸~~拜	b	阳平	排牌簰竹筏:~竹(可以
pʻ	阴上	派			做簰的竹子)□调~:欺侮

　　阳上　罢稗
　　阳去　败
m　阳平　埋
　　阴上　妈
　　阳上　买
　　阳去　卖
t　阴平　□挑担子
　　阴去　戴带
t'　阴平　拖白
　　阴上　他
　　阴去　太泰
d　阳上　埭条:一~路
　　阳去　大文汏清洗坍趄:来得~
n　阳平　拿哪
　　阴上　那
　　阳上　奶
　　阳去　奈
l　阴平　拉
　　阳去　赖癞
ts　阴平　斋
　　阴去　债寨缀
ts'　阴平　差~别钗叉
　　阴上　搋撕
　　阴去　蔡

dz　阳去　射拉:~尿、~屙 □十三点:~婆
s　阴平　洒奢
　　阴去　耍赦捨又赛塞要~晒文帅
z　阳平　柴豺
　　阳去　寨~岭头□遮盖
k　阴平　个白,量词:一~桃
　　阴上　解白介这个
　　阴去　介白界白戒白疥白芥白尬疥~橱:碗橱
k'　阴平　揩
　　阴上　卡
g　阳上　憩~息
ŋ　阳平　蛾蚕~
　　阳上　□白,代词:你们
　　阳去　外白□拖延等待:~得过今日,~勿过明朝
ʔ　阴平　挨埃
　　阴上　矮
　　阴去　阿~姆:俗称大娘
h　阴平　哈~气
　　阴上　蟹
ɦ　阳平　鞋

ia

t	阴平	爹嗲		阴去	介文界文戒文疥文芥文屆械又
ts	阴去	借	dʐ	阳平	茄
ts'	阴上	筪斜	n̩	阳上	惹白,朝~:理睬□传染
s	阴上	写	ø	阳平	耶椰爷
	阴去	泻卸		阳上	也白野冶□白,代词:他们
z	阳平	邪斜		阳去	夜械又
	阳去	谢			
tɕ	阴平	街文			
	阴上	解文			

ua

k	阴上	拐		阴去	□能干:介~
	阴去	怪	h	阴平	□形容软:~软介
k'	阴去	快筷	ø	阳平	怀~抱槐淮
g	阳平	怀~里头		阳止	□白,代词:我们
	阳上	□象声词:重浊的声音		阳去	坏外文
ʔ	阴平	□(人)瘦:精~			

E

p	阴平	贝杯碑卑悲		阴上	呸象声词
	阴上	彼		阴去	沛配
	阴去	辈背□用簸箕簾	b	阳平	赔培陪
p'	阴平	胚坯丕		阳上	倍被文,介词

	阳去	佩备背~时
m	阴平	□蛮，很：~好葛
	阳平	梅煤莓枚玫媒眉霉媚楣湄
	阳上	每美
	阳去	迈妹昧煝长时间地慢火燃，一种沤肥方法
f	阴去	□（"弗会"合音）
t	阴平	堆
	阴上	□扯：~布(买布)、活~(瞎扯)
	阴去	戴姓对碓踏~：舂米设置
t'	阴平	胎台天~推煨~鱼
	阴上	腿
	阴去	退态
d	阳平	台苔抬
	阳上	待怠
	阳去	代袋队兑贷黛
n	阳上	乃
	阳去	耐内馁
l	阳平	来雷镭擂
	阳上	垒打~台
	阳去	儡傀~累类踝趺跤：~倒
ts	阴平	灾栽追
	阴上	宰者
	阴去	载最再赘醉
ts'	阴平	猜摧催吹文炊
	阴上	彩采
	阴去	菜崔脆翠
dz	阳平	才材财裁~判锤捶槌谁垂隋随又
	阳上	在~家罪隧瑞~雪
	阳去	在实~睡陲坠锐悴穗
s	阴平	腮鳃虽绥衰
	阴上	水文
	阴去	碎税舍宿~岁文
z	阳平	随又裁~缝
	阳上	社~会
	阳去	射文社合作~
k	阴平	该赅
	阴上	改概—~
	阴去	概~括溉盖丐钙
k'	阴平	开
	阴上	凯恺
	阴去	慨
g	阳上	竤(人)站
	阳去	隑(斜着)依，靠
ŋ	阳平	呆
	阳上	碍
	阳去	艾
ʔ	阴平	哀
	阴去	爱
h	阴上	海

| ɦ | 阳平 | 孩 | | | 阳去 | 害 |
| | 阳上 | 亥 | | | | |

iɛ

| tsʻ | 阴上 | 且文:而~ | | ∅ | 阳上 | 也文 |
| tɕ | 阴平 | 皆文 | | | | |

uɛ

k	阴平	乖规龟文轨癸归				木灰中使熟
	阴上	诡鬼文			阴上	委诿喂畏尉上~慰安~
	阴去	瑰剑会~计圭围桂贵			阴去	慰~问
		文鳜~鱼		h	阴平	灰恢诙麾挥辉徽卉
kʻ	阴平	盔魁傀~偏奎亏文窥			阴上	悔毁
	阴上	□这儿			阴去	贿秽讳
	阴去	块		∅	阳平	桅回危帏违围
g	阳平	葵夔逵			阳上	伟
	阳上	跪文			阳去	会绘惠慧卫伪为位
	阳去	溃~脓愧柜文				巍魏苇纬胃谓渭猬
ʔ	阴平	萎威煨在带有余火的草				汇

ɒ

p	阴平	襃包胞鲍苞			阴去	炮泡脬猪尿~
	阴上	保宝堡葆饱褓		b	阳平	袍跑
	阴去	报豹趵			阳上	抱
pʻ	阴平	抛脬卵~:女阴			阳去	暴爆刨

m	阳平	毛猫锚矛新	s	阴平	梢捎稍烧
	阳上	卯□呕吐		阴上	少多~嫂扫~地
	阳去	冒帽貌茂新贸新		阴去	少~年悄豪~:赶快扫
t	阴平	刀叨			~帚燥干~
	阴上	岛捣倒颠~祷祈~	z	阳平	韶槽漕邵晁□眼馋
	阴去	到倒~出来祷~告			□~猪:半大猪饶文
t'	阴平	掏滔		阳上	造皂绍~兴扰兆肇
	阴上	讨		阳去	绍介~绕文
	阴去	套	k	阴平	高膏羔糕皋交白
d	阳平	逃桃陶萄淘掏涛			胶白
	阳上	道稻		阴上	稿绞白搞
	阳去	盗导		阴去	告教白觉困~
n	阳平	挠□用手抓(食物)	k'	阴平	烤敲白
	阳上	脑		阴上	考铐
	阳去	恼闹		阴去	靠
l	阳平	劳涝唠崂捞牢	g	阳平	□遗传下:上代~落来
	阳上	老佬讨饭~			葛东西
ts	阴平	遭糟朝~~暮暮昭招		阳去	搅~勿灵清、~七廿三
		沼诏□"作豪"合音:	ŋ	阳平	熬
		~葛		阳上	咬
	阴上	早枣蚤抓爪找		阳去	傲
	阴去	灶躁罩照	ʔ	阴平	□呼,唤:~声我懊~
ts'	阴平	操抄超			恼凹
	阴上	草吵炒钞		阴上	袄坳拗折
	阴去	糙		阴去	奥懊悔
dz	阳平	曹嘈朝~代、~拜潮嘲	h	阴平	蒿薅猬~猪:刺猬
	阳上	赵		阴上	好~坏
	阳去	召		阴去	好嗜~耗

长乐话音系　　　　　• 259 •

ɦ　阳平　豪壕嚎毫□用容器估量　　　阳去　浩皓号

iŋ

p	阴平	标彪镖骠	dz	阳平	樵
	阴上	表婊		阳去	瞧巢
p'	阴平	飘漂~流	s	阴平	消宵霄销硝萧潇箫
	阴去	票漂~亮、~白		阴上	小
b	阳平	瓢□~羹:匙子嫖薸		阴去	笑
		浮~	tɕ	阴平	交文胶文郊浇骄娇
m	阳平	苗描瞄秒			矫狡姣浇
	阳上	妙邈		阴上	绞文缴校~官
	阳去	庙藐渺		阴去	教文较校~对叫
f	阴去	□"弗要"合音	tɕ'	阴平	敲文
t	阴平	刁貂雕碉凋		阴上	巧
	阴上	鸟白:麻~		阴去	窍
	阴去	吊钓	dʑ	阳平	桥乔侨
t'	阴平	挑		阳上	□牛用角顶人
	阴去	跳粜		阳去	轿
d	阳平	条调~和	ŋ	阳平	尧饶白:讨~
	阳去	掉调入~、声~		阳上	鸟文
l	阳平	燎聊辽疗撩僚嘹憀		阳去	绕白
	阳上	了廖	ɕ	阴上	晓
	阳去	料寥		阴去	孝酵发~
ts	阴平	焦蕉椒	ʔ	阴平	妖要~求腰夭邀吆幺
	阴上	剿□"只要"合音		阴上	舀
ts'	阴平	锹悄		阴去	要需~
	阴去	俏	ø	阳平	摇谣窑姚遥瑶肴淆

阳去　校学~效鹞耀

ɔ

p　阴平　玻~璃巴笆
　　阴去　把疤靶霸坝
p'　阴去　怕
b　阳平　爬琶
　　阳去　耙鲌~牙齿
m　阳平　麻痳蔴
　　阳上　马码玛蚂~蟥
　　阳去　骂
t　阴平　□小儿言尿:~~
　　阴上　朵躲奓~柱:挑担时用来支撑担子的竹棍
t'　阴去　它其~
ts　阴平　渣楂遮蔗
　　阴去　榨炸痄乍诈
ts'　阴平　叉车汽~差~勿多
　　阴去　岔
dz　阳平　茶搽查蛇
s　阴平　娑矮婆~蓑梭唆沙纱莎痧砂裟赊傻
　　阴上　琐琐所
　　阴去　捨白:弗~葛(舍不得)晒

白:~衣裳·□做~姆(坐月子)
z　阳去　射白:馋~水(口水)□神~弗知(懵懂)
k　阴平　家白加白嘉白袈
　　阴上　假白:真~
　　阴去　假白:放~架白驾嫁白价白
k'　阴上　坷捉拿:~鱼
g　阳平　□用腿横着划过小孩头部开玩笑;~浪马,一种坐姿
ŋ　阳平　牙芽衙白
　　阳上　瓦
ʔ　阴平　丫
　　阴上　哑鸦白:老~
　　阴去　掗硬卖给、硬吃下
h　阴平　虾呵~痒
ɦ　阳上　夏白:~天下白:~低
　　阳去　下白:~面

iɔ

tɕ	阴平	家文加文嘉文佳		ø	阳平	霞衙文
	阴上	假文:真~			阳上	夏文:~天下文:~低
	阴去	假文:放~嫁文价文			阳去	下文:~面
ʔ	阴上	亚鸦文:乌~雅				

əu

k	阴平	瓜			阴上	□家:到~溜来坐
	阴上	寡		h	阴平	花
	阴去	挂褂卦剐			阴去	化
k'	阴平	夸跨垮		ø	阳平	华哗铧
ʔ	阴平	蛙洼□起床:~来起			阳去	画话

o

p	阴平	波播			阴上	妥椭
p'	阴平	坡		d	阳平	驼陀砣驮舵
	阴去	颇破文剖~肚皮			阳上	惰堕
b	阳平	婆郶			阳去	大白
	阳上	薄~荷		n	阳平	挪捼搓揉
m	阳平	魔磨~刀蘑摹模膜			阳去	糯
	阳上	某母姆拇		l	阴平	啰~唆
	阳去	磨石~暮慕墓募幕			阳平	罗锣箩萝螺骡脶逻
t	阴平	多			阳上	裸房
t'	阴平	拖文		ts	阴上	左佐

	阴去	做		阴去	课
ts'	阴平	搓	ŋ	阳平	蛾鹅俄娥
	阴去	锉挫错措		阳上	我
s	阴平	唆啰~		阳去	饿卧
z	阳上	坐	ʔ	阴平	阿~胶倭窝□小孩儿闹人
	阳去	座□盛,物品收入容器			
k	阴平	歌哥过姓锅蜗~牛戈		阴去	屙
			h	阴上	火伙
	阴上	果裹		阴去	货荷薄~
	阴去	个文过~去	ɦ	阳平	何河荷和~气禾
k'	阴平	轲坷苛柯科蝌窠棵颗髁脚~头		阳上	祸
	阴上	可		阳去	贺

øy

m	阳平	谋眸矛老		阴上	敨打开
	阴上	□"无有"合音		阴去	透
	阳上	亩文	d	阳平	头投
	阳去	茂老贸老谬牡		阳去	豆逗荳痘窦
f	阴上	否	l	阳平	楼搂流刘留榴瘤琉硫
v	阳平	浮文			
	阳上	负~责		阳上	柳篓扭搅拌、挑拨是非:~谷耙、~头大缕一~麻
	阳去	负~担			
t	阴平	兜丢		阳去	漏陋溜馏
	阴上	斗升~抖陡	ts	阴平	邹昼周舟州洲
	阴去	斗~鸡		阴上	走酒肘帚
t'	阴平	偷			

	阴去	奏邹皱绉咒□"只有"合音		阳上	受又授教~
				阳去	就寿又授~受
ts'	阴平	秋抽又	k	阴平	勾钩沟购构媾
	阴上	丑又		阴上	狗苟
	阴去	凑		阴去	垢彀够
dz	阳平	绸稠筹踌愁酬雠仇又	k'	阴平	抠
	阳上	售~货员		阴上	口
	阳去	宙骤售出~		阴去	叩扣寇蔻
s	阴平	搜飕馊艘叟收又休又	g	阳平	猴身体蜷成猴状：~弄来
	阴上	手又首又守又		阳上	厚
	阴去	叟瘦嗽羞秀绣锈兽又	ʔ	阴平	殴呕唤区姓讴
z	阳平	柔揉		阴去	怄~气
			h	阴去	鲎虹

iøy

tɕ	阴平	纠阄鸠揪		阳去	偶~然
	阴上	九玖久韭	ɕ	阴平	休又
	阴去	救究灸		阴上	守又手又首又
tɕ'	阴平	抽又丘		阴去	兽又嗅文：~觉朽
	阴上	丑又	ʑ	阳上	受又
	阴去	臭		阳去	寿又
dʑ	阳平	囚求球仇又	ʔ	阴平	欧优忧幽悠攸
	阳上	绉舅臼柏		阴去	幼又
	阳去	旧	ø	阳平	侯猴喉文尤犹邮由油游
ȵ	阳平	牛		阳上	后~头有友西诱
	阳上	藕偶配~纽扭钮			

阳去　候后~来右佑

$\tilde{æ}$

p	阴平	班斑颁扳般	t'	阴平	坍滩摊
	阴上	板版		阴上	毯坦
	阴去	扮		阴去	叹炭碳叹
p'	阴平	攀襻	d	阳平	谈痰檀弹~琴诞
	阴去	盼		阳上	淡
b	阳平	□迈:~过去		阳去	但弹蛋
	阳上	爿片:篾~;量词:一~店	n	阳平	难~易
	阳去	办		阳去	难患~
m	阳平	蛮幔漫	l	阳平	蓝篮兰拦栏
	阴上	□~辰:现在		阳上	揽懒
	阳上	晚白万一~（麻将牌名）		阳去	览滥烂缆
	阳去	慢	ts	阴平	斩剁:白~鸡
f	阴平	藩蕃		阴上	斩~首盏
	阴上	反返		阴去	蘸溅灒溅:~湿赞
	阴去	贩畈田~	ts'	阴平	搀篸~条:鳌鱼
v	阳平	凡帆梵~帝冈烦繁		阴上	铲产
		樊矾		阴去	忏餐灿
	阴上	挽又	dz	阳平	惭谗残
	阳上	范范犯晚文樊万		阳上	暂栈
	阳去	梵~文饭		阳去	站赚
t	阴平	耽担~任单箪疸旦	s	阴平	三衫杉珊山疝讪汕
		~夕		阴上	散解~伞
	阴上	胆		阴去	散分~删
	阴去	担挑~旦~角	z	阳平	馋

	阳去	□用食物给猪催肥
k	阴平	尴监～牢间白奸
	阴上	减白碱捡白
	阴去	槛监国子～谏
k‘	阴平	铅白刊
	阴上	舰
	阴去	嵌
g	阳平	衔
	阳去	□嵌：～牢；言语顶撞：～头
ŋ	阳平	岩颜白衔白：～头(头衔)
	阳上	眼
ʔ	阴去	晏中午：～饭；时间晚：～猛(太迟)；～公庙
h	阴去	喊苋
ɦ	阳平	咸白闲白衔白：～接
	阳上	限
	阳去	陷馅

iæ̃

p	阴平	编边蝙□～箕：笸子
	阴上	贬扁匾鞭
	阴去	变遍
p‘	阴平	偏翩
	阴去	篇骗片
b	阳平	便～宜
	阳上	辨辩辫卞
	阳去	便方～汴
m	阳平	棉绵眠
	阳上	免勉勉娩冕渑
	阳去	面～孔、麦～腼～腆砚白
t	阴平	掂颠巅
	阴上	点典
	阴去	店踮微瘸
t‘	阴平	添天
	阴上	舔
d	阳平	甜填田钿恬
	阳上	垫动词淀
	阳去	垫名词电殿奠佃簟～笠：铺在地上晒谷物的竹席
l	阳平	廉镰帘连联莲怜恋鲢涟
	阳上	脸
	阳去	敛殓练炼链
ts	阴平	尖歼煎笺
	阴上	剪戬
	阴去	箭展荐
ts‘	阴平	签茜迁千
	阴上	歼浅
dz	阳平	钱全痊
	阳上	渐

	阳去	潜践羡旋璇璇周~泉	ȵ	阳平	黏阎严鲇年研捻
s	阴平	暹纤仙鲜先宣		阳上	辇
	阴上	癣筅~帚:炊具选		阳去	验念碾谚廿砚文
	阴去	线	ɕ	阴平	掀
z	阳平	前		阴上	险显
	阳去	贱		阴去	宪献
tɕ	阴平	兼搛~菜间文肩坚艰	ʔ	阴平	阉嫌又焉蔫烟晏~子
	阴上	检拣文减文茧笕水~简趼键		阴上	燕魇梦~胺 痃屝鳞:鱼~
	阴去	鉴剑建见		阴去	淹掩厌堰宴咽
tɕ'	阴平	谦铅文牵	∅	阳平	咸文炎盐檐嫌又闲文颜文延筵言贤弦衔文沿
	阴上	歉遣			
	阴去	欠		阳上	演
dʑ	阳平	钳乾~坤虔黔捐~客		阳去	艳焰腌雁现
	阳上	俭			
	阳去	件键健腱			

uæ̃

k	阴平	鳏关		阴上	挽
	阴去	惯	h	阴平	□乖,听话
g	阳平	环~洞门		阴去	□摇动头部:~头~脑
	阳上	□背负	∅	阳平	还环
	阳去	掼扔,摔摼环形把:篮~		阳上	万
ʔ	阴平	弯湾		阳去	患宦幻玩顽

œ̄

p	阴平	搬			砖
	阴去	半		阴上	转~眼、~螺丝
p'	阴平	潘		阴去	战颤钻转~动
	阴去	判	ts'	阴平	参~加川穿
b	阳平	盘		阴上	惨喘
	阳上	拌		阴去	窜篡串
	阳去	绊伴迸隐身：~猫猫（藏猫儿）	dz	阳平	传~染椽
				阳上	撰篆~书□拾：~来起
m	阳平	瞒馒鳗		阳去	缠传自~
	阳上	满	s	阴平	酸闩又拴栓
t	阴平	端		阴上	陕闪
	阴上	短		阴去	扇煽算蒜涮
	阴去	锻断决~	z	阳平	蚕蝉禅~机、~让单姓然燃船
t'	阴平	贪湍		阳上	染冉善
	阴去	探		阳去	膳擅
d	阳平	潭谭覃团坛昙抟	k	阴平	甘柑苷泔干肝乾~湿
	阳上	断折~		阴上	感敢橄竿竹~杆秆赶干能~
	阳去	段缎		阴去	干~部
n	阳平	南男	k'	阴平	堪龛
	阳上	暖文		阴上	砍瞰侃
	阳去	软白		阴去	勘看~见、~守
l	阳平	鸾滦孪銮金~殿峦	ŋ	阳去	岸
	阳上	卵	ʔ	阴平	庵安鞍按鹌
	阳去	乱			
ts	阴平	簪占粘沾霑瞻毡专			

阴去 暗案
h 阴平 罕鼾
阴去 汉熯煮饭时将食物放在篦子上蒸
ɦ 阳平 含函涵邯寒韩
阳上 撼旱
阳去 憾汗翰

iœ̃

tɕ 阴平 捐
阴上 卷
阴去 眷卷娟绢
tɕʻ 阴平 圈
阴上 券犬
阴去 劝
dʑ 阳平 权颧拳蜷
阳去 倦
ȵ 阳平 元原源
阳上 阮软～缎
阳去 愿
ɕ 阴平 喧闩又
阴去 楦
ʔ 阴平 冤鸳渊
阴上 苑
阴去 怨
ø 阳平 圆员缘袁猿辕园玄悬丸～药
阳上 远
阳去 院援县眩

uœ̃

k 阴平 官观～音冠衣～棺倌小～人
阴上 管馆
阴去 贯灌罐观参～、寺～冠～军盥
kʻ 阴平 宽
阴上 款
ʔ 阴上 腕豌碗婉惋
h 阴平 欢獾
阴去 唤焕痪
ø 阳平 完丸药～
阳上 缓
阳去 换

əŋ

p	阴平	崩
	阴上	本奔
	阴去	畚~斗
p'	阴平	喷~水烹
	阴去	喷~香
b	阳平	盆朋文彭文
	阳去	笨
m	阳平	门蚊白
	阳去	闷问白
f	阴平	分芬纷
	阴上	粉粪□"弗曾"合音
	阴去	奋
v	阳平	坟蚊文
	阳上	焚愤忿氛
	阳去	份问文
t	阴平	敦墩登蹬撐掂量物体轻重灯
	阴上	等
	阴去	扽炖顿吨凳澄瞪磴量词
t'	阴平	吞
	阴上	汆(水)流淌、油炸
	阴去	褪~皮
d	阳平	盾~牌腾誊藤滕疼~痛
	阳上	囤□断:绳子~记了

	阳去	钝遁盾矛~邓
n	阳平	能
	阳上	暖白
	阳去	嫩宁白:~可
l	阳平	论~语仑伦沦轮抡
	阳上	冷文
	阳去	论议~
ts	阴平	针斟珍脙真尊遵增曾姓征蒸争文睁文筝挣文贞正~月
	阴上	枕落~震振准整拯
	阴去	枕~头赈镇疹诊憎证症侦征正~好政
ts'	阴平	村椿春称~呼撑文
	阴上	蠢
	阴去	趁衬寸称相~秤乘逞蹭
dz	阳平	沉岑陈尘臣存曾~经惩承丞仍呈程城成诚
	阳上	□(从地上)拾起
	阳去	阵层三~楼赠扔郑澄
s	阴平	森参人~深身申伸绅孙狲僧升生文甥文牲文笙声
	阴上	婶审沈损省文

	阴去	渗胜～任、～败圣		k'	阴平	坑文啃
z	阳平	神辰晨人文仁唇纯			阴上	恳垦肯
		莼醇绳盛～满		ʔ	阴平	恩
	阳上	甚单葚肾忍文刃塍			阴去	摁
		田～		h	阴平	痕
	阳去	赁甚～么慎认文顺润			阴上	很狠亨文
		盛兴～任责～		ɦ	阳平	恒衡
k	阴平	跟根更文:五～庚文羹			阳去	恨
		文耕文				
	阴上	梗亘更～加耿				

in

p	阴平	彬宾槟傧滨殡冰兵		t'	阴平	厅汀
	阴上	禀丙秉饼			阴上	艇挺
	阴去	柄并～拢来			阴去	听～见、～其自然
p'	阴平	姘拼乒		d	阳平	亭停廷庭蜓
	阴上	品聘			阳去	定锭
	阴去	拼～命		l	阴平	拎
b	阳平	贫频凭平评萍瓶屏			阳平	林淋霖琳临凛檩邻
	阳上	並				鳞麟辚磷陵凌菱灵
	阳去	病				铃零
m	阳平	民萌明盟名铭茗螟酩			阳上	吝领岭璘畦:两～菜
	阳上	闽悯敏皿鸣冥			阳去	伶另令命～、～爱龄
	阳去	命暝		ts	阴平	精晶旌睛
t	阴平	丁钉铁～			阴上	津井
	阴上	顶鼎			阴去	浸进晋俊
	阴去	订钉～牢		ts'	阴平	亲～爱、～家清青蜻

	阴上	侵入~寝请	dʑ	阳平	琴禽擒仅勤芹擎鲸
	阴去	侵~略		阳上	近
dz	阳平	秦循又巡又情		阳去	劲兢倞健壮凛寒~
	阳上	静又	ŋ	阳平	壬任姓吟人白银凝
	阳去	尽又：~量			迎宁~波
s	阴平	心辛新薪荀星腥		阳上	忍白
	阴上	笋省反~醒搋		阳去	认白宁文：~可□谜语：
	阴去	信讯迅性姓			猜~□艮：食物坚韧不脆
z	阳平	寻晴循又巡又	ɕ	阴平	欣兴~枉馨
	阳上	蕈旬殉静又		阴去	衅兴高~
	阳去	尽又：~量净	ʔ	阴平	音阴荫因姻殷应~当
tɕ	阴平	今金襟巾斤筋兢京			鹰莺鹦樱婴缨瘿英
		荆惊经			蝇
	阴上	锦紧谨茎境警景颈径		阴上	隐影映
	阴去	禁镜敬竟		阴去	饮印应~用、答~荫暗
tɕ'	阴平	轻	∅	阳平	淫寅行~为、品~盈赢
	阴去	钦卿庆磬揿搂用手摁			形型刑邢营萤
		顷倾		阳上	引幸颖尹

uən

k	阴上	滚棍		阴上	稳
k'	阴平	昆崑坤	h	阴平	昏婚荤
	阴上	捆困圃~	∅	阳平	魂馄浑文纹蚊文闻
	阴去	困~难睏		阳上	混刎吻
g	阳平	□蹲：~落来		阳去	问文
ʔ	阴平	温瘟			

yn

tɕ	阴平	均钧军君		阴去	训驯勋功~
	阴上	窘	ø	阳平	匀云芸耘
tɕ'	阴平	菌		阳上	陨允
dʑ	阳平	群裙郡		阳去	闰韵运晕孕郓熨
ɕ	阴平	熏薰醺			

aŋ

p	阴平	帮邦		阴去	烫趟
	阴上	榜膀谤绑	d	阳平	堂棠螳膛唐糖糖搪
p'	阴去	胖		阳去	荡放~宕
b	阳平	旁傍~晚防庞	n	阳平	囊□人:小~、大~
	阳上	棒	l	阳平	郎廊狼螂
m	阳平	忙芒茫牤牛~		阳上	□稀,不密:针脚~
	阳上	莽网盲		阳去	浪睙晒:~竿
	阳去	忘白望白梦白:做夜~	ts	阴平	庄装奘妆桩
f	阴平	方肪芳		阴去	脏不干净葬壮
	阴上	纺仿相~彷访~问	ts'	阴平	仓苍疮窗
	阴去	放		阴上	创
v	阳平	房	dz	阳平	藏隐~
	阳去	忘文望文		阳去	藏西~脏心~状撞
t	阴平	当~时	s	阴平	桑丧婚~霜孀双磉
	阴上	党			~柱:柱下石舂~米
	阴去	当上~		阴上	嗓爽
t'	阴平	汤		阴去	丧~失
	阴上	淌躺	z	阳平	尝白:~~咸淡床

长乐话音系 • 273 •

阳去　尚和~

k　阴平　刚纲钢缸江白肛扛

　　阴上　讲白降白:~落

　　阴去　杠冈

k'　阴平　康糠

　　阴上　慷

　　阴去　抗炕囥藏

g　阳平　□涌现:面火~来起

阳去　□粗大,憨:~大螃石　~:生长在山涧中的蛙类动物

ŋ　阳平　昂

ʔ　阴去　肮

ɦ　阳平　行银~航杭

　　阴上　项~目降投~

　　阴去　项~圈

ian

tɕ　阴上　讲文降文

uaŋ

k　阴平　光

　　阴上　广

k'　阴平　匡筐框眶

　　阴去　矿

g　阳平　狂逛

ʔ　阴平　汪

　　阴上　往

h　阴平　荒慌肓

　　阴上　谎恍晃幌况

ø　阳平　黄皇蝗簧隍惶磺凰　亡王

　　阳去　旺妄

aŋ

p　阴平　绷棕~

　　阴去　□拉

p'　阴平　乒乓~

b　阳平　朋白膨彭白棚鹏蚌

阳去　碰白瓶罐:酒~

m　阳上　猛孟

t　阴上　打

d　阳去　□居住:~顾(在)长乐

l	阳上	冷白		阳去	上在~尚崇~让文嚷
ts	阴平	张章樟障瘴争白 睁白挣白	k	阴平	更白：半夜三~耕白 庚白羹白
	阴上	长生~涨掌障		阴上	哽
	阴去	帐账胀仗打~		阴去	遰钻进：~到洞喽
ts'	阴平	昌猖鲳撑白	k'	阴平	坑田间流水沟
	阴上	厂	g	阳去	□堵塞
	阴去	唱倡提~畅	ŋ	阳去	硬
dz	阳平	长~短肠场常 尝~试偿	ʔ	阴平	樱
	阳上	丈仗杖		阴上	罂牛犊□小儿言吃
s	阴平	商伤生白甥白牲白：畜~	h	阴上	亨白：大~
	阴上	赏省白	ɦ	阳平	行蚕~、~为
z	阳上	上~山尚~书攘壤		阳上	杏

iaŋ

l	阳平	良凉量~长短粮梁梁	dz	阳平	详又祥又
	阴上	两不定数，几个		阳上	象白~橡~皮
	阳上	两	s	阴平	相~信箱厢湘襄镶
	阳去	亮谅辆量数~		阴上	想鲞
ts	阴平	将~来浆桨		阴去	相~貌
	阴上	蒋奖	z	阳平	墙详又祥又
	阴去	将大~酱		阳上	像
ts'	阴平	枪		阳去	匠
	阴上	抢蹡走：~襄家	tɕ	阴平	疆僵缰姜薑
	阴去	呛		阴上	降~落伞

tɕ'	阴平	羌腔		阴上	享响
dʑ	阳平	强		阴去	向饷
	阳去	弶老鼠~	ʔ	阴平	央秧殃鞅
ȵ	阳平	娘		阴上	养
	阴上	嬢称姑母		阴去	样~介:相同
	阳上	仰	∅	阳平	羊洋烊杨阳扬疡
	阳去	酿让白		阳上	痒恙氧
ɕ	阴平	香乡		阳去	样花~漾巷

uaŋ

ʔ	阴平	歪横蛮横不讲理	∅	阳平	横~竖

oŋ

p'	阴上	捧		阳去	凤俸缝缝隙
	阴去	碰文	t	阴平	东冬
b	阳平	篷蓬		阴上	董懂
	阳上	埲塶~:灰尘		阴去	栋冻
m	阳平	蒙蠓	t'	阴平	通
	阳上	懵		阴上	捅统
	阳去	梦文		阴去	痛
f	阴平	风枫疯讽丰封峰蜂	d	阳平	同铜桐筒童瞳
		锋烽		阳上	桶动胴~宫头(肛门)
	阴上	□"弗用"合音		阳去	洞
	阴去	□脏:~猛	n	阳平	农脓
v	阳平	冯逢缝~衣裳	l	阳平	笼聋隆龙
	阳上	奉		阳上	拢陇垅垄

	阳去	弄		阴去	送宋
ts	阴平	鬃宗中当~忠终踪	z	阳平	松~树凇骂人话
		棕纵~横钟盅	k	阴平	公工功弓躬宫恭
	阴上	总众纵放~肿种~类		阴去	攻贡汞巩供~给拱
	阴去	棕中考~种~树	k'	阴平	空~虚
ts'	阴平	聪囱葱囱充从~容		阴上	孔恐
		冲		阴去	空亏~控
	阴上	宠	g	阳去	共
	阴去	铳眮瞳~楤竹~:尖头担	ʔ	阴平	翁嗡蓊
dz	阳平	丛虫崇从重~复、~新		阴上	塕~塳
	阳上	重轻~		阴去	臃~臭魖~鼻头
	阳去	仲诵颂	h	阴平	烘
s	阴平	松宽~嵩松		阴上	哄蕻
			ɦ	阳平	红洪鸿虹宏弘

ioŋ

				阴去	齈嗅
tɕ	阴平	□齸养:~伊过世	ʔ	阴平	雍
	阴上	迥		阴上	永拥泳勇甬涌咏
dʑ	阳平	琼穷	∅	阳平	荣雄熊庸容融
ȵ	阳平	绒戎浓		阳去	用佣
ɕ	阴平	兄胸凶匈			

m

∅	阳平	无白		阳去	亩白
	阳上	姆阿~:俗称伯母			

长乐话音系 · 277 ·

ŋ̍

ø	阴平	□～～：儿语（大便）
	阳平	儿白，老鱼白

阳上　尔白耳白，老五白

i?

p	阴入	鳖憋癟笔毕必逼碧璧壁臂滗
p'	阴入	撇匹霹僻噼辟霹劈
b	阳入	别区～、离～弼鳖～脚：不好、差趐急走蹩腿微瘸鼻文
m	阳入	灭篾蔑密蜜觅搣用手指捻：～线、～六谷
t	阴入	跌的滴嫡□用手指捐：～葱
t'	阴入	贴帖铁踢剔惕倜
d	阳入	叠牒蝶谍碟迭笛敌狄籴
l	阳入	立笠列例烈裂劣栗律率力历
ts	阴入	接节即鲫稷积迹脊绩
ts'	阴入	妾窃缉辑切七漆戚□水～：子孑
dz	阳入	捷集习袭截绝疾籍

s	阴入	藉席又夕又寂薛泄亵屑雪悉膝瑟戌息熄媳惜昔锡析须胥婿
z	阳入	挻～断席又夕又
tɕ	阴入	劫急级给孑揭洁结吉诘棘击激镙沙～：镰刀
tɕ'	阴入	泣乞迄隙吃絜提，拎：～篮、浇～
dʐ	阳入	及杰竭极剧屐木～□狭窄不宽绰
ȵ	阳入	聂镊业热孽匿溺逆
ɕ	阴入	胁吸歇蝎疲坏，不好
?	阴入	餍酒～邑揖谒噎乙一抑益溢缢□隐身
ø	阳入	叶协侠逸弋翼亦译易贸～液掖腋携

$$u\textipa{P}$$

k'　阴入　窟～窿

$$y\textipa{P}$$

tɕ	阴入	厥了决诀橘菊镢		阴入	血恤
tɕ'	阴入	阙缺屈曲又	ʔ	阴入	郁忧～
dʑ	阳入	掘倔局又镯白,又	∅	阳入	悦阅越粤狱穴月文
nʑ	阳入	月白			

$$a\textipa{P}$$

p	阴入	百柏伯	s	阴入	□浸泡在水中栅
p'	阴入	拍魄/派掰开:～开来分	z	阳入	芍若弱石趉(有点突然地)急走:～出来
b	阳入	白			
m	阳入	陌麦脉	k	阴入	格又
ts	阴入	劄摘眨着～衣裳酌耥镢类农具:锄头、铁～	k'	阴入	客又
			ŋ	阳入	额
ts'	阴入	拆策册厮皴:刮～绰	ʔ	阴入	阿又;～妈
dz	阳入	着睡～宅	h	阴入	吓赫

$$ia\textipa{P}$$

l	阳入	略掠	z	阳入	嚼
ts	阴入	爵	tɕ	阴入	脚
ts'	阴入	雀鹊	tɕ'	阴入	恰洽怯却
s	阴入	削	dʑ	阳入	□重击声:弗听话我～记尔

ȵ	阳入	捏虐疟箸~壳		∅	阳入	药钥跃
ʔ	阴入	约				

** uaʔ**

k	阴入	刮又括又				
g	阳入	□重物落地声：~哒遄		∅	阳入	划燷~着：极好 落来

æʔ

p	阴入	八		ts	阴入	扎札窄狭~眨
b	阳入	拔跋		ts'	阴入	插擦察
m	阳入	袜		s	阴入	霎萨撒杀煞
f	阴入	法发~生、头~		z	阳入	闸铡煠油炸、水煮
v	阳入	乏伐筏阀罚		k	阳入	夹袷甲隔格又
t	阴入	答搭褡妲		k'	阴入	掐客又
t'	阴入	踏塔榻塌獭		g	阳入	轧被车压、拥挤
d	阳入	踏达		ʔ	阴入	鸭押压阿又：~叔
n	阳入	捺		h	阴入	呷喝：~老酒、~茶瞎辖
l	阳入	腊蜡邋鑞瘌猎辣瘌		ɦ	阳入	盒狭匣

uæʔ

k	阴入	刮又：~风、~胡须括又		∅	阳入	猾滑
ʔ	阴入	挖				

ə?

p	阴入	钵拨不北迫压~
p'	阴入	泼
b	阳入	勃脖帛鼻白:~头
m	阳入	末沫抹没墨默
f	阴入	弗拂佛忽又
v	阳入	砩佛物勿
t	阴入	掇得德
t'	阴入	脱忒
d	阳入	夺突凸凹~
n	阳入	纳日白:~子
l	阳入	粒捋肋勒垃
ts	阴入	摺执汁哲摺折~断 浙质卒则织职责只量词,又
ts'	阴入	彻撤辙撮猝出测侧 侧赤斥尺
dz	阳入	杂涉蛰舌侄秩直值 植殖术白~掷择泽
s	阴入	摄涩湿设刷说虱失 室蟀率塞色识式饰 适 释 □垃~:垃圾 些啬
z	阳入	十又拾又什入折蹻脚 ~手实又日文:~本术 述贼食又蚀硕
k	阴入	鸽割葛革佮合,不分
k'	阴入	磕瞌渴刻克咳~嗽
?	阴入	厄扼遏
h	阴入	喝黑
ɦ	阳入	盍合核

iə?

ʐ	阳入	十又拾又实又食又

uə?

k	阴入	骨
k'	阴入	阔
?	阴入	颎没入水中:~杀
h	阴入	忽又
ø	阳入	活核~桃、果~猢~ 猻精

ɔʔ

t'	阴入	托拓橐庹秃			白:~得□ ~奶奶:小儿吃奶
d	阳入	铎度猜~踱			
n	阳入	诺	k'	阴入	廓扩确壳
l	阳入	落烙骆酪洛络赂乐 快~	g	阳入	□阁置,架高□小孩被同伴孤立:~出佬
ts	阴入	作斮砍:~柴只量词,又	ŋ	阳入	鄂鹤岳
dz	阳入	昨文	ʔ	阴入	恶
s	阴入	索~性	h	阴入	豁臛~头:面条等主食中的配菜霍藿
z	阳入	凿昨白勺~子			
k	阴入	各阁胳角~落头觉	ɦ	阳入	学白

iɔʔ

tɕ	阴入	觉文:知~、~悟	ø	阳入	曰乐音~学文:~校

oʔ

p	阴入	博剥驳卜	t	阴入	笃督朵耳~
p'	阴入	璞扑	d	阳入	独读牍犊毒
b	阳入	薄泊缚雹仆曝~露瀑~布	l	阴入	鹿禄录六陆戮绿渌碌簏赂
m	阳入	莫寞摸木沐霖目穆牧沐	ts	阴入	桌卓啄琢啄竹筑祝粥足烛嘱
f	阴入	福幅蝠复腹	ts'	阴入	戳龊捉畜~牲促触
v	阳入	服伏复收~	dz	阳入	浊镯文族逐轴俗蜀

		又浞被雨淋：～湿			又属辱褥
s	阴入	索绳～朔速肃夙宿～夜缩叔畜～牧蓄粟束嗽吸食：～螺丝	k	阴入	郭国谷山～、五～
			kʻ	阴入	哭酷觳壑：镬～头
			ʔ	阴入	握龌屋沃
z	阳入	熟孰淑肉文续赎蜀	ɦ	阳入	镬或惑域获

io?

tɕʻ	阳入	曲又	ɕ	阴入	旭
dʑ	阳入	局又镯白，又	ʔ	阴入	郁姓
ȵ	阳入	肉白狱又挧压揉：～麦粉玉	ø	阳入	役疫育欲浴狱又

（原载《方言》2003 年第 4 期，此次收入本集稍有补正）

长乐话词语选

　　本文收入长乐方言常用或较有特点的词语 1000 余条,大体按意义分为 10 类。每条的内容一般包括词目、注音、释义,必要时加例句。写不出字的词目用同音字代替,没有同音字可写的用"□"表示。音下加"＿"的表示此音特殊。多义项的词语分别用①②③标出几种意义。同义词排在一起,说得多的顶格排在前,其余缩一格排在后,意义不说自明者不另作解释。例句中的"～"代表本条目。括号"()"内的字或音可有可无。

一、天时 地理 方位

天公　t'iæ$^{413-41}$ koŋ$^{413-22}$
　　① 天空 ② 天气:落 雨
　　～ | ～要落雪

热头　ȵi^2 døy$^{213-53}$　太阳:晒
　　～ | ～下

月亮　ȵyʔ^2 liaŋ^{35}　～婆婆

天狗食月　t'iæ$^{413-41}$ køy^{53} zəʔ^2
　　ȵyʔ^5　日食

星　sin^{413}

云　yn^{213}

早红霞　tsɔ$^{53-35}$ ɦoŋ$^{213-53}$
　　ŋɔ$^{213-53}$ 朝霞:～,晒
　　煞老人家

夜红霞　ia^{44} ɦoŋ$^{213-35}$ ŋɔ$^{213-53}$
　　晚霞

鲎　høy^{44}　虹:东～日头西
　　～雨

雷公　lE$^{213-21}$ koŋ$^{413-22}$　雷

幅闪　foʔ⁵ sæ⁴⁴　闪电

落雨　lɔʔ² y²²　下雨

毛花雨　mɒ²¹³⁻²¹ huɔ⁴¹³⁻³⁵ y²²⁻⁵³　牛毛雨

热头雨　n̠i² døy²¹³⁻³⁵ y²²⁻⁵³　有阳光而下的雨

斜风雨　ɕia⁴¹³⁻⁴¹ foŋ⁴¹³⁻³⁵ y²²⁻⁵³　潲雨

冰　pin⁴¹³

结冰　tɕiʔ⁵ pin⁴¹³

冻冰　toŋ⁴⁴⁻²² pin⁴¹³⁻²²　①冰 ②冻疮:脚喽生～

亭亭荡　din²¹³⁻²¹ din²¹³⁻²¹ dɒŋ³⁵　冰锥

落雪　lɔʔ² siʔ⁵　下雪

雨夹雪　y²²⁻³⁵ kæʔ⁵ siʔ⁵　雨雪一起下:～,落勿歇

雪石子　siʔ⁵ zaʔ² tsɿ⁵³　霰

烊雪　iaŋ²¹³ siʔ⁵　融雪

龙電　loŋ²¹³⁻²¹ boŋ²¹³⁻⁵³　電子

霜　saŋ⁴¹³

露水　lu³⁵⁻²² sɿ⁵³⁻²²

雾露　ɦu³⁵⁻²² lu³⁵　雾

起风　tɕ'i⁵³ foŋ⁴¹³

发大水　fæʔ⁵ do³⁵⁻²² sɿ⁵³⁻²²

日子　nəʔ² tsɿ⁵³

时辰　zɿ²¹³⁻²¹ zən²¹³⁻⁵³

今日　tɕin⁴¹²⁻⁴¹ nəʔ²　今天

明朝(介)min²¹³⁻²¹ tsɔ⁴¹²⁻²² (ka⁴⁴⁻⁵³)　明天

昨日　zaŋ²¹³⁻²¹ nəʔ²

今年　tɕin⁴¹²⁻⁴¹ n̠iæ²¹³⁻⁵³

下年　ɦɔ²²⁻³⁵ n̠iæ²¹³⁻⁵³　明年

旧年　dʑiøy³⁵ n̠iæ²¹³⁻⁵³　去年

空心　k'oŋ⁴¹³⁻⁴¹ sin⁴¹³⁻⁵³　清晨

早上　tsɔ⁵³⁻³⁵ zaŋ²²⁻⁵³　上午

当晏昼头　taŋ⁴¹³⁻⁴¹ ʔæ⁴⁴⁻⁵³ tsøy²¹³⁻⁵³ døy⁴¹³⁻⁵³　正午

午牌　ŋ̩²²⁻³⁵ ba²¹³⁻⁵³　下午

夜(发)脚跟　ia⁴⁴ (fæʔ⁵) tɕiaʔ⁵ kən⁴¹³⁻²²　傍晚

日场喽　nəʔ² dzaŋ²¹³⁻⁵³ løy⁵³　白天

黄睏头　huaŋ²¹³⁻²¹ kuən⁴⁴ døy²¹³⁻⁵³　黄昏

夜喽　ia⁴⁴⁻³⁵ løy⁵³　夜里

夜头市　ia⁴⁴ døy²¹³⁻³⁵ zɿ²²⁻⁵³

晚上　mæ²²⁻³⁵ zaŋ²²⁻³⁵

半夜生介　pɔ̃⁴⁴⁻²² ia⁴⁴⁻²² saŋ⁴¹³⁻³⁵ ka⁴⁴⁻⁵³　半夜里

年三十　n̠iæ²¹³⁻²¹ sæ⁴¹³⁻³⁵ zəʔ²

除夕

正月初一　tsən$^{413-41}$ n̠y$ʔ^2$
　　　　　　ts'u$^{413-35}$ ʔi$ʔ^5$

冬五　toŋ$^{413-41}$ ŋ$^{22-53}$　端午

地方　di$^{35-22}$ faŋ$^{413-22}$

地下　di$^{35-22}$ ɦo^{22}　地上：掼喽～
　　　（扔在地上）

地　di^{35}　旱地，无水

田　diæ^{213}　水田

田塍　diæ$^{213-21}$ zən^{53}　田间小
　　　径，阡陌：～喽种两株
　　　六谷

畈　fæ^{44}　泛称田地，田野：田
　　　～｜东～｜西～

坑　k'aŋ^{413}　田间流水沟：～
　　　喽摸螺蛳

塘　daŋ^{213}　田间水池，其水用
　　　于灌溉，养鱼等

溪滩　tɕ'i$^{412-41}$ t'æ$^{412-22}$　溪边
　　　沙滩

河□　ɦo$^{213-21}$ tsæ^{44}　小河，特
　　　指长乐镇内由西而东穿
　　　镇而过的小河（可惜现
　　　已枯竭）：伊来蒙～喽洗
　　　衣裳

埠头　bu$^{35-22}$ døy$^{213-22}$　建在
　　　水边的石阶、石板等，
　　　供人上下、洗衣等：塘

～｜排～

山　sæ^{413}

岭　lin^{22}　有路可通行的山，
　　　也指上山的路，多用山石
　　　砌成

树林□　zɿ$^{35-22}$ lin$^{213-22}$ baŋ^{35}
　　　树林

刺窝□　ts'ɿ$^{44-22}$ k'o$^{413-22}$ baŋ^{35}
　　　荆棘丛

城里头　dzən$^{213-21}$ li$^{22-35}$
　　　døy$^{213-53}$　城里，专指
　　　嵊县城里

山里头　sæ$^{413-41}$ li$^{22-35}$
　　　døy$^{213-53}$　山区

凉亭　liaŋ$^{213-21}$ din$^{213-53}$

路廊　lu$^{35-22}$ laŋ$^{35-22}$　旧时供
　　　路人歇脚的长廊，两头
　　　与大路相接，里面置有
　　　长条木凳

庙　mio^{35}　庙宇：曹娥～｜晏
　　　公～｜关帝～｜阳冥～

庵堂　ʔæ$^{413-41}$ daŋ$^{213-53}$

寺　zɿ^{35}　寺庙：千佛～

祠堂　zɿ$^{213-21}$ daŋ$^{213-53}$　旧时
　　　安放祖先牌位并进行
　　　祭祀的房屋：大～

角落头　ko$ʔ^5$ lo$ʔ^2$ døy$^{213-53}$
　　　角落

吊侧角落头	tio⁴⁴⁻²² tsə?⁵ kɔ⁵ lɔ² døy²¹³⁻⁵³　偏在一边的地方	外头　ŋa³⁵⁻²² døy²¹³⁻²²　外面
边□头	piæ⁴¹³⁻⁴¹ ʔiæ⁴¹³⁻²² døy²¹³⁻⁵³　旁边	前头　ziæ²¹³⁻²¹ døy²¹³⁻⁵³　前面
石头	za?² døy²¹³⁻⁵³	后头　iøy³⁵⁻²² døy²¹³⁻²²　后面
烂泥	næ³⁵⁻²² ɳi²¹³⁻²²　湿泥	顺手　zən³⁵⁻²² søy⁵³⁻²²　①右手 ②右边：～转弯
黄沙	uaŋ²¹³⁻²² sɔ⁴¹³⁻²²　沙子	借手　tsia⁴⁴⁻²² søy⁵³⁻²²　①左手：～佬（习惯于用左手的人）②左边
墩垺	ʔoŋ⁵³⁻³⁵ boŋ²²⁻⁵³　灰尘	
上等	zaŋ²² tən⁵³⁻²²　上面	当中　taŋ⁴¹³⁻⁴¹ tsoŋ⁴¹³⁻²²　中间
下底	ɦɔ³⁵⁻²² ti⁵³⁻²²　下面	
里头	li²² døy²¹³⁻²²　里面	

二、亲属　称谓　代词

爷爷	ia²¹³⁻²¹ ia²¹³⁻⁵³　①祖父②儿媳称公公	阿叔　ʔæ?⁵ so?⁵　叔叔
娘娘	ɳiaŋ²¹³⁻²¹ niaŋ²¹³⁻⁵³　①祖母 ②儿媳称婆婆	阿婶　ʔæ?⁵ sən⁵³　婶婶
婆	bo²¹³　他称某人的婆婆：伊介～待伊好喽葛	阿孃　ʔæ?⁵ ɳiaŋ⁵³　姑姑
		姑夫　ku⁴¹³⁻⁴¹ fu⁴¹³⁻²²
外公	ŋa³⁵⁻²² koŋ²¹³⁻⁵³　外祖父	娘舅　ɳiaŋ²¹³⁻²¹ dʑiøy²²⁻⁵³　舅舅
外婆	ŋa³⁵⁻²² bo²¹³⁻⁵³　外祖母	舅姆　dʑiøy²²⁻³⁵ m²²⁻⁵³　舅母
爹爹	tia⁴¹³⁻⁴¹ tia⁴¹³⁻⁵³　父亲	姨娘　i²¹³⁻²¹ ɳiaŋ²¹³⁻⁵³　姨母
阿妈	ʔæ?⁵ ʔma⁵³　母亲	姨夫　i²¹³⁻²¹ fu⁴¹³⁻²²　姨父
大伯伯	do³⁵ pa?⁵ pa?⁵　大伯父	老公　lɔ²²⁻³⁵ koŋ⁴¹³⁻⁵³　丈夫
大妈	do³⁵ ʔma⁵³　大伯母	老马　lɔ²²⁻³⁵ mɔ²²⁻⁵³　妻子
		哥哥　ko⁴¹³⁻⁴¹ ko⁴¹³⁻⁵³
		阿嫂　ʔæ?⁵ sʊ⁵³　嫂嫂
		阿姐　ʔæ?⁵ tsi⁵³　姐姐

长乐话词语选 • 287 •

姐夫 tsi⁵³⁻³⁵ fu⁴¹³⁻⁵³

妹妹 mɛ³⁵ mɛ³⁵⁻⁴⁴

妹夫 mɛ³⁵⁻²² fu⁴¹³⁻²²

儿子 ȵi²¹³⁻²¹ tsŋ⁵³⁻⁴⁴

儿 ŋ²¹³

囝 ʔnɛ⁵³ 女儿

郎官 laŋ²¹³⁻²¹ kuœ⁴¹³⁻²² 女婿

老婆舅 lɔ²²⁻³⁵ bo²¹³⁻⁵³ dʑiøy²²⁻⁵³ 妻舅

叔拜姆 soʔ⁵ pa⁴⁴⁻³⁵ m²²⁻⁵³ 妯娌

亲眷家 tsʻin⁴¹³⁻⁴¹ tɕiœ⁴⁴⁻⁵³ kɔ⁴¹³⁻⁵³ 亲戚

邻舍家 lin²¹³⁻²¹ sɔ⁵⁵⁻⁵³ kɔ⁴¹³⁻⁵³ 邻居

伙队家 ho⁵³⁻³⁵ dɛ³⁵⁻⁵³ kɔ⁴¹³⁻⁵³ 朋友

男人家 nœ²¹³⁻²² ȵin⁴¹³⁻⁵³ kɔ²¹³⁻²² 男人

女人家 ȵy²²⁻³⁵ ȵin²¹³⁻⁵³ kɔ⁴¹³⁻⁵³ 女人

两公婆 liaŋ²²⁻³⁵ koŋ⁴¹³⁻⁵³ bo²¹³⁻⁵³ 夫妻俩

老太公 la²²⁻³⁵（又音 lɒ²²⁻³⁵）tʻa⁴⁴⁻⁵³ koŋ⁴¹³⁻⁵³ 老头儿

老太婆 la²²⁻³⁵（又音 lɒ²²⁻³⁵）tʻa⁴⁴⁻⁵³ bo²¹³⁻⁵³ 老太太

小囊 siɒ⁵³ naŋ²¹³⁻⁵³ 小孩儿

小官人 siɑ⁵³⁻³⁵ kuœ⁴¹³⁻⁵³ ȵin²¹³⁻⁵³ 尊称男孩

豆刁 døy³⁵⁻²² tiɒ⁴¹³⁻²² 卑称男孩

囝蒲头 ʔnɛ⁵³⁻³⁵ bu²¹³⁻⁵³ døy²¹³⁻⁵³ 小女孩儿

大姑娘 do³⁵⁻²² ku⁴¹³⁻²² ȵiaŋ²¹³⁻⁵³ 女孩儿

内眷 nɛ³⁵⁻²² tɕiœ⁴⁴⁻⁵³ 已婚中年妇女

懒妇嫂 læ²²⁻³⁵ vu²²⁻⁵³ sɔ⁵³ 戏称懒惰的妇女：～,～,热头瞓到三丈高,还定道（以为）是颗黄瞑晓

寡妇 kuɔ⁵³⁻³⁵ vu²²⁻⁵³

独天地佬 doʔ² tʻiæ⁴¹³⁻³⁵ di³⁵⁻⁵³ lɒ²²⁻⁵³ 单身男子,鳏夫

拖油瓶 tʻo⁴¹³⁻⁴¹ iøy²¹³⁻⁵³ bin²¹³⁻⁵³ 蔑称妇女再嫁时所带的前夫的儿女

养亲爿 iaŋ²² tsʻin⁴¹³⁻³⁵ bæ²¹³⁻⁵³ 童养媳：～,

笃门槛（无人理睬地坐在门槛上）

晚娘　mæ$^{22-35}$ȵiaŋ$^{213-53}$　后娘

晚爹叔　mæ$^{22-35}$tia$^{413-53}$soʔ^5　继父

先生　siæ$^{413-41}$saŋ$^{413-22}$　尊称有文化的人：李～｜教书～｜账房～｜算命～

师父　sʅ$^{413-41}$vu$^{22-53}$　尊称有手艺的人：厨头～｜木匠～｜篾～｜剃头～

佬　lɒ^{22}　蔑称某种行业、某种样子、某些地区、某个国家的人：杀猪～｜斫柴～｜剃头～｜讨饭佬（乞丐）｜赤膊～（光着上身的人）｜东阳～｜外国～｜日本～

骨头　kuəʔ^{5}døŋ$^{213-53}$　骂人话：贱～｜下作～（行为做事卑鄙下流的人）｜轻～（行为轻浮的人）

胚　p'ᴇ^{413}　骂人话：贱～｜贼～

虫　zoŋ^{213}　蔑称某些人：～东西｜呆～

子　ts^{53}　称某些男人：长～｜矮～

婆　bo^{213}　蔑称某些女性：长～｜矮～｜呆～｜烧镬～（做饭的妇女）｜懒妇～（懒女人）｜野王～（很野的年轻女子）

（什）我　（zəʔ^2）ŋo^{22}　我

（什）尔　（zəʔ^2）n̩^{22}　你

（什）伊　（zəʔ^2）i^{22}　他

（什）□　（zəʔ^2）ua^{22}　我们

（什）□　（zəʔ^2）ŋa^{22}　你们

（什）□　（zəʔ^2）ia^{22}　他们

大家　do$^{35-22}$kɔ$^{413-22}$

自　zi^{35}自己：～烧～食｜～讲～话

别囊（家）　bəʔ^{2}naŋ$^{213-22}$（kɔ$^{413-22}$）　别人

（介）块　（ka^{44}）k'uᴇ^{53}　这儿

篷（介）块　boŋ^{213}（ka^{44}）k'uᴇ^{53}　那儿

哪侬　na$^{213-21}$（又音 ɦ$^{213-21}$）noŋ$^{22-35}$　谁

豪葛　ɦ ɒ$^{213-21}$kəʔ^5　什么：～东西｜～件头（事情）｜～缘过（原因）

糟（"做豪"合音）葛　tsɒ$^{413-41}$kəʔ^5

做什么　哪伊　na²¹³⁻²² i²²　为什么，怎
糟来　tsɒ⁴¹³⁻⁴¹ lɛ²¹³⁻²²　　么啦：～叫（哭）来？

三、身体　疾病　医疗

己身　tɕi⁵³⁻³⁵ sən⁴¹³⁻⁵³　人体：　　　黑眼珠
　　揩～｜～骨头痛　　　眼白　næ²²⁻³⁵ baʔ²　白眼珠
头皮　døy²¹³⁻²¹ bi²¹³⁻⁵³　①人　　眉毛　m̲i̲²¹³⁻²¹ mɒ²¹³⁻⁵³
　　或动物的头：～痛　②头　　鼻头　bəʔ² døy²¹³⁻⁵³　　①鼻子
　　上的皮：～屑　　　　　　②鼻涕：～拖出来（鼻
剌孔　tsʻɹ⁴⁴⁻²² kʻoŋ⁵³⁻²²　　　涕流出来）
　　囟门　　　　　　　　　　鼻头洞　bəʔ² døy²¹³⁻²² doŋ³⁵
头髻　døy²¹³⁻²¹ tɕi⁴⁴　妇女（多　　　鼻孔
　　已婚）头上梳的发髻　　面颊鼓　miæ³⁵⁻²² tɕiʔ⁵ ku⁵³
辫记　bi æ³⁵ tɕi⁵³　辫子　　　　　腮
面　miæ³⁵　脸：洗～（不说"洗　嘴部　tsɹ⁵³⁻³⁵ bu²²⁻⁵³　　嘴
　　面孔"）｜～汤水（洗脸水）　嘴唇皮　tsɹ⁵³⁻³⁵ zən²¹³⁻⁵³ bi²¹³⁻⁵³
面孔　miæ³⁵ kʻoŋ⁵³　脸：～红　　　嘴唇
　　红介｜吓得～雪白　　　下巴　fiɔ²²⁻³⁵ b̲ɔ̲⁴¹³⁻⁵³
脸孔　li æ²²⁻³⁵ kʻoŋ⁵³ 脸皮（多　胡须　u²¹³⁻²¹ su⁴¹³⁻²²　　胡子
　　贬义）：糭～　　　　　馋射水　zæ²¹³⁻²¹ zɔ³⁵⁻⁴⁴ sɹ⁵³
耳朵　n̠i²²⁻³⁵ toʔ⁵（老派读　　　　口水
　　ŋ̍²²⁻³⁵ toʔ⁵）　　　钟底　tsoŋ⁴¹³⁻⁴¹ ti⁵³　小舌
耳朵洞　n̠i²²⁻³⁵ toʔ⁵ doŋ³⁵⁻⁵³　喉咙　u̲²¹³⁻²¹ loŋ²¹³⁻⁵³
　　耳孔　　　　　　　头颈　døy²¹³⁻²² tɕin⁵³⁻²²　　脖子
额角头　ŋaʔ² kɔʔ⁵ døy²¹³⁻⁵³　夹遮下　kæʔ⁵ tsɔ⁴¹³⁻³⁵ fiɔ²²⁻⁵³
　　前额　　　　　　　　　　腋下
眼睛乌珠　ŋæ²²⁻³⁵ tsin⁴¹³⁻⁵³　肋棚骨　ləʔ² baŋ²¹³⁻³⁵ kuəʔ⁵
　　ʔu⁴¹³⁻⁴¹ tsɹ⁴¹³⁻⁵³　　　　肋骨

奶奶　na$^{22-35}$na$^{22-53}$　①乳房②乳汁：□～（小儿吃奶）

手骨　søy$^{53-35}$kuə$ʔ^{5}$　手臂

手底板　søy$^{53-35}$ti^{53}pæ^{53}　手心

手背　søy$^{53-35}$pE$ʔ^{44-53}$

背脊　pE^{44}tsiʔ^{5}　背

肚脐眼　du$^{22-35}$dzi$^{213-53}$ŋæ$^{22-53}$

屁股　p'i$^{44-22}$ku$^{53-22}$

屁股颊　p'i^{44}ku$^{53-35}$tɕiʔ^{5}　臀帮

屁眼洞　p'i$^{44-22}$ŋæ^{22}doŋ^{35}　肛门

卵子　lõe$^{22-35}$tsɿ^{53}　男阴

卵袋　lõe$^{22-35}$dE$^{35-53}$　阴囊

卵核　lõe$^{22-35}$uəʔ^{2}　睾丸

丫屄　ʔɔ$^{413-41}$pi$^{413-22}$　女阴

做大囊　tso$^{44-35}$do$^{35-22}$nɑŋ$^{213-22}$女孩初次来月经

屙　ʔo^{44}　粪便：狗～｜耳朵～（耳屎）｜鼻头～

□□　ŋ$^{213-21}$ŋ$^{213-53}$　小儿言大便

尿　sɿ^{413}　小便：射～狗（戏称好尿床的小孩）

□□　tɔ$^{413-41}$tɔ$^{413-53}$　小儿言小便：～尿

脚　tɕiaʔ^{5}　①腿（整条的）②脚：～趾头

脚骨　tɕiaʔ^{5}kuə$ʔ^{5}$　腿

脚髁头　tɕiaʔ^{5}k'o$^{413-35}$døy$^{213-53}$　膝盖

脚然肚　tɕiaʔ^{5}zõe$^{213-35}$du$^{22-53}$　腿肚子

脚底板　tɕiaʔ^{5}ti$^{53-22}$pæ^{53}　脚底

脚背　tɕiaʔ^{5}pE^{44}

生毛病　saŋ$^{413-41}$mɔ$^{213-21}$bin^{35}　生病

弗省快　fəʔ^{5}saŋ$^{53-35}$k'ua$^{44-35}$　不舒服

着力猛　dzaʔ^{2}li^{2}maŋ$^{22-53}$　①疲劳：做得～啊，歇记话（歇一下再说）②有病：伊～啊，到卫生所去耽点药来

伤风　saŋ$^{413-44}$foŋ$^{413-22}$

嗽　søy^{44}　咳嗽

肚射　du^{22}dza^{35}　拉肚子

卵　mɔ^{22}　呕吐

发痧　fæʔ^{5}sɔ^{413}　中暑：伊～啊，呷点痧药水

长乐话词语选　　• 291 •

痄夏　tsɿ⁴⁴⁻²²ˈfiɔ³⁵　苦夏

刮破　kuaʔ⁵tsʻaʔ⁵　皮肤皴裂

痊　ʔiæ⁵³　痂

魇　ʔiæ⁵³　梦魇

痨病　lɔ²¹³⁻²¹bin³⁵　肺结核

羊眼癫　iaŋ²¹³⁻²¹ŋæ²²tiæ⁴¹³⁻²²　癫痫

寒热　fiæ²¹³⁻²¹n̦iʔ²　疟疾：~病｜发~

张毛病　tsaŋ⁴¹³⁻⁴¹mɒ²¹³⁻²¹bin³⁵　看病

煎药　tsiæ⁴¹³⁻⁴¹iɒʔ²　熬药

好去啊　hɔ⁴⁴⁻³⁵tɕʻi⁴⁴⁻⁵³fia⁵³　好了

死了啊　sɿ⁵³⁻³⁵liɒ²²⁻⁵³fia⁵³　死了

无没有（合音）啊　m²¹³⁻²¹mɘy⁵³⁻³⁵fia⁵³　讳称人死

跷脚　tɕʻiɒ⁴¹³⁻⁴¹tɕiɒʔ⁵　瘸子

折手　zəʔ²søy⁵³　折了胳臂的人

环背　guæ²¹³⁻²¹pɛ²²　驼背的人

呆虫　ŋɛ²¹³⁻²¹zoŋ²¹³⁻⁵³　傻子

癫子　tiæ⁴¹³tsɿ⁵³⁻⁴⁴　疯子

瞎子　hæʔ⁵tsɿ⁵³⁻⁴⁴　（男性）

瞎婆　hæʔ⁵bo²¹³⁻⁵³　（女性）

聋瓶　loŋ²¹³⁻²¹baŋ³⁵　聋子

缺嘴　tɕʻyʔ⁵tsɿ⁵³　唇裂的人

割舌　kəʔ⁵dzəʔ²　口吃：~佬

癞子　la³⁵tsɿ⁵³　留有黄癣疤痕的人：~哥（男性）

癞头婆　la³⁵⁻²²dɘy²¹³⁻³⁵bo²¹³⁻⁵³　留有黄癣疤痕的女子

麻皮　mɔ²¹³⁻²¹bi²¹³⁻⁵³　麻子

乌青　ʔu⁴¹³⁻⁴¹tɕʻin⁴¹³⁻²²　皮下出血：~介

生囊气　saŋ⁴¹²⁻⁴¹nɑŋ²¹³⁻²²tɕʻi⁴⁴　狐臭

四、日常生活　人体动作　红白事

蛙来起　ʔuɔ⁴¹³lɛ²¹³⁻³⁵tɕʻi⁵³　起床

洗面　si⁵³miæ³⁵　洗脸

擦牙齿　tsʻæʔ⁵ŋɔʔ²¹³⁻²¹tsʻɿ⁵³　刷牙

肚饥　du²²tɕi⁴¹³⁻²²　饿

口燥　kʻɘy⁵³sɔ⁴⁴⁻⁵³　渴

烧饭　sɔ⁴¹³⁻⁴¹væ³⁵　做饭

做　tso⁴⁴　干：会~（能干）

做生活　tso⁴⁴saŋ⁴¹³⁻⁴¹uəʔ²　干活

□瞌睏　zaʔ²kʻəʔ⁵tsʻoŋ⁴⁴　打

瞌睡

睏晏觉　k'uən$^{44-22}$ ʔæ$^{44-22}$

　　　　kɒ^{44}　午睡

睏去　k'uən$^{44-22}$ tɕ'ᴵᴵᴵ　睡着

醒转来　sin$^{53-35}$ ts ɕ̃e^{53} lᴇ$^{213-53}$

　　　　醒了

射屙　dza$^{35-22}$ ʔo^{44}　解大便

射尿　dza$^{35-22}$ sɿ^{113}　解小便

溰浴　hu^{44} io?^{2}　洗澡

　洗浴　si^{53} io?^{2}

踮囊家　ts'iaŋ^{53} naŋ$^{213-21}$

　　　　kɔ$^{413-22}$　串门儿

讲宿话　kaŋ^{53} so?^{5} uɔ^{35}　说话,

　　　　交谈

讲破话　kaŋ^{53} p'a^{44} uɔ^{35}　说

　　　　人坏话

讲造话　kaŋ^{53} zɒ$^{22-35}$ uɔ$^{35-53}$

　　　　撒谎

吹牛屄　ts'ɿ$^{413-41}$ ȵiøy$^{213-21}$

　　　　pi$^{413-22}$　吹牛

瞎□　hæ?^{5} tᴇ^{53}　瞎说,胡扯

讨相骂　t'ɒ^{53} siaŋ$^{413-41}$ mɔ^{35}

　　　　吵嘴

打架　taŋ^{53} ko^{44}（不含吵嘴）

朝惹　dzɒ$^{213-21}$ ȵia$^{22-53}$　理睬

欺待　tɕ'i$^{413-41}$ dᴇ$^{22-53}$　欺侮

调排　diɒ$^{213-21}$ ba$^{213-53}$　作弄

支摸　tsɿ$^{413-41}$ mo?^{2}　折磨,玩

弄（小动物或人）:罪过

猛,糎去～伊

帮衬　paŋ$^{413-41}$ ts'ən^{44}　帮助

溻麻油　t'æ?^{5} mɔ$^{213-21}$ iøy$^{213-53}$

　　　　拍马屁

坍台　t'æ$^{413-41}$ dᴇ$^{213-53}$　丢人

叹眼　t'æ$^{44-22}$ ŋæ^{22}　怕羞

体面　t'i$^{53-35}$ miæ$^{35-53}$　（菜

　　肴)丰盛

倒灶　tɔ$^{44-22}$ tsɔ^{44}　倒霉

犯关　væ^{22} kuæ^{413}　要命,遭

　　遇急难

落泊　lɔ?^{2} bo?^{2}　落难,陷入

　　困境

到外头　tɔ$^{44-22}$ ŋa^{22} døy^{22}

　　　　外出

盘缠　bæ$^{213-21}$ zœ$^{213-53}$

搞　kɒ^{53}　玩儿:把妹妹领去

　　～去｜我弗对伊～（我不

　　跟他玩儿)

搞本　kɒ$^{53-35}$ pən^{53}　玩具

嬉　ɕi^{413}　游览（风景、名胜

　　等):到新昌大佛寺去～

　　～来

食　zə?^{2}（又音 ʑiə?^{2}）　吃:～

　　饭｜苹果～个喽

呷　hæ?^{5}　喝:～茶｜～老酒

㧅　tɕiæ^{413}　用筷子夹:菜～

来食

□ koʔ⁵　吸:～奶奶｜～
　香烟

嗽　soʔ⁵　吸物使出:～螺蛳

含　ɦən²¹³　用嘴含物

衔　gæ²¹³　叼:狗～骨头

呕　ʔøy⁴¹³　叫,喊:尔去～
　声伊

凹　ʔɔ⁴¹³

叫　tɕin⁴⁴　哭:糠～｜～马绷
　（称好哭的孩子）

张　tsaŋ⁴¹³　看:～记看（看一
　看）｜～毛病｜我来～
　～尔

驮　do²¹³　拿:～来起｜～出
　来｜～喽（拿着）

扪　k'ɔ⁵³　①用手抓住:～伊
　牢　②捉拿:～鱼｜～贼
　骨头

安　ʔœ⁴¹³　安放:～喽桌等喽
　（放在桌子上）

囥　k'aŋ⁴⁴　藏:～喽推头（抽
　屉）喽｜～来起

掇　təʔ⁵　端:把凳～过来

絜　tɕ'iʔ⁵　拎,提:～篮（一种
　盛放食物的有提手带盖的
　篮子）

护　lu²¹³　用手抚摸

□ to⁵³　用手抚摸痛处:～
　～伊

掐　k'æʔ⁵　用双手抃:～杀

掼　guæ³⁵　①扔:～伊了（扔
　了他）②跌:～倒

溇　fu⁴⁴（又音 hu⁴⁴）　洗:～
　衣裳｜～面｜～浴

汰　da³⁵　到池塘或溪河中去
　漂洗衣物

搣　miʔ²　用手指搓捻:～六
　谷｜～线榔柱

捔　p'aʔ⁵　双手掰物使之分
　开:～开来分

破　p'a⁴⁴　①破碎②劈:～柴

斫　tsɔʔ⁵　用刀砍削:～树｜
　～柴佬

抑　løy²²　①搅拌:～谷箔
　②比喻好惹是生非:伊～
　头大猛

挟　gæʔ⁵　用胳膊夹在腋下:
　把小囊把我～过来｜把
　稻草～来

擎　dʑin²¹³　往上托,举

揿　tɕ'in⁴⁴　往下按:～落去｜
　～伊牢

扯　ts'a⁵³　撕裂:书册～破啊

竤　gɛ²²　站立:～来起

□ guən²¹³　蹲

跐 dʑy²² ～倒来拜 　　　　　抬嫁妆或人的长方形

踉 lɛ³⁵ 跌｜倒:～倒｜鞭～去 　　　抬筐

颂 ʔuəʔ⁵ 落入水中 　　　　　有啊 iøy²² lia⁵³ 怀孕了

趱 zaʔ² 疾行 　　　　　　　　　有己身 iøy²² tɕi⁵³⁻³⁵ sən⁴¹³⁻⁵³

逃 dɒ²¹³ ①跑;慢慢介走:鞭 　　　做婶姆 tso⁴⁴ sɔ⁵³⁻³⁵ m⁵³ 坐
～｜②逃跑:～难 　　　　　　月子

遁 dən³⁵ ①隐匿（一般指有 　　　双生 saŋ⁴¹³⁻⁴¹ saŋ⁴¹³⁻⁵³ 双
隐身术的人或神）②掉 　　　　胞胎
下，丢失:～喽地下｜钞 　　　独子 doʔ² tsɿ⁵³ 独生子
票～了啊 　　　　　　　　做寿 tso⁴⁴⁻²² zøy³⁵

做媒 tso⁴⁴ mɛ²¹³ 　　　　　寻死 zin²¹³⁻²¹ sɿ⁵³ 自杀

讨老马 tʻɒ⁵³ lɒ²²⁻³⁵ mɔ²²⁻⁵³ 　　棺材 kuɒ̃⁴¹³⁻⁴¹ zɛ²¹³⁻⁵³
娶亲 　　　　　　　　　　□ gɒ²¹³ 遗留下，指去世的

做新妇 tso⁴⁴ sin⁴¹³⁻⁴¹ vu²²⁻⁵³ 　　人遗留给后代的遗产:口
出嫁 　　　　　　　　　　屋是爷爷～落来葛

新郎官 sin⁴¹³⁻⁴¹ laŋ²² 　　　发丧 fæʔ⁵ saŋ⁴¹³
kuɒ̃⁴¹³⁻²² 新郎 　　　坟 vən²¹³

新妇 sin⁴¹³⁻⁴¹ vu²²⁻⁵³ ①新 　　坟棚 vən²¹³⁻²¹ baŋ²¹³⁻⁵³ 有
娘 ②儿媳妇:伊个 　　　树荫遮盖的坟地
～孝猛喽葛 　　　　　上坟 zaŋ²² vən²¹³

拜堂 pa⁴⁴ daŋ²¹³ 　　　　神主 zən²¹³⁻²¹ tsɿ⁵³ 木制

人赘 zəʔ² tsɛ⁴⁴ 　　　　　　牌位

花轿 huɔ⁴¹³⁻⁴¹ dʑiɒ³⁵ 　　　木主 moʔ² tsɿ⁵³

嫁资 kɔ⁴⁴⁻²² tsɿ⁴¹³⁻²² 嫁妆 　　祭 tsi⁴⁴ ①祭祀:～祖 ②咒

被笼 bi²²⁻³⁵ lɔŋ²¹³⁻⁵³ 一种 　　语,言吃

五、房屋　用品

屋　?o?^5　房子（整所的）：造
　～（盖房子）

房间　$\text{va}\eta^{213-21}\,\text{kæ}^{413-22}$　屋
　子：一间～

堂前　$\text{da}\eta^{213-21}\,\text{ziæ}^{213-53}$　旧
　式房子正房居中的
　一间

道地　$\text{dɐ}^{22-35}\,\text{di}^{35-53}$　天井

墙壁　$\text{zia}\eta^{213-21}\,\text{pi?}^5$　墙

楼等　$\text{løy}^{213-21}\,\text{tən}^{53}$　楼上

扶推　$\text{u}^{213-21}\,\text{t'ɛ}^{413-22}$　楼梯

屋檐　$\text{?o?}^5\,\text{iæ}^{213-53}$　房檐：
　～水

水笕　$\text{sı}^{53-35}\,\text{tɕiæ}^{53}$　安在屋
　檐下的水管

屋柱　$\text{?o?}^5\,\text{dzı}^{22-53}$　房柱

磉柱　$\text{sa}\eta^{413-41}\,\text{dzı}^{22-53}$
　柱下石

楼窗　$\text{løy}^{22-21}\,\text{ts'a}\eta^{413-22}$
　窗户

门槛　$\text{mən}^{213-21}\,\text{k'æ}^{413-53}$

踏倒步　$\text{dæ?}^2\,\text{tɐ}^{53-35}\,\text{bu}^{35-53}$
　台阶

灶间　$\text{tsɔ}^{44-35}\,\text{kæ}^{413-53}$　厨房

灶头　$\text{tsɔ}^{44-22}\,\text{døy}^{213-22}$　烧火
　做饭的灶

镬□头　$\text{ɦo?}^2\,\text{k'o?}^5\,\text{døy}^{213-53}$
　灶头后面烧火的
　地方

烟囱　$\text{iæ}^{413-41}\,\text{ts'o}\eta^{413-22}$

料缸头　$\text{liɐ}^{35-22}\,\text{ka}\eta^{413-35}$
　døy^{213-53}　厕所

东司　$\text{to}\eta^{413-41}\,\text{sı}^{413-22}$

坐马　$\text{zo}^{22-35}\,\text{mɔ}^{22-53}$　厕所里
　供人方便的木制坐具

东西　$\text{to}\eta^{413-41}\,\text{si}^{413-22}$　①泛
　称各种物品　②贬称
　人：下作～｜烂～

家生　$\text{kɔ}^{413-41}\,\text{sa}\eta^{413-22}$　①日
　用器具　②手工业者使
　用的工具

桌等　$\text{tso?}^5\,\text{tən}^{53}$　桌子：～
　椅子

椅子　$\text{i}^{22-35}\,\text{tsı}^{53}$

凳　tən^{44}　凳子：团～｜长
　～｜方～

石鼓　$\text{za?}^2\,\text{ku}^{53}$　一种石制
　坐具

眠床　$\text{miæ}^{213-21}\,\text{za}\eta^{213-53}$　床

被　bi^{22}　被子

垫被　$\text{diæ}^{35-22}\,\text{bi}^{22}$　褥子

床帐　$\text{za}\eta^{213-21}\,\text{tsa}\eta^{44}$　蚊帐

竹（眠）床　tsoʔ⁵（miæ²¹³⁻³⁵）zaŋ²¹³⁻⁵³

棕绷　tsoŋ⁴¹³⁻⁴¹ paŋ⁴¹³⁻²²

铺饭　pʻu⁴⁴⁻²² pæ⁵³⁻²²

簟席　miʔ² ziʔ²　竹簟编成的凉席

草席　tsʻɒ⁵³⁻³⁵ ziʔ²

被柜　bi²²⁻³⁵ dʑy³⁵⁻⁵³　放被子的大柜

大橱　do³⁵⁻²² dzɿ²¹³⁻²²

庎橱　ka⁴⁴⁻²² dzɿ²¹³⁻²²　碗橱

镬　ɦoʔ²　安在灶头上的铁锅

淘镬　dɔ²¹³⁻²¹ ɦoʔ²　比较大的铁锅

镬梗　ɦoʔ² kən⁵³　木制锅盖

镬炝　ɦoʔ² tsʻiaŋ⁵³　锅铲子

汤锅　tʻɑŋ⁴¹³⁻⁴¹ ko⁴¹³⁻²²　安在灶头上锅边盛水的铜锅，烧火做饭炒菜时可同时热水

汤锅竹棍　tʻɑŋ⁴¹³⁻⁴¹ ko⁴¹³⁻²² tsoʔ⁵ kən⁵³ 用于从汤锅中舀水的竹制器具

火筒　ɦo⁵³⁻³⁵ doŋ²²⁻⁵³ 用于吹火的竹筒

火钳　ɦo⁵³⁻³⁵ dʑiæ²¹³⁻⁵³　火剪

火锨　ɦo⁵³⁻³⁵ ɕiæ⁴¹³⁻⁵³ 铲柴火和灰的铁锨

砧板　tsən⁴¹³⁻⁴¹ pæ⁵³

薄刀　boʔ² tɒ⁴¹³⁻²²　切菜刀

瓢羹　biɒ²¹³⁻²¹ kaŋ⁴¹³⁻²²　匙子

碗　ʔuæ̃⁵³

筷　kʻua⁴⁴

箸笼　dzɿ³⁵⁻²² loŋ²¹³⁻²²　筷筒

老酒壶瓶　lɒ²²⁻³⁵ tsøy⁵³ u²¹³⁻²¹ bin²¹³⁻⁵³　酒壶，多锡制

钵头　pəʔ⁵ døy⁵³　一种陶制器皿：泔水～

饭篮　væ³⁵⁻²² læ²¹³⁻²²　一种盛米饭的竹篮

淘箩　dɒ²¹³⁻²¹ lo²¹³⁻⁵³　淘米用的竹筐

泔水　kæ̃⁴¹³⁻⁴¹ sɿ⁵³

水缸　sɿ⁵³⁻³⁵ kɑŋ⁴¹³⁻⁵³

七石缸　tɕʻiʔ⁵ zaʔ² kɑŋ²²　很大的缸

茶杯　do²¹³⁻²¹ pᴇ⁴¹³⁻²²　喝水的杯子

茶壶　do²¹³⁻²¹ u²¹³⁻⁵³　烧开水的壶

热水壶　ȵiʔ² sɿ⁵³⁻³⁵ u²¹³⁻⁵³　热水瓶

面桶　miæ³⁵⁻²² doŋ²²　洗脸盆

面布	$mi\ae^{35-22}\ pu^{44}$	洗脸的毛巾
牙杯	$\eta\mathfrak{o}^{213-21}\ p_E^{413-22}$	刷牙用的杯子
肥皂	$bi^{213-21}\ z\mathfrak{o}^{213-53}$	
梳	$s\eta^{413}$	
边箕	$pi\ae^{413-41}\ t\varphi i^{413-22}$	篦子
篮头	$l\ae^{213-21}\ døy^{213-53}$	篮子
盒则	$\text{ɦ}\ae\mathfrak{P}^2\ ts\mathfrak{o}\mathfrak{P}^5$	盒子
水桶	$s\eta^{53-35}\ do\eta^{22-53}$	
扁担	$pi\ae^{53-35}\ t\ae^{44-53}$	
楤	$ts\text{'}o\eta^{44}$	尖头担
朵柱	$t\mathfrak{o}^{53-35}\ dz\eta^{22-53}$	挑担时用于支撑扁担以减轻肩上重力的竹竿或木杆
扫帚	$s\mathfrak{o}^{44-22}\ tsøy^{53-22}$	
畚斗	$p\text{ə}n^{53-22}\ tøy^{53-22}$	簸箕
掸帚	$t\ae^{53-35}\ tsøy^{53}$	掸子:鸡毛~
檬柱	$mo\eta^{213-21}\ dz\eta^{22-53}$	棒槌
衣裳刨	$i^{413-41}\ za\eta^{213-22}\ b\mathfrak{o}^{35}$	洗衣板
眼竿	$la\eta^{35-22}\ k\ae^{53-22}$	晾晒衣物的竹竿
雨伞	$y^{22-35}\ s\ae^{53}$	
凉伞	$lia\eta^{213-21}\ s\ae^{53}$	布伞,遮阳用
阳伞	$ia\eta^{213-21}\ s\ae^{53}$	
拐□	$kua^{53-35}\ tsa^{53}$	拐杖
自鸣钟	$z\eta^{35-22}\ min^{213-22}\ tso\eta^{413-22}$	钟
脚踏车	$t\varphi ia\mathfrak{P}^5\ d\ae\mathfrak{P}^2\ ts\text{'}\mathfrak{o}^{413-22}$	自行车
弶	$d\text{ʑ}ia\eta^{35}$	①用来捕捉动物的设置,也可用作动词:老鼠~丨~麻鸟 ②比喻凑合着:稍为小点,~~喽好啊
电筒	$di\ae^{35-22}\ do\eta^{22}$	手电
锁匙	$s\mathfrak{o}^{53-35}\ z\eta^{213-53}$	钥匙
锁	$s\mathfrak{o}^{53}$	
引线	$\eta i^{22-35}\ si\ae^{44-53}$	针
鞋篮匾	$\text{ɦ}a^{213-21}\ l\ae^{213-35}\ pi\ae^{53}$	针线筐
线籰	$si\ae^{11-22}\ p\ae^{53-22}$	用于缠线的木板
搣线榔柱	$mi\mathfrak{P}^2\ si\ae^{44}\ la\eta^{213-22}\ dz\eta^{22}$	一种手工捻棉纱线的工具
糊抽	$\text{ɦ}u^{213-22}\ løy^{22}$	糨子
坐桶	$zo^{22-35}\ do\eta^{22-53}$	一种可以让小儿在里面或坐或站的木桶
坐车	$zo^{22-35}\ ts\text{'}\mathfrak{o}^{413-53}$	小儿坐具,车形
铜踏	$do\eta^{213-21}\ d\ae\mathfrak{P}^2$	可以将

脚踏在上面的铜制取暖用具，里面装炭灰

手炉　søy$^{53-35}$ lu$^{213-53}$　铜制取暖用具，比铜踏小

竹夫人　tso?^{2} fu$^{413-35}$ ȵin$^{213-53}$　一种热天睡觉时抱着取凉的用具，竹篾编成，中空

扇　sæ̃^{44}　扇子：芭蕉～｜蒲～

美孚灯　mɛ$^{22-35}$ fu$^{413-53}$ tən$^{413-53}$一种煤油灯，有罩子

电灯　diæ$^{35-22}$ tən$^{413-22}$

檗来火　bi$^{35-22}$ lɛ$^{213-35}$ ho^{53}　火柴

夜壶　ia$^{35-22}$ u$^{213-22}$　尿壶

马桶　mɔ$^{22-35}$ doŋ$^{22-53}$

草纸　ts'ɔ$^{53-35}$ tsɿ^{53}

六、服饰　饮食

衣裳　ʔi$^{413-41}$ zaŋ$^{213-53}$

长衫　dzaŋ$^{213-21}$ sæ$^{413-22}$　男式大褂：～马褂

旗袍　dʑi$^{213-21}$ bɒ$^{213-53}$　女式大褂：棉～

棉袄　miæ$^{213-21}$ ʔɒ^{53}

夹袄　kæʔ^5 ʔɒ^{53}

马褂　mɔ$^{22-35}$ kuɔ$^{44-53}$

背褡　pɛ^{44} tæʔ^5　中式背心：棉～｜夹～

小布衫　siŋ$^{53-35}$ pu$^{44-53}$ sæ$^{413-53}$　单上衣

体里衣裳　t'i$^{53-35}$ li$^{22-53}$ ʔi$^{413-41}$ zaŋ$^{213-53}$　贴身穿的衣服

罩衫　tsɒ$^{44-22}$ sæ$^{413-22}$　套在最外面的单衣

线衫　siæ$^{44-22}$ sæ$^{413-22}$　毛线衣

棉毛衫　miæ$^{213-21}$ mɒ$^{213-22}$ sæ$^{413-22}$　棉织上衣

夹里　kæʔ^5 li^{53}　棉衣或夹衣的里面一层

里子　li$^{22-35}$ tsɿ^{53}

大襟　do$^{35-22}$ tɕin$^{413-22}$　纽扣在右侧的中式服装的前面部分

小襟　siŋ$^{53-35}$ tɕin$^{413-53}$　大襟衣服右侧在大襟下面的部分

对襟　tɛ$^{44-22}$ tɕin$^{413-22}$　纽扣在中间的中式服装

手袖　$søy^{53-35} zøy^{35-53}$　袖子

纽子　$ȵiøy^{22-35} tsɿ^{53}$　纽扣

纳扣　$næʔ^2 k'øy^{44}$　摁扣儿

一口钟　$ʔiʔ^5 k'øy^{53-35} tsoŋ^{53}$
　　　斗篷,多儿童穿用

裙　$dʑyn^{213}$

连衣裙　$liæ^{213-21} ʔi^{413-35}$
　　　$dʑyn^{213-35}$

裤　$k'u^{44}$　裤子:开裆～｜
　　～脚

围裙　$y^{213-21} dʑyn^{213-53}$　婴幼
　　儿用的围裙

蓑衣　$sɔ^{413-41} ʔi^{413-22}$

鞋　$ħa^{213}$ 鞋子:凉～｜拖～｜
　　草～

套鞋　$t'ɒ^{44-22} ħa^{213-22}$　胶鞋,
　　橡胶制成

木屐　$moʔ^2 dʑiʔ^2$　旧时一种
　　自制雨鞋,将木条钉在
　　布鞋底下以防水

木拖　$moʔ^2 t'o^{413-22}$　木板
　　拖鞋

跑鞋　$bɒ^{213-21} ħa^{213-53}$　球鞋

袜　$mæʔ^2$　通称袜子

袜头　$mæʔ^2 døy^{213-53}$　短袜

帽　$mɒ^{35}$　帽子:鸭舌～｜
　　凉～

铜盆帽　$doŋ^{213-21} bən^{213-22}$

$mɒ^{35}$　一种呢制
礼帽

手巾　$søy^{53-35} tɕin^{413-53}$　手绢

围巾　y^{213-21}（又音:uei^{213-21}）
　　$tɕin^{413-22}$

尿布　$sɿ^{413-21} pu^{44}$

肚搭　$du^{22-35} tæʔ^5$　兜肚

围胸片　$y^{213-21} ɕyn^{413-35}$
　　$bæ^{213-53}$　围裙

露馋袋　$lu^{35-22} zæ^{213-22} dᴇ^{35}$
　　围嘴儿

宽紧带　$k'uæ^{413-41} tɕin^{53} ta^{44}$
　　松紧带

饭　$væ^{35}$　①专指大米干饭
　　②每天定时吃的食物:早
　　～｜晏～｜夜～｜食～

饭汤　$væ^{35-22} t'aŋ^{413-22}$　剩米
　　饭煮的稀饭:麻糍～

镬焦　$ħoʔ^2 tɕin^{413-22}$　锅巴

点心　$tiæ^{53-35} sin^{413-53}$　正餐
　　之外所吃的面条、米粉
　　之类的食品,夏季在午
　　饭和晚饭之间的时间
　　吃,有时也在早饭和午
　　饭之间吃:烧～｜早
　　～｜夜～

茶食　$dzɔ^{213-21} zəʔ^2$　糕点

酥糖　$su^{413-41} daŋ^{213-53}$　一种

用红绿纸包起来的面粉加油、糖等制成的食品:长乐～

糯米果 no$^{35-22}$mi$^{22-35}$ko^{53} 一种用糯米面制成的里面包有芝麻、豆沙馅儿的食品

白糖 baʔ^{2}daŋ$^{213-53}$ 当地一种糯米制成的糖

粟米糖 soʔ^{5}mi$^{22-35}$daŋ$^{213-53}$ 一种用小米粒制成的糖,酥脆

米海 mi$^{22-35}$hɛ^{53} 爆米花儿

米海茶 ·mi$^{22-35}$hɛ^{53}dzɔ$^{213-53}$ 开水泡的爆米花儿

麻糍 mɔ$^{213-21}$zʅ^{53} 年糕,用粳米制成

榨面 tsɔ$^{44-22}$miã^{35} 米粉

榨粉 tsɔ$^{44-22}$fən$^{53-22}$

米 mi^{22} 专指大米

麦粉 maʔ^{2}fən^{53} 面粉

馒头 mœ̃$^{213-21}$døy$^{213-53}$ 包子:肉～｜豆腐～

淡馒头 tã$^{22-35}$mœ̃$^{213-53}$døy$^{213-53}$ 馒头

麦面 maʔ^{2}miæ̃^{35} 面条

臊头 hɔʔ^{5}døy$^{213-53}$ 面条等食品中所加的肉末葱

花等调味品

汤包 tʻɑŋ$^{413-21}$pɑ$^{413-22}$ 馄饨

油煤棍 iøy$^{213-21}$zæʔ^{2}kuən^{53} 油条

油登鼓 iøy$^{213-21}$tən$^{113-35}$ku^{53} 一种面粉调水里面包萝卜丝等的油炸食品

油猫猫 iøy$^{213-21}$mɒ$^{213-35}$ mɒ$^{213-53}$ 油饼,油炸而成

马蹄酥 mɒ$^{22-35}$di$^{213-53}$su$^{413-53}$ 长乐一带特有的一种烧饼

六谷胖 loʔ^{2}koʔ^{5}pʻaŋ^{44} 炒酥的玉米粒,常加红糖

六谷糊 loʔ^{2}koʔ^{5}u$^{213-35}$ 玉米面制成的糊状稀饭

六谷饼 loʔ^{2}koʔ^{5}pin^{53} 玉米面制成的饼子

六谷灯盏头 loʔ^{2}koʔ^{5}tən$^{113-41}$ tsæ$^{53-35}$døy$^{213-53}$ 玉米面窝窝头

六谷果 loʔ^{2}koʔ^{5}ko^{53} 玉米面疙瘩

麦鸡娘 maʔ^{2}tɕi$^{413-35}$ n̠iaŋ$^{213-53}$ 面疙瘩

菜 tsʻɛ^{44} ①蔬菜:油～｜黄芽～ ②统称经烹调的蔬

长乐话词语选　　　• 301 •

菜、肉、蛋等下饭的食品

豆腐　d̪ɛ³⁵⁻²² u²²⁻³⁵

豆腐干　d̪ɛ³⁵⁻²² u²² kœ̃⁴¹³⁻²²

豆腐皮　d̪ɛ³⁵⁻²² u²² bi²¹³⁻²²

油豆腐　iøy²¹³⁻²¹ d̪ɛ³⁵⁻²² u²²⁻⁵³　炸豆腐

霉豆腐　mɛ²¹³⁻²¹ d̪ɛ³⁵⁻⁴⁴ u²²⁻⁵³　豆腐乳

臭豆腐　tɕʻøy⁴⁴ d̪ɛ³⁵⁻²² u²²⁻³⁵　油炸的臭豆腐块

千张　tsʻiæ⁴¹³⁻⁴¹ tsaŋ⁴¹³⁻²²　百叶

山粉　sæ̃⁴¹³⁻⁴¹ fən⁵³　一种淀粉

咸菜　ɦiæ²¹³⁻²¹ tsʻɛ⁴⁴

菜干　tsʻɛ⁴⁴⁻²² kœ̃⁴¹³⁻²²　干菜：～肉｜笋煮～

笋干　sin⁵³⁻³⁵ kœ̃⁴¹³⁻⁵³

笋煮菜干　sin⁵³⁻³⁵ tsɿ⁵³ tsʻɛ⁴⁴⁻²² kœ̃⁴¹³⁻²²　干菜笋

肉　n̠ioʔ²　专指猪肉

胖子　pʻɑŋ⁴⁴⁻⁵³ tsɿ⁵³　肘子

肚下拖　du²²⁻³⁵ ɦɔ²²⁻⁵³ tʻa⁴¹³⁻⁴¹　囊膪，猪胸腹部肥而松的肉

白切肉　baʔ² tsʻiʔ⁵ n̠ioʔ²

粉蒸肉　fən⁵³⁻³⁵ tsən⁴¹³⁻⁵³ n̠ioʔ²　米粉肉

饼子　pin⁵³ tsɿ⁵³　肉丸儿，长圆形：糟～

白斩鸡　baʔ² tsæ⁴¹³⁻²² tɕi⁴¹³⁻²²

鸡胗　tɕi⁴¹³⁻⁴¹ tsən⁴¹³⁻²²

鸡子酱　tɕi⁴¹³⁻⁴¹ tsɿ⁵³⁻³⁵ tsiaŋ⁴⁴⁻⁵³　鸡蛋羹

油焖笋　iøy²¹³⁻²¹ mən³⁵⁻⁴⁴ sin⁵³

糖霜　dɑŋ²¹³⁻²¹ saŋ⁴¹³⁻²²　白糖

官糖　kuæ⁴¹³⁻⁴¹ dɑŋ²¹³⁻⁵³　红糖

蜂糖　foŋ⁴¹³⁻⁴¹ dɑŋ²¹³⁻⁵³　蜂蜜

茶　dzɔ²¹³　白开水，不同于有茶叶之类的茶：呷～｜茶叶～

茶叶　dzɔ²¹³⁻²¹ iʔ²　茶：摘～

虾皮　hɔ⁴¹³⁻⁴¹ bi²¹³⁻⁵³

淮皮　ɦua²¹³⁻²¹ bi²¹³⁻⁵³　虾的一种，略小，色发白

老酒　lɒ²²⁻³⁵ tsøy⁵³　黄酒

烧酒　sɒ⁴¹³⁻⁴¹ tsøy⁵³　白酒

酒酱板　tsøy⁵³⁻³⁵ tsiaŋ⁴⁴ pæ⁵³　酒酿

糟　tsɒ⁴¹³　酒糟，可用于腌制食品：～鸡｜～饼子｜～大肠

酱油　tsiaŋ⁴⁴⁻²² iøy²¹³⁻²²

酸醋　$s\tilde{æ}^{413-41}ts\text{'}u^{44}$　醋　　　乌烟　$ʔu^{413-41}i\tilde{æ}^{413-22}$　雅片

香烟　$\varphi ia\eta^{413-41}i\tilde{æ}^{413-22}$

七、农工商学各业

做生活　$tso^{44}sa\eta^{413-41}uəʔ^2$　干活

种田　$tso\eta^{44}di\tilde{æ}^{213}$

耕田　$ka\eta^{413-41}di\tilde{æ}^{213}$

秧田　$ʔia\textSubscript{ʅ}^{413-41}di\tilde{æ}^{213-53}$　培育稻秧的田

削草　$sia ʔ^5 ts\text{'}ɔ^{53}$　锄草

车水　$ts\text{'}ɔ^{413-41}sʅ^{53}$　用水车灌溉

挖塘泥　$ʔæʔ^5dɑ\eta^{213-21}n̩i^{213-53}$　将池塘中的腐泥挖出用作肥料

割稻　$kəʔ^5dɒ^{22}$　收割稻谷

打稻　$ta\eta^{53}dɒ^{22}$　用摔打的方式为稻谷脱粒

稻桶　$dɒ^{22-35}do\eta^{22-53}$　用于打稻的桶，斗形

垫笠　$di\tilde{æ}^{35}liʔ^2$　用竹篾编成的大席，用于翻晒稻谷等

抑谷笆　$løy^{22-35}koʔ^{55-53}bɒ^{35-53}$　用于聚拢或散开谷物的笆子

风车　$fo\eta^{413-41}ts\text{'}ɔ^{413-22}$

笒　lo^{213}　一种方底圆口的竹编器具，有绳子可系在担子上，多用于盛放或运送谷物

猪潭　$tsʅ^{413-41}d\tilde{æ}^{213-53}$　猪栏

猪槽　$tsʅ^{413-41}zɒ^{213-53}$　喂猪用的盛猪食的石槽

料缸　$liɒ^{35-22}kɒ\eta^{413-22}$　大粪缸：～头（厕所）

肥桶　$bi^{213-21}do\eta^{22-53}$

浇挈　$t\varphi iɒ^{413-41}t\varphi\text{'}iʔ^5$　一种有长把的木制浇水农具

锄头　$zʅ^{213-21}døy^{213-53}$　翻地刨土用的农具

铁镐　$t\text{'}i^5tsaʔ^5$　一种带齿的掘土农具：锄头～

沙镰　$sɔ^{413-41}t\varphi iʔ^5$　镰刀

踏碓　$dæʔ^2t_E^{44}$　旧时舂米的设置，用脚踏粗木杆的一端，使安装在另一端的石杵一升一降，降落时捣石臼中的稻谷以使谷粒脱壳

捣臼　$to^{53-35}dʑiøy^{22-53}$　踏碓

的石臼部分

水碓 sɿ⁵³⁻³⁵ tɛ⁴⁴⁻⁵³ 旧时利用水力春米的设置

磨 mo³⁵

筛 sɿ⁴¹³ 筛子：米～｜麻～

罗 lo²¹³ 用来筛细末状物品的筛子

牵磨 tɕ'iæ⁴¹³⁻⁴¹ mo³⁵ 拉磨

掏 dɒ²¹³ 从土里挖掘：～芋芳｜～笋｜～番薯

脈六谷 p'aʔ⁵ loʔ² koʔ⁵ 掰玉米

钩刀 køy⁴¹³⁻⁴¹ tɒ⁴¹³⁻²² 一种带钩子的刀，用于割稻砍柴等

排竹筒 ba²¹³⁻²¹ tsoʔ⁵ dɒŋ²²⁻⁵³ 旧时农民干活时所带的装饮用水的竹筒

蒲里袋 bu²¹³ li²²⁻³⁵ dɛ³⁵⁻⁵³ 一种用蒲草编成的用于装干粮的袋子

丝厂 sɿ⁴¹³⁻²¹ ts'aŋ⁵³

机米厂 tɕi⁴¹³⁻⁴¹ mi²²⁻³⁵ ts'aŋ⁵³

洋车 iaŋ²¹³⁻²¹ ts'ɔ⁴¹³⁻²² 缝纫机：踏～

弹花 dæ²¹³⁻²¹ huɔ⁴¹³⁻²² 弹棉花：～师父

烧窑 sɒ⁴¹³⁻⁴¹ iɒ²¹³

打铁 taŋ⁵³ t'iʔ⁵

□碗 dʑin³⁵⁻²² ʔuõ⁵³ 铜碗

扯屋 ts'a⁵³ ʔoʔ⁵ 盖房子

□头 laŋ²¹³⁻²¹ døy⁵³ 锤子

老虎钳 la²²⁻³⁵ hu⁵³⁻²² dʑiæ²¹³⁻²² 钳子

钉□ tin⁴¹³⁻⁴¹ tsa⁴¹³⁻²² 钉子

做生意 tso⁴⁴⁻²² saŋ⁴¹³⁻²² ʔi⁴⁴

店 tiæ⁴⁴ 商店：布～｜肉～｜宿夜～

南货店 nõ²¹³⁻²¹ ho⁴⁴ tiæ⁴⁴⁻⁵³ 经营糖果调料等物品的商店

柜台 guɛ³⁵⁻²² dɛ²¹³⁻²²

账房 tsaŋ⁴⁴⁻²² faŋ²¹³⁻²² ①算账的房间 ②管账的人：～先生

摆摊 pa⁵³ t'æ⁴¹³

市日 zɿ²²⁻³⁵ nɒʔ² 定期买卖货物的日子

行 ɦɑŋ²¹³ 经纪人经营某些商品的场所（不单用）：米～｜猪～

便宜 biæ²¹³⁻²¹ ȵi²¹³⁻⁵³

贵 tɕy⁴⁴

有货 iøy²²⁻³⁵ ho⁴⁴⁻⁵³ 买的东西分量足

无货 m²¹³⁻²¹ ho⁴⁴ 买的东西

　　　　分量不足

趁　　ts'ən^{44}　赚：～钞票

拆蚀　ts'a$?^5$zə$?^2$　赔本儿

㧅　$?ɔ^{44}$　①硬卖给，硬送给：
　　　硬介要～我 ②硬吃下：伊
　　　弗肯食，我硬介要伊～
　　　落去

交运　kɒ$^{413-41}$yn^{35}

秤　　ts'ən^{44}

戥子　tən^{53}tsɿ^{53}

斤两　tɕin$^{413-41}$liaŋ^{53}　分量：
　　　称～

钞票　ts'ɒ$^{44-35}$p'iɒ$^{44-53}$
　　　①纸币 ②泛称钱

铜板　doŋ$^{213-21}$pæ^{53}　①铜元
　　　②泛称钱

洋钿　iaŋ$^{213-21}$diæ$^{213-53}$　泛称
　　　钱：十块～

银洋钿　n̠in$^{213-21}$iaŋ$^{213-35}$
　　　diæ$^{213-53}$　银元

角子　kɔ$?^5$tsɿ$^{53-44}$　硬辅币

算盘　sæ̃$^{44-22}$bæ$^{35-22}$

账簿　tsaŋ$^{44-22}$bu^{22}　账本

会钞　uɛ$^{35-22}$ts'ɒ^{44}　付账

汽车　tɕ'i$^{44-22}$ts'ɔ$^{413-22}$

汽车站　tɕ'i$^{44-22}$ts'ɔ$^{413-35}$
　　　dzæ$^{35-53}$

小包车　siɒ$^{53-35}$pɒ$^{213-53}$

ts'ɔ$^{413-53}$　小轿车

黄包车　uaŋ$^{213-21}$pɒ$^{413-44}$

ts'ɔ$^{413-53}$　人力车

学堂　fiɔ$?^2$daŋ$^{213-53}$　学校

学生（子）fiɔ$?^2$saŋ$^{413-41}$（tsɿ^{53}）

上班　zaŋ^{22}pæ^{413}　上课

退班　t'ɛ^{44}pæ^{413}　下课

书踱头　sɿ$^{413-41}$dɔ$?^2$døy$^{213-53}$
　　　　书呆子

赖学　la$^{35-22}$fiɔ$?^2$　逃学：～狗

迷猫猫　bœ̃^{35}mɒ$^{213-21}$
　　　mɒ$^{213-53}$藏猫儿

柯埋鹰　k'ɔ^{53}ma$^{213-21}$in$^{413-22}$
　　　　捉迷藏

办襄家　bæ$^{35-22}$naŋ$^{213-21}$
　　　kɔ$^{213-53}$过家家儿

挠子　nɒ^{22}tsɿ^{53}　一种抛、拾
　　　小石子的儿童游戏

跳房　t'iɒ^{44}vaŋ^{213}

跳绳　t'iɒ^{44}zən^{213}

打台球　taŋ^{53}dɛ$^{213-21}$
　　　dʑiøy$^{213-53}$打乒乓球

猜□　ts'ɛ$^{413-41}$n̠in^{35}　猜谜语

放鹞　faŋ^{44}iɒ^{35}　放风筝

走棋　tsøy^{53}dʑi^{213}　下棋

着棋　tsa$?^5$dʑi^{213}

打扑克　taŋ^{53}p'o$?^5$k'ə$?^5$

打牌九　taŋ^{53}ba$^{213-21}$tɕiøy^{53}

推骨牌

押宝　ʔæʔ⁵ pɒ⁵³　一种赌博

叉麻将　tsʻɔ⁴¹³⁻²² mɔ²¹³⁻²¹
　　　　tɕiaŋ⁴⁴ 打麻将

打虎跳　taŋ⁵³ hu⁵³⁻³⁵ tʻiɒ⁴⁴⁻⁵³
　　　　侧身跳运动

翻筋斗　fæ⁴¹³⁻²² tɕin⁴¹³⁻⁴¹ tøy⁵³
　　　　翻跟头

抛篮球　pʻɒ⁴¹³⁻²² læ²¹³⁻²¹
　　　　dʑiøy²¹³⁻⁵³　打篮球

澎水浴　baŋ²¹³⁻²² sɿ⁵³⁻³⁵ ioʔ²
　　　　游泳

小歌班　siɒ⁵³⁻³⁵ ko⁴¹³⁻⁵³
　　　　pæ⁴¹³⁻⁵³越剧,当

地主要剧种

旦　tæ⁴⁴　戏曲中的女角:悲
　　～｜花～｜老～

花脸　huɒ⁴¹³⁻⁴¹ liæ²²⁻⁵³　戏曲
　　中的丑角:小～｜大～

和尚　ɦio²¹³⁻²¹ zaŋ³⁵

道士　dɒ²²⁻³⁵ zɿ²²⁻⁵³

尼姑　n̠i²¹³⁻²¹ ku²¹³⁻²²

变戏法　piæ⁴⁴⁻²² ɕi⁴⁴⁻²² fæʔ⁵

大力士　do³⁵⁻²² liʔ² zɿ²²⁻⁵³

贼骨头　zəʔ² kuəʔ⁵ døy²¹³⁻⁵³

拐子　kua⁵³ tsɿ⁵³　拐骗的人

□子　ʔiæ⁵³ tsɿ⁵³　犹骗子

八、动物　植物

牛　n̠iøy²¹³　①通称牛:水～
　　②特指黄牛

马　mɔ²²

猪　tsɿ⁴¹³　～娘｜～食

羊　iaŋ²¹³

狗　køy⁵³　哈巴～｜狼～｜
　　癫～(疯狗)

屙啰啰　ʔo⁴⁴ lo²¹³⁻⁵³ lo²¹³⁻⁵³
　　　　小儿言狗

猫猫　mɒ²¹³⁻²¹ mɒ²¹³⁻⁵³　猫:
　　　瞎～撞着个死老鼠

兔　tʻu⁴⁴　兔子

鸡　tɕi⁴¹³

鸡子　tɕi⁴¹³⁻⁴¹ tsɿ⁵³　鸡蛋

哺鸡娘　bu³⁵⁻²² tɕi⁴¹³⁻³⁵
　　　　n̠iaŋ²¹³⁻⁵³　抱窝鸡

鸭　ʔæʔ⁵

鸭子　ʔæʔ⁵ tsɿ⁵³　鸭蛋

鹅　ŋo²¹³

鹅子　ŋo²¹³⁻²² tsɿ⁵³　鹅蛋

雄鹅得头　ioŋ²¹³⁻²¹ ŋo²¹³⁻²² təʔ⁵
　　　　døy²¹³⁻⁵³　公鹅头
　　　　上长的红色肉冠

蚕　zœ²¹³　家蚕:～宝宝｜～

山（蚕簇）

蚕沙　$zœ̃^{213-21} sɔ^{413-22}$　养蚕的筐中蚕身下的蚕屎和未吃尽的桑叶

蚕女　$zœ̃^{213-21} n̠y^{22-53}$　蚕蛹

野兽　$ia^{22-35} søy^{44-53}$

老虎　$lɒ^{22-35} hu^{53}$

狮子　$sʅ^{413-41} tsʅ^{53-44}$

白象　$baʔ^2 ziaŋ^{2-53}$　象

野猪　$ia^{22-35} tsʅ^{413-53}$

活狲　$uəʔ^2 sən^{413-22}$　①猴子　②骂人话:小～|～精

猬猪　$hɒ^{413-41} tsʅ^{413-22}$　刺猬

狗头熊　$køy^{53-35} døy^{213-53} ioŋ^{213-53}$ 狼

黄鼠狼　$uaŋ^{213-21} tsʻʅ^{53} laŋ^{213-53}$

老鼠　$lɒ^{22-35} tsʻʅ^{53}$

蝙蝠　$piæ^{413-41} foʔ^5$

壁虎　$piʔ^5 hu^{53}$

蛇　$dzɒ^{213}$

青蛙　$tɕʻin^{413-41} ʔɒu^{413-22}$

田鸡　$diæ^{213-21} tɕi^{413-22}$ 食用蛙

蛤疤　$kəʔ^5 pɔ^{44-53}$　癞蛤蟆

鸟　$tiɒ^{53}$

麻鸟　$mɔ^{213-21} tiɒ^{53}$　①麻雀　②男童阴

老鸦　$lɒ^{22} ʔɒ^{413-22}$　乌鸦

老鹰　$lɒ^{22} in^{413-22}$　鹰

燕　$ʔiã^{53}$　燕子

雁　$iã^{35}$

鹁鸪　$bəʔ^2 kə^5 ʔ$

大头鸟　$do^{35-22} døy^{213-35} tiɒ^{53}$　猫头鹰

翼膀　$iʔ^2 paŋ^{53}$　翅膀

鱼　$ŋ̍^{213}$（文读:y^{213}）

□　$ʔiæ^{53}$　鱼鳞

鲫鱼　$tsin^{53-35} ŋ̍^{213-53}$

黄鳝　$uaŋ^{213-21} zœ̃^{22-53}$　鳝鱼

鳗　$mœ̃^{213}$　鳗鱼

泥鳅　$n̠i^{213-21} tsʻøy^{413-22}$

鮎台　$n̠iæ^{213-21} dɛ^{213-53}$　鮎鱼

□堂　$ʔaŋ^{413-41} daŋ^{213-53}$　一种背部黑黄腹部浅黄色的淡水鱼,体小,条状

乌鳢子　$ʔu^{413-41} li^{53-35} tsʅ^{53}$　黑鱼

乌龟　$ʔu^{413-41} tøy^{413-22}$

鳖　$piʔ^5$

甲鱼　$kæʔ^5 ŋ̍^{213-53}$　食用鳖

弹虾　$dæ^{213-21} hɔ^{413-22}$　虾

蟹　ha^{53}

螺蛳　$lo^{213-21} sʅ^{413-22}$

田螺　$diæ^{213-21} lo^{213-53}$

油螺螺　iøy²¹³⁻²¹lo²¹³⁻³⁵
　　　　lo²¹³⁻⁵³ 蜗牛

蛇虫百脚　dzɔ²¹³⁻²¹dzoŋ²¹³⁻²²
　　　　paʔ⁵tɕiaʔ⁵ 泛称
　　　　虫类或爬行动物

爬爬　bɔ²¹³⁻²¹bɔ²¹³⁻⁵³ 小儿
　　　称虫类动物

苍蝇　ts'ɑŋ⁴¹³⁻⁴¹ʔin⁴¹³⁻²²

料缸虫　liŋ³⁵⁻²²kɑŋ⁴¹³⁻³⁵
　　　　dzoŋ²¹³⁻⁵³ 蛆

蚊虫　mən²¹³⁻²¹dzoŋ²¹³⁻⁵³
　　　蚊子

水蜮　sɿ⁵³⁻³⁵tɕ'iʔ⁵ 孑孒

蚤　tsɒ⁵³ 跳蚤

虱　səʔ⁵ 虱子

虱虮　səʔ⁵tɕi⁵³ 虮子

臭虫　ts'øy⁴⁴⁻²²（又音：
　　　tɕ'iøy⁴⁴⁻²²）dzoŋ²¹³⁻²²

门蚣　mən²¹³⁻²¹koŋ⁴¹³⁻²²
　　　蜈蚣

风蚜　foŋ⁴¹³⁻⁴¹ŋa²² 蚂蚁

□牙　ts'oŋ⁴⁴⁻³⁵ŋɔ²¹³⁻⁵³
　　　蚯蚓

圪蜢　kəʔ⁵maŋ⁵³ 蝗虫

螳螂　dɑŋ²¹³⁻²¹lɑŋ²¹³⁻⁵³

蜻蜓　ts'in⁴¹³⁻⁴¹din²¹³⁻⁵³

蝴蝶　u²¹³⁻²¹diʔ²

萤火虫　in²¹³⁻²¹ho⁵³⁻³⁵

　　　　dzoŋ²¹³⁻⁵³

蜘蛛绷　tsɿ⁴¹³⁻⁴¹tsɿ⁴¹³⁻²²paŋ⁴¹³
　　　　①蜘蛛　②蜘蛛网

刺了　ts'ɿ⁴⁴⁻²²liŋ⁴⁴知了，
　　　即蝉

叫哥哥　tɕio⁴⁴⁻²²ko⁴¹³⁻²²
　　　　ko⁴¹³⁻²² 蝈蝈儿

蜂　foŋ⁴¹³ 蜜蜂：～桶

蟋蟀　səʔ⁵səʔ⁵

稻　dɒ²²

稻草　dɒ²²⁻³⁵ts'ɒ⁵³ 稻秸

麦　maʔ²

麦秆　maʔ²kœ⁵³ 麦秸

六谷　loʔ²koʔ⁵ 玉米

六谷箬　loʔ²koʔ⁵bu²²⁻⁵³
　　　　成穗的玉米：热～

六谷秆　loʔ²koʔ⁵kœ⁵³
　　　　玉米秸

芦穄　lu²¹³⁻²¹tsi⁴⁴ 高粱：
　　　～果

粟米　soʔ⁵mi²²⁻⁵³ 小米

稗草　ba³⁵⁻²²ts'ɒ⁵³⁻²² 稗子

番薯　fæ⁴¹³⁻⁴¹zɿ²²⁻⁵³ 白薯

红毛番薯　ɦoŋ²¹³⁻²¹mɒ²¹³⁻²²
　　　　fæ⁴¹³⁻³⁵zɿ²²⁻⁵³ 马
　　　　铃薯

洋番薯　iaŋ²¹³⁻²¹fæ⁴¹³⁻³⁵
　　　　zɿ²²⁻⁵³

早豆　tsɒ⁵³⁻³⁵ døy³⁵⁻⁵³　大豆

罗汉豆　lo²¹³⁻²¹ hɕ̃œ⁴⁴ døy³⁵⁻⁵³
　　　蚕豆

蚕豆　zœ̃²¹³⁻²¹ døy³⁵　豌豆

豇豆　kaŋ⁴¹³⁻²¹ døy³⁵

绿豆　loʔ² døy³⁵

油麻　iøy²¹³⁻²¹ mɔ²¹³⁻⁵³　芝麻

花生　huɔ⁴¹³⁻⁴¹ saŋ⁴¹³⁻²²

大红袍　do³⁵⁻²² ɦoŋ²¹³⁻³⁵
　　　bɒ²¹³⁻⁵³ 花生米

葵花子　guᴇ²¹³⁻²¹ huɔ⁴¹³⁻³⁵ tsɹ⁵³
　　　向日葵

棉花　miɐ²¹³⁻²¹ huɔ⁴¹³⁻²²
　　　（种在地里的）:种～

花絮　huɔ⁴¹³⁻⁴¹ si⁴⁴　棉絮

烟叶　ʔiɐ⁴¹³⁻⁴¹ iʔ²

鲜菜　siɐ⁴¹³⁻⁴¹ tsʻᴇ⁴⁴
　　　泛称新鲜蔬菜

菠凌菜　pɔ⁴¹³⁻⁴¹ lin²¹³⁻²² tsʻᴇ⁴⁴
　　　菠菜

黄芽菜　uaŋ²¹³⁻²¹ ŋɔ²¹³⁻²²
　　　tsʻᴇ⁴⁴ 黄心白菜

蒿菜　hɒ⁴¹³⁻⁴¹ tsʻᴇ⁴⁴　茼蒿

茄　dʑia²¹³　茄子

茭白　kɒ⁴¹³⁻²¹ baʔ²

番茄　fɐ⁴¹³⁻⁴¹ dʑia²¹³⁻⁵³

萝卜　lo²¹³⁻²¹（又音 loʔ²）boʔ²

芋艿　y³⁵⁻²² na²²

芥拉头　ka⁴⁴⁻²² la²¹³⁻²²
　　　døy²¹³⁻²²　芜菁根块

大蒜　da³⁵⁻²² sœ̃⁴⁴　蒜苗

大蒜头　da³⁵⁻²² sœ̃⁴⁴⁻²²
　　　døy²¹³⁻²² 蒜头

大蒜子　da³⁵⁻²² s œ̃⁴⁴⁻²² tsɹ⁵³⁻²²
　　　蒜瓣儿

水果　sɹ⁵³⁻³⁵ ko⁵³

梨头　li²¹³⁻²¹ døy²¹³⁻⁵³　梨子

橘　tɕy ʔ⁵　橘子

文旦　uən²¹³⁻²¹ tɐ⁴¹³⁻²²
　　　柚子

梅　mᴇ²¹³　梅子

杏梅　ɦaŋ²²⁻³⁵ mᴇ²¹³⁻⁵³　杏子

杨梅　iaŋ²¹³⁻²¹ mᴇ²¹³⁻⁵³

柿红　zɹ²²⁻³⁵ ɦoŋ²¹³⁻⁵³　柿子

藤梨　tʻən²¹³⁻²¹ li²¹³⁻⁵³　野生
　　　猕猴桃

桃　dɒ²¹³　桃子:水蜜～｜秋
　　　～鬼

李　li²²　李子

枣　tsɒ⁵³　枣子:红～（干
　　　枣）｜蜜～

枇杷　bi²¹³⁻²¹ bɒ²¹³⁻⁵³

葡萄　bu²¹³⁻²¹ dɒ²¹³⁻⁵³

大栗　do³⁵⁻²² liʔ²　栗子

板栗　pɐ⁵³⁻³⁵ liʔ²

珠栗　tsɹ⁴¹³⁻⁴¹ liʔ²　一种珠子

长乐话词语选 • 309 •

大小的栗子

乳楂 $zɿ^{22-35}$ tsa^{413-53} 山楂

金樱 $tɕin^{413-41}$ $ʔaŋ^{413-22}$ 石榴

西瓜 si^{413-41} $kuɔ^{413-22}$

鹅子瓜 $ŋo^{213-21}$ $tsɿ^{53-35}$ $kuɔ^{413-53}$ 一种甜瓜,状如鹅子

大菱角 do^{35-22} lin^{213-35} $kɔʔ^{5}$ 菱角

刺菱 $tsʻɿ^{44-22}$ lin^{213-22} 一种长有尖刺的菱,比菱角小

甘蔗 $kɶ^{413-41}$ $tsɔ^{413-22}$

糖梗 $daŋ^{213-21}$ $kuaŋ^{53}$ 比甘蔗细的一种甜秆

格公 $kaʔ^{5}$ $koŋ^{413-22}$ 一种红色小野果,长在土路或池塘等的旁边,味酸甜

萝蒂头 lo^{213-21} ti^{44} $døy^{213-53}$ 一种红色小野果,多长在山上,形似草莓而小,味酸甜

树 $zɿ^{35}$

松树 $zoŋ^{213-21}$ $zɿ^{35}$

松丝毛 $zoŋ^{213-21}$ $sɿ^{413-35}$ $mɔ^{213-53}$ 松针

毛竹 $mɔ^{213-21}$ $tsoʔ^{5}$

簕竹 ba^{213-21} $tsoʔ^{5}$ 特别粗大的竹子,可用于做竹簕

斑竹 $pæ^{413-21}$ $tsoʔ^{5}$ 竿子上有斑点的竹

竹竿 $tsoʔ^{5}$ $kɶ^{413-53}$

竹鞭 $tsoʔ^{5}$ $piæ^{53}$ 竹根

篾爿 $miʔ^{2}$ $bæ^{213}$ 篾片

笋 sin^{53}

早笋 $tsɔ^{53-35}$ sin^{53} 比较细的笋,一般种在宅旁

毛笋 $mɔ^{213-21}$ sin^{53} 毛竹笋、比早笋粗大,一般长在山上

苦竹笋 $kʻu^{53-35}$ $tsoʔ^{5}$ sin^{53} 带苦味的笋,比早笋粗而比毛笋细

团笋 $dɶ^{213-21}$ sin^{53} 冬笋

鞭笋 $piæ^{413-41}$ sin^{53} 竹鞭的嫩牙,可食用

花 $huɔ^{413}$

蕊头 ny^{22-35} $døy^{213-53}$ 花蕊

蒲头 bu^{213-21} $døy^{213-53}$ ①植物靠根的部分:菜～|笋～ ②喻称小孩:囝～|儿～

脑头 $nɔ^{22-35}$ $døy^{213-53}$ 植物顶上部分:糖梗～弗

甜葛		杜鹃花	
蒂头	ti$^{44-22}$ døy$^{213-22}$　花托	草子	ts'ɒ$^{53-35}$ tsʅ^{53}　紫云英
兰香花	læ$^{213-21}$ ɕiaŋ$^{413-22}$	浮藻	vu$^{213-21}$ biɒ$^{213-53}$　浮萍
	huɔ$^{413-22}$　兰花	青粘浮苔	ts'in$^{413-41}$ n̠i æ$^{213-53}$
梅鸭子花	mɛ^{213} ʔæ^{5} tsʅ^{53}		vu$^{213-35}$ dʒ$^{213-53}$
	huɔ$^{413-53}$　栀子花		青苔
女指头花	n̠y$^{22-35}$ tsə̠ʔ^{5} døy$^{213-53}$	猪娘苋	tsʅ$^{413-21}$ n̠iaŋ$^{213-22}$
	huɔ$^{413-53}$　凤仙花		hæ^{44} 一种野生猪草
柴把花	za$^{213-21}$ pɔ^{53} huɔ$^{413-53}$		

九、性质状态

好	hɒ^{53}	晓得	ɕiɒ$^{53-35}$ tə̠ʔ^{5}　①知道
婑着	uaʔ^{2} dzaʔ^{2}　很好：～介		②懂事
疲	tiʔ^{5}　不好：烂～介（很坏）	入调	zə̠ʔ^{2} diɒ^{35}　行为举止合
鳖脚	biʔ^{2} tɕiaʔ^{5}　差，差劲：		宜，常用于否定式：弗～
	～货	服帖	voʔ^{2} t'iʔ^{5}　①顺服
□	ʔua^{44}　能干：～猛		②合宜
刁	tiɒ^{413}　聪明（褒义）	下作	ɦɔ^{35} tsʔɔ^{5}　下流：～
呆	ŋɛ^{213}　傻：～虫		东西
□	huæ^{413}　小儿乖，听话	识相	sə̠ʔ^{5} siaŋ^{44}　知趣：弗
□	ʔo^{413}　小孩好缠人：～子		～｜～点
听话	t'iŋ^{44} uɔ^{35}　听从长辈	眼热	ŋæ$^{22-35}$ n̠i$^{213-53}$　眼红，
	的话		羡慕别人好的东西希
歪	ʔaŋ^{413}　蛮横不讲理		望也能得到：覅去～别
蛮	mæ^{213}　小孩好动不斯文		囊葛东西
吊欠	tiɒ^{44} tɕ'iæ^{44}　小孩多动	豪悙	ɦiɒ$^{213-21}$ sɒ^{44}　赶快：～
	不顾安全		去｜～些

倒灶 tɒ⁴⁴tsɒ⁴⁴ 倒霉

犯关 væ²²kuæ⁴¹³ 要命，焦急

火烧眉毛 ho⁵³sɒ⁴¹³⁻⁴¹mi²¹³⁻²¹ mɒ²¹³⁻⁵³ 比喻事情紧迫

要紧 ʔiɒ⁴⁴⁻²²tɕin⁵³⁻²²

碎烦 sɛ⁴⁴⁻²²væ²¹³⁻²² 麻烦琐碎

烦难 væ²¹³⁻²¹næ²¹³⁻⁵³ 艰难

罪过 zɛ²²⁻³⁵kɔ⁴⁴⁻⁵³ 可怜：～生

省快 saŋ⁵³⁻³⁵k'ua⁴⁴⁻⁵³ 舒服：弗～（有病）

写意 sia⁵³⁻³⁵ʔi⁴⁴⁻⁵³ 舒适，合意

疑心 ŋi²¹³⁻²¹sin⁴¹³⁻²² ①怀疑 ②令人恶心：～猛

肉痛 ȵioʔ²t'oŋ⁴⁴ 心痛

做肉 tso⁴⁴ȵioʔ² 食物消化吸收好

利市 li³⁵⁻²²zʅ²² 吉利

灵清 lin²¹³⁻²¹ts'in⁴¹³⁻²² 清楚：账要算伊～｜对伊讲道理讲勿～葛

泰 t'a⁴⁴ 不慌忙：～～介去｜百～介（很从容）

牢 lɒ²¹³ 结实，安稳：块布～｜坐伊～｜石～～介

好看 hɒ⁵³⁻³⁵k'œ⁴⁴⁻⁵³

难看 næ²¹³⁻²¹k'œ⁴⁴

齐整 zi²¹³⁻²¹tsən⁵³ 小孩或姑娘长得漂亮：个大姑娘生得～

克气 k'əʔ⁵tɕ'i⁴⁴ 小儿长得俊秀惹人爱

毛面 mɒ²¹³⁻²¹miæ³⁵ 婴儿长得滋润，也可用于老人

叹眼 t'æ⁴¹³⁻²²ŋæ²² 害羞：怕～猛｜～煞啊

坍台 t'æ⁴¹³⁻⁴¹dɛ²¹³⁻⁵³ 丢人：～杀

威严 ʔuɛ⁴¹³⁻⁴¹ȵiæ²¹³⁻⁵³ 骄傲不可侵犯的样子：尔有豪葛（什么）～猛来

□ iaŋ²² 很威风的样子：～杀啊

麻乏 mɒ²¹³⁻²¹væʔ² 神气活现的样子：～帝都介

款式大 k'uæ⁵³⁻³⁵səʔ⁵do³⁵ 出手阔绰

做囊家 tso⁴⁴⁻²²naŋ²¹³⁻²²kɔ⁴¹³⁻²² 过日子节俭不浪费

热手气 ȵiʔ²søy⁵³⁻³⁵tɕ'i⁴⁴⁻⁵³ 手

好动（贬义）：～佬　　　　　～猛

告酱　kɒ⁴⁴tsiaŋ⁴⁴　浪费

闹热　nɒ³⁵⁻²² ȵiʔ²　热闹

乌　ʔu⁴¹³　黑：墨～介｜
　　～衣裳

荫　ʔin⁴⁴　暗：～猛，一点也看
　　勿见

薄　boʔ²　①厚薄的薄 ②稀：
　　～粥～汤

长　dzaŋ²¹³　①长短的长
　　②（人）高：～婆

壮　tsaŋ⁴⁴　（人）胖：滚～介
　　（"大胖子"不说"大壮
　　子"）

□　ʔua⁴¹³　瘦：精～介｜只鸡

油　iøy²¹³　（食肉）肥：～肉

精　tsin⁴¹³　（食肉）瘦：～肉

笡　tsʻia⁵³　歪斜

宽舒　kʻuœ⁴¹³⁻⁴¹sɿ⁴¹³⁻²²
　　①地方宽敞 ②时间有
　　空闲

□　dʑiʔ²　①狭窄：间房间～
　　猛 ②日子过得不宽快：～
　　溜溜介

□　foŋ⁴⁴　脏

干净　kœ⁴¹³⁻⁴¹zin³⁵

囫囵　uəʔ²ləŋ²¹³⁻⁵³　整个儿：
　　～鸡子｜济公和尚牛
　　肉狗肉～吞

十、副词、介词、助词、量词

蛮　ʔmɛ⁴¹³　很：～好好介

忒葛　tʻəʔ⁵kəʔ⁵　太：～大猛

猛　maŋ²²　太，过于：好～｜
　　有～

一堆生　iʔ⁵tɛ⁴¹³⁻⁴¹saŋ⁴¹³⁻⁴⁴
　　一起

样样生　ʔiaŋ⁴⁴⁻²²ʔiaŋ⁴⁴⁻²²
　　saŋ⁴¹³⁻³⁵　每一样：～
　　都好葛

两个生　liaŋ²²⁻³⁵ka⁴¹³⁻⁵³

　　saŋ⁴¹³⁻⁵³　分成
　　两个：掰得～一
　　个囊一个分了

样介　ʔiaŋ⁴⁴ka⁴⁴　一样：两个
　　囊～长（高）

特为（介）　dəʔ²uɛ³⁵（ka⁴⁴⁻⁵³）

偷伴介　tʻøy⁴¹³⁻⁴¹bœ³⁵⁻⁴⁴
　　ka⁴⁴⁻⁵³　偷偷地

□辰　ʔmæ⁵³zən²¹³⁻⁵³　现在

头□辰　døy²¹³⁻²¹ʔmæ⁵³

　　　　zən²¹³⁻⁵³ 刚才

头伐溜　døy²¹³⁻²¹ væʔ² løy³⁵
　　　从前

老早　lɒ²²⁻³⁵ tsɒ⁵³ 从前,早已

下通　ɦɔ³⁵ tʻoŋ⁴¹³⁻⁵³　以后

下遍　ɦɔ³⁵ biæ⁴¹³⁻⁵³　下一次

常司介　dzaŋ⁴¹³⁻⁴¹ sʅ⁴¹³⁻³⁵
　　　ka⁴⁴⁻⁵³　时常,经常

匣禁头介　ɦæʔ² tɕin⁴⁴ døy²¹³⁻⁵³
　　　ka⁴⁴⁻⁵³　一直不
　　　停地

三没头子介　sæ⁴¹³⁻⁴¹ məʔ² døy²¹³⁻²¹
　　　tsʅ⁵³⁻³⁵ ka⁴⁴⁻⁵³　突
　　　然:~归来,饭还没
　　　有得烧过

暴时介　bɒ³⁵⁻²² zʅ　³⁵ ka⁴⁴⁻⁵³
　　　刚开始:~到长乐
　　　来,路也弗认得

日日相　nəʔ² nəʔ² siaŋ⁴⁴　每天

年年生　ȵiæ²¹³⁻²¹ ȵiæ²¹³⁻²¹
　　　saŋ⁴⁴ 每年

永生百世介　ʔioŋ⁵³⁻²² saŋ⁴¹³⁻²²
　　　paʔ⁵ sʅ⁴⁴　ka⁴⁴⁻⁵³
　　　永远地

一点麦　ʔiʔ⁵ tiæ⁵³ maʔ²
　　　一点点

好两个　hɒ⁵³⁻³⁵ ʔliaŋ⁵³ ka⁴¹³⁻⁵³
　　　好几个

介许多　ka⁴⁴⁻³⁵ ɕy⁵³ to⁴¹³　很
　　　多,这么多

没计个　məʔ² tɕi⁴⁴⁻⁵³ ka⁴¹³　很
　　　多,无数

木牢牢介　moʔ² lɒ²¹³⁻²¹ lɒ²¹³⁻³⁵
　　　ka⁴⁴⁻⁵³　许许多

无添介　m²¹³⁻²¹ tʻiæ⁴¹³⁻³⁵ ka⁴⁴⁻⁵³
　　　绝顶,非常

含个　ɦɔ̃æ²¹³⁻²¹ ka⁴¹³⁻²²　全部
含□　ɦɔ̃æ²¹³⁻²¹ soʔ⁵

统计介　tʻoŋ⁵³⁻³⁵ tɕi⁴⁴⁻⁵³
　　　ka⁴⁴⁻⁵³ 总共

货　ho⁴⁴　①货物 ②言少,后
　　　置:一点~,少猛

没有得　møy²²⁻³⁵（"没有"合
　　　音)təʔ⁵　未曾:我~
　　　去过北京

弗用　foŋ⁵³（合音）　不用:~
　　　去葛

弗会　ɦiɛ⁴⁴（合音)不会:伊~
　　　去葛｜书也~读葛,生
　　　活也~做葛

弗要　ɦiɒ³⁵（合音)不要:~伊

弗着　fəʔ⁵ dza²　不如

奥忙　ʔɒ⁴⁴⁻²² mɑŋ²¹³⁻²²　也许

恐怕　kʻoŋ⁵³⁻³⁵（又音

p'oŋ$^{53-35}$）p'ɔ$^{44-53}$ 表示估计兼担心：～伊弗肯来

是介 zʅ$^{22-35}$ka$^{44-53}$ 怎么也：伊～弗肯来

断种 dõe$^{22-35}$tsoŋ^{53} ①绝对：～也弗去 ②骂人话：～东西

偏生 p'iæ$^{413-41}$saŋ$^{413-22}$ 偏偏

确来 k'ɔʔ^{5}lɛ$^{213-22}$ 难道

定道 din$^{35-22}$dɒ^{22} 以为

嵌板 k'æ^{44}pæ^{53} 必定

剩得 dzən^{35}təʔ^{5} ①只好：～去 ②只有：～两个货

忒葛 t'əʔ^{5}kəʔ^{5} 太,过于：～长猛

乐得 lɔʔ^{2}təʔ^{5} 何乐而不为：～食葛

作豪来 tsɒ$^{413-41}$（"作豪"合音）lɛ$^{213-22}$ 做什么

哪伊 na^{22}i^{22} 为什么

豪几干 fiɒ$^{213-21}$tɕi$^{53-22}$kõe^{44} 为什么

觉加 tɕiɔʔ^{5}kɔ$^{413-22}$ 语气词,犹"吧",含商量、恳求的语气：去～

早末 tsɔ^{53}məʔ^{2} 接语词,用于接承上文：～伊吓也吓杀啊

介末 ka$^{44-35}$məʔ^{2} 那么

望 mɒŋ^{35} 向（某处去）：～块介去

对 tɛ^{44} ①和、同：我～尔一堆生（一块儿）去｜我～尔话 ②对待：伊～尔弗错

好 hɑ^{44} 和、同（同"对①"）：我～尔一堆生去｜我～尔话

□ ta^{413} 给：～个我｜尔硬介要（硬要）,我偏生弗～尔

把 pɔ^{44}（又音 pɛ^{44}）替：只鸡～我杀杀了｜尔～我写封信来起

来□ lɛ$^{213-21}$ku^{44} 在：阿叔～块｜侬枝笔～推斗喽｜伊～北京读书葛

来起 lɛ$^{213-21}$tɕ'i^{53} 起来：坐～食｜走～蛮快葛

为得 uɛ^{35}təʔ^{5} 为了

葛 kəʔ^{5} 助词,犹"的"：我～书册｜好好介～东西｜～本书册是伊～

介 ka⁴⁴ ①助词,犹"地":好好～走,弗要(合音)逃(跑)②用在复合式形容词或副词之后,含有"的样子"的意思,口语中用得很多:血红红～｜雪白白～｜上好～｜无添～｜一日到夜～｜③用在形容词后,义同"的",含有确定义:红～

得 tə?⁵ ①用在动词和补语中间表示可能:驮～动②在动词或形容词后连接补语:写～好｜打～记｜好～要命｜壮～路也走勿动

两 liaŋ²² 二:～个囊｜一～个

两 ?liaŋ⁵³ 不定数,犹"这些",数量不大:～个东西尔自(你自己)拣(挑)｜～块布都好看

二 ŋi³⁵(文读 ?ər⁵³) 数数时用"二"不用"两":一～三四五

念 ŋiæ³⁵ 二十:～个｜～三岁

个 ka⁴¹³ 量词:一～囊｜一～人客｜一～猫猫｜一～梨头｜一～萝卜

隻 tso?⁵ 量词:一～狗｜一～鸡

枝 tsᵩ⁴¹³ 量词:一～树｜一～笔

根 kən⁴¹³ 量词:一～筷｜一～竹竿

块 k'uɛ⁴⁴(又音 k'uɛ⁴¹³)量词:一～洋钿｜一～布｜一～地

颗 k'o⁴¹³ 量词:一～珠｜一～豆

爿 bæ²¹³ 量词:一～店

份 vən³⁵ 量词:一～襄家

部 bu³⁵ 量词:一～汽车

□ tɔ?⁵ 量词,一小团:一～屙｜一～糊溜

些 sə?⁵ 量词,用于小块肉:一～肉

口 k'iøy⁵³ 量词:一～屋｜一～塘｜一～镬｜一～棺材

乘 zən³⁵ 量词:一～桥

床 zɑŋ²¹³ 量词:一～被

埭 da²² 量词,条:一～路

坒 bi²¹³ 量词,层:一～砖头

排 ba²¹³ 量词:一～屋｜一～

座位　　　　　　　　　　　　得～

坎　da^{35} 量词，趟：来得～｜去　　记　tɕi^{44}　量词，下：打得～

　　～来　　　　　　　　　　　　餐　tsʻæ^{44}　量词，顿：一日三～

顿　tən^{44}　量词：敲～伊｜打

（原载《长乐镇志·方言编》第三章"词汇"，浙江人民出版社
1999 年版，此次收入本集有所补正）

嵊县长乐话语法两则

壹 复合式形容词的类型及性质

一、类型

长乐话的复合式形容词都跟"介"（音 kaˑ）配合，大体有以下几种类型（字母 A 表示单音节形容词，AB 表示双音节形容词或其他两字组形式，X、Y、Z 表示附加语素）：

1."AB 介"式。数量有限，并不是所有的双音节形容词都可以构成本式，如没有"糊涂介、闹热_{热闹}介、大方介、高兴介、齐整_{漂亮}介、干净介"等。例如：

娳着_{很好}介　新鲜介　宽舒介　温吞介　零碎介　囫囵介
偷伴_{偷偷}介　现成介

2."AA 介"式。一般是褒义的，多数单音形容词都可以构成本式，但是"疲坏（音 ɕiʔ。）"、"旧"等表不好意思的不行。例如：

好好介　早早介　团团介　方方介　长长介　甜甜介
酸酸介　咸咸介　苦苦介　新新介　牢牢介　白白介

红红介	黄黄介	绿绿介	乌乌介	热热介	暖暖介
凉凉介	冷冷介	重重介	轻轻介	远远介	近近介
高高介	矮矮介	齐齐介	迟迟介	慢慢介	款款缓缓介

3."XA 介"式。X 是对 A 的修饰，除了表示程度深以外，还有描摹情状的作用，两者有固定的搭配关系。例如：

峥齐介	札齐介	滴团介	正方介	飞薄介	精光介
血红介	雪白介	滴绿介	滴青介	墨乌介	括黄介
石牢介	石硬介	滚热介	滚烫介	冰冷介	冰凉介
喷香介	蜜甜介	烂苦介	嗡臭介	滚壮胖介	

□（音 ʔuaŋˀ）苦介　　　　□（音 ʔuaŋˀ）酸介

□（音 ₌hua）软介　　　　精□瘦（音₌ʔuɑ）介

□（音 ʔuaŋˀ）清水清介　　□（音 saʔˀ）青水、脸等青介

4."XAA 介"式。由"AA 介"前加"X"（"蛮"等）或"XA 介"重复"A"构成，表示程度比"AA 介"、"XA 介"还深，上面的 2、3 两式多可变成本式。例如：

蛮（音₌ʔmɛ）好好介	上好好介	滚热热介	冰冷冷介
烂疲疲（音 ɕiʔˀ）介	蛮快快介	长方方介	滴团团介
札（或：峥）齐齐介	石硬硬介	峥新新介	血尖尖介
□（音₌hua）软软介	蜜甜甜介	烂苦苦介	喷香香介
□（音 ʔuaŋˀ）酸酸介	血红红介	雪白白介	滴绿绿介
□（音 ʔuaŋˀ）清清介	墨乌乌介	刮黄黄介	笔挺挺介
精□□瘦（音₌ʔua）介	滚壮壮胖介	精光光介	

长乐话没有"XXA 介"式，嵊县城里的"蛮蛮快、雪雪白、血血尖、蜜蜜甜"之类，长乐话不说。

5."AXX 介"式。本式"AX"不成词，其中有少量"VXX 介"。例如：

慢吞吞介	矮墩墩介	厚墩墩介	黄矿矿介	白喀喀介
红劙劙介	青虚虚介	绿荫荫介	凉渗渗介	冷冰冰介

嵊县长乐话语法两则　　　　• 319 •

热落落_{热呼呼}介　　甜蜜蜜介　　苦济济介　　燥批批介

湿淋淋介　　　　懒磁磁介　　笑微微介　　哭济济介

□狭窄（音 dʑiʔ̣）溜溜介　　　糊踏踏_{道路泥泞}介

潮惹惹（音 ȵia）_{潮湿}介　　浑□□（音ᵓdɔ）_{水浑、头脑不清}介

麻是是_{感觉发麻}介　　　　□（音ᵓȵai）是是_{神气活现}介

木磁磁_{感觉不灵敏}介　　　　懈塌塌_{动作松懈迟缓}介

6.“ABB介”式。由双音形容词“AB”重叠后一音节“B”构成。例如：

划着着介　　新鲜鲜介　　现成成介　　宽舒舒介　　零碎碎介

飞薄薄介　　大方方介　　闹热热介　　热络络介　　活络络介

老早早介　　服帖帖介　　死板板介　　做肉_{易消化吸收肉}介

木牢_{很多牢}介　　豪燥_{很快燥}介

7.“AABB介”式。双音形容词分别重叠前后音节构成，也有少数双音名词。例如：

新新鲜鲜介　　干干净净介　　整整齐齐介　　齐齐整整_{漂亮}介

克克气气_{幼儿惹人爱}介　　宽宽舒舒介　　闹闹热热介

老老早早介　　平平安安介　　太太平平介　　省省快快_{舒服}介

大大方方介　　热热络络介　　活活络络介　　听听话话介

客客气气介　　服服帖帖介　　实实在在介　　马马虎虎介

慌慌张张介　　糊糊涂涂介　　灵灵清清介　　明明白白介

慢慢吞吞介　　□（音ᵓo）□憋憋_{小儿抽泣}介

正正经经介　　头头脑脑介　　官官场场_{公开，不偷偷摸摸}介

除少数如“木牢、温吞”等几个以外，大多数“AB”式形容词都可以构成本式。跟 3 式“ABB介”相比，两者意义相同，但本式在习惯上使用较多，名词性的“头脑、官场”不构成“ABB介”式。

8.“A 头 A 脑介”式。例如：

呆头呆脑介　　木头木脑介　　鬼头鬼脑介　　滑头滑脑介

滕头滕脑_{诙谐}介　　踱头踱脑介　　寿头寿脑介

□（音 ᵊcɔ）头懦弱□脑介　　□（音 huæ°）头摇头□脑介

昏头昏脑介　探头探脑介　夹头夹脑没头没脑介　缩头缩脑
介　□（音 gɑŋ ²）头□脑脾气犟,好顶撞人介

9."夹 A₁ 夹 A₂ 介"式。"A₁"和"A₂"是一对含有正反义的单
音形容词,"夹 A₁ 夹 A₂ 介"的意思是连 A₁ 带 A₂ 地,用例很少。
例如:

夹好夹疲坏介　夹大夹小介　夹长夹短介

10."ABAB 介"式。两个"AB"是对称的,但并非都是双音形
容词。例如:

青花水绿介　　冰清冷水介　　墨乌净嫩介　　墨乌烂熟介
清汤寡水介　　鲜菜鲜水介　　雪白滚壮介　　活灵活现介
推来攘去介　　稀奇古怪介　　排场斯面介　　油腔滑调介
花头刁脑介　　精光滑塌介（或:滑塌精光介）
活灵活现介　　前生前世介　　永生百世介　　走来走去介
贼头狗脑介（或:贼头贼脑介）

11."A 里 AB 介"式。例如:

糊里糊涂介　懵里懵懂介　古里古怪介　正里八经介
古里古董保守,跟不上形势介

以上"正里八经介"应是"A 里 XB 介","古里古董介"的"古
董"是名词。

12."AXYZ 介"式。例如:

呆勃伦敦介　灰勃溜秋介　乌漆木独介　荫暗七八洞介
乱七八糟介　糊漆踏邋介

13."XAYZ 介"式。例如:

血红漓拉介　滚壮搭秋介　热红暴躁介　甚多八少介
老早搭头介　油腻□（音 ᵊŋa)拉介（或:油腻雾拉介）
□（音 gua?ᵊ)糊仑敦道路泥泞介

14."ABXY 介"式。"AB"除形容词外,还有其他的词或词组。

例如：

麻乏威_严帝都介　　睏充明梦介　　吓囊_{人搭头}介　　疑心搭头介

出卵搭秋_{赤条条}介　　明梦叮咚介　　下作搭头介　　神气连气介

狗皮唠糟_{好揩油、占便宜}介　　是无连气_{骄傲不理人}介

活（或：瞎）□扯（音^{c}tE）廿三_{胡扯，瞎说}介

15. 拟声四字组加"介"式。例如：

啶啶嘭嘭_{敲击重物等}介（或：啶林嘭冷介、啶林洞咙介）——听林哃咙_{摇铃等}介

屐里□（音 gɔʔ）□（音 dɔʔ）_{穿木屐走等}介（或：屐里□＜音^{c}ga＞□＜音 dzaʔ＞）介）——咭里嘎喳介（或：咭里咕噜_{嘀咕}介）

地里□（音^{c}da）拉_{吃面条、走泥地等}介——滴里答拉_{滴答声}介

地里□（音^{c}ba）拉_{急匆匆走}介　　叮林当郎_{金属碰撞等}介

七里咔嚓_{细小的断裂}介（或：窸里咔嚓介）

窸里索落_{窸窣，细小的摩擦}介　　嘻里哈拉_{说笑等}介

长乐话拟声词二、四两个音节多是"里、林、冷、咙、郎、落"等以1为声母的，尤其是第二个音节。一、三两个音节的声母清浊一致。浊声母跟清声母分别表示不同的声音，一般是浊声母象声词声音重浊，清声母象声词声音清脆。以上"——"号连接的前后两条大体同义，前者是浊声母，后者是清声母。

16. 其他四字组加"介"式。本式"介"前的四字多是一些描写性的短语。例如：

哭出鸣拉_{哭唧唧}介　　火着道士_{急慌慌}介　　因之无□（音^{c}tE）_{胡扯}介

蜗虱脾气_{小气}介　　神射弗知_{懵然不觉}介　千手勿动_{极言懒惰}介

依岸头主_{依次序}介　　没出四荫_{很暗}介　　　白白烂摊_{物品放得杂乱}介

黑墨搽脸介　　　乌漆木毒_{形容黑，带贬义}介　　　一日到夜介

一年到头介　　二（或：什）五八六_{饮酒的样子}介

三没头子_{突然}介　　□（音 dzaʔ）七□（音 dzaʔ）八介_{疯癫癫地}

搞七廿三介　　□（音 gɔʔ）七□（音 gɔʔ）八介_{乱搅一气}

二、性质讨论

第一，长乐话复合形容词加"介"的各种类型通常在句子中多作状语，主要是用来描写事物或动作情状的，表示什么什么样子。"介"具有副词的性质，相当于普通话的"地"、苏州等地的"叫"（好好叫、慢慢叫）。

"介"在我国古代戏曲中用得很多，特别是南戏，是对演员动作、表情及剧情效果等的一种提示。例如：

《琵琶记》（作者高明，约公元1305～1370年，浙江瑞安人）有：

吃介　　　下介　　　吐介　　　外醒介

见末介　　旦哭介　　旦慌走上介

《长生殿》（作者洪昇，公元1645～1704年，浙江钱塘人）有：

丑内叫介　内鸣锣，应介　泪介

生作下马、登阁坐介　丑随生行介

《桃花扇》（作者孔尚仁，公元1648～1718年，山东曲阜人）有：

笑介　回行介　顿足介　袖出道巾、黄涤换介

坐地介　望介　想介

上面"介"的用法相当于杂剧中的"科"。例如关汉卿（公元1297～1307年，大都人）《窦娥冤》：

卜儿哭上科　正旦跪科　刽子做开刀，正旦倒科

众应科，抬尸下

从长乐话的"介"来看，我国古代戏曲中的"介"，应该不限于戏剧用语，而是在人们的口语中就存在的。

第二，长乐话跟普通话"的"相当的助词是"葛"（音 kəʔ。），例如：

好葛　划着葛　我葛书册　本这本书册是伊葛

我是种田葛，伊是开汽车葛

跟普通话不同的是，长乐话的助词"葛"一般不直接跟"AB"、

"AA"、"XA"、"XAA"、"AXX"、"ABB"、"AABB"、"A 头 A 脑"、"夹 A_1 夹 A_2"、"ABAB"、"A 里 AB"、"AXYZ"、"XAYZ"及其他四字组的复合式形容词配合,不能说"温吞葛"、"好好葛"、"斩齐葛"、"冰冷冷葛"、"慢吞吞葛"、"新鲜鲜葛"、"太太平平葛"、"呆头呆脑葛"、"夹大夹小葛"、"青花水绿葛"、"糊里糊涂葛"、"灰勃溜秋葛"、"血红漓拉葛",等等。长乐话以上复合形容词跟"葛"的组合,中间必须有"介",例如:

好好介葛东西　整整齐齐介葛房间

雪白介葛皮肤　清汤寡水介葛菜蔬

伊火着道士介急火火地葛来□(音 fia˙)了

灰勃溜秋介葛件衣裳伊一点也弗欢喜

比较"葛"和"介",长乐话的"葛"和"介"分别跟普通话的"的"和"地"相当,例如"好葛的东西"、"好好介地去"。从跟形容词的配搭关系看,"葛"可以直接用在单音形容词之后,而不能直接跟复合式形容词配合,"介"正相反,"介"通常不用在单音形容词之后,不说"好介"、"红介"之类,而所有的复合式形容词都必须跟"介"配合。

贰　表示未然和已然的几种方法

本文所谓"未然"和"已然",分别指动作行为尚未进行和已经完成,下面分别说明。

一、未然

1."VV 看"、"V 记看"式。表示尝试义,意思相当于普通话的"V 一 V"、"V 一下"。"V"多是单音节动词,少数也可以是双音节的,"看"后面有时也可加"再话再说"。例如:

"VV 看"：

本书册好看弗好看，尔去驮来张张看。这本书好看不好看，你去拿来看一下。

把薄刀快勿快喽葛，我驮来切切看。这把菜刀快不快，我切一下看看。

个西瓜甜勿甜，尔尝尝看。这个西瓜甜不甜，你尝一下。

个问题要过两日研究研究看再话。这个问题要过几天研究研究后再说。

"V 记看"：

馎喽葛菜有得咸猛，尔尝记看。锅里的菜是不是太咸，你尝一下。

件衣裳合身勿合身，喊伊来穿记看。这件衣裳合身不合身，叫他来穿一下看看。

把剪刀快勿快末，我驮来剪记看再话。这把剪子快不快啊，我剪一下再说。

以上"VV 看"和"V 记看"的例句，两者一般可以互换。但是从尝试动作的时间说，"V 记看"是表示"V 一下"，动作比较短暂，"VV 看"则相对缓慢一点。

2."把我 V 来"、"把我 VV 来"、"把我 V 记来"式。祈使句，"把"（音 pɔˀ 或 pɛˀ），意思相当于普通话的"替"、"给"。"来"代表趋向或结果补语。三者的末了都可以加"嘚"（音 tɛ·）。例如：

"把我 V 来"：

书册把我驮来（嘚）。替我把书拿来。

张凳把我掇过来（嘚）。替我把这条凳子搬过来。

件衣裳把我洗伊干净（嘚）。替我把这件衣服洗干净。

"把我 VV 来"：

书册把我驮驮来（嘚）。替我把书拿来。

张凳把我掇掇过来（嘚）。替我把这条凳子搬过来。

件衣裳把我洗洗干净（嘚）。替我把这件衣服洗干净。

"把我 V 记来"：

嵊县长乐话语法两则　　　•325•

书册把我驮记来（嗨）。替我把书拿一下来。

张凳把我掇记过来（嗨）。替我把这条凳子搬一下过来。

件衣裳把我洗记伊（嗨）。替我把这件衣服洗一下。

比较："把我 V 来"，表示一般的命令；"把我 VV 来"，语气比较委婉；"把我 V 记来"，动作比较短暂。句末加"嗨"，含有客气、恳求的语气。

3."V 葛＋数量补语"式。"葛"后的数量一般是比较确定的。如果数量为一，那么"葛"和量词前的"一"往往省略，成为"V＋量词"式。例如：

来得介许多客人，起码要烧葛六七碗下饭菜喽。来了这么多客人，起码要做上六七碗菜呢。

尔去买葛两根油煤棍来□（音 ₍ta）伊食食。你去买两根油条来给他吃。

去喊葛五六个囊来。去叫上五六个人来。

呷葛一碗老酒喽。喝上一碗酒。

造口屋来起末宽舒□（音 fia˙）。造起一所房子就宽敞了。

去买块布来添。再去买一块布来。　　喊声我。叫我一声。

问声伊。问他一声。　　□（音 ₍ta）个我。给我一个。

敲顿伊。揍他一顿。　　桃食个喽。吃一个桃。

来坎（音 da²）去。来一趟。

二、已然

1."顾、喽、朦"和"拐、啊、猛"式：表示事态已经存在或动作已经完成，意思相当于普通话的"在、了"等。有静态和动态的区别："顾、喽、朦"，表静态（原来就是如此）；"拐、啊、猛"，表动态（动作完成）。例如：

"顾、喽、朦"：

伊住顾块葛。他住在这儿的。　　书册安顾我块。书放在我这儿。

伊来喽房间里头。他在房间里面。戒指囥溜推斗溜。戒指藏在抽屉里。

伊来朦上海读书。他在上海读书。昨日我去朦城里头。昨天我去城里了。

"拐、啊、猛"：

伊老早末来拐，弗是坐顾块□（音 ɦiaˑ）。他早就来了，不是坐在这儿啊。

伊已经来啊，来喽房间喽困晏觉。他已经来了，在屋子里睡午觉。

伊来猛呢，尔去张张伊。他来了呢，你去看看他。

按："顾、喽、朦"和"拐、啊、猛"音 kuᵒ、løyᵒ、moŋᵒ 和 ᶜkua、ᶜlia、ᶜmaŋ，除有静态和动态的区别以外，还有远近指的区别（详见拙文《嵊县长乐话语法三则》1988 年）。其中"喽"除跟"顾、朦"配套表已然以外，还有表示"里、上"等多种意义，这些用法并不表示已然或未然，此处不详加讨论，下面仅举四例：

钢笔安朦推斗喽。钢笔放在抽屉里。

眠床喽有个洋囊囊顾。在床上有一个洋娃娃。

尔两（音 ᶜʔliaŋ）块阳钿把我按记喽匣则喽。你替我把这几块钱收在匣子里。

食喽，食喽，弗要（"弗要"合音 ᶜfiŋ）客气！吃吧，吃吧，别客气！

2."V 记来起"式："记"表示完成的动作有点突然、意想不到、时间短暂之类的意思，"来起"代表趋向或结果补语。

钞票带伊囥记来起，害得我末寻也寻勿着。钞票被他藏了起来，害得我找也找不到。

支鳗带伊逃记去。这条鳗鱼被它逃了去了。

手表带喽贼骨头偷记去。手表被小偷偷去了。

钢笔驮来遁记了。钢笔丢了。

块肉嚼也来勿及嚼，囫囵介吞记落去。这块肉嚼也来不及嚼，就囫囵地吞了下去。

比较："记"在长乐话中可以用于表未然的句子，也可以用于表

嵊县长乐话语法两则　　　　　· 327 ·

已然的句子,都有表示时间短暂的意思。两者的区别在于:表未然的"记"用于含尝试义的句子或祈使句,跟"看"、"再话"、"嗬"等配合,"记"本身并没有未然或已然的含义;而表已然的"记"直接跟趋向补语"来起"、"去"或表示动作完成的助词"了"结合,是一种明显的表已然的特定结构形式。见下面的例句比较:

未然

把刀快勿快我来切记看。(尝试)

件衣裳买勿买我穿记看再话。(尝试)

尔本书册把我驮_拿记过来。(祈使)

尔条凳把我掇记过来嗬。(祈使)

已然

钞票带伊园记来起。钱被他被他藏了起来。

我新加买来件衣裳带伊穿记去。我才买的一件衣服被他穿了去了。

书册带伊遁_{掉、失落}记了。书被他丢了。

双鞋买记来就是破介葛这双鞋一买来就是破了的。

3."V 得(音 teʔɿ)＋数量补语"式:动词后的"得"表示动作完成,相当于普通话的"了"。例如:

伊买得两个馒头食落去啊。他买了两个包子吃下去了。

今日晏昼有客人,伊烧得好两碗菜喽。今天中午有客人,他做了好几碗菜呢。

算学没有("没有"合音ʼmøy)得考及格,爹爹把伊打得顿。数学没有考及格,父亲把他打了一顿。

归来喊得声我□乂(音 iʔ)去鞋了。回来叫了我一声又走了。

与上文相比较,未然和已然的差别就在于动词后"葛"和"得"的不同,例如:

"V 葛＋数量补语"(未然):

尔去喊葛五六个囊人来。(还没有去叫人)

"V 得＋数量补语"(已然):

伊喊得五六个囔来。（人已经叫来了）

用于已然的"得"通常读为 təʔ。，如果读成了 taʔ。，就有了数量大的含义。如：

晏饭我食得（təʔ。）一碗货，介小货倒食得（taʔ。）三碗！午饭我只吃了一碗，这个小孩倒吃了三碗！

我喊伊去买葛两个苹果来，伊倒一记生买得（taʔ。）十个。我叫他去买两个苹果来，他却一下子买了十个。

（原载"第三届国际吴方言学术研讨会论文集"《吴语研究》，上海教育出版社 2005 年版，此次收入本集稍有调整）

山东人学习普通话指南·绪论

一、语言·方言·普通话

语言是通过声音表达意义的一种符号系统,是人与人彼此联系、传达思想的工具。语言与人类共生存,只要有人群的地方就有语言。语言是组成人类社会、推动社会发展不可或缺的因素。

凡是一个正常的人都至少掌握一种语言。人类的语言有几千种,分布于世界各地。世界上各种语言分布地的大小及使用人口的多少是不相等的,使用人数超过 5000 万的不到 20 种。分布于我国境内的主要语言汉语的使用人口近 10 亿,约占世界总人口的 1/5,是世界上使用人口最多的语言。

各种语言就其构造来说,都有语音、词汇、语法三个要素。语言中的词是可以自由运用的最小的意义单位,语法是语言的结构规则,两者都以语音为形式,通过语音来表达。

由于历史发展、地理条件及人口迁移等多方面的原因,一种语言在其所分布的地区内往往存在着地域的差别。同种语言在不同地区的实际存在形式就是方言。方言的差别可以存在于语言要素的各个方面。例如:济南人说"乳"跟"鲁"同音,而烟台人"乳"则跟"雨"同音,这是方言语音的不同;济南说"玩儿"这个词,荣成人说

"站"，而莱州人说"耍"，这是方言用词的不同；"你去不去"这样的问句，寿光人说"你去啊不"，招远人则说"你去去"，这是方言语法的不同。因为语音是语言的物质外壳，语音的分歧在方言分歧中是最为显著、最先为人们所感觉到的。

属于同种语言的不同方言虽然存在种种分歧，但是相互之间仍然存在着密切的关系，作为同一种语言的方言，都有其所属语言的共同特征。以汉语来说，汉语由于分布地域十分辽阔，各地人们不可能频繁交往，加以历史上长期封建割据等原因，汉语各地方言之间的分歧是相当严重的，其中语音的差别更为突出，有的甚至达到了彼此不能通话的程度。尽管如此，汉语方言无论如何纷繁复杂，仍然可说是万变不离其宗，都要受到汉语共性的制约。从语音看，汉语任何方言的音节都由声韵调组成，各方言的语音都存在一定的对应关系；从词汇和语法看，像双音节词占多数、灵活多样的合成词构成方式及以语序为表达语法意义的主要手段之一等等，也都超不出汉语结构体系的总体特点。

通过对汉语各地方言特点的比较研究，目前学术界把汉语方言划分为七大区，即：北方方言、吴方言、闽方言、粤方言、客家方言、赣方言、湘方言。其中北方方言的分布地从东北到西南、西北到东海边沿，纵横数千里，使用人口占全部说汉语的人数的70%以上。北方方言无论是分布地域还是使用人数，都比分布于我国东南一带的其他各方言的总和还多，而跟别的方言相比，其内部的一致性又是比较强的。

山东全省地处汉语的北方方言区，山东话属于汉语北方方言。山东话除了具有北方方言的共同特征以外，其内部又有许多不同的特点。山东话可以按其特点的不同在山东境内从北向南拦腰划分东、西两大区：东部的山东半岛部分为东区，从北部莱州湾南岸向南划一弧线，从寿光、青州、临朐、沂源、蒙阴、沂南直至海州湾岸的莒南，弧线以西的部分为西区，包括鲁西北、鲁西南及鲁中和鲁南。划分东西两区在语音上的主要标准是看北京 zh、ch、sh 声母的字在山东话中分不分两套，即"蒸、超、声"一类字跟"争、抄、生"一类同音不同音：不同音而地处山东半岛的为东区，其余为西区。

东区又可分为东莱、东潍两小区：东莱区是东区的招远、莱西以东部分；东潍区是东区的莱州、平度、即墨以西部分，主要在胶莱河、潍河流域一带。两小区划分的主要语音条件是看"准、船、顺"一类字的声母跟"争、抄、生"一类相同还是跟"蒸、超、声"一类相同。跟"争、抄、生"相同的属东莱；跟"蒸、超、声"相同而地处胶莱河以西的属东潍。

西区也可再分为西齐、西鲁两小区：鲁西北及鲁中的莱芜、新泰等地属西齐；鲁西南及鲁南的枣庄、临沂等地属西鲁。两小区划分的主要语音条件是"纳、力、物、玉"等中古次浊入声字归去声还是归阴平：归去声即"纳、力、物、玉"分别跟"那、利、务、遇"同音的为西齐；归阴平即"纳、力、物、玉"跟"阿、衣、乌、淤"同调或同音的为西鲁。

以上山东方言区的划分主要是看声母或声调的不同，实际上山东话两大区四小区的特点并不只有上述几项（参见《山东人学习普通话指南》第一章第二节"山东各区方言语音特点"），但是仅就以上的差别，也足可看出方言的分歧即使在地处北方方言区的山东也是十分严重的。

方言分歧给人们的交往带来了障碍，对政治、经济和文化生活都有不利的影响，因此，每一种有方言分歧的语言，就必然有共同语的存在。我国古代的"雅言"、"通语"、"凡语"等及以后的"官话"，都是历史上共同语的名称。共同语是中央政权机关执政的工具；从民间来说，则起到沟通各地交际的作用。在不同的历史时期共同语的性质和作用是不相同的，它跟国家统一的程度、社会各方面的要求及人们对语言这一交际工具的认识水平都有密切关系。

共同语都是以一种有影响的方言为基础的，我国现时代的汉民族共同语就是以北方方言为基础的普通话。这种共同语比我国以往任何历史时期的共同语都要优越得多。

首先，普通话在语音、词汇、语法三方面都有统一的标准，就是"以北京语音为标准音"、"以北方话为基础方言"、"以典范的现代白话文著作为语法规范"。这个标准的确立，在汉语的发展史上具有划时代的意义，因为从此以后，汉语规范化就有了明确的目标。就这个标准本身来说，因为它是通过对汉民族共同语的形成过程及各方言特点有了全面研究、总结了前人统一语言的实践经验之后确立的，是对汉语发展的客观规律自觉运用的成果，所以具有高度的科学性和适用性。

其次，全国政治经济的空前统一，也要求加强语言的统一来为社会服务，以适应各项事业发展的需要。新中国成立以来，我国政府为实现汉语规范化做了大量的工作，制定了一系列正确的方针政策，并把推广普通话正式列入了宪法。《中华人民共和国宪法》(1982)第一章第十九条："国家推广全国通用的普通话"，这就把推广普通话的工作纳入了法定的位置。在政府的提倡下，不论是书面语的报纸杂志、字典词典，还是口头宣传的广播、电视、电影、话剧等等，一律要求使用普通话。总之，新中国成立后所造成的推广普通话的声势，也是前所未有的。

但是，我们也不能不看到，推广普通话的工作并不一帆风顺，在全国和地方，都经历过几次大起大落的过程，各地也不平衡。应该说，山东省推广普通话的工作历来是做得比较好的，曾经长期举办过普通话语音训练班，定期进行全省范围内的普通话比赛，等等，只是近年来可说是进入了一个令人遗憾的低谷时期。目前，由于开放形势的急剧发展，又对普通话的推广有了迫切的要求。近些日子青岛、济南等地纷纷举行普通话比赛，例如由共青团济南市委、济南市电信局、济南市广播电视局联合举办的"友爱在泉城""电信杯"青少年普通话比赛，参加初选的人数达到770人之多，说明山东省推广普通话的工作已开始由低谷向上回升。

二、文明·效益·标准化

如何提高并衡量一个国家民族的文明水准呢？我国社会主义建设的目标是要在建设高度物质文明的同时，也要努力建设高度的社会主义精神文明。推广普通话，对两种文明的建设都有直接作用。

在物质文明建设方面，人的生产实践要靠语言来协调发展。在我国当前四个现代化的建设中，对外要开放，对内要搞活，各项事业的横向联系所波及的地区日益宽广，这就使方言隔阂所造成的不利更显突出。特别像山东这样的沿海省份，正在不断发展外向型经济，在吸收外资、引进先进技术或科学管理的经验等方面，我们面对的翻译未必都是山东人，何况许多外商和专业技术人员本身就是爱国华侨呢！在双方都用汉语的场合，如果由于我方不会说普通话而使交谈不那么顺利倒还好说，假如因为方言土语而产生一些误解，那就会直接造成经济损失。

在精神文明建设方面，语言美是精神文明的标志之一，语言的运用可以从一个方面体现人的素质。普通话的使用，也在一定程度上反映出一个人的道德素养和文化水平。文明意味着和谐，几个同乡人跟外乡人一起，叽叽咕咕说起了家乡话，说的人高兴，却把外乡人冷落在一边，十分尴尬，这至少不够礼貌；同一场话剧的台词，有的角色用普通话，有的则用方言，这也很不和谐。各地方言中还有很多口头禅是骂人话，仔细推敲是很下流、很恶毒的，说的人往往没有意识到，说的时候虽无恶意却显得粗鄙。在方言区，可以看到越是文化程度低的人方言越纯，例如文登、荣城一带的有些人把"盆、瓢、盘"和"头、台、甜"等字说成不送气的声母 b 和 d，但是受过文化教育的人却一般不这么说。总之，汉语的普通话是经过加工提炼的语言，普通话的推广，象征着我国精神文明所达到的高度。

文明带来高速度，又进一步要求高效益。人类跨入了文明时代，社会发展的速度明显加剧；在充满各种竞争的环境里建设文明，速度和效益具有决定性的意义。一个国家，如果各项工作不求效益，发展迟缓，势必落入处处被动挨打的境地。

当今的社会已进入信息时代，要想在各项事业中求得高效益，信息是关键。现代化的通信设备固然为信息的快速传递创造了极为有利的条件，但是信息的载体是语言，电信事业的发展并不能沟通各种不同的语言，而是对统一语言提出了更为迫切的要求。有位军人曾告诉笔者前几年发生在鲁西南的这样一件事：当地上级武装部门电话通知其下属单位，要派人前去了解民兵致富的情况，请事先做些准备。这个单位的同志很认真地进行了一番调查，不想在座谈会上，他们汇报的却是哪儿哪儿总共植了多少多少树，弄得下去了解情况的同志莫名其妙。原来在那个地方，凡是普通话读 sh 声母拼 u 或 u 介音的字都说成了 f 声母，"树"和"富"两字完全同音，加上"植"、"致"同声韵，因此把"致富"误听为"植树"。用方言传递信息无法提高工作效益由此可见一斑。

根据实际需要的不同，推广普通话有各种不同程度的要求，但是一个共同的目标是走向标准化。标准化，是各项事业进行广泛协作的前提，也是语言适应社会发展的需要。由于方言的不同，不同方言区的人掌握普通话的标准有不同的重点。本书的宗旨，就是要从目前已掌握的山东方言的特点出发，总结山东话跟普通话的主要差异所在，从语音、词汇、语法三个方面，并兼顾山东境内的各地情况，以帮助山东人能够较快地学好普通话。我们的主要设想及具体的内容安排简述如下：

普通话以北京语音为标准音。方言地区的人学习北京语音要注意的主要是两个问题：第一，掌握声韵调的准确发音；第二，了解哪些字北京音系中是属于哪一类音。本书除全面介绍北京音系的发音要领以外,还根据山东各地的情况,提出什么地方在发什么音时跟普通话存在着什么样的不同,应作怎么样的纠正;再就是提出山东话在系统上跟普通话存在的不同,说明某处方言哪类字的归类跟普通话不相同,应作什么样的调整。

以北方话为基础方言,是普通话的词汇标准。掌握这个标准要作两点说明:第一,北方话以北京为中心,作为标准音的北京语音是北京话词汇的物质外壳,所以北京话的词汇是普通话词汇的基础;第二,目前通行的各种辞书,是汉语词汇规范工作的成果总结,像《现代汉语词典》就是以确定词汇规范为目的的中型词典,掌握普通话的词汇,应以这一类的辞书为准。本书选择常用词语900余条,分别把普通话的说法跟山东各地的不同说法相对照,每条都注有普通话的标准读音。由于材料和篇幅的限制,我们还不能全部列出这些词在山东的所有不同说法及每种说法在地域上的覆盖面的大小。但就现在的内容,读者至少可以采用对号入座的方法,找出本方言跟普通话之间所存在的词汇差别。

以现代白话文著作为语法规范,是普通话的语法标准。现代汉语的语法研究历来都只偏重于书面语言,各种语法著作所总结的汉语语法规律实际上就是普通话的标准语法。山东话在语法方面也有许多明显不同于普通话的地方,本书通过这些不同的对比分析,在使我们了解山东各地语法特点的同时,也知道该怎么说才能达到普通话的语法标准。

本书精心编选部分会话和朗读材料,标注普通话的读音,这种成篇材料是语音、词汇、语法的综合练习不可少的,是普通话上口的好帮手。

在建设我国社会主义两个文明、国际国内各种竞争中求速度、争效益的今天,推广普通话的工作也存在加速度、讲效益的问题,我们希望对山东方言长期研究的成果能够在这方面发挥积极的作用，为在山东加速汉语规范化的进程作出贡献。

（原载《山东人学习普通话指南》，山东人民出版社 1988 年版）

话剧台词应该说普通话

——对舞台上塑造领袖形象的意见

最近一个时期以来,继话剧《杨开慧》和《报童》之后,文艺工作者再接再厉,又为我们演出了《西安事变》、《东进！东进!》、《陈毅出山》和电影《大河奔流》等作品,使我们能够在话剧舞台和电影银幕上看到以毛主席、周总理、朱总司令等老一辈无产阶级革命家的光辉形象,真是称人心意,令人欣喜。

怎样塑造革命领袖的艺术形象？这是一个值得探讨的带有历史意义的新课题。在这方面,文艺工作者已经迈出了第一步,并取得了一定的成绩。但是,这毕竟还只是初步的尝试,还有待进一步探讨和提高。

我是一个语文工作者。作为一个观众,本着百家争鸣的精神,想对革命领袖的台词采用方言问题提点不同的意见。我认为,话剧和电影演员的台词应该基本上都用普通话,演革命领袖时更有必要。这是因为:

首先,从话剧这种艺术的性质来看。话剧是一种语言艺术,主要通过剧中人的对话来表现人物的性格和剧情的发展。周总理《在文艺工作座谈会和故事片创作会议上的讲话》中谈到话剧艺术的特征时说:"话剧要通过语言打动人。"表现革命领袖艺术形象的话剧,正是要通过革命领袖的台词来教育人、鼓舞人的。如果他们各自说方言,不同方言区的观众连听都听不懂,怎么能够被打动呢?这个问题在演出《杨开慧》的时候还不怎么突出,因为演毛主席的那个演员的台词不多。后来演出了《西安事变》和《陈毅出山》等,问题就越来越突出了。像《陈毅出山》,表演陈毅同志坚决按照党中央的战略决策,到游击队去说服队长韩山河,团结一切可以团结的力量共同对敌,不料遭到了韩山河的扣押,差一点被杀了头。剧情是富于戏剧性的,语言也很有性格特色。这里,剧作者的用意是要通过陈毅同志说服教育韩山河的台词来打动观众。令人遗憾的是陈毅同志的台词用了四川话。四川话虽然也属于北方方言,可是即使是北方人也还有听不懂的,其他方言区的观众就更难听懂了。这样,不就会削弱话剧教育人、打动人的艺术效果么?

　　第二,从无产阶级革命领袖和群众的关系来看。到目前为止,凡有老一辈革命家出场的话剧或电影,一律是领袖说方言,其他人物说普通话。在现实生活里,由于我们的普通话还没有得到普及,许多人说话带有方言,一些领袖人物也不能例外,这是不足为奇的。可是一到舞台上,其他人物的语音都用普通话统一起来了,单单领袖的台词用方言,这样做,是突出了领袖形象,还是把领袖搞得很特殊呢?例如《杨开慧》这个话剧,其中表演毛主席和杨开慧在一起说话的场面就挺别扭。夫妇两人都是湖南人,但是一个说湖南话,一个是一口标准的普通话。这种一个南腔一个北调的台词,给人以很不协调的感觉。

　　第三,从推广普通话的角度来看。话剧舞台上领袖们的台词用方言,不利于推广普通话,这是不说自明的。这里要指出的是,毛主席和周总理生前对推广普通话的工作都曾作过指示,发表过不少精辟的见解。毛主席说:"一切干部都要学普通话。"周总理说:"在我国汉族人民中努力推广以北京语音为标准音的普通话就是一项重要的政治任务。"1956 年 2 月,国务院成立了推广普通话

话剧台词应该说普通话　　　• 339 •

工作委员会,当时的副总理陈毅同志兼任委员会的主任。毛主席、周总理和陈毅同志在生前如此重视推广普通话,我们没有理由让他们在话剧舞台上的台词使用方言。

　　第四,至于像不像的问题。多数人在看了出现革命领袖的话剧或电影后,往往要评论一番像不像。听说,现在舞台上领袖们的台词所以用方言,是因为如果用普通话,就会使一些听过毛主席、周总理等革命家说话的人看了后摇头,说"不像"。其实这是一种偏见。许多人都看过译制的苏联电影《列宁在一九一八》、《列宁在十月》等,伟大的无产阶级革命导师列宁、斯大林的光辉形象给人们留下了多么深刻的印象!可是我们能够因为他们是革命领袖就不把他们的台词译成汉语么?有谁提出过因为列宁、斯大林的台词译成了汉语他们就不像了呢?列宁、斯大林生前可不是说的汉语呀!实际上,多数观众评论像不像,主要还是从外形方面来看的,因为这原是人人都熟识的。当然,我们希望演员能够演得逼真。所谓"逼真",就是要演得真实,主要是神似。周总理说:"应当又像又不像。"塑造的不是典型形象吗?不是应该比普通的实际生活更高,更强烈,更有集中性,更典型,更理想么?为什么在语言上,我们不能够服从于汉民族共同语的统一标准,使之更带有普通意义,更易于为广大人民群众所接受呢?

　　还有一点也附带说一下。前不久,中央电视台转播了南京市越剧团演出的表现周总理形象的《报童之歌》。越剧是一种地方戏,道白、唱词一般都是用浙江省的嵊县话。《报童之歌》中的周总理说的却是苏北话,有点格格不入的味道。另外,戏曲的特色之一就是唱。戏迷们迷就迷在某些演员的唱腔上,越剧迷听《红楼梦》的宝玉哭灵百听不厌,是徐玉兰同志的唱腔在吸引着他们。《报童之歌》中的周总理全是说白,一句也没有唱,这样就成了越剧外加方言话剧的混合作品,失去了地方剧种的特色。越剧的演出是如此,其他剧种也同样存在着这个问题。以后,是不是所有戏曲节目中表演革命领袖的角色都不能唱呢？如果不唱，还算什么戏曲？如果要唱，又是怎么个唱法？要是表演毛主席形象的川剧用湖南话唱，表演周总理形象的吉剧用苏北话唱，这样的效果将如何？这是戏曲表演艺术中的一个不能回避的问题，值得注意。

上述意见很不成熟，是不是还有一点职业的偏见呢？欢迎同志们批评指正。愿塑造无产阶级革命家形象的艺术新苗能够在更大的范围内吸取丰富的养料而苗壮成长，开放出更加绚丽夺目的花朵！

（原载《中国语文通讯》1979 年第 3 期）

群众的需要，历史的必然

——再谈革命领导人物的台词要说普通话

　　关于话剧、电影、电视中革命领导人物的台词用或不用普通话的两种意见争论已久，笔者早在 1979 年就从艺术的性质、革命领袖和群众的关系、推广普通话的工作、像不像的问题四个方面申述过"话剧和电影演员的台词应该基本上都用普通话，演革命领袖时更有必要"的看法。今年是毛主席《在延安文艺座谈会上的讲话》发表 50 周年，重读这一著作，结合当前的现实情况，觉得很有重申"革命领导人物的台词要说普通话"的必要。

　　从文艺的角度看，我们的文艺是为广大人民群众服务的，表现革命领导人物的形象主要是为了向广大人民宣传党的革命历史，是国情教育的重要组成部分。这样的内容当然要考虑怎样才能使最大范围的观众易于接受，从语言表达说，非普通话莫属。周恩来总理早在 1958 年 1 月《当前文字改革的任务》报告中就说："不同地区的人，如果各说各的方言，往往不容易互相了解，甚至在同一个省里，例如闽南人跟闽北人，苏南人跟苏北人，交谈就发生困难。……常常有这样的事情：一个重要的报告，一门重要的课程，由于方言作梗，大大妨碍了听讲人的理解。广播和电影是我们的重要宣传工具，但是由于普通话还没有普及，它们的功效在方言地区不能不受到一定的限制。"就以最近演出的电影《周恩来》说，有些年轻人的反响远不及中老年人那么强烈，这是为什么？除去没有历史的亲身感受以外，还由于不能完全听懂演员使用的方言。那么在演员舞台语言的选择上，是不是有必要把"立足点"转向全国城乡更大范围的普通观众呢？

最近看到，大型历史电影《大决战》也让一些领导人物说方言，这样的处理又带出了另外一个问题：在众多的革命领导人物中，为什么毛泽东、周恩来、朱德、邓小平、陈毅用方言，而刘少奇、杨尚昆等则用普通话？这种不同选择的根据是什么？是不是经过研究，确认为后者的普通话说得就是比前者好？还是因为演后者的演员没有学会这些领导的方言？否则，又如何理解同是湖南人的毛泽东和刘少奇，毛说湖南话而刘说普通话，同是四川人的陈毅和杨尚昆，陈说四川话而杨说普通话？如果让刘少奇和杨尚昆也都说方言，那么聂荣臻、罗荣桓等人该不该也说方言？如果领导层的人物说方言，普通干部说普通话，那么这个界线划到哪一级？这是个很难解决的问题。

看以往的历史剧，从不曾听说有人主张让屈原说楚语、鲁迅说吴语。前不久播出的电视连续剧《淮阴侯韩信》和《孔子》，韩信并不说淮阴话，孔丘也不说曲阜话，剧中人说普通话是自自然然的，无论演员和观众，没有人想到要使用方言，更无从提出"不像"的问题。

《中华人民共和国宪法》第十九条明文规定："国家推广全国通用的普通话。"随着改革开放的深入，要在两个文明建设中取得高效益，信息有关键性的作用，而信息的传递必须有规范化来作保证，其中语言的规范具有首当其冲、最为广泛的意义。塑造革命领

群众的需要，历史的必然　　　　　　• 343 •

导人物形象作为新时期国情教育的重要内容之一，其台词说普通话，是文艺为广大人民群众服务的需要，也是历史发展的必然。

（原载《语言文字报》1992 年 6 月 28 日第 1 版）

朗诵演讲与语体文体

——从第二届全国公务员普通话
比赛中想到的两个问题

1998 年 11 月 24～25 日，我应聘为第二届全国公务员普通话大赛的评委。这次大赛在广州的广东大厦举行，总共有全国各省市的 34 个代表队、每队由三位选手参赛。比赛分单项和团体两个阶段进行。单项比赛的内容有朗诵、演讲、计算机汉语拼音录入汉字三项。三个单项比赛得分总和居前六名的队参加团体决赛。团体赛的内容除朗诵、演讲以外，还有知识抢答。各代表队的选手多是通过层层筛选的优胜者，其竞争之激烈可以想见。

一、语音规范的标准

本届大赛的评委由七人组成，其中有我国著名的播音员和国家一级演员，也有两人是语言研究人员。大赛规定，朗诵和演讲的评分标准为满分 150 分，其中普通话水平 100 分，表演水平 50 分。因为朗诵和演讲的文稿都是事先写好、经过反复推敲的，所以词汇和语法的规范问题不大。这样语音的临场发挥就成了评定普通话水平的决定性因素。由于职业的原因，我对普通话字音的准确性比较注意，评判过程对每位选手的字音问题都尽可能做了记录。

朗诵演讲与语体文体 ・ 345 ・

这次比赛字音问题比较集中的有:舌面前音 j、q、x 发音部位靠前,舌尖后声母不卷舌或卷舌不够,合口呼零声母字的 u 介音读为辅音声母 v,部分前后鼻音韵尾不分,鼻音韵母没有鼻辅音韵尾或发成鼻化元音,声调阴平不够高、阳平升不高,还有变调等等。

关于舌面前辅音声母 j、q、x 发音部位靠前的问题,在以往的普通话比赛中也都存在,近年来大有扩展之势,这次比赛也很明显,甚至在有的选手表演时,观众席还有人喊喊喳喳说"尖音"、"尖音"。其实那倒不是什么尖音,如"家见母乡晓母"两字和"节目"的"节精母"、"一切"的"切清母",包括古代"精清从心邪"和"见溪群晓匣"两组声母的字在细音韵母前虽然读音相同,但是不同程度地都读得靠近舌尖前音了。这跟有位代表"渐渐从母"、"清清母晰心母"读 z、c、s(尖音)而"脚见母"、"其群母"读 j、q(团音)还是不同的。两者的差别在前者不分尖团而后者是分尖团的。不分尖团也就无所谓"尖音"或"团音";不分尖团而把所有舌面前音的发音部位都发得靠前的,就是通常所谓的"女国音"。女国音发音部位的前后因人而异,有的接近 z、c、s,有的就是 z、c、s,虽然说不上是语音错误,总也该算是语音欠缺,而且是成系统的,按标准自然应该扣分,但不少代表得到高名次,说明多数评委对此并不在意。

语言永远在"发展→规范→再发展→再规范……"这样的过程中不停地向高层次演变,以满足人们适应社会发展而进行交际的需要。语言发展是客观规律,是不以人的意志为转移的。语言的自然发展到了一定阶段,就有必要进行规范。语言规范化的标准,是对一定历史时期发展的一次科学总结和认定。大家遵循这个标准,使得语言更为纯洁和健康。规范化自然阻挡不了语言的发展,但是通过提倡和推广也必然会有一个相对稳定的时期。语音演变的因素是多方面的:一种是音类简化的趋势,如许多方言由分尖团变为不分尖团,苏州方言老派能区分舌尖前音 z、c、s 和舌音后音 zh、ch、sh,而新派则只有一组舌尖前音了,又如一些方言单字调类的减少；一种是趋于发音的方便，如卷舌声母卷舌的程度轻了，复合元音舌位的动程小了或变成单元音了。再一种跟社会心理密切相关，如"女国音"。"女国音"从1948年赵元任先生等翻译高本汉《中国音韵学研究》就已提出，到今天可说是已经成为一种社会时尚。据笔者所知，不少留学生不论男女也有这样的发音习惯。类似的现象还有声母v，有的电视节目的播音员在发合口呼的零声母时就明显存在这个齿唇声母。普通话比赛对此类现象的评分有一个导向作用。如何处理为好，决定于我们的认识。如果我们认为，目前汉语规范化还是处于相对稳定的阶段，那么规范的标准还是应该严格执行；如果我们认为"女国音"等现象的存在已是语言发展的客观事实，应该认可，那就干脆把规范的标准定宽。这关系到语言的理论和实际运用问题，需要经过大家的反复研究和讨论才能确定。就目前来看，开展一些讨论，统一一下认识，是十分必要的。

二、朗诵、演讲与语体、文体

朗诵和演讲，都是属于传播艺术，两者在宣传人、教育人的目的方面是共同的。从语体的角度来看，如果用有的教科书将语体所分的口头语体和书面语体（或书卷语体）两大类来衡量，那么朗诵和演讲都很难简单地划归其中的一类。因为从书面语和口语的关系来说，书面语是口语的记录，也是口语的加工形式，而普通话比赛中的朗诵和演讲都是有文稿在先的，实际上是书面语的再加工，而且一般还有手势等体态语作为辅助。从口语到书面语到朗诵和演讲可以概括为"声（口语）→形（书面语）→声＋形（朗诵、演讲＋体态语）"的过程，对于语言的接受者来说，则是"耳→目→耳＋目"。可见朗诵和演讲虽然都是有声语言，但是并非单纯口语，而是比书面语更高层次的一种形式。从这点来说，朗诵和演讲也是共同的。

　　但是大会既然安排了朗诵和演讲两项比赛,二者应该是有所区别的。那么区别在哪里呢? 我的粗浅的认识是:首先,从功能看,朗诵是"大声诵读诗文,把作品的感情表达出来"(《现代汉语词典》),而演讲则是"就某个问题对听众说明事理,发表见解"(《现代汉语词典》)的。朗诵重在以情感人,演讲则重在以理服人,两者应该属于不同的语体。第二,由于不同功能的要求,朗诵和演讲也就对文体(文章体裁)需要有不同的选择。一般来说,适用于朗诵的文体宽泛一些,虽然通常多用文艺文体,但是其他文体也并非不可,即使是大声地诵读一篇议论文,也不能说这不是朗诵;而演讲是要说理的,对文体的选择受到一定的限制,至少文艺文体的诗歌或散文诗就不那么适合,没有人会把高尔基的《海燕》来作演讲正是这个原因。第三,从思维模式看,一般来讲,朗诵稍重于形象思维,演讲则比较注重逻辑思维。

　　回头说到普通话比赛中的演讲比赛,许多评委都感到一些选手的演讲虽然题材很不错、很感人,例如《草原母亲的情怀》、《一根不同寻常的针》、《烈火铄金,洪水鉴人》、《难忘的告别》、《强者之歌》等等。其中有的是叙事诗,有的是故事,有的则是记叙文,有许多还配上音乐,怎么听也是朗诵而不像演讲,这按规定也得扣分。那么是不是歌颂母亲、歌颂爱国主义、歌颂抗洪抢险的英雄、歌颂热爱生命的强者,这样的内容不适合作为演讲题材呢? 当然不是。朗诵和演讲,在题材的选择上应该是可以相同的。就在这次普通话大赛中,一个朗诵《写给长江边的人们》,一个演讲《我们的力量来自人民》,虽然语体不同,但都选用了 1998 年抗洪抢险的题材,而且收到很好的效果。所以关键还是在能否把握好朗诵和演讲在语体和文体方面的不同要求。

　　当然,"以情感人"和"以理服人"没有绝对的界限。动人的诗歌往往蕴涵深深的哲理,出色的演讲稿中也常常引用感人的诗句。我曾为当前的演讲跟朗诵的关系问题请教过山东的一位演讲学专家：将来的演讲，是不是情和理的进一步融合，也就是演讲继续靠近朗诵？那位同志说，是有这样的一种意见，不过另有一种完全相反的意见是，以后的社会，人变得更为理性，演讲也就会更加注重思辨和睿智。且不说将来如何，从现在的情况看，演讲和朗诵还是应该有所区分。当前许多人用朗诵代替演讲的做法，跟长期以来在语文教学中缺乏介绍有关语体和文体的内容不无关系，改变这种情况，最好也从教育着手，可惜目前许多《现代汉语》教科书有关这方面的内容比较少。以后怎么做，这又是一个很值得讨论的问题。

（原载《语体与文体》，澳门语言学会丛书，澳门语言学会、澳门写作学会 2004 年）

推广普通话和"保护方言"

一、坚持推广普通话不动摇

1. 推广普通话是政治、经济、文化发展的需要

共同语和方言是互相依存的：有方言就有共同语；没有方言，各地人们彼此的交际没有障碍，就无需也不会产生共同语了。

一种语言如果在其分布的不同地域内存在方言的分歧，必然使各地人们之间的交际受阻，影响到政府的集中施政、经济的发展、文化的交流，这样就需要共同语的存在。汉语的共同语跟方言同样有悠久的历史。历史上的共同语称为通语、雅言、官话、国语等等，历代政府都有一些推行统一语言文字的政策措施。据文献记载，清雍正时期规定，福建、广东等地要对不会官话的进行训导，举人、生员等如果不会官话就不得送试。民国时期的国语运动，在学术界有过广泛的讨论，为以后的汉语规范化研究打下了良好的基础。

当今的汉民族共同语就是普通话。新中国成立以后，推广普通话是我国的一项重要国策。1956年国务院《关于推广普通话的指示》发布，1982年《中华人民共和国宪法》规定"国家推广全国通用的普通话"，推广普通话的工作正式纳入了法定的位置。经过多

方面的努力，我国推广普通话的工作取得了很大的胜利，普通话在我国的各项事业中起到了前所未有的作用。

2. 信息化的时代尤其需要语言的进一步规范化

改革开放，走向世界。学生到各地求学、农民进城打工、两岸直航、发展贸易、国际交流，海陆空交通更为便捷，像山东这样交通发达的地区，已经实现了村村通汽车，人们离开家乡甚至走出国门谋求发展，人员流动空前频繁。尤其在今天这个信息化的时代，发布信息在网上，学术讨论在网上，学生投考和职业招聘的报名在网上，征婚求友在网上，购物在网上，通信往来用电函、发短信，日常生活和工作越来越离不开网络。即使在农村，先进的农民已经开始运用网络寻找信息，联系并推销他们种养的蔬菜或畜禽。

信息化的语言只能是全国通用的共同语，不能想象只通行于局部地区的方言能够满足全国一体化、面向世界的要求。但是据调查统计，我国目前的语言生活中，能够使用普通话进行交际的只占 53% 的比例，这不适应我国各项事业迅速发展的要求。推广普通话还是任重而道远，必须坚持推广丝毫不能动摇。

二、"保护方言"

1. 方言的变化并非完全是因为推广了普通话

推广普通话无疑加速了方言的发展，致使方言一些特点的消失而向普通话靠拢，但是这种结果并不完全是由于推广普通话而造成的。因为语言随社会的发展而发展，语言的演变是客观规律，任何人都无法阻挡。每一种方言都以自身的演变规律向前发展，例如方言语音新老和文白异读有很长的历史，反映了方言发展的不同阶段，并不是推广普通话以后才有的现象。再如方言词语演变的重要方式是新陈代谢，旧事物消失，新事物产生，久而久之，表示旧事物的词语消亡，表示新事物的词语产生。某些旧风俗、旧习惯不存在了，反映这些风俗习惯的词语最终消失，想留也留不住

推广普通话和"保护方言"   • 351 •

的;进入信息时代,"网吧"、"短信"一类新词产生,想不要也无法阻
挡。这都是很自然的,是社会发展的结果,也不是推广普通话造
成的。

方言总是要发展的,发展中肯定要受到共同语、其他方言乃至
外语的影响。推广普通话,引领方言的发展走向统一的途径,这对
完善语言这一交际工具的职能有百利而无一害。

2. 方言无须消灭,更不可能消灭

据笔者所知,是吕叔湘先生最早提出"抢救方言"的口号。吕
先生的原意是:方言迅速变化而向普通话靠拢,要及时调查记录,
为后世保存现时方言的实况,作为汉语史研究的资料。这些,都是
所有方言研究工作者为之奋斗的目标。

近年来提出的"保护方言",或者"保卫方言"、"挽救方言"等
等,如果是针对推广普通话而言的,那就没来由,令人费解,因为没
有人说过,推广普通话要消灭方言。

方言本身就是一种地域文化,也是地域文化的载体。我国丰
富悠久的地域文化借方言传承;同乡之间、家人之间的亲和力,也
常由方言维系。

方言不能消灭,实际上也消灭不了。像汉语这样分布地域如
此广泛、承载着如此丰厚的地域文化的语言,即使普通话普及率达
到100%,人们在掌握普通话的同时,也不可能完全脱离方言,因
为推广普通话,是要求人们有能力使用普通话,并不是绝对不允许
说方言。

总之,汉语方言不能也不可能消灭。

3. 方言与普通话互补共荣

普通话以官话方言为基础,有广泛的地域优势,普通话还是书
面语的基础,普通话的首要地位无可替代。方言向普通话靠拢是
客观规律,大势不可逆转。但是普通话也不是一成不变的,普通话
过去吸收了方言中许多具有表现力的成分,在继续发展中仍然要

不断吸收方言的营养来丰富自己。汉语规范化要及时总结，这方面我们还有许多工作要做。

方言是我国极为丰富的语言资源，在语言交际中具有特殊的地位。邻里之间谈谈家长里短，说说方言何妨？ 地方戏曲，如果离开了方言，还能不能为当地的人们接受？ 地方电台或电视台适当用点方言播音也无关大局，但是中央台要慎重考虑，因为它面对的是全国听众。

人人都离不开语言，人人都可以按照自己的意愿、在不同的场合选择说普通话还是说方言。但是如果不会普通话，那就没有选择的余地，面对听不懂自己方言的听者，岂不会很尴尬？ 三个人在一起说话，两个同乡一味说方言，置第三者于不顾，起码很不礼貌。

建立和谐社会，要有宽容的心态、宽松的语言环境。在推广普通话的前提下，普通话跟方言互相补充、共同繁荣。

（原载《国务院发布〈汉字简化〉的决议和〈关于推广普通话的指示〉50 周年纪念文集》，教育部语言文字应用管理司 2006 年编）

曹延杰著《宁津方言志》①序

　　曹延杰同志调查研究宁津方言已有多年。他的《宁津方言志》写成于 1987 年,本想单独出版,还让我写了个序。但是这部文稿后来作为《宁津县志》的一部分出版,我的序也就用不着了。值得高兴的是,他一直没有放弃对于宁津方言继续深入的调查和研究,日前他把在《宁津方言志》基础上扩充而成的《宁津方言研究》送来,要我重新写序。他很细心,在送来《宁津方言研究》书稿的同时,也带来了我当初写的《宁津方言志》序文手稿。我对延杰同志这两种成果要说的话有不少是共同的,所以先把原序文的主要内容抄录如下:

　　"方言学在方法上最基本的一条就是实事求是,一切都必须以方言事实为依据。方言区分的依据就在于客观存在的语言特点。一种语言既然存在方言的不同,那么无论哪一种方言必然有自己的特点。因为特点都从比较中得来,甲跟乙两相比较,甲对乙来说有特点,乙对甲来说也有特点;个别不同于一般,那个别必有其特点。方言调查最直接的目的是记录语言事实,记录整理的优劣程

---

　　① 本书原名《宁津方言研究》,后作为《山东方言志》丛书的一种改名为《宁津方言志》。

度决定于调查者能否充分地发现方言特点、表述方言特点。纷繁复杂的方言现象并非相互隔绝、彼此不相关，一般都是成系统地存在，调查工作要从一字一句及成篇的记录中去掌握系统的规律。所谓方言特点，首先也是系统性的特点。这种特点有的并不十分明显，只有通过对众多材料的分析研究才能有所知。方言系统规律的概括性越大，说明调查工作者对于方言特点的认识越深刻。方言调查报告杂乱无章地罗列事实跟有系统地概括形成鲜明的对比。方言的调查研究从了解方言特点到科学地反映特点，前者是基础，后者是目的，但两者之间也还存在一个在认识上的深化过程。

曹延杰同志质朴而好学，对许多人看来是枯燥乏味的方言研究有浓厚兴趣，不畏调查工作的艰辛，几度奔波于宁津各地，经过反复调查和核实，终于在对宁津方言的现状和历史都有全面认识的基础上，写出了符合当今时代要求的《宁津方言志》。这是宁津方言有史以来第一次系统的总结。

宁津地处山东西北，跟河北接界。在汉语方言中，宁津方言属于北方方言的冀鲁官话，在山东境内，是属于山东西区的西齐片。《宁津方言志》从五个方面叙述了宁津县境内的方言全貌，如实地反映了宁津方言的特点。这部志书的出现，为今后研究山东及其与河北交界地区的方言提供了翔实的资料，也可作为本地人学习普通话的参考，特别是其中的某些篇章，例如宁津方言儿化韵构成的规律等等，对汉语现状的专题研究也有较高的参考价值。《宁津方言志》称得上是宁津县文化建设的一项可喜成果。"

读了《宁津方言研究》，给我深深的感觉是，经过十几年的磨砺，延杰同志的专业水平远非昔日可比，这在《宁津方言研究》和《宁津方言志》两部文稿的对比中可以看得出来。《宁津方言志》作为方言志，可以说是相当出色的，《宁津方言研究》则在这个基础上，一方面是内容大大地扩充了，另一方面是研究得更为深入了。

《宁津方言志》序 · 355 ·

扩充的内容如：4500 余字的同音字表，在字头的排列、多音字的对应上，都考虑得比较周全；方言音与中古音的对照作得相当细致，除去对应规律以外，又将例外字作了穷尽式的罗列。研究的深入则贯穿于全稿。延杰同志这几年在方言调查中比较注重语音流变的研究，《宁津方言研究》关于音变的描写颇为深入，特别在变调和儿化规律的概括方面，从具体到抽象，不仅资料有许多新的补充，处理的方法也比过去更为精到。据延杰同志自述，这次的研究稿有意加强了语法部分的内容，该章分词法和句法两部分描写了宁津方言的语法特点。在对方言某些现象的分析中，例如将宁津方言的特殊语法现象"V 的慌"、"家来"、"手冷"等归纳为"短语式动词"，并从来源和具体的使用等方面加以说明，体现了延杰同志对这种方言语法特点的一种认识，虽然未必能够得到同行学者的一致认可，但是无疑会有助于我们对此类方言现象的深入理解。

老话说："有志者事竟成。"值此《宁津方言研究》即将出版之际，我再次向延杰同志表示由衷的祝贺之情。

钱曾怡

2001 年 9 月 15 日

（原载《宁津方言志》，中国文史出版社 2003 年版）

周磊 王燕著《吉木萨尔方言志》序

　　汉语各地方言虽然存在着千差万别的分歧，但毕竟都是属于同一种民族语言，相互之间又有着千丝万缕的联系。全面了解汉语各地方言的情况，对每一个汉语研究人员特别是汉语方言工作者来说，无疑是十分必要的。但是汉语方言的分布地是如此辽阔，任何一个方言工作者对汉语方言的全面了解，无论如何也不可能全是亲身调查的结果。由此看来，各地同志各自为某些地区的方言调查努力工作，大家互通有无是多么重要。

　　新疆是我国最大的省区，面积 160 万多平方公里。听周磊同志讲，他们为完成一个点的调查任务，往往要长途跋涉，连续坐几天几夜的汽车。可以想见，那里的方言调查工作，远比交通方便、人口集中的地方要辛苦得多。但是新疆的同志们不畏艰难，为开发新疆的方言资源作出了极大的努力。从 1983 年以来，他们跑遍了新疆的东西南北，调查了 76 个县市的汉语方言，写出了《新疆汉语方言的分区》，第一次从语音的特点勾勒了新疆汉语方言的全貌。这一成果不仅为研究新疆汉语方言奠定了基础，也为全面了解汉语方言的分布提供了可贵的资料。

　　我对新疆的汉语方言充满着好奇的心理：一来是面积大而人烟相对稀少的方言区，各地方言的异同如何？相互通话会因地域

《吉木萨尔方言志》序　　　• 357 •

阻隔而受到影响么？二来是像新疆这样的多民族地区,汉语与兄弟民族的语言之间各有什么样的影响？可是我对新疆的汉语方言知之甚少,星星点点的了解大多来自历届汉语方言学会学术讨论会上的交流材料。《新疆汉语方言的分区》把新疆的汉语方言大致分为北京官话(南疆片)、兰银官话(北疆片)、中原官话(南疆片)三区,读了之后就像好茶好饭吃了第一口,有了语音的轮廓了解,那这三片的方言在词汇、语法方面又有些什么特点呢？

　　前年8月,在湖南大庸召开的中国方言学会的第五届学术讨论会上,周磊同志把他们的新作《吉木萨尔方言志》初稿拿给我看。初读的印象是内容全面,写出了吉木萨尔方言的许多特点。去年12月,王燕同志又把修改稿寄给我了,重新读来,还跟读初稿时那样感到新鲜有趣。阅读过程中不时联想起山东方言的情况,从而进一步证明了一个认识,在同一种语言中地域相隔无论怎么遥远,也总有一些共同的方言特点。山东与新疆,称得上是我国领土的东西两极,可吉木萨尔的有些方言特点竟然也跟山东的一些地方相同,这从语音、词汇、语法三方面都可找到例证。

　　语音方面如:(一)北京读开口呼的零声母字,山东临清、德州、无棣一线向东直到靠海的日照、胶南读 ŋ 声母;(二)凡北京 ʂ 声母拼合口呼的字,鲁西南的菏泽、平邑、枣庄等地读 f 声母;(三)中古曾开一、梗开二的入声字,北京读 o、ai、ɤ、ei 等韵母,山东许多地方读 ei 韵母。以上三条特点举山东的济南、平邑为例与吉木萨尔比较如下:

(一)例字	哀	欧	安	肮
北京	₋ai	₋ou	₋an	₋aŋ
吉木萨尔	₋ŋai(又)	₋ŋeu	₋ŋan	₋ŋɑŋ
山东济南	₋ŋɛ	₋ŋou	₋ŋã	₋ŋaŋ

续表

(二)例字	树	衰	栓	双
北京	ʂuˀ	ˌʂuai	ˌʂuan	ˌʂuaŋ
吉木萨尔	fuˀ(又)	ˌfai(又)	ˌfan(又)	ˌfɑŋ(又)
山东平邑	fuˀ	ˌfɛ	ˌfā	ˌfɑŋ
(三)例字	墨曾开一	勒曾开一	塞曾开一	黑曾开一
北京	moˀ	lɤˀ	ˌsai	ˌxei
吉木萨尔	ˌmei(又)	ˌlei(又)	ˌsei(又)	ˌxei
山东济南	meiˀ	ˌlei	ˌsei	ˌxei
(四)例字	白梗开二	麦梗开二	拆梗开二	隔梗开二
北京	ˌpai	maiˀ	ˌtʂʻai	ˌkɤ
吉木萨尔	ˌpei(又)	ˌmei(又)	ˌtʂʻei(又)	ˌkei(又)
山东济南	ˌpei	meiˀ	ˌtʂʻei	ˌkei

　　词汇方面，共同的特殊词（山东以济南为例）如：

　　　　贼星（流星）　　　　　　炭（煤）

　　　　晌午（中午）　　　　　　大年三十（除夕）

　　　　蚂蚱（蝗虫）　　　　　　牙狗（公狗）

　　　　被卧（被子）　　　　　　灯篓（灯笼）

　　　　咸盐（盐）　　　　　　　拾掇（收拾）

　　语法方面，山东一些地方跟吉木萨尔共同的语法特点如"子"缀词比较丰富。下面以山东诸城为例，举出两地特有的一些"子"缀词：

《吉木萨尔方言志》序 · 359 ·

吉木萨尔	山东诸城
冰吊吊子（冰锥儿）	冻冻凌子（冰锥儿）
新郎子（新郎）	孙女子（孙女儿）
背锅子（驼背）	锅腰子（驼背）
豁牙子（裂唇的人）	豁唇子（裂唇的人）
肚姆脐子（肚脐）	干腿子（小腿）
耳坠子（耳环）	圈子（耳环）
皮褂子（皮袄）	砍肩子（棉背心）
炮仗子（一种面食）	香油果子（油条）
木鱼子（木鱼）	木拉鱼子（木鱼）
串门子（串门儿）	闯门子（串门儿）

当然吉木萨尔方言还有许多特点是和山东或其他地区不同的，例如语音方面塞音、塞擦音声母与合口呼韵母相拼时所带的是唇擦音成分"pf pf'、tf tf'、kf kf'、tsf tsf'、tʂf tʂf'"；词汇方面的借词；特别引人注意的是语法特点，像单音节名词重叠加"子"尾（如"盘盘子"等），"给"、"连"等的特殊用法，假设句、选择句和比较句的情况等等，读来都使人耳目一新。

在大范围语音普查的基础上，汉语方言研究的深入还需要逐渐扩大对方言点的全面调查。目前，各地都编出了许多县市的方言志，以后这样的调查点渐渐多了，对汉语方言的比较研究就有了足够的依据。听说《吉木萨尔方言志》即将付印，我感到十分高兴，除向作者表示衷心祝贺之外，还盼望能看到更多的新疆地区汉语方言研究的成果！

钱曾怡

1991 年 1 月 31 日

（原载《吉木萨尔方言志》，新疆人民出版社 1991 年版）

朱正义著《关中方言古词论稿》序

　　春节刚过,朱正义同志将他的书稿《关中方言古词论稿》拿给我看。我读着,觉得他做了一件很有意义的工作。

　　《关中方言古词论稿》收集了在古代文献中可以查到而且通行于现代关中地区的词语 212 条,逐条按文献的历史顺序引出古代用例,说明其词义、读音、用法等等,并与现代关中方言进行对比,条分缕析,对关中方言的这 212 个古语词的渊源、流变作出了全面系统的介绍。

　　自周秦"常以岁八月遣𫐐轩之使求异代方言"(汉·应劭《风俗通义·序》),汉语方言学萌生及扬雄的《方言》问世以后,汉语方言学的研究虽然经历了一个漫长的历史时期,但从研究的方法来看仍然不外乎两个主要的方面:传统方言学作为经学的附庸,其主要内容是续补扬雄《方言》或对所收集的某地方言词语进行考证,多着重于书面材料的研究;20 世纪以来的现代方言学则用新的语言理论和方法,对方言进行实地调查,注重于口语的调查和整理。

　　方言研究必须把调查记录方言事实放在首要的地位,这是毫无疑问的。但是每一种方言都有自己的历史,这也就需要有从历史的角度来研究方言的。在这方面,语音系统的调查多用切韵音系来作对照,也就是注意到了音系的历史研究。词汇方面虽然有本字考之类的一些成果，但总的来说还很不够。对于方言词汇的研究，我想，在方法上，应该将传统方言学的方法和现代方言学的方法结合起来。《关中方言古词论稿》在这方面作出了一些成绩。我说朱正义同志做了一件很有意义的工作，其意义也正在此。也算序。

钱曾怡

1991 年清明节

（原载《渭南师专学报》1994 年第 1 期）

罗福腾著《汉语方言与民间文化新观察》序

福腾的第一部论文集即将出版，这消息令我兴奋不已。

福腾是我 1982 年所招收的第一届硕士研究生、1995 年的博士生，但是我们相识在 1978 年，当时他是中文系 78 级的本科生，我是这届"现代汉语"课的任课老师。我们在一起学习和工作，已经整整二十年了。这二十年，他从 1981 年第一篇方言论文问世开始，到今天独立专著三部、合作专著 18 种、论文 40 余篇，一步一步地，由一个初学的少年成长为国内外有一定知名度的青年学者，其中的酸甜苦辣，我是深有所知也常是共同体味的。我赞佩他的毅力、他对专业执著的追求。

我 50 年代调查方言从胶东开始，第一篇论文是《胶东方音概况》(1959 年)。福腾的第一篇方言论文《牟平方言的比较句和反复文句》(1981 年)也是胶东方言。这是巧合，还是一种缘分呢？说不清。但是胶东方言的研究，福腾做起来就比我这个原籍是浙江的外乡人要得心应手多了。我把他看成是山东方言特别是胶东方言研究的接班人，希望他能为山东方言研究干出一番事业，也是理所当然的了。

他没有辜负我的期望，在胶东方言的研究中做出了突出的成绩，并把调查的范围延伸到了辽东。胶东方言研究的专著《牟平方言志》(1992 年)和《牟平方言词典》(1997 年)是他对母语牟平话的详细记录,《从胶东话走向普通话》(1996 年)则是他对整个胶东方言和普通话对比研究的一次总结。他对于胶辽官话下力更勤,不仅多次深入辽东各地,除去着重语言调查以外,还注意收集当地的人文历史资料,在摸清楚胶辽官话分布于辽宁、吉林的地域范围及语言特色的同时,也探讨了胶辽官话的形成历史,并从理论上总结人口迁移与语言扩散的关系。他的博士论文《胶辽官话研究》受到答辩委员会全体成员的一致好评,认为该文"填补了胶辽官话研究中的多项空白,达到了目前胶辽官话研究的最高水平"。

在汉语方言的调查研究中,方言语法的研究难度大、起步晚。福腾注意到山东方言的语法特点是在 80 年代的初期,当时语法研究的论文还不多。他从一个具体方言点的某一两个句法特点入手,逐渐积累资料,把这些特点研究在共时研究的地域上从一个点扩大到一个片乃至全省的范围,从历时研究的时间上从现代追溯到山东古代的文学作品。这从以下的一组论文题目就可以看得非常清楚:《牟平方言的比较句和反复问句》(1981 年)、《牟平方言的几种常见句式》(1992 年)、《山东方言比较句的类型及地理分布》(1992 年)、《山东方言里的反复问句》(1996 年)、《聊斋俚曲集里的反复问句》(1996 年)、《醒世姻缘传的反复问句》(1996 年)、《山东方言"V 他 V"结构的历史与现状》(1998 年)。

方言是各地民间文化的载体,方言研究必然要触及民间文化问题,研究一个地方的民间文化更离不开当地方言。可以说,将方言与民间文化研究结合起来,是福腾方言研究的又一特点。本集收入的有关民间文化的四篇论文无一不与方言有关,如《语言崇拜与风俗习惯》(1991 年),说明胶东地区的一些习俗,是人们为求吉祥,利用方言的谐音关系而形成的;《试论民间的"四最"谚语》(1994 年),反映了某些地区人们对一些事物的认识,不仅跟当地特定的风俗习惯密切相关,而且都是有特定的方言来表现的。

《汉语方言与民间文化新观察》序　　· 365 ·

　　"成绩只能说明过去"，这句话已是老生常谈，不过我还是要说一说，因这我期望于他将来的远比现在更多。相信福腾会继续令我为他高兴、为他自豪！

钱曾怡

1998 年 8 月 12 日写于山东大学

　　（原载《汉语方言与民间文化新观察》，新加坡新文化事业有限公司，1998 年）

曹志耘 秋谷裕幸 太田斋 赵日新 著 《吴语处衢方言研究》序

　　刚刚迎来新世纪的 2000 年，一部新作《吴语处衢方言研究》样稿又来到了我的书案。四个作者中，太田、志耘、日新都是我昔日的学生，今天的同行好友；秋谷虽然没有在一起同事、学习过，却也早就通过志耘平时的言谈成了心目中一位熟识的朋友。高兴之余，又着实为写序犯愁。因为我虽然母语是吴语，至今还说得一口地道的家乡话，却对吴语没有作过多少研究，特别是处衢方言，一向的感觉是神秘莫测。面对厚厚的 460 多页书稿，心里白茫茫一片，真不知这序该从何处入手来写。想来想去，只有从老老实实的学习开始。这些天，除了阅读他们的这部著作以外，又将它跟先期出版的《严州方言研究》（曹志耘 1996 年）、《徽州方言研究》（平田昌司主编 1998 年）作了简单的比较，并再次拜读平田昌司、鲁国尧两位先生分别为两书写的序文。

　　《严州方言研究》、《徽州方言研究》和本书是一套系列专著。前两书是中日友好合作项目"新安江流域语言文化调查计划"的标志性成果，后者的研究范围虽然从地域看已超出了新安江流域，但从人员配备、研究内容、研究方法和书稿体例看，它们应该是属于一个整体。浙江、安徽、江西、福建交界地区的方言极富特色，却一向少人问津，年轻人志同道合，艰苦备尝，终于填补了这片方言的

《吴语处衢方言研究》序　　　• 367 •

研究空白。读这三部著作,像是进入了方言资料的博物馆,不由得联想到南极考察队。他们忠实的记录、科学的描写、纯朴的学风,都体现在字里行间。这些,好在平田和鲁国尧两先生的序文中,都已作出了周全的评价,无需我再饶舌。以下只是即兴谈谈感想,随意讨论有关问题。

科学永远是向前发展的,勇于开拓还须不断战胜自我。上面三种著作,"为对照方便",在内容安排和体例方面,"原则上依用"《严州方言研究》。有这个规定自然很好,但不同方言的有些特点需要用不同的方式描写,即使同样的内容,也许在具体操作中后来者会有更加合理的办法,所以要求体例严谨,也不能墨守成规。该书在章节的安排上,有几处值得称道的补充和改进:

其一,增加词汇特点的总述,特别是在 61 项语音特点和 77 个词汇特点的说明后,都有一个"小结"(词汇未标目),说明其中哪些项是确认处衢方言属于吴语的标志,哪些项跟其他吴语不同,哪些项跟与北部吴语不同而跟包括南部吴语在内的其他南方方言相同,哪些项则是处衢方言鉴别性的特点,等等,将处衢方言的属区和特点交代得十分清楚,令人眼目一新。

其二,增加第九节"处衢方言字音对照",很便于读者进行比较。

其三,各方言点音系的同音字汇用字的右下角加阿拉伯数码的方法增加了多字音的表示,这很有助于异读字音的研究。可惜本书做得还不够彻底,如果能够进一步显示某字在某一音韵地位是异读字音的哪一类(文白、新老、又读等),其相应的异读音是什么,那将会给读者带来更大的方便,现在则只是一种提示,想要了解这个字总共有几个音,其他音读什么,让不熟悉这个方言的读者去查找,就费事费时。这工作做起来并不难,材料肯定是现成的,也许现在这样做是出于对篇幅的考虑。

　　其四，第八节"庆元方音"跟其他音系相比，多了一项"儿化音表"。这个表罗列了庆元方言 23 个儿化韵的儿化词，跟"陆 小称音"相呼应，充实了儿化音的内容，突出了庆元话的特点，对浙南吴语儿化音的研究很有参考价值。

　　中国的方言真是太丰富、太复杂了，简直无奇不有。我这人常常犯少见多怪的毛病。记得 1981 年和太田在山大记录掖县音，发音人是 78 届的学生钱振钢。掖县方言去声（包括全浊上声）分归阴平和阳平，没有规律，有些字又可阴可阳。我初次接触掖县型的这种声调不规则分化现象感到很别扭，心里老在埋怨发音人钱振钢，怎么许多常用字的声调你都读不准，可是他别的调类又读得十分稳定，这究竟是怎么一回事呢？后来到了掖县，原来当地人的说话音都是如此，便又从心里感到老大的不忍，当初真是冤枉了人家钱振钢！从此接受教训，凡遇到奇特的方言现象，一定要沉下心来，多看多调查，可以暂不问为什么是这样，要紧的是先把事实搞清楚，尤其不能轻易怀疑发音人。

　　1984 年 3～4 月，我和志耘、福腾、根清实地学习调查吴、闽、粤三大南方方言的六个点，在金华记音时见到钭东星。钭东星，"钭胖"，浙江缙云人氏，山东大学中文系 1959 年毕业留校，60 年下放到山东寿光时，我们同在一个工作组，后来辗转调到金华的浙江师院。在山大时我们是老乡，在金华我们则是老校友，见我这个师姐远道而至分外高兴，说："你们来调查方言，可知道我们缙云的话很特别，怎么不调查一下我们的方言？"于是我们利用 4 月 28、29 两个晚上的时间记录了缙云（东方公社马鞍山村）语音，整理了一个"缙云话声韵调"。缙云音之怪，直到今天我脑子里还留有很深的印象，其中尤其是中古帮端母和流通摄字的读音。这次《吴语处衢方言研究》限于篇幅，对缙云方言没有进行详细描写，我把当时有关帮端母和流通摄的记录写下，作为本书的一点补充：

《吴语处衢方言研究》序　　　• 369 •

　　ᵐb 布帮（帮母）　　　　　　　　ⁿd 到（端母）

　　说明：帮、端母ᵐb、ⁿd，在拼元音前，有向里憋气的现象。以 u 韵母或 u 介音时较明显。鼻韵尾者为纯鼻辅声母，如"丁"。

　　iɤm 兜斗流丑收休（流摄）

　　ɔᵘm 东红（通摄）　　　　　　　　ioᵘci 穷（通摄）

　　说明：流摄字韵尾的鼻音 m 不如通摄明显，但双唇闭起，有轻微鼻音。

　　帮端母是"往里憋气"的浊塞音，而且前面还带有一个同部位的鼻音；两母逢鼻韵尾字时都读同部位的鼻音；流通两摄同为双唇鼻音韵尾，但并不同韵。这些特点，都增加我对这一带方言的神秘感，但丝毫没有怀疑钭胖的乡音纯正。此后，这些内容令我常常对那儿的方言心向往之，我渴望对这些现象能有进一步的了解和认识。其实，关于帮端母在鼻韵尾前读鼻辅音的问题，赵元任先生早在《现代吴语的研究》中就有记录，只怪我初读此书时没有在意，现在已大体掌握了它的分布地域。通摄读 m 尾，目前在山东、山西的方言中已多有发现，山东还很有扩展之势，早就见怪不怪了。流摄读 m 尾，冯力《缙云话流通摄读闭口韵字的分析》（载《中国语文》）一文也已有详细描写。关于帮端母的记音，我当时记音为ᵐb、ⁿd，心里并不踏实。后来看到颜逸明《吴语概说》："帮母读成〔ᵐp〕，端母读成〔ⁿt〕"（95 页），老颜在鼻音后记了一个清音。本书则又记为"紧喉浊塞音"ʔb、ʔd（34 页），在浊音前记了一个喉塞音，下文有"参看郑张尚芳《浙南和上海方言中的紧喉浊塞音声母 ʔb、ʔd 初探》"，想必郑张也是这么记的。我毕竟听得少，不知记什么更接近事实。

　　不知不觉，我也步入了写序的年龄，心情是一则以忧、一则以喜：忧者还有不少题目需要好好思考，有的书稿尚待整理，而时间紧迫；喜的是学生们成长起来，一个个意气风发，创造着事业的辉煌。治学无止境,长路漫漫,何况还会有荆棘载途。唯愿志耘们不因过去的艰辛却步,永远不失开拓前进的锐气,永葆学术研究不断创新的青春!

钱曾怡

2000 年 2 月 16 日于山东大学

（原载《吴语处衢方言研究》,日本中国语学研究《开篇》2000 年单刊）

刘淑学著《中古入声字在河北方言中的读音研究》序

　　汉语的声调经历着由繁到简的过程,入声的消失便是其中的重要内容。入声在汉语方言声调的古今关系中十分复杂,研究汉语入声调在汉语不同方言中的变化,对建立汉语语音的历史具有不可或缺的意义。这是因为方言特点的地域性差异常常是语言发展历史的投影,尤其是处于过渡地区的方言,某种语言现象或产生、或消失的过程有时正可以从这些方言共时分布的对比中看清楚发展的脉络。河北方言从四周包围着北京,全省分属晋语、北京官话、中原官话、冀鲁官话等不同的方言区片,是古入声从保留到消失的过渡地带,古入声字变化多端,一向是方言研究者注意的焦点,但是至今还没有进行过全面系统的调查和研究。

　　记得还是在 1984 年的下半年,我的第一届硕士生面临毕业,李荣先生曾建议,让我两位硕士生中的一位能把调查研究河北方言的入声作为硕士论文的选题,看看能否为古清声母入声字在北京分化为阴、阳、上、去四声的现象找到一些解释的线索,因为当时两位硕士生的论文题目已定,只好作罢。后来我又听说,在这之前,中国社会科学院语言研究所就有过此项调查的设想,因为人员没有落实,调查工作一直未能开展。1984 年 11～12 月,为绘制

《中国语言地图集》，我和罗福腾、曹志耘按李荣先生的要求调查了从山东边境往西的河北东南部 39 个方言点。那只是一次比较简单的单字音系调查，但是有意偏重入声字，在每点记录的 1200 个常用字中，古入声字占 1/3，共 405 个。这次调查收获不小，突出的印象是河北方言也是非常的丰富。单以保留入声的邯郸地区 7 个点来说，这 7 个点全部都是处于入声消失的过程之中，入声消失的特点从地域看，是自西向东逐渐扩展，从古声母条件看，是先全浊、再次浊、最后清。这种发现使我们对方言地域差异的比较研究跟建立语言史的关系有了切实的体会。此后，对河北方言尚未开发的资源，也就一直像磁石一样吸引着我们的关注。

淑学是我的第一届博士生，推荐她来报考的是我的同行好友陈淑静老师。淑静同志废寝忘食研究河北方言多年，成绩显著，可惜面临退休。我想她的这一推荐之举是为河北方言的调查研究物色了一个接班人。如果我的猜想是对的，那我们真是想到一起去了，我之所以接收淑学报考，也是因为觉得河北方言的研究迫切需要补充人员。当时并没有想到我们还会是如此的投缘。三年的学习非同寻常。进校那年，她家里年仅六岁的女儿因爱人上班的地方离家远而无法照顾，只好寄放在亲戚家里。硕士学位原是读的文字学方向，入学后除按博士生教学计划的规定学习博士课程以外，还须跟着方言硕士生补听一些方言方向的硕士生课程，同时又要抓紧时间撰写几篇研究论文。幸好她曾在北京大学进修一年，跟随唐作藩先生学习音韵学，使她主攻方言学和完成毕业论文的写作有了一个良好的基础。

论文的选题顺理成章，定名为《古入声字在河北方言中的读音研究》，要求从踏踏实实的一个点一个点的具体调查做起。只是调查的难度很大，光是河北如此大的范围，做起来谈何容易！但是淑学没有知难而退，在一年的时间里，马不停蹄地完成了全省 149 个县市中 106 个县市的 520 个常用入声字的调查，获得了预期的效

《中古入声字在河北方言中的读音研究》序　　·373·

果,并且多有发现。就以河北无入声地区古清声母入声字的归向来说,石家庄、沧州以南地区大多归阴平,北京周围地区、唐山及廊坊东南地区分归阴阳上去,只是北京周围归阴平的比例略高于北京,而唐山及廊坊东南部归阴平、上声的比例高于北京。这次的调查发现,顺平、唐县及周围地区多数请入字归上声,而晋州、无极两地则有 70％以上归阳平。这些都是极其珍贵的研究资料,也是本文写作的基础。本文正文包括三大部分:前两部分写古入声字在河北方言中的读音情况,后一部分则是通过地域、历史两项对比,来讨论《中原音韵》的基础方言问题。

本文采用统计百分比的方法,从数量说明中古入声字在河北省各地的今读情况。例如入声舒化问题:北片入声区张家口市青年人的比例是 90％、中年人是 61％,青年人明显高于中年人;就古声母清浊条件的比例来看,青年人清声母字占 85％、次浊声母和全浊声母字分别占 99％和 94％,中年人清声母字占 51％、次浊声母和全浊声母字分别占 87％和 71％,入声舒化声母条件的顺序依次都是次浊、全浊、清。从文章对有入声的北、中、南三片入声舒化声母比例的统计中我们可以看出,河北方言的入声区,全部存在入声舒化现象,舒化的声母条件,清声母字保留入声最多,浊声母字则是由北向南,以次浊舒化较多而转向全浊多于次浊。这个结果不仅证实了我们 1984 年的初查,而且作出了重要的补充。本文的这种统计方法还运用于对入声舒化调类的归向等多个方面。这是本文各项论断能够达到信而有征的保证,也是本文在方言研究方法上的一次有益的探索。

入声不仅是一个单纯的调类问题,也还是个系统的韵母问题。研究入声的发展,不但要看调类,也还必须探明入声韵母的走向。可惜在这方面,以往的研究却往往有所忽略。本文河北方言的入声研究对古入声字的今韵母读音加以充分注意,对本课题的研究有开拓性的贡献。研究结果表明:从是否保留入声的角度看,河北

方言有保留入声和不保留入声的地区；从有入声方言的入声韵母
情况看，北片和南片都是有喉塞音韵尾的，中片只有独立的入声调
而无塞音韵尾，古入声字的韵母已和阴声韵合并；再从入声韵的分
类看，北片有入声区的中心地带西临内蒙的康保、尚义等是两组入
声韵母型，靠无入声区的阳原、怀来和南片全部是一组韵母型的。
在没有入声韵的方言中，入声字韵母今读的情况很复杂，本文能以
北京音为参照，将河北没有入声韵的方言中古入声韵舒化后跟阴
声韵的关系叙述得如此清楚，实属不易。尤其将文白异读置于两
个不同层次的系统之中进行分析，而不是局限于某几个具体字的
文白读音比较，很有见地。

　　本文根据古入声字今读调类和韵母的情况，对学术界一向悬
而未决的《中原音韵》基础方言问题展开了讨论。文章用大量的材
料说明：处于河北中西部顺平县、唐县方言"入派三声"，入声韵舒
化后文白异读及与阴声韵合流的情况，都跟《中原音韵》完全吻合。
由此推论《中原音韵》音系保留在顺平、唐县这一带方言中。文中
列出的"《中原音韵》音系特点与相关方言比较表"，可以清楚地看
出《中原音韵》音系的某些特点跟洛阳、胶东等地并不相同，强化了
《中原音韵》的基础方言不是洛阳音、胶东音的观点。这些都是很
有说服力的，至少不失为一家之言。当然，语言总是不断发展的，
要探讨一部韵书的基础方言，何况像《中原音韵》这样距今已有
600 多年历史的韵书，仅仅找出方言跟韵书的共同点能否就可以
成为定论，自然还待进一步的研究和讨论。但是本文毕竟从内容
到方法都比过去有了很大的进展，在结合地方历史的分析方面，也
是一种有益的探索。

　　十分庆幸老一辈方言工作者早就想做而还没有来得及做的事
情终于有淑学他们年轻人来做了，她迈出了可喜的一步。听说最
近她申报的国家社会科学项目《河北顺平方音与〈中原音韵〉音
系——附论两种不同方式的音变》已获批准，相信她对河北方言研

《中古入声字在河北方言中的读音研究》序　　·375·

究的前进步伐将会迈得更为坚实。我期待着一而再、再而三,继续不断分享她成功的喜悦。

钱曾怡

1999 年于山东大学

（原载《中古入声字在河北方言中的读音研究》,河北大学出版社 2000 年版）

邢向东著《神木方言研究》序

　　在我的印象中,西北是一个十分神秘的地方。从前的感觉,那里离我们是多么遥远。如今,虽说现代化大大地缩短了来往于各地之间的距离,我也曾去过西北的几个地方,但我对西北却仍然所知甚少。对我这个方言专业方向的教学研究工作者来说,尤其糟糕的还是缺少对于西北方言的了解,偶尔听到西北民歌,只觉得歌词中的有些字音挺怪的。罗常培先生 1933 年出版了《唐五代西北方音》,根据汉藏对音《千字文》、藏文译音《金刚经》残卷等历史材料,参考《切韵》音系和现代西北方音,构拟了唐五代西北方言的音系。罗先生现代西北方音的材料取自高本汉的《中国音韵学研究》。《中国音韵学研究》中译本出版于 1940 年,离现在已经有 60多年了。那么,现在西北地区的方言又是什么样子,跟唐五代比较,跟 60 多年前比较,又是怎样的发展关系? 我常为这些知识的欠缺深感遗憾。

　　神木县在陕西北端,长城根下,夹在山西和内蒙古的中间。方言属于陕北晋语,具有陕北晋语、山西晋语、内蒙古晋语的过渡特点。神木是邢向东的故乡,经过多年的调查、读书、思索,向东写出了一部洋洋 60 余万言的博士论文《神木方言研究》。直到今天,我还没有见过这么详细的汉语方言单点调查的研究报告。正如作者

《神木方言研究》序　　　　　**· 377 ·**

所说，"方言的宝藏深藏于社会的末梢地带"，想不到偏远的神木县方言竟蕴含着如此丰厚的内容！李荣师曾说，方言比之于语言是"麻雀虽小，五脏俱全"，虽然我们过去单点的方言调查工作做了不少，多数情况却是"解剖麻雀"不够细致。《神木方言研究》将方言的单点研究推进到一个新的高度，树立了一个很好的样板。

　　但是《神木方言研究》绝不是单纯的现状描写，而是将神木一个县方言的微观研究置于晋语乃至整个汉语的宏观格局之中，将描写和分析、共时和历时、材料和理论结合起来，不仅对神木方言有许多新的发现，而且能从研究过程中总结出不少有益于深入汉语方言研究的新的理论和方法，并用之于本文的具体描写和分析，从而使文章达到既全面反映神木方言的现状和历史，又有理性探索的深度。

　　一个一个具体的方言点的调查是方言宏观研究的基础，对我来说，《神木方言研究》使我对西北方言能够有所认识，文中所提供的许多鲜活的语料，也为我对汉语方言的一些问题的论述提供了重要的依据。拙文《从汉语方言看汉语声调的发展》[①]通过对方言声调现象的比较和分析，探讨汉语声调简化的趋势，其中轻声一节，有的就是取自神木的材料，记得当时向东读了文章的初稿，主动向我提供了神木的情况。神木方言的轻声现象跟北京的轻声存在明显不同，超出了通常以北京话为基准的对于轻声的解释，文章认为不能用北京话的轻声标准来衡量其他的方言，神木方言的轻声是"重轻式语音中读得较轻的后一音节"，"这种轻声化的模式，是重轻式语音词的调位中和现象"，而神木方言这种后字调位中和的强弱又是与某些调类的调值及它们在连调中的稳定性密切相关的。本文对神木方言轻声性质和关于轻声的声调条件的讨论，扩大了我们对于汉语轻声的视野，丰富了轻声的理论。

────────────

　　①　载《语言教学与研究》2000 年第 2 期。

本文忠实地遵循了"一切以语言事实为准"的原则，但是"以事实为准"毕竟是方言研究最最起码的条件，对于各种方言事实的合理解释，应是我们追求的更高的目标。神木方言有些语音现象初看起来像是违背了古今演变的一般性规律。例如，在汉语声调的古今演变中，通常走的是"入声——舒声"的道路，但是神木却有一些《切韵》音系的去声字今读为入声的。这样的字在保留入声的吴、湘、赣、闽、粤、客家及官话等方言中也不同程度地存在，我的母语浙江嵊县话"咳"、"鼻"、"秘"等字也读入声；即使已经消失了入声的方言，这部分字的读音仍然符合入声演变的规律，像北京"鼻"读阳平、"秘"读去声。文章通过充分论证，认为这些所谓的"舒声促化字"，实际上是上古汉语长入调的遗留："当大批长入字丢失塞音韵尾、变作去声时，在一些方言中，这些字却没有丢失韵尾，而是混到短入中去了。"类似的例子如神木山曲、酒曲的押韵，主要元音相同或相近的阴声韵和入声韵可以相押，这跟《诗经》和谐声中阴声韵和入声韵关系比较密切的现象相似。文中的解释"曲"是"唱"的，旋律的延长使入声的塞音韵尾实际上发不出来，模糊了入声韵和阴声韵的界限。文章认为，在考察《诗经》的用韵问题时也不可忽略"唱"的因素，都是论据翔实，很有说服力的。

本文对神木方言其他许多现象的研究，例如分音词和圪头词、重叠式和儿化名词、人称代词的"数"和"格"、时制助词"来"和"也"等重要问题，也都能做到不囿于旧说，提出诸如方音系统整合提取"最大公约数"的语音演变模式、方言中语言成分的历史层次等等新的见解和理论，充分显示了向东善于思考、勇于创新的能力和信心。我们提倡创新精神，但是创新并不是一蹴而就的，创新更不是对以往成果的一概摈弃，创新的前提是丰富的知识的积累。十年磨一剑，向东对母语神木方言的研究又何止十年！本文以长期实地调查的积累为基础，还注意收集了当地的人文历史和民间曲艺材料，掌握大量相关的古代历史文献，并认真研读国内外语言学的

《神木方言研究》序　　　　• 379 •

各种理论,于是融会贯通,才达到预期的"在理论上、方法上有所突破"的目标。学习和深思,这,也许正是向东学术研究的一个的"诀窍",至少是我在读《神木方言研究》时的一点体会。

我初次见到邢向东是在 1991 年 11 月南京的全国方言学会第六届年会上,但是知道他的名字却在南京的见面之前,我看到过他写的文章,可以说,认识他是从他的文章开始的。我渴望了解西北地区的方言,更关注中华文化发祥地之一的陕西方言,可是那里的专业研究人员并不多。1996 年,我已经跟一位很合我心意的陕西考生失之交臂,每每想起都免不了感慨惋惜。1997 年考博之前,邢向东突然来信,劈头一句话说:"钱老师,你还记得南京会上的那个邢向东吗?"邢向东也是陕西人,这次得知他要来山东大学报考,我很高兴,赶快回信,第一句话回答说:"那个邢向东,我还记得很清楚。"三年磨砺,向东没有辜负我的期望,终于写成了极有分量的博士论文《神木方言研究》。

经过几番波折,向东终于回到了他的母校陕西师范大学,我为他的这一最后决定感到欣慰,因为在我看来,西北正是他施展才华的沃土。全面开发西北,是我国具有历史性意义的重要决策。对于西北方言的开发,肯定将是西北开发中社会科学学科建设的重要组成部分。陕西师范大学的"西北方言与民族研究中心"在多方面的关心支持下已于 2002 年的 4 月 12 日宣布成立,作为这个研究中心的主任,向东迎来了大展鸿图的良机,相信他会一往无前。

钱曾怡

2002 年 6 月 22 日写于山东大学

（原载《神木方言研究》,中华书局 2002 年版）

王临惠著《汾河流域方言的语音特点及其流变》序

　　想到要给临惠的论文写序，脑子中不由涌现出跟临惠相处的那些日子。临惠得到攻读博士学位的机会实属不易。他不怕挫折的精神和毅力，我是既同情，又感动钦佩。毕竟是：有志者事竟成。因而他对这次读书的机会倍加珍惜。早已习惯于妻子胡惠玲精心照顾的临惠，又无怨无悔地过起了住集体宿舍、排队吃食堂的生活。但他这个学生还真做得像模像样，无论听课、做作业、外出调查实习、集体讨论，都是十分认真，一丝不苟。

　　临惠其实也是一位资深的教师了，又是著名学府北京师范大学的毕业生。北师大有全国著名的语言学专家，在学术界享有盛名，喜好语言学的临惠在本科学习时就受到了这个环境的熏陶，毕业后又一直担任语言学理论和现代汉语的教学工作，还参加过山西省方言调查的科研项目。这为他研读博士学位、撰写博士论文奠定了坚实的基础。

　　临惠是山西人，毕业论文自然要在山西方言中打主意找题目。山西省的方言研究在温端政、侯精一等学者的主持倡导下，有许多成果，在全国一直处于领先的地位，临惠的论文如何从中脱颖而出，从临惠入学开始，就是我的一块心病。当临惠把论文范围确定

《汾河流域方言的语音特点及其流变》序　　　· 381 ·

为汾河流域语音研究时,我觉得选题很好,角度新颖。汾河作为山西的母亲河,流经山西的中原官话和晋语两个地区,汾河这一纯自然的地理环境对于中原官话和晋语这两种不同的方言究竟会起到什么样的作用,我心中无底,所以一再告诉他一定要紧紧扣住论文主题,注意考察汾河对汾河流域方言发展的影响。现在回想起来,其实临惠是胸有成竹的。虽然他当时的认识还没有达到论文写成以后那样的清晰,但他所掌握的一些语料以及他作为当地人的那种语感,都支持了他的信心。通过大量语料的搜集和排比研究,文章终于揭示了汾河在方言语音演变中"纵向贯通、横向阻隔"的作用。自然地理条件是影响方言分合的重要因素,临惠在将河流作为观察方言特点分布的研究坐标方面,为方言地理学的研究进行了具有开拓性意义的探索。正如张振兴先生在论文评阅书中所说:"汉语方言中以河流为线索进行调查研究的尚不多见,王临惠的博士学位论文《汾河流域方言的语音特点及流变》在选题方面颇有新意。"

论文全面描述了汾河流域方言的语音现状,在详细比较了各地的一致性和差异性的基础上,提出了汾河流域方言分区的新建议,对过去的方言区划进行了合理的调整,并由此讨论了汉语方言分区的语音标准问题。论文认为:从理论上说,多项标准无疑是正确的,也是最理想的,但不同方言处在"你中有我,我中有你"的交织状态中,尤其是"边缘地带经常表现为两个或多个方言的交叉,而方言的分界恰恰要在这个边缘地带里划出,要使用只有中心地带才具有的多项标准在这个区域里划界显然是行不通的"。文章进而对我在《汉语方言学方法论初探》一文中提出的选取多项标准分区时,须选取其中"最重要的一条"作为划界标准的看法作了补充。所谓"最重要的一条",应包含"共时性、独特性、延伸性"三方面的涵义。但是临惠也没有否定单项标准的分区方法,他说:"汉语方言分区上不乏单一标准划界成功的范例","事实证明,汉语方言的语音标准不在于数量的多少，而在于效度。因此，不必盲目地排斥单一标准，只要这一标准能有效地为汉语方言分区，那它就是可取的"。方言分区本没有绝对的对或不对的区别，从方言的实际出发，提倡一些兼收并蓄的做法，看来还是很有必要的。

本文对汾河流域方言语音特点的讨论，涉及单字音系声母、韵母、声调及音变等方方面面的重要问题，提供了许多至少对我来说是十分新鲜的材料。文中对该区一些重要方音特点形成的专题讨论，诸如开口的庄组、知组二等和章组、知组三等声母分立的原因和过程，唇齿音 pf 组声母声介合一的生成过程，阳声韵的归并条件，入声韵尾探源中关于-ʔ生成的两种模式，阳声韵和入声韵在演变过程中的互动原则，以及声调合并调值相同、相近的首选条件，等等，都能从方言事实出发，注意对地域差异逐渐推移的特点进行论述，尤其在判断某些语音现象形成的过程时，恰切地运用了地方历史文献所记录的语音资料来做佐证，从而得出令人信服的结论，多有独到见解，不乏精彩之笔。其中提出的一些新的理论和概念，像汾河流域方言知庄章三组声母古今演变规律中的"原生层"和"变异层"，不同方言点"内聚外联"的语音演变模式等，对于方言研究的理论和研究的具体方法，都有启发意义和参考价值，充分显示了临惠的理论水平。

文白异读是受到学术界普遍关注的研究课题。根据汾河流域方言存在丰富的文白异读现象，本文用较大的篇幅讨论了文白异读及相关的理论问题。文章首先对"文白异读"的内涵作了简要的界说，介绍了汾河流域方言文白异读的基本特点。在白读音和文读音来源的讨论中，对通常所谓"白读是本方言的，文读是外来的"的说法提出了质疑。文章认为，文读和白读在形成和发展中一方面是自身演变的结果，一方面又都受外来因素的影响。汾河流域方言确实有"白读是本方言的，文读是外来的"现象，像古全浊声母"平声送气，仄声不送气"显然是共同语的影响，但也存在文读音并

《汾河流域方言的语音特点及其流变》序　　• 383 •

非是来自外方言的事实,像中原官话绛州小片文读宕江与曾梗通合流、晋语区文读深臻与曾梗通合流,是分别以韵尾和主要元音相同为条件合并的结果,并不是权威方言的影响,因为无论是古代还是现代,权威方言都没有这些特征。至于一些方言见组声母文读的腭化现象,也很难说是受到什么外方言的影响,而是舌根声母在细音的作用下自身演化的结果。文中说道:毋庸置疑,方言在发展过程中总要受到权威方言的影响,但不能无限度地夸大这种影响。方言作为民族语言在不同区域的具体存在形式,它的形成、发展过程都要融入本地区的人文背景和地域特征,具有很强的自足性。临惠在文白异读的研究上下力很勤,他确实也为这方面的研究打开了一个新的局面。

　　记得1999年参加太原的山西几部方言词典的座谈会,东道主组织与会代表参观平遥古城,临惠逛遍了沿街的古旧书店,最后兴冲冲购得了一卷破旧的私塾课本,介休的《方言应用杂字》,恰恰是这本"破书",充实了他毕业论文的内容。这使我看到,在治学的道路上,临惠无时无处不在留意扩大他的专业知识。丰富的积累使他能在许多地方都能做到游刃有余。只要这样坚持下去,何愁事业不成呢?

　　我的学生多是很有情义的,临惠也是。想起他三年学习期满离校时惜别的情景,直到今天我心里还是酸酸的。在今年我70岁生日时,临惠赠我一副对联,其中一句说:"为师为长为挚友",我很高兴临惠视我为挚友。对于这份友情,我是很看重的。

钱曾怡

2002年6月28日于山东大学

（原载《汾河流域方言的语音特点及其流变》,中国社会科学文献出版社2003年版）

孙宜志著《江西赣方言语音研究》序

　　宜志是我招收的第五届博士生，2001 年获得博士学位后，又到南京大学师从李开教授做了两年博士后。宜志离开山东大学以后，每每有文章发表，总是很快给我寄来。去年 12 月，我收到他在黄山书社出版的博士后出站报告 25 万字的《安徽江淮方言语音研究》。在这之前没有一个月，还寄来博士论文《江西赣方言语音研究》的修改稿，嘱我写序。

　　宜志的毕业论文做得十分艰苦。不仅是选题范围内方言的分布区域宽，加上特殊的地理环境，跟与之相邻的客、徽、吴、官话等方言各有关联，语音情况相当复杂。虽然已有的材料不少，但是由于来源各不相同，同一县市不同记录人有选点的不同，所记录的新老派有异，相同的现象各人的处理结果也有些不一致，导致论文初稿由于引用不同材料而出现一些前后不一的情况，为了这些疏忽，他挨了我不少批评。宜志却总是一遍一遍地重新复核材料，或者干脆亲自进行复查。我已经记不清他一共修改了多少遍。幸好最后论文外审的结果受到同行学者的好评。后来我还常常自责：当初对他是不是过于严厉了？

　　把最新修改的稿本跟原稿对照着看，新稿不仅增加了许多新的内容，而且理论上、方法上，已是今非昔比。宜志的勤奋，他那不

《江西赣方言语音研究》序　　　　　　• 385 •

停歇的进取精神,令我感佩!

对于赣方言,虽然早就有学者进行研究,但是在有关赣方言的一些根本性问题上,例如赣方言独立地位的确定、赣方言的特点和内部差异、某些语音现象的历史演变过程等,学者们的意见分歧较多,光是分区就有几种不同的分法。本书的一大特点是对以往的研究成果进行了全面的梳理,体现在书的内容安排上,往往是描写了一种方言现象之后,就介绍学术界对这一现象的各种解释,在充分分析、比较之后提出自己的见解。认为对的就说对,老老实实说明文章是吸取了某某学者的观点,认为不对就指出缺失之所在,直截了当,毫不含糊。他认真的态度,特别是对于先辈或同辈学人的尊重,都体现在字里行间。这就是宜志的风格!

本书在前人研究的基础上,充分占有第一手材料,对赣方言的语音进行全面的综合性的研究。全书着力于全面描述江西赣方言声母、韵母、声调的诸多特点及其类别,在静态描写的基础上进行动态分析,运用历史比较的方法寻求各种特点在当地的发展线索,并结合人文历史背景予以印证,对一些悬而未决的问题做出自己的判断。因为占有材料比较充分,凭事实说话,结论大抵可信。我以前对赣方言学习了解不多,读了宜志的新稿有许多收获,下面酌举四项简述于下。

方言分区是对方言进行语言学的分类。宜志新的分区方案,是按 4 个语音条件先分江西境内的赣语为北、南两大区,再按 7 个语音条件分北区为南昌片、乐平片、丰城片,8 个语音条件分南区为临川片、吉安片、宜春片、鹰潭片。对于分区条件的选择,力求贯彻对内有一致性、对外有排他性的原则,并从江西的地势和历史上的行政区划来作印证,读来清楚明白。比较以前的几种分区,感到这应该是目前较为合理的一种方案。

正如本文所说,中古全浊声母字的今读,是衡量汉语方言特性的重要内容。本文将江西赣方言全浊声母今读的 6 种类型归纳为今读塞音和塞擦音时与次清声母合流或不与次清声母合流两大类，其中合流的是主体。合流的有 4 种不同的音值，其中又以读送气清音为主，这种读法分布于江西赣方言的绝大多数地区，是赣方言的重要特色。关于赣方言中古全浊声母与次清声母合流后塞音塞擦音今读送气声母的缘由和途径，学术界有多种推测。本文认为，江西赣方言的原始形式是全清、次清、全浊声母三分的，早期全浊声母与次清声母合流后读为送气浊声母，读为送气清声母是以后演变的结果。文中不但提供了现实方言的今读来做证据，还结合历史上人口迁移的情况详细描述了整个演变的过程，读来令人信服。

在汉语方言中，古知庄章三组声母的今读有多种分合关系，音值也各种各样，向来是学术界共同关注的课题。本文将知庄章声母和精组声母放在一起讨论，是出于这四组声母的今读关系密切。在对江西赣方言精知庄章四组声母的今读进行全面排比分析之后，宜志得到的结论是：精组和庄组、知组二等的变化总是相同，知组三等和章组的变化总是相同。文中按音值的不同将精庄知二等分为五种类型、知三等章分为三种类型，并探讨各种类型的演变过程及其条件。江西赣方言知二庄和知三等章分立的情况，跟我们了解的山东及其他官话方言知庄章声母的今读情况大抵相符，少数地点知三等章部分摄的合口字读塞音 k、k' 的现象在兰银官话中也有存在。本文解释精知庄章四组读 t、t'，不论是由于韵母洪细，还是由于声母送气，都是擦音失落的一种后期变化而不是属于古音的保留，有一定见地。文中有关精知庄章声母今读的语料和论证，丰富了我对汉语方言知庄章声母今读的了解。

赣、客方言共同存在的中古次浊入声字分归阴入和阳入两种流向，被认为是客赣方言的共同特点。对于这个问题，以往的学者虽有讨论，但是较为笼统，或是所举的较少例字不足以说明问题实质。本文运用穷尽式对比的方式，选择赣客方言的 10 个代表点，

《江西赣方言语音研究》序　　　　　• 387 •

将《汉语方言调查字表》的 106 个常用次浊入声字作了排比分析，并用数据表明了赣、客方言的不同：赣方言绝大多数古次浊入声今读阴入，而客方言则大多数归入阳入，是很有说服力的。

　　我很高兴即将看到宜志正式出版的论文。不论宜志的见解是否正确、结论是否全部合乎科学，相信本书的出版将会对江西赣方言的研究起到一定的推进作用，更相信宜志在今后治学的道路上会继续磨炼自己，变得更为成熟，会有更加优秀的成果继续不断地给我寄来。我期待着。

钱曾怡写于山东大学

2007 年 6 月

　　（原载《江西赣方言语音研究》，语文出版社 2007 年版）

宋开玉著《明清山东方言词缀研究》序

　　汉语发展的历史规律可以概括为：语音简化、词汇多音节化、语法手段的丰富和严密化。附加式构词是汉语词汇由单音节向多音节发展的重要方式。这种方式在语法方面丰富了构词法的内容；在词汇方面增加了大量的多音节词语；词缀中的后缀和中缀一般读轻声，而轻声是汉语声调的简化形式。可见汉语词缀的产生和发展，对于汉语语音、词汇、语法的历史都有不同程度的影响，研究汉语词缀，是汉语史研究的重要内容之一。

　　汉语词缀存在着明显的地域差异。山东方言词缀在官话方言中有一定的代表性。现代山东方言词缀系统在明清时期已经基本形成，但是由于以往缺乏系统的研究，我们对这一历史时期山东方言词缀的总体情况还缺乏了解。本文第一次描绘了明清山东方言词缀的全貌，提供了汉语词缀在山东地区的一个完整的历史层面，并上溯其源、下述其流，使我们从一个地域了解汉语词缀一段历史的真实面貌及其发展脉络。本选题有开拓性价值，无论对于构建汉语词缀的历史，还是现代山东方言词缀的研究，都有重要意义。

　　开玉攻读汉语方言博士学位的打算历时已久。他是一个有心人，为了准备考试，曾在 1994 年旁听了我为硕士生开设的有关方言学研究方面的音韵学等课程；他又过于拘谨，总以为自己条件不够成熟一直没有报名应试。

　　开始了解开玉是很偶然的。不记得是哪一年了,那天随便翻看山东省委党校《理论学刊》编辑部的赠刊,读了其中署名"宋陆父"有关文字学的一篇文章。当初并不知道这个"宋陆父"是谁,只觉得文章写得不错,是个"科班"出身的人,有较好的业务素养,在脑子中留下了一个挺好的印象。后来得知文史哲研究所的宋开玉同志要来攻读方言学的博士学位,这个宋开玉正是在《理论学刊》上发表文章的那个宋陆父。此后赵日新又多次向我推荐开玉,日新的话自然是很可信的,于是就同意他来旁听我给研究生开设的课程。他听课听得很认真,原以为很快就会参加考试,谁知一拖就拖了这么多年。这个期间我有时也纳闷,不知道他犹豫什么。直到他2006年有了以同等学力申请博士学位的机会,带着学位论文题目和论文写作的初步计划第一次来到我家,才知道原来他读博的决心未变,十多年来一直在为博士论文的写作进行种种先期的准备。

　　论文的选题《明清山东方言词缀研究》是经过深思熟虑的,不但题目本身很有研究的价值,也能充分发挥开玉对于古文献整理方面的优势,加上他以前对汉语词缀研究的积累,我对他写好论文充满信心和期望。经过开玉的努力,论文终于顺利通过匿名评审,并且获得了答辩委员会的一致好评。

　　总体而言,本文选题好,内容充实,写作规范,风格独到。其中丰富的资料和科学的方法是特别值得称道的。

　　资料丰富,表现在以下两个方面:首先,本文对明清山东方言词缀进行几乎穷尽式的收集,并能兼顾同时期的邻境方言及现代山东方言资料,进行排比归类、对照分析,使本文的写作具有坚实的语料基础;第二,注意吸收、借鉴前人词缀研究成果及相关理论,以增强对各种词缀的理性认识,使本文的研究能够达到相当的理论高度。

　　方法科学。本文结合选题内容特点，运用描写语言学和历史比较语言学的理论和方法，用"山东地方文献资料与共时邻境地方文献"、"断代与历时"、"总体性概括与个体性列举"、"描写与理论阐述"四项结合的方法，以"逐个研究"、"分类归纳"、"系统总结"的思路，将明清山东方言词缀由个体到类型、由类型到系统，层层描写剖析，并从中探讨其发展演变的客观规律，有理有据。

　　论文通过答辩后，充分吸收各位专家意见，对论文进行了认真修改。如今，《明清山东方言词缀研究》即将由齐鲁书社出版，开玉嘱我写序。我高兴地写下了以上文字，是为序。

钱曾怡

2008 年 6 月 26 日

（原载《明清山东方言词缀研究》，齐鲁书社 2008 年版）

扬雄《方言》解题

　　扬雄(前 53~18 年),一作杨雄,字子云,西汉蜀郡成都人。四十二岁时游京城长安,次年经人举荐被孝成帝刘骜召为给事黄门侍郎,王莽时为大夫,但并不参与国事,尝校书天禄阁,晚年有侯芭等人从学。扬雄少而好学,口吃不善言谈,博览而多深湛之思,为人清静少欲,恬于势利,唯求以文传世,是西汉著名的文学家、哲学家和语言学家。其作品主要有《甘泉》、《河东》、《羽猎》、《长杨》等赋和《太玄》、《法言》、《仓颉训纂》、《方言》等。

　　扬雄著《方言》,《汉书》的《扬雄传》和《艺文志》都没有记载;王充《论衡》和许慎《说文解字》虽也讲到扬雄、引用扬说,却都没有提到《方言》一书。记叙扬雄作《方言》的著作有东汉末年泰山太守应劭《风俗通义·序》。其中说:"周秦常以岁八月遣辌轩之使求异代方言,还奏籍之,藏于秘室。及嬴氏之亡,遗脱漏弃,无见之者。蜀人严君平有千余言,林闾翁孺才有梗概之法。扬雄好之,天下孝廉卫卒交会,周章质问,以次注续。二十七年尔乃治正,凡九千字。"类似的记录还可见于晋常璩《华阳国志·先贤士女总赞》有关林闾翁孺的一段话(卷十上)。至于《方言》十三卷后所附的刘歆与扬雄的来往书信,从其中扬雄给刘歆的复信中,我们更可以具体了解《方言》的编写过程:就在被召为黄门侍郎的那年,扬雄就上疏请求免除公务，情愿停薪三年以实现其通过读书造就自己的志向。汉成帝不仅薪俸之外另赐笔墨钱六万，还使他得到观书石室的机会。自此之后，“雄常把握三寸弱翰，赍油素四尺”，向外地来京的官吏士兵等“以问其异语”，回去以后进行整理。这样的调查整理工作一直持续到刘歆写信索取《方言》的时候。

严君平即庄遵，林闾翁孺跟扬雄有“外家牵连之亲”，都是当时蜀地的著名文人，也都是扬雄年轻时的师长。可以说，他们二人所保留的周秦千余言资料和从事调查工作的“梗概之法”，直接萌发了扬雄从事当时方言研究的愿望，也是他具体进行此项工作的基础。《方言》的资料来源还有石室的收藏及扬雄所能见到的其他典籍材料，而扬雄那个时候的方言口语资料，则多是他本人亲身调查之所得。

《方言》是一部词汇专集，其基本内容是把意义相同或相近的词集中起来，先作简略的解释，然后说明异地方言的不同。这部著作的全称是《輶轩使者绝代语释别国方言》，说明扬雄注意到了实际语言中所存在的“时”与“地”两方面的复杂关系，所以在当时的“别国方言”之外，也从时的角度对一些古语或语言的转变作了说明。全书只收词语 675 条(据周祖谟《方言校笺》)，共约 11900 余字，大致按意义分为 13 卷。例如：

(1)嫁，逝，徂，适，往也。自家而出谓之嫁，由女而出为嫁也。逝，秦晋语也。徂，齐语也。适，宋鲁语也。往，凡语也。(一 14)①

(2)敦，丰，庞，夼，幠，般，嘏，奕，戎，京，奘，将，大也。凡物之大貌曰丰。庞，深之大也。东齐海岱之间曰夼，或曰幠。宋鲁陈卫之间谓之嘏，或曰戎。秦晋之间凡物壮大谓之嘏，或曰夏，秦晋之间凡人之大谓之奘，或谓之壮。燕之北鄙齐楚之郊或曰京，或曰

① 按：本文引《方言》原著用周祖谟《校笺》，大写数码表示卷数，阿拉伯数码表示所在卷的条数，如本条为第一卷的第十四条。)

将。皆古今语也,初别国不相往来之言也,今或同。而旧书雅记故俗语,不失其方,而后人不知,故为之作释也。(一 12)

(3)缫,末,纪,绪也。南楚皆曰缫,或曰端,或曰纪,或曰末,皆楚转语也。(十 44)

一个条目通常是一组同义词,释义多用共同语。共同语在《方言》中称为"通语"或"凡语",间或称"凡通语"、"通词"、"通名"、"总语"等不一。还有范围较小的区域共同语,例如"楚通语"、"赵魏之间通语"、"自关而东陈楚宋卫之通语"、"南楚之外通语"等。有些条虽然没有特别进行解释,实际上所列的不同的方言仍可起到相为注释的作用,例如:

(4)蝇,东齐谓之羊。陈楚之间谓之蝇。自关而西秦晋之间谓之蝇。(十一 12)

同类事物在意义上有区别的作进一步说明,像例(2)秦晋之间"物之壮大"与"人之大"说法不同。又如:

(5)聳,聹,聋也。半聋,梁益之间谓之聹。秦晋之间听而不聪,闻而不达,谓之聹。生而聋,陈楚江淮之间谓之聳。荆阳之间及山之东西双聋者谓之聳。聋之甚者,秦晋之间谓之瞶。吴楚之外郊凡无有耳者亦谓之瞶。其言瞶言,若秦晋中土谓堕耳者明也。(六 2)

相同意义在同一地域可以存在两种以上的说法,像例(3)"缫",南楚有四种说法。

各条所举异地方言的不同说法从一种到数种不等。地名较杂,除去当时的通用地名以外,还有秦以前的国名和地名。所举到的地域包括黄河流域和长江流域的绝大部分,还有辽东乃至朝鲜洌水等地。各个方言词按照当时通行的实际情况而说明其通用范围,这就决定了《方言》中所举地名的区域是大小不一、分合参差的,主要有单一地名、两地合举、数地之间、"自×至×"等,例如:

(6)肖,类,法也。齐曰类,西楚梁益之间曰肖。秦晋之西鄙自

冀陇而西使犬曰哨。西南梁益之间凡言相类者亦谓之肖。（七5）

（7）遥，广，远也。梁楚曰遥。（六21）

（8）逢，逆，迎也。自关而东曰逆，自关而西或曰迎，或曰逢。（一29）

此外，还有"×之郊"、"×之外郊"、"×地之会郊"、"××交会"、"×之外鄙"、"×之北鄙"、"××之际"、"×之外"、"×之内"、"×之北"等等，不一而足。其中有许多是通行地区较广的。书中虽未提出是某地通语，实际上同样具有区域共同语的性质。

《方言》的词目分类比较粗陋，有的卷很难看出其归类的标准，体例上也存在不相一致的地方。从全书的内容来看，这部著作直到扬雄死时并未最后完成。13卷的详略情况前后差异十分明显。前11卷共410条，未提出方言说法的78条，仅占13％；后两卷共265条，未提出方言说法的有253条，竟占96％。可以说，12、13两卷还只是扬雄拟就的一个调查提纲。由此我们也可以想见，扬雄当时的工作方式是先草拟提纲，然后自前往后逐一进行调查的过程。未定稿，卷数还要调整，字数也可增删。这或者可以说明今本《方言》13卷、11900余字这两个数目跟郭璞《方言注·序》、《刘歆与扬雄书》及应劭《风俗通义·序》所说的15卷、9000字存在不同的原因。

当然，《方言》并不因尚未完成而减色，这是我国乃至世界语言史上的一朵奇葩。其出色成就主要在以下三方面：

第一，《方言》是我国第一部描写方言学的专著，其所记录的方言词语，可以使我们看到汉代方言的基本面貌，包括各地方言词的具体使用情况，通过对地域分布情况的分析归纳，了解当时方言分区的大概情形。对于汉语词汇史的研究，《方言》更是我国历史文献中不可多得的宝贵材料。今天，在对现代汉语方言的调查中，《方言》仍有许多地方值得注意。现代方言中常有一些被认为很土很俗的词，却还可以在《方言》中找到，证明它早在汉代就已存在。

第二,《方言》在我国语言学史上开辟了一个独立的学科。在《方言》之后的很长时期内,方言研究虽然基本上是从属于训诂学的一个门类,但是到了国内外汉语方言研究迅速发展的今天,方言学作为独立的学科已毋庸置疑。在研究汉语方言学发展历史的时候,《方言》作为开章之篇也是毫无疑问的。

第三,从治学精神看,方言调查虽非扬雄首创,但是对同一历史时期方言进行有计划调查而又进行系统整理的还当首推扬雄。在研究方法上,扬雄能够从历史、地理两个角度观察语言,把共同语和方言、古语和今语综合起来进行说明,使《方言》这部描写方言学的著作又带有比较方言学的成分。其所着重注意的语言材料多是口语,当然也不排斥书面语言。《方言》对树立我国语言学研究实事求是的朴实学风具有积极意义。

《方言》在其尚未完稿之时起就因其已完成的部分而被誉为"悬诸日月而不刊之书"(见《扬雄答刘歆书》),历来受到学术界的注目,成为许多学者研究的对象。在对这部著作的研究中,对于其作者是否扬雄的问题,南宋洪迈《容斋随笔》根据《汉书》不录《方言》等原因提出了否定的意见(《容斋三笔》卷十五"别国方言"),但是除此之外,从汉末到魏晋以后,特别经过了清代戴震等人的考证,对扬雄是《方言》作者的定论已无什么异词。《四库全书总目提要》虽说"反复推求,其真伪皆无显据",但该《提要》还说:"疑雄本有此未成之书,歆借观而不得,故《七略》不载,《汉志》亦不著录。后或侯芭之流收其残稿,私相传述。"这虽是一种推测之言,却也能道出扬雄著《方言》而《汉书》不记的原因。

《方言》注本最早的是晋代郭璞《方言注》。郭注《方言》也可说是甚得《方言》之旨。其注释的主要内容为注音、释义,一个突出的特点是以今语释《方言》,即常常用晋代的语言来跟《方言》相对照。例如:

(9)婪虞,望也。(郭注:今云烽火是也。)(十二 13)

· 396 ·　　钱曾怡汉语方言研究文选

（10）曾，訾，何也。湘潭之原（郭注：潭，水名，出武陵，音潭，一曰淫。）荆之南鄙何为曾，或谓之訾，（今江东人语亦云訾，为声如斯。）若中夏言何为也。（十2）

郭注《方言》不仅使《方言》有了比较固定的易读的本子，具有一定的定形作用，而且还增加了许多晋代方言的资料，影响很大。郭注之外，《方言》注本较有代表性的是清人戴震的《方言疏证》和钱绎的《方言笺疏》。戴氏疏证《方言》的目的和主要工作内容在自序中写得十分清楚："今从《永乐大典》内得善本，因广搜群籍之引用《方言》及注者，交互参订，改正讹字二百八十一，补脱字二十七，删衍字十七，逐条详证之。庶几汉人训诂之学犹存于是，俾治经读史博涉古文辞者得以考焉。"此书的见解及在考证校勘等方面有许多精到的地方。《方言笺疏》由钱绎（1770～1885）补充整理其弟钱侗的遗作而成，兄弟二人用力甚勤。该书汇集了许多前人的成果，引证的资料相当丰富。释义中有时也举到当代方言，并注意了音义关系，例如：

（11）党，晓，哲，知也。楚谓之党，或曰晓，齐宋之间谓之哲。（《笺疏》：……今人谓知为懂，其党声之转欤……）（一1）

通常所见《方言》的旧本主要有四部丛刊本、汉魏丛书本及四库全书本等。今人周祖谟、吴晓铃《方言校笺及通检》，校勘部分参证各家校勘及有关论著，资料翔实，可谓《方言》校勘之集大成者；通检部分按笔画排列，并有拼音检字，查检起来十分方便。罗常培在该书序文中赞扬通检、校笺"相得益彰"，"从此中外学者再来研究《方言》，只要'手此一编'，就可以不必还在校刊文字和分析排比上费冤枉功夫；他们就可以集中精力，'单刀直入'地从语言的观点去探讨《方言》的精诣。"至为恰切。

（原载钱曾怡主编《中国语言学要籍解题》，齐鲁书社1991年版）

段玉裁研究古音的贡献

——纪念段玉裁诞生 250 年

　　古音研究从宋代的吴棫到清代的顾炎武,可以说是从萌芽时期进入了奠定基础的昌盛时期。段玉裁在《说文解字》的研究中,把文字的谐声系统和语音的韵部系统结合起来,从而把古音研究在顾炎武、江永等人的基础上又向前推进了一步。

　　段玉裁(1735～1815),字若膺,号茂堂,江苏金坛人。段氏古音学的贡献可以从两方面看:一是在具体的关于古音韵部系统的建立方面,二是他研究古音的方法及明确提出的理论。以上两方面的成果主要集中在他的传世之作《说文解字注》一书中。

　　段玉裁分古韵共十七部。他在《说文解字注》中,把《说文解字》的九千余文除去标上徐铉的反切以外,又加注了他本人归纳的古韵十七部韵别,作了一个全面的古、今(唐韵)字音对照。为使读者了解他古音十七部的分类情况,还在《说文解字注》正文十五篇之后,附上《六书音韵表》。

　　《六书音韵表》共五篇,段氏在给他老师戴震的信中,对这五篇的宗旨有一个简要的说明:第一,《今韵古分十七部表》,"别其方位也"(按:本文引文除随文说明外,其余出自《六书音韵表》),这是表的纲要,联系《广韵》,划出了古韵十七部的轮廓;第二,《古十七部谐声表》,"定其物色也",指出"谐同声者必同部",结合文字谐声,列出了古韵十七部的声符;第三,《古十七部合用类分表》,"恰其旨趣也",是讲各个韵部之音的沟通关系,把十七部按语音的远近分成六类,说明"同类为近,异类为远";第四,《诗经韵分十七部表》,"胪其美审也",按十七部的顺序,排出《诗经》的用韵情况;第五,《群经韵分十七部表》,"资其参证也",排出《周易》、《尚书》等群经的用韵情况。第四、第五两表,是用古韵十七部来分析《诗经》等经典著作的用韵情况,反过来,也是用这些具体的语言材料来作为他古韵分为十七部的证明。

明确地按《广韵》二百零六韵的系统来上推古韵韵部划分的,最早的要推宋代的郑庠。郑庠的《古音辨》分古韵为六类,而今原书不存。以后清人顾炎武《音学五书》中的《古音表》列古韵为十部,江永《古韵标准》增为十三部。段玉裁在顾、江二氏的基础上更增为十七部。

在古韵部的建立上,段玉裁最为人称道的是"支"、"脂"、"之"三部的划分。《广韵》"五支"、"六脂"、"七之"三韵,段玉裁以前研究古韵的人,都把它作为为一个韵部看待。段玉裁根据《诗经》和其他古韵文的用韵情况,断然定"之咍"为一部、"脂微齐皆灰"为一部、"支佳"为一部。段氏在解释这三部分用的情况时讲到:如果拿《诗经韵表》的第一部、第十五部和第十六部来看,它们是截然分开的,而且三百篇以外的群经有韵的文章以及《楚辞》、诸子和秦汉六朝的词章,这三部的分别也是严格的,随便举一章都可以证明这一事实。另外,也有一些是两部连用的,只是因为没有辨明其分用,结果就把不是同一部的搞到了一起。例如《诗·相鼠》:

二章:相鼠有齿,人而无止。人而无止,不死何俟?("齿"、"止"、"俟"为第一部。)

三章:相鼠有体,人而无礼。人而无礼,胡不遄死?("体"、

"礼"、"死"为第十五部。)

　　段氏还从音转的情况来论证"支"、"脂"、"之"分部的根据,说:"古七之字多转入于尤韵中,而五支六脂则无有。"

　　"支"、"脂"、"之"三分是段玉裁的发明,当时和以后的学者公认这是段氏对古音学的一大贡献。对于这一分法,戴震起初还不敢相信,后来经过考证,才深信不疑。戴氏在给段玉裁的信中说:"大著辨别五支六脂七之,如清真蒸三韵之不相通,能发自唐以来讲韵者所未发。今春将古韵考订一番,断从此说为确论。"

　　段玉裁的古韵分部还有两点也受到重视:一是第三部、第四部和第五部分用;一是第十二部、第十三部和第十四部分用。他在《今韵古分十七部表》中对它们的分用情况都用实例和音转关系作了说明。

　　段氏的第三部是顾炎武第五部"萧宵肴豪尤幽"中的"尤幽",第四部"侯"和第五部"鱼虞模"都是顾氏的第三部。江永把顾氏第三部的"侯"和第五部中的"尤幽"分出来合为第十一部,段氏则又把它们分开,独立为第三部和第四部。段氏认为顾、江二位都是"考之未精",顾氏把"侯"合于"鱼",则是根据汉以后的转音,并非是古本音;而古"侯""尤"二韵虽属音近而又有别,江氏把它们合而为一也是不对的。第二、第三、第四、第五四部,汉以后虽然多合用,但是在《诗》三百篇则有分别。

　　段氏的第十二部、第十三部和第十四部,都是顾炎武的第四部。江永从顾氏的第四部中划出"元寒桓删山先仙"为第五部,余下的"真谆臻文欣魂痕"为第四部。段氏又从江氏的第四部中划出"真臻",从第五部中划出"先",合"真臻先"为第十二部,立"谆文欣魂痕"为十三部、"元寒桓删山仙"为第十四部。段氏认为,此三部在《诗》三百篇及群经屈赋中分用画然,而且其分并不始于《诗经》,像唐虞时的《卿支歌》、《南风歌》(见《尚书大传》、《孔子家语》),也是三部分韵的。只是因为汉以后用韵过宽,三部合用,郑庠合为一部，而顾氏又不能深考，其结果只可读汉魏之音，而不能解释三百篇的用韵情况。

古韵分部到了段玉裁，大体轮廓已定。在韵部顺序的排列上，段氏依照音的远近、合韵、音转及异平同入的情况，将《广韵》的第七列为第一、《广韵》的第一列为第九，完全变动了《广韵》的韵部次序，这也是他的一种创新。对他这样的排法，戴震曾经提出疑问："十七部次第不能深晓"，"支"、"脂"、"之"三部"何以不列于一处"？段氏答复说："十七部次第出于自然，非有穿凿，取第三表细绎之可知也。之咍音与萧尤近亦与蒸近，脂微齐皆灰音与谆文元寒近，支佳音与歌近，实韵理分劈之大耑。"

段玉裁古韵分部的研究成果，在很大程度上决定于他古音研究的方法。

段氏长于文字训诂之学，他以几十年的时间致力于《说文》的研究，对于文字的谐声条理有清楚的了解。他在治古音方面的长处是能够把文字的谐声系统运用到古韵研究中来，在古韵部的分合、类别和次第的安排上，在对古四声的考察和平入相配问题的认识方面，等等，除去充分运用古韵文的材料以外，也都参照了文字谐声的情况。

历史上研究古音的人，虽然有的也能领会文字谐声对古音研究的作用，但首先明确提出的是段玉裁。段玉裁在他的长期实践中了解到古汉语语音的韵部系统和汉字谐声系统的一致关系，得出了"同声必同部"的结论，并用这一原则为他所分的古韵十七部列出了声符，这就是《六书音韵表》的第二表《古十七部谐声表》。他在这个表的开头说：

> 六书之有谐声，文字之所以日滋也。考周秦有韵之文，某声必在某部，至赜而不可乱，故视其偏旁以何字为声，而知其音在某部，易简而天下之理得也。许叔重作《说文解字》时未

段玉裁研究古音的贡献　　　• 401 •

有反语,但云某声某声,即以为韵书可也。

至于有同一声符的分散在今韵各部各韵的情况,段氏认为这是语音发展变化的结果。例如:同一"某"声,"某"在"厚"韵("厚"四部),而"媒腜"在"灰"韵("灰"十五部);同一"每"声,"悔晦"在"队"韵("队"十五部)、"敏"在"轸"韵("轸"十二部),而"晦痗"在"厚"韵("厚"四部),看起来参差不齐,实际上原来古音是相同的。(按:查段氏《说文解字注》,"痗"字无,"某、媒、腜"和"每、悔、敏、晦"皆注明古音一部,唯"晦"注为十五部。)

段氏在古韵部的研究中,还很得益于他考据的功夫。例如对《诗经》韵部的分析,其中《竹竿》二章,据坊本文为:

泉源在左,淇水在右,

女子有行,远父母兄弟。

其中"右"、"弟"为韵,而"右"古韵第一部,"弟"古韵第十五部,两者古代又极少合用。段氏考得《竹竿》二章末句"远父母兄弟"在唐石经、宋《诗集传》、明国子监注疏本中皆作"远兄弟父母"。"母"字古韵在一部,正与"右"为韵。(按:王力先生《诗经韵读》"远兄弟父母"句下注:"今本作'远父母兄弟',据石经改。")

段玉裁一方面从文字的谐声系统来研究古音韵部,另一方面又以古音知识来治《说文》,把文字音韵之学结合起来,又兼用他考据的功夫,几方面相得益彰,互相推进,使他不仅在古韵研究方面能比前人更为精密,在方法上,也为后来的研究打开了一个新的局面。

在古音研究的理论建设方面,段玉裁也作出了不可忽视的贡献。《六书音韵表》前面四表的表前或表后,都有段氏对于古音理论的阐述,特别是第一表后以"第一部第十五部第十六部分用说"为首的共二十三"说"和第三表后以"古合韵说"为首的共十五"说",除去说明上文讲到的古韵分十七部、古韵十七部的排列顺序及古谐声者必同部三方面的道理以外,还涉及关于文字音韵的其他一些重要问题，主要有：

古音不同于今音说（见"古今不同随举可征说"、"音韵随时代迁移说"、"古音韵至谐说"、"古四声说"等）。

字义不随音变说（见"古音义说"）。

"古异平同入说"（段氏将入声配给阴声和阳声两类，例如"职德"配第一部"之咍"、第二部"萧宵肴豪"和第六部"蒸登"，"屋沃烛觉"配第三部"尤幽"、第四部"侯"和第九部"东冬钟江"等）。

古假借、转注同部说（见"古假借必同部"、"古转注同部说"）。

贯串于这些理论的一条主线是段玉裁对于语音发展的客观规律的认识。

段玉裁接受陈第关于语音随时代而变（"时有古今，地有南北，字有更革，音有转移"）的观点，提出了"音韵随时代迁移说"。在具体实践中，段氏的发展观点要比陈第更为彻底。他认为，讨论音韵的不同必须注意到具体的时代，而且把唐以前的古音划为"唐虞夏商周秦汉初"、"汉武帝后洎汉末"、"魏晋宋齐梁陈隋"三个历史时期。可惜对划分这三个时期的根据，段氏没有进一步加以说明。

对于语音的发展问题，段氏提出了"变转"的概念，举例说："今人'兄荣'字读入'东'韵、'朋棚'读入'东'韵、'佳'字读入'麻'韵、'母富妇'字读入'麌迂'韵，此音转之征也；'子'字不读'即里切'、'侧'字不读'庄力切'，此音变之征也。""变"，指某部变为另一部；"转"，指某部转入另一部。正是因为音有"变转"，所以古音与今音不同，从这一认识出发，段氏把"一字而古今异部"者，定古音为"本音"，今音为"音转"。

段玉裁语音随时代而变的理论，在他对古声调的研究中，运用得也很突出。我国学者对古声调的研究，经历了一段摸索的过程。起先，大家对古四声的认识是模糊的，例如，陈第虽然首先明确用历史的发展观点来看待语音，难能可贵地打破了过去的所谓"叶韵"说，但是他认为古代没有四声，这显然不符合历史事实；顾炎武虽然承认古汉语有四声的区别,但是他对古韵中许多按今调类(即《广韵》系统的调类)来说是异类相押的现象不能理解,因而归结为"四声一贯",以为古人用较宽,四声可以并用。段玉裁对古声调有自己的一套看法,他在《古四声说》中讲到四点:

第一,古代有声调的区别,古代的声调和今韵不同;

第二,周秦汉初只有平、上、入而无去声;

第三,平、上、去、入四声到魏晋时开始俱全,"上入声多转而为去声";

第四,学者们不了解声调的古今发展,用今音四声的系统去套古音,因而错解了古音的声调情况。

段氏断言古今声调不同,"犹古本音不同今韵",并且大胆地提出古代四声不全的见解。他把上古声调平上归为一类,去入归为一类,认为上声类备于《诗经》时代、去声备于魏晋。段氏古无去声的主要根据有二:一是古韵文中去声字和入声字相押的情况较多,例如《文选》载班固《西都赋》:

> 平原赤,勇士厉。搜狄失木,豺狼慑窜。尔乃移师趋险,并蹈潜秽,穷虎奔突,狂咒触蹶。许少施巧,秦成力折。掎僄狡,扼猛噬,脱角挫脰,徒搏独杀。

以"厉、窜、秽、蹶、折、噬、杀"七字为韵,其中的"厉、窜、秽、噬"四字《广韵》分别为"力制切"、"七乱切"、"於废切"、"时制切",都是去声字,因与入声字"蹶"、"折"、"杀"(《广韵》"其月切"、"旨热切"、"所八切")为韵,段氏认为它们的古音是入声。段氏古无去声的另一根据是谐声字中常有去、入相通的例子,像"路"从"各"志、"室"从"至"声,等等。

段玉裁对于上古声调所作的结论自可商榷,古籍中去、入为韵的情况究竟怎样?占多大比重?分韵的情况又是怎样?这些都应作精细的考察,但是他"古四声不同今韵"的理论却给后来研究古音声调的人以启示,像孔广森提出上古只有平、上、去而无入声,江有诰等人确定古代实有平、上、去、入四声，只是古代的四声跟后来的四声有所不同，都是明显地受到了段氏的影响。

段玉裁语音发展的观点还在他的另一著作《五声说》（见《段王学五种》所收《经韵楼文集补编》）中强调提出。《五声说》是单独讨论声纽问题的。在这一著作中，段氏把徵、羽、宫、商、角分别解释为"齿"（陟珍）、"唇"（并饼）、"喉"（刚各）、"牙"（迦佉）、"舌"（灵历）五个发音部位。段氏认为，由于"诵读之声随时与地而变迁"，因此，古今声母存在由齿音变牙音、由唇音变牙音等情况，要想了解古代五声，只有从《说文》求之。在古音研究中，段氏在声纽方面较为欠缺，但是他对声纽的发展观点，却说明他能把语音发展的理论全面运用于研究汉语语音声、韵、调的各个方面，这在当时，确也是很可贵的。

以上主要从古韵部的建立和古韵研究的方法两个方面介绍了段玉裁古音研究的贡献。作为一位杰出的文字音韵学家，段氏在古音研究方面也自有不足之处，正如他本人所说"审音功浅"。例如：段氏解释"异平同入"的原因是两者韵数的多少，"入为平委，平音十七、入音不能具也"。特别是，"支"、"脂"、"之"三部的划分，段氏虽然从各种经书的实际韵例作了充分的说明，但是始终不能进一步从审音方面去推求这三部的所以分，直到晚年还不能彻底解决这个疑问，1812 年他给江有诰的信（见《经韵楼集》卷六《答江晋三论韵》）中说："能确知所以支脂之分为三之本源乎？何以陈隋以前支韵必独用，千万不一误乎？足下沈潜好学，当必能窥见其机倪，仆老耄倘得闻而死，岂非大幸也。"

（原载《文史哲》1985 年第 6 期）

后 记

本文选共收入大大小小的文章 28 篇,按内容分为 4 部分:第一部分包括汉语方言研究方法问题的讨论和具体的调查研究报告,共 11 篇,占全部篇幅的三分之二以上,是全集的主体;第二部分是关于方言与共同语方面的 5 篇,讨论了汉语规范化的一些问题;第三部分是为 10 种方言著作写的序文,除去对这些著作的评述以外,有不少内容是讨论方言研究方法问题的;第四部分介绍扬雄《方言》和段玉裁古音研究的两篇,觉得归到前面的哪一部分都不太合适,干脆放在最后,好在两文都涉及研究方法的一些问题。从全集的总体来看,可以说是《汉语方言研究的方法与实践》(2002 年出版)的姊妹篇。

每篇文后注明该文原发表的刊物或书名。收入的多数文章除去改正已经发现的明显错误以外,基本保持原来发表的内容不变,但是也有少数几篇有所修补,主要是《临朐方言简记》和《长乐话音系》、《长乐话词语选》。

本文选的合作撰写的人都在文后有所交代。地图除"山东方言分区及龙山文化类型图"系笔者自制以外,其余的绘制人:"官话方言分布图"(王临惠)、"长岛方言地图"和"临朐方言地图"（罗福腾绘制，李旭改定）。初稿由王洪娟电脑录入，张燕芬帮助校对全文。谢谢上述各位同志。

　　本稿表格和符号繁多，山东大学出版社的同志在文稿编辑排版的过程中克服种种困难，使书稿得以顺利出版。由衷地感谢他们。

钱曾怡

2008 年 5 月 25 日写于山东大学